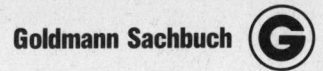

Döblers Kultur- und Sittengeschichte der Welt umfaßt
folgende Bände:

Eros, Sexus, Sitte
Stadt, Technik, Verkehr
Kochkunst, Tafelfreuden, Eßkultur
Kleidung, Mode, Schmuck
Schrift, Buch, Wissenschaft
Magie, Mythos, Religion
Handwerk, Handel, Industrie
Spiel, Sport, Kunst
Herrschaft, Recht, Krieg
Jäger, Hirten, Bauern

HANNSFERDINAND DÖBLER

Döblers Kultur- und Sittengeschichte der Welt

Kleidung Mode Schmuck

Mit 32 Farb- und Schwarzweiß-Tafeln

Wilhelm Goldmann Verlag

BILDNACHWEIS

Made in Germany · 2/78 · 1. Auflage · 116

Genehmigte Taschenbuchausgabe. © der Originalausgabe 1972 by C. Bertelsmann Verlag GmbH, München. Umschlagentwurf: Creativ-Shop, A. + A. Bachmann, München. Umschlagbild: Lithographie von Jules Chéret. Druck: Presse-Druck Augsburg. Verlagsnummer: 11168 Ag / er

ISBN 3-442-11168-4

Inhalt

Vorwort

Man spricht gerne von paradiesischer Nacktheit, als sei dies ein Zustand von Seligkeit, den es nur herbeizuführen gälte, damit alle Menschen Brüder werden. Dieser Auffassung liegt eine romantische Auffassung von Natürlichkeit zugrunde, aber auch eine idealistische Vorstellung von der menschlichen Gesellschaft.

Tierische Gesellschaften leben in angeborenen, nur geringfügig variablen Verhaltensmustern und in ihrer jeweils unveränderbaren Haut. Bären haben nun einmal einen Pelz, Nashörner einen Panzer und Kolibris ein spezifisches Federkleid. Der Mensch schafft sich, nicht aus Schamgefühl, sein besonderes Kleid und damit seine Persönlichkeit. Das hat Gründe, die erst zum Teil ausreichend erforscht sind.

Von der Nacktheit als biologischem Urzustand zur Nacktheit als raffinierteste Form des Angezogenseins, so etwa könnte man den Weg beschreiben, der über so viele Formen der Bekleidung, durch so absurde Torheiten der Mode führt. Diese Torheiten wirken auf den, der an ihnen teilhat, absolut logisch, und sie sind es auf gewisse Weise auch, denn sie verraten, wie Pendelausschläge, Erschütterungen des gesellschaftlichen Gefüges. Niemals verhält sich jemand modisch nur für sich selbst, stets ist die Kleidung seine Antwort auf eine Herausforderung – gegeben in einer bestimmten Bewußtseinslage, aus einem bestimmten Rollenverständnis. Selbst Diogenes, der Mann, der aus der griechischen Konsumgesellschaft aussteigen und in seiner Tonne die Eitelkeit aller Bedürfnisse demonstrieren wollte, war nicht nackt, denn damals war Nacktheit so alltäglich, daß er diese Demonstration nicht nötig hatte.

Wie die Menschen ihre Götter darstellen, verrät etwas über sie selbst, und wenn Halskrausen und Manschetten, Ärmel oder Bärte zu wuchern beginnen, hat das einen Grund, mit Sicherheit aber nicht den, den die Beteiligten angeben. Stärker als in irgendeinem anderen Bereich der menschlichen Kultur zeigt sich bei Kleider- und Modefragen, daß Geschmack und Instinkt nicht von Natur mitgegeben, sondern angelernt sind. Selbst wo man das individuelle Moment betont, bewegt man sich noch im allgemeinen gesellschaftlichen Rahmen.

Modisches Verhalten meint vor allem die Kleidung, doch ist diese nur ein Sonderfall. Jedes Verhalten des Menschen kann von modischen Strömungen bestimmt sein. Liebhabereien und bestimmte Aufschneidereien, Reiseziele und sogar bestimmte Krankheiten können Mode sein und werden mitgemacht, ohne daß der einzelne sich dessen bewußt ist. Mit der Kleidermode ist das anders. Wer modebewußt ist, profiliert sich bewußt durch eine bestimmte Wahl. Hut und Handschuh, Strümpfe und Kleider werden so zum Ausdruck einer Persönlichkeit. Wenn der Anblick aus dem Rahmen des Gewohnten fällt, wird Anstoß genommen – und ohne solchen Anstoß würde sich keine Mode verbreiten: Diese Empörung ist die Zündung, die eine Welle von Neugier auslöst, auf ihr schwimmt die Mode bis in die fernsten Winkel der zivilisierten Welt.

Die Kleidung, vom Krönungsornat bis zum Totenhemd, vom Ballkleid bis zum Burnus, von der Toga bis zum Frack, ist so wichtig für die menschliche Gesellschaft, daß ihre Herstellung neben der Nahrungsbeschaffung den größten Teil der technischen Intelligenz zu beanspruchen scheint. Nicht weil Kleidung Nacktheit verdeckt, sondern weil sie das Selbstverständnis formuliert, werden weder Mühe noch Mittel gescheut, um das richtige Gewand aus dem richtigen Material herzustellen und es mit Kostbarkeiten zu schmücken.

Modische Torheiten zu begehen, so wird gern behauptet, sei eine typisch weibliche Sache, als handele es sich um eine nur bei Frauen vorkommende Art von speziellem Schwachsinn. Dabei verhält sich die Frau wohl nur wie jeder andere Mensch und im Prinzip nicht unvernünftiger als ein Mann, nur befindet sie sich in einer gesellschaftlich besonderen Situation, die sie zwingt, ihr Selbstbewußtsein modisch zu artikulieren. Es scheint, als hätten Minderheiten oder soziale Gruppen, die um Anerkennung ringen, ein bewußteres Verhältnis zu ihrer Kleidung als andere, deren Selbstverständnis unangefochten ist.

Die materiellen und wirtschaftlichen Bereiche, die vom Wechsel der Moden berührt werden, sind kaum mit einem Blick zu überschauen. Je nach der Laune der Mode, um diesen kollektiven, außerordentlich komplizierten Prozeß der Geschmacksbildung einmal zu personifizieren, werden Klöppler und Weber, Handschuhmacher oder Walfischfänger in Lohn und Brot gebracht, blühen ganze Industrien auf, etwa die Fischbeinherstellung aus Walfischknochen für die Reifröcke, die Stärkeherstellung für die Mühlsteinkrausen, die Straußenzucht für Hutfedern. Dabei ist der stetige Fortschritt des Spinnens und Webens selbst noch nicht einmal berücksichtigt. Allein die Idee des Fadens, der mit anderen Fäden zu einem Gewebe verknüpft wird, ist einer der genialen Einfälle des Menschen. Unglaublich ist die Breite der Varianten in Werkstoff und Form; das reicht von versponnener Agavenfaser über Seide bis zum Kunststoffaden, der wiederum dem Seidenfaden nachgebildet wird. So beginnt das Maschinenzeitalter bezeichnenderweise in der Textilindustrie, und auch die Folgen des frühen Kapitalismus zeichnen sich zuerst hier ab, Arbeiterelend und Maschinenstürmerei, Steigerung der Profite und weltweiter Liberalismus, damit Manchester seine Stoffe verkaufen kann, sind Symptome künftiger gesellschaftlicher Entwicklung.

So erscheint Kleidung als wirtschaftliches Phänomen, abhängig von den Prozessen der Geschmacksbildung, von modischen Trends, gesteuert von angelernten Verhaltensweisen und motiviert mit Geschmacksurteilen. Es ist nicht ohne Reiz zu erfahren, wie seit Jahrhunderten für das »Konsumverhalten« des bekleideten Menschen gewisse Regeln wirksam sind, wie sich hier seit jeher ästhetische, soziologische und psychologische Aspekte vermischen.

Vom Feigenblatt
zum Frack

Adam und das Feigenblatt

Wer sich schämt, hat sich eine Blöße gegeben, die er sonst bedeckt hält. Schamgefühl und Bedeckung, das heißt also Kleidung, scheinen unmittelbar voneinander abzuhängen. Der unvermittelt Nackte geniert sich, und nur der vollständig angezogene Mensch fühlt sich vollwertig. Man kennt diese Gefühle peinlicher Entblößung aus Träumen: Der Kapellmeister, der stehend dirigiert und plötzlich merkt, daß sein Hosentürl sperrangelweit offensteht, oder die Hausfrau, die im Traum von den Leuten angestarrt wird, weil sie am hellen Tag splitterfasernackt einkaufen geht – das sind solche Situationen, in denen, ganz abgesehen von ihrem tiefenpsychologischen Gehalt, die Entblößtheit als Versagen und damit als Anlaß zur Scham erlebt wird.

In der Bibel ist der Zusammenhang zwischen Scham und Bekleidung denn auch so dargestellt, als gäbe es keinen Zweifel. Vor dem Sündenfall ist Adam Herr aller seiner Glieder, dann aber reagiert sein Geschlechtsorgan auf den Anblick Evas selbständig und wird ebenso Anlaß zur Scham wie Evas Nacktheit; »da gingen ihnen beiden die Augen auf, und sie wurden gewahr, daß sie nackt waren. Sie flochten Blätter von Feigen zusammen und machten sich Schürze« (Übers. Jörg Zink). An anderer Stelle ist davon die Rede, daß die Kinder Noahs ihres Vaters Blöße sehen und sie schleunigst bedecken, als sei dies eine Wirkung natürlichen Schamgefühls. Wenn man außerdem an die primitiven, nackten Naturvölker denkt, die zwar keine Kleidung, aber doch einen Lendenschurz nach der Art des Adam tragen, scheint das Rätsel gelöst zu sein: Die Kleidung des Menschen verdankt ihre Entstehung seinem Schamgefühl.

In Wirklichkeit hat sich das Schamgefühl auf weitaus kompliziertere Weise entwickelt. Es bezieht sich nämlich nicht nur auf die Genitalzone, und es ist auch durchaus kein »natürliches« Gefühl, dafür gibt es vielerlei Beispiele. Bei manchen Hackbauvölkern, die mit der westlichen Zivilisation noch nicht in Berührung gekommen waren, arbeiteten die Frauen gebückt. Auf den hoch erhobenen Steiß wurde ein Blätterbüschel gelegt, der an der Hüftschnur befestigt war. Diese sonst völlig nackten Frauen fühlten sich »entblößt«, wenn sie diese Büschel nicht trugen. Ebenso hatte die Chinesin der vergangenen Jahrhunderte hinsichtlich ihrer verkrüppelten Füße selbst als Prostituierte ein Schamgefühl entwickelt, das sie sonst nicht kannte. Die Nacktheit ihres Körpers, wenn sie auch selten vom Kunden verlangt wurde, rief keine Schamgefühle hervor, wohl aber die Entblößung des Fußes. In Zentralafrika gibt es Gegenden, in denen das Gesäß stärker verhüllt ist als die Genitalzone, und der bis an die Augen verschleierte Beduine würde niemals freiwillig seinen Mund entblößen.

Wenn das Schamgefühl aber nicht ursprünglich auf die Sexualorgane bezogen ist, woher kommt es dann, daß sich die Menschen heute ihres nackten Körpers schämen und daß es als unsittlich und »schamverletzend« gilt, wenn ein Mensch, außer in der sexuellen Begegnung, sich vollkommen nackt zeigt? Dieses unzweifelhaft vorhandene Gefühl der Scham ist nicht die Ursache des Wunsches nach Kleidung, sondern die Wirkung eines langen kulturgeschichtlichen Entwicklungsprozesses, bei dem die Kleidung eine wichtige Rolle spielt. Die Psychologen definieren die Scham als »Erlebnis des Ichschutzbedürfnisses, als eine Art Verwirrung und Entmutigung wegen des eigenen Zustandes, dessen Offenbarsein das eigene Ich bei anderen herabsetzt« (Kiener). Die physischen Begleitumstände der Scham sind bekannt: Das Erröten, die Schweißausbrüche, das Gefühl, man »müsse in den Boden versinken«. Entwicklungsgeschichtlich muß die psychologische Schwelle, durch die ein solches Gefühl des Mangelhaftseins ausgelöst wurde, sehr niedrig gelegen haben, vielleicht dort, wo es für das Mitglied der Horde darauf ankam, physisch stark zu sein. Heute schämt sich ein junger Mensch bereits, der ein Fremdwort falsch ausspricht oder eine Ungeschicklichkeit begeht, eine Frau errötet, wenn sie sich »durchschaut fühlt«, immer ist da eine Verletzlichkeit, ein Gefühl des Ungenügens, das der alternde Mensch kaum mehr empfindet: Alter stumpft ab und macht schamlos. Alles in allem ist das Schamgefühl zwar kein reines Kulturprodukt, aber man hat nachweisen können, daß die »Schwelle« der Scham immer weiter angehoben, jedenfalls aber von der Gesellschaft gesetzt und beeinflußt wird: Keine Frau in Indien schämt sich, wenn sie die Brüste offen trägt, ebensowenig wie sich die Stripteasetänzerin ihrer Entblößtheit schämt. Um 1880 war schon der Anblick eines Frauenbeines oberhalb des Fußknöchels ein atemberaubendes Erlebnis, und wenn man unsere Urgroßmütter gezwungen hätte, im Bikini zu baden, wären sie vor Scham gestorben. Ein ähnliches Gefühl hat vermutlich der Angehörige eines Kannibalenstammes auf Neu-Guinea, dem es noch nicht gelungen ist, einen Menschen zu töten, um in die Gruppe der vollwertigen Männer aufgenommen zu werden: wenn ihm dieser Mangel unvermittelt, etwa auf einer Versammlung der Sippe, zum Bewußtsein kommt, wird er sich schämen.

An diesem Punkt berühren sich Schamgefühl und Kleidung, weil die Kleidung in ihrer primitiven Form nicht einmal Bedeckung, sondern Auszeichnung ist. Der Mensch ist das einzige Tier, dessen Haut so glatt ist, daß man darauf malen kann – vielmehr, er ist das einzige Lebewesen, das auf seine eigene Haut malt. Man kann für die Entstehung der Kleidung keine kulturelle Stufenfolge aufstellen. Ganz gewiß aber gehört das Malen auf die Haut, aus dem sich das Tätowieren entwickelt hat, zu den ältesten »künstlerischen« Betätigungen des Menschen. Die Absicht des Naturmenschen, der geheimnisvolle Figuren und Zeichen auf die Haut malt, ist allerdings nicht von ästhetischen Gesichtspunkten bestimmt. Wer sich ausdrückt, will anderen eine Botschaft zukommen lassen. Das kann eine Botschaft an Geister und Dämonen sein, an die Ahnenwesen oder Wassergeister, an einen Gott oder an andere Menschen. So fühlt sich, unter bestimmten gesellschaftlichen Voraussetzungen, der tätowierte Naturmensch vollständig »angezogen«, nicht anders als

Tätowierter Maori-Kopf *aus Neuseeland. Das Tätowieren und Bemalen der menschlichen Haut gilt als eine Art Bekleidung, die jedoch nicht allein dem Schmuckbedürfnis entspricht, sondern auch magische Zwecke erfüllen soll. Hamburgisches Museum für Völkerkunde und Vorgeschichte, Hamburg*

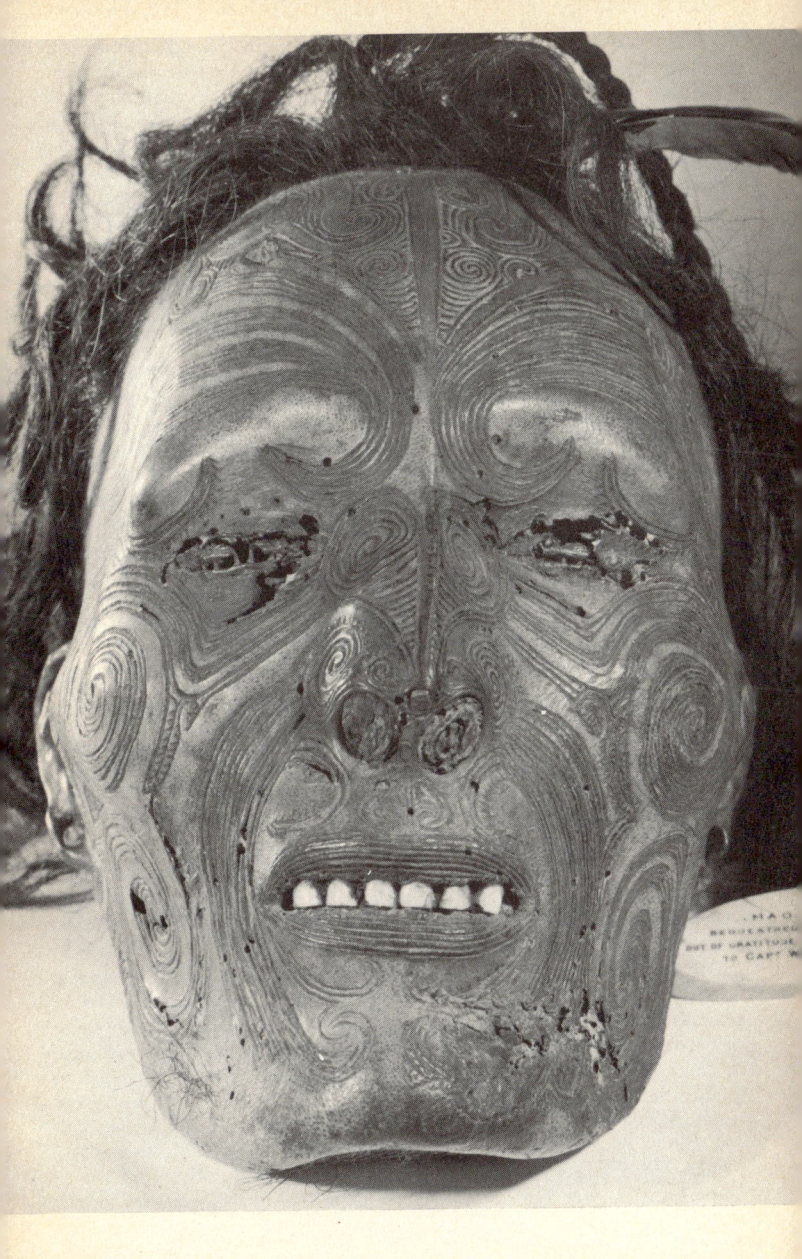

der elegante Mann im Frack. Allerdings hat die Tätowierung eine Bedeutsamkeit, die über eine gesellschaftliche Position, ein elitäres Klassenbewußtsein weit hinausreicht. In der Darstellung der wildbeuterischen Lebensweise ist geschildert worden, wie die steinzeitlich lebenden Naturvölker sich ihrer Umwelt magisch verbunden fühlen. Das Bemalen der Felswände und das Bemalen der eigenen Haut, so darf man wohl annehmen, entspringen ähnlichen Motiven. Vom umgehängten Schmuck unterscheidet sich die Tätowierung aber nur der Methode nach. Auch die Bärenkralle, die Adlerfeder, die Löwenmähne oder der Schrumpfkopf des getöteten Feindes sind Auszeichnungen, aber sie enthalten keine Mitteilung, die vom Menschen geschaffen ist, wie das Tabuzeichen oder das Zeichen des Ahnengeistes, sie sind durch sich selbst Mitteilung. Weder die Tätowierung noch die Bemalung oder der Schmuck dienen demnach dazu, ein Schamgefühl abzubauen, sondern sie sind vor allem Möglichkeiten der Selbstdarstellung. Der Mensch ohne alle diese Elemente unterscheidet sich nackt tatsächlich nur physiologisch vom Tier. Erst indem er sich seiner selbst bewußt wird und dieses Bewußtsein – als Triumph über den stärkeren Feind, als Angst vor unheimlichen Mächten – in Trophäen, also primitivem Schmuck, oder in magischer Bemalung ausdrückt, gewinnt er eine seiner spezifisch menschlichen Qualitäten.

Wie die Braut ein Hochzeitskleid anzieht und sich schmückt, weil besondere Anlässe solche Selbstdarstellung fordern, so bemalt sich der Krieger eines primitiven Stammes, ehe er auf Kopfjagd geht. Diese »Bekleidung« hat mit seinem Selbstbewußtsein zu tun, keinesfalls mit seinem Schamgefühl. Bei den Naturvölkern kleidet sich zuerst der Mann, um größer und eindrucksvoller zu erscheinen. So sind bei den Ugandas die Frauen vollkommen nackt, sie dürfen sich weder kleiden noch schmücken, nur dem Manne steht dieses Privileg zu. Hier wird Nacktheit in der Tat als ein minderer Zustand des Menschen gewertet, und gewiß kann sich daraus ein Bewußtsein solcher Minderwertigkeit, also Scham, entwickeln. Es gibt in den tropischen Ländern Naturvölker, bei denen die Nacktheit selbstverständlich ist und jede Kleidung fehlt, doch bei keinem fehlt der Schmuck.

Man muß sich dabei vor Augen halten, daß die zivilisierte Form, mit seinem Körper umzugehen, erst neueren Ursprunges ist und viele Möglichkeiten unausgeschöpft läßt. Man kann die Nasenscheidewand durchbohren und einen Pflock hindurchstecken, man kann die Ohrläppchen durchbohren und schweren goldenen Ohrschmuck tragen, bis die Ohrläppchen auf die Schulter reichen wie bei der herrschenden Kaste der Inkas, den »Langohren«. Man kann den Schädel des Neugeborenen mit Brettern verschnüren, damit er schmal und hoch wächst, dies geschah noch bis in die jüngste Zeit in Holland und Südfrankreich und ist im vorgeschichtlichen Europa, aber auch in Kleinasien, Indien, Indonesien und in der Südsee festgestellt worden. Was Menschen mit ihrem Körper anstellen können, ist fast unglaublich: Man durchbohrt den Penis und führt einen Pflock hinein, man bringt sich künstliche Narben bei, indem man die Haut ritzt und Asche hineinreibt, man inkrustiert die Zähne – wohlgemerkt mitten im Urwald und ohne Betäubungsspritze, Bohrer und Hygiene – mit Stücken von Perlmutt, Edelstein oder Edelmetall, man läßt sich aus Schmuckbedürfnis Zahnlücken schlagen oder läßt seine Zähne spitz feilen, anderswo bindet man die Füße zusammen, bis Zehen und Ferse sich berühren, oder schiebt in die Lippe einen Teller, so daß der Mund wie ein Entenschnabel wirkt. Der Europäer ist über solche absurden Verfahren nicht so erhaben, wie man heute denken mag: Als im 16. Jahrhundert die spanische Tracht Mode war, wurden den Mädchen schon im kindlichen Alter Bleiplatten auf die Brust gebunden, und sie selbst zwängte man in Korsetts, in denen sie auch schlafen mußten – nur damit der Busen verschwand. Auch die viktorianische Epoche hat im vorigen Jahrhundert das Wunder zuwege gebracht, die Frauen mit Hilfe von Schnürkorsetts von ihrem Busen weitgehend zu befreien und zu deformieren.

Alle diese Handlungsweisen, gleichgültig in welcher Epoche oder Gesellschaft, in welcher Rasse und in welchem Volk sie vorkommen, wären absurd, wenn man sie als Handlungen eines einzelnen betrachten würde. Nur in der Gesellschaft haben sie ihre Funktion. Je stärker nun die Gesellschaft das Bewußtsein des einzelnen Menschen prägt, an seiner Existenz Anteil hat und sein gesamtes Verhalten formt und kultiviert, desto größer wird die Rolle der Kleidung, und um so stärker kann sich das Schamgefühl mit dem Zustand des Angezogenseins verknüpfen. Nackt kann man sich nur geben, wenn sich alle nackt geben; von einem ursprünglich in der Natur des Menschen verankerten Schamgefühl kann überhaupt keine Rede sein, wohl aber von einer »Schamschranke«. Psychologisch gesehen hängt vom Grad der Differenzierung eines menschlichen Bewußtseins ab, ob diese Schamschranke hoch oder niedrig ist, und von der Differenzierung der jeweiligen Gesellschaft, bei welchem Anlaß sie in Erscheinung tritt. Man könnte sagen: Die Schamschranke wirkt in jenem Augenblick als regulierender Faktor auf den einzelnen Menschen, in welchem es ihm zum Bewußtsein kommt, daß er sich außerhalb der von ihm anerkannten Verhaltensnorm befindet.

Wenn von Adam und Eva gesagt wird, daß sie sich schämten, dann setzt das eine kulturelle Verhaltensnorm voraus. Andernfalls hätte Adam zum Beispiel seinen Penis hochbinden können, wie dies einige australische Stämme tun, die ihn an der Hüftschnur befestigen, und Eva, die im Schweiße ihres Angesichts zu ackern begann, hätte auf ihrem Hinterteil einen Blätterschurz befestigen können. Offensichtlich verbindet sich für das erste Menschenpaar aber die Scham mit ihrem Geschlecht. Diese von weither kommende Auffassung, daß das Geschlecht etwas Schmutziges sei, das man verbergen müsse, ist ja nicht Folge des Sündenfalls, sondern kulturgeschichtlich seine Voraussetzung. Einem Menschen außerhalb des Christentums muß die Tatsache, daß die Menschheit wegen der sexuellen Handlung der von Gott erschaffenen ersten Menschen verflucht wird, ganz unbegreiflich erscheinen. Nur unter der mosaischen Voraussetzung, die ja zum Beispiel auch der Lehre Zarathustras entspricht, wird verständlich, daß Adam und Eva sich aus Scham Blätterschurze anfertigten. Die Schamhaftigkeit der Israeliten inmitten der babylonischen Freizügigkeit ging so weit, daß die Priester eigens Beinkleider tragen mußten, damit der Boden des Tempels ihre Blöße nicht schauen konnte.

Als Gegenbeispiel für den angeblich natürlichen Zusammenhang zwischen Nacktheit und Scham kann man das klassische Griechenland anführen, dessen unbefangene Plastiken auf spätere prüde Generationen bereits obszön gewirkt haben: Man verstümmelte sie oder übermalte ihre Blößen, wie etwa im Vatikan. In den Bädern und weiträumigen Sportanlagen Griechenlands tummelten sich die Knaben nackt, ebenso in den Turnhallen und Ringschulen; niemand »fand etwas dabei«, und auch die Wettkämpfe wurden nackt durchgeführt. Anders trug man sich auf dem öffentlichen Platz oder im Haus. Hier galten ein wollenes Unterhemd und darübergeworfen ein Umhang als schicklich. Das Unterhemd reichte etwa bis zum

Knie. Wer es lang trug, galt wie Alkibiades, der mehrfach Anstoß erregte, als hochmütig oder als Verschwender. Für anstößig hielt man es auch, wenn das Unterhemd oberhalb des Knies endete. Wenn aber der Chiton, das Unterhemd, über das Knie hinaufrutschte, etwa beim Gastmahl, galt das als geradezu schamlos. Zwischen der Nacktheit der Knaben auf dem Sportplatz und dem heraufgerutschten Unterhemd während eines Gastmahles gibt es keine logische Verbindung, es sei denn, man untersuchte den »Signalwert« des Verhaltens innerhalb der Gruppe. Selbstverständlich schämte sich ein Alkibiades nicht, der die Norm übertrat, aber jeder Knabe, der draußen nackt herumlief, wird erröten sein, wenn sein älterer Freund ihn beim Gastmahl mit verrutschtem Chiton in| »schamloser Stellung« sah. Es mag sein, daß das Schamgefühl, auf das Äußere bezogen, und das Gewissen, auf Handlungen bezogen, psychologisch gesehen zusammengehören. Kleidung hat zunächst wenig mit Schamgefühl zu tun, sie hat vor allem, wie Schmuck, »Signalwert«, eine soziologische Funktion, doch ist das nicht ihre einzige Funktion.

Moden der Steinzeit

Jede Art Kleidung bietet Schutz, mindestens gegen Blicke, zieht aber gerade dadurch auch den Blick auf sich. Für den Jäger, der nackt durch die tropische Wildnis streift, mag sich empfehlen, sein Geschlechtsteil gegen Dornenranken und Insektenbisse zu schützen. Man hat sich einen derartigen Schutz auch hergestellt, aber zugleich einem entwicklungsgeschichtlich verankerten Trieb folgend die Gelegenheit benutzt, mit eben dem Penis zu imponieren. Der Verhaltensforscher nennt das »Geschlechtspräsentation« (O. Koenig). Man kennt aus den Abbildungen die oft monströsen Penisfutterale, wozu Kürbis, Seeschneckenschalen, Mattenstreifen oder Bambusstücke verwandt werden. Solche Futterale, die in Neu-Guinea beachtliche Längen erreichen, sind im Sudan, vor allem aber in der Südsee und in Südamerika beobachtet worden. Alte spanische Autoren berichten, die Indios auf der Landenge von Panama hätten Penisfutterale aus Gold mit eingelegten Perlen besessen (Birket-Smith). An die Futterale der Primitiven erinnern die Schamkapseln der Landsknechte, die ebenfalls zugleich schützten und modischen Zwecken dienten. Dieser doppelte Effekt findet sich bei vielen Kleidungsstücken, die mit der sexuellen Sphäre zusammenhängen, wie am Beispiel des Schleiers, des Mieders oder Busentuches deutlich wird. Gerade bei den Frauen der Naturvölker ist der Schamschutz ein Mittel der Koketterie, aber wohl auch ein Schutz gegen das Eindringen von bösen Geistern in den Leib, wie überhaupt die Verhüllung der Genitalzone häufig von der Angst vor magischem »Einfluß« bestimmt gewesen sein mag. Daß die Schutzfunktion der Kleidung begriffen wird, scheint nicht selbstverständlich zu sein. Charles Darwin, der als junger Mensch die große Forschungsreise der »Beagle« (1831–1836) in den Stillen Ozean mitgemacht und über diese Reise ein Tagebuch geführt hat, beschreibt die Nacktheit der von ihm beobachteten Feuerländer. In diesen ewig kalten, nebligen und stürmischen Gegenden knapp nördlich von Kap Hoorn hatte man, außer dem Feuer, keinen Schutz gegen Kälte und Sturm. Als Darwin einem dieser frierenden Männer ein Stück rotes Tuch schenkte, riß dieser es in Fetzen, mit denen er sich die Glieder schmückte.

Die Frage, welches denn nun die älteste Kleidung des Menschen sei, läßt sich schwer beantworten, weil die Völkerkunde nicht alle Bereiche hat erarbeiten können und die Zeugnisse der Vorgeschichte nicht ausreichen, um Entwicklungen darstellen zu können. Überall, wo Missionare auftauchten, brachten sie ihre Abscheu vor der sündigen Nacktheit der Eingeborenen mit, und so ließ sich bald kaum mehr sagen, ob der Schamschurz zu den ursprünglichen Kulturelementen gehört hat oder durch den europäischen Einfluß verbreitet worden ist. Die häufigste Form ist der »Durchziehschurz«: ein Stück Stoff oder Leder wird zwischen den Beinen durchgezogen und vorne und hinten an der Hüftschnur befestigt. Sein Verbreitungsgebiet läßt die alte Frage nach den kulturellen »Zusammenhängen« auftauchen. Bei den Negritos und Pygmäen, aber auch in Ost- und Südasien, in Nord- und Südamerika findet sich dieses Bekleidungsstück, ebenso im tropischen Afrika. Allerdings liegt die Vermutung nahe, daß bei einem so einfachen Ding verschiedene Menschen auf den gleichen praktischen Einfall gekommen sind. Nur ist diese Art Schambinde nicht die einzige Lösung des Problems. In China zum Beispiel tragen Kleinkinder vorne ein viereckiges Stück Stoff, das lose von der Hüftschnur herunterbaumelt. Die Buschmänner der südafrikanischen Steppe, die Eskimos und einige Indianerstämme des Amazonasgebietes machen es wiederum anders: Sie befestigen die langen Zipfel eines dreieckigen Schamtuches an der Hüftschnur, und die dritte Spitze ziehen sie zwischen den Beinen durch. Diese dreieckige Schambinde kommt nur bei Frauen vor. Den unbefangenen Betrachter berührt es eigentümlich, daß selbst bei einem so primitiven Kleidungsstück wie dem Lendenschurz verschiedene Formen nebeneinander bestehen und so starr eingehalten werden wie eine Mode.

Zu den ältesten Formen der Kleidung gehören der um die Hüften gewickelte Rock, der über die Schulter geworfene Mantel und das viereckige Stück Stoff, in dessen Mitte ein Loch für den Kopf geschnitten ist, der Poncho. Der Rock ist in verschiedenen Formen bekannt: Schnurröcke gab es schon in prähistorischer Zeit, wie ein Fund in einem dänischen Eichensarg der Eisenzeit beweist. Bei den Eingeborenen Afrikas kennt man den Grasrock, den die Frauen anlegen, wenn sie Schautänze aufführen. Einen kurzen Leinenrock trugen auch die ägyptischen Männer; er wurde als einfaches Rechteck um die Hüften gewunden und reichte nicht bis zum Knie. Um 3600 v. Chr. trug jedermann, der nicht nur mit einem Lendenschurz bekleidet war, solche Röcke; sie sind durch die Jahrtausende auf allen Grabmalereien abgebildet und haben sich nur geringfügig verändert. Allerdings änderte sich mit der Zeit der modische Wert dieses Kleidungsstückes: Anfangs hatten alle, die Götter, die Könige und das Volk, solche Röcke getragen; später blieb es die Arbeitskleidung der Massen, und nur konservative Kreise, die an den alten Auffassungen festhielten, betrachteten den Rock auch weiterhin als die den Königen und Göttern zustehende Kleidung. Hinten am Rock befestigte man einen Wolfsschwanz, und dem König allein stand das Recht zu, als Gehänge den Schwanz eines Stieres anzubringen. Mit der Zeit wurde der Rock immer länger, und wenn er anfangs noch aus Pflanzenfasern bestanden hatte, so schnitt man ihn schon im Alten Reich aus Leinen. Außerdem wurde es Mode, ihn zu stärken, so daß der gestärkte Stoff gut 50 cm nach vorne abstand. Daß der Rock um die Hüften gewunden wurde, ist für die frühen Formen charakteristisch. Das Wort Gewand rührt aus solchen Ursprüngen her, denn es bedeutet »das Gewundene«.

Bei den Sumerern trugen die Männer Röcke aus Schaffell, und in Indonesien kommt der rundgewebte Rock vor, wie man ihn ähnlich auch in Südamerika kennt.

Uralt ist auch der einfache, über die Schultern geworfene Mantel, der durch eine Nackenhaube verbessert werden kann und dessen Verbreitungsgebiet von Grönland bis nach Feuerland, von Afrika bis nach Australien reicht. Die Zwergentracht bewahrt die Erinnerung an diese Form, die als Burnus in Nordafrika, als Chormantel in der Kirche fortlebt. Es gab vom Mantel noch eine Sonderform, ein Kleidungsstück, das über der linken Schulter geknüpft wurde und unter dem rechten Arm herabhing. Schon auf alten ägyptischen Wandmalereien findet man solche links geknüpften Mäntel, auf die vermutlich der nordafrikanische »Haik« zurückgeht. Es gibt auch anderswo Spuren: Zu einer litauischen Frauentracht gehört ein solcher doppelt getragener Mantel (Birket-Smith), und selbst die bekannte griechische Männertracht, die »chlaina«, geht wohl auf das alte Vorbild zurück. Mit dieser Chlaina verwandt ist das griechische Himation, ein großes, viereckiges Tuch, das man zuerst über die linke Schulter warf und mit dem Arm festhielt, dann im Rücken nach der rechten Seite über den rechten Arm oder unter ihm hinwegzog und wieder über die linke Schulter oder den linken Arm schlug. In der Art, wie man das Kleidungsstück mehr oder weniger geschickt umwarf, erkannte man den Bildungsstand des Trägers (Licht). Man erinnert sich der würdevollen Haltung römischer Senatoren, die nicht zuletzt im Wurf der Toga ihren plastischen Ausdruck findet. In Indien ist es der Sari, der um den Leib gewickelte Rock, der an ältere Formen erinnert. Überreste der alten europäischen Wickeltracht finden sich noch heute in den Volkstrachten auf dem Balkan, aber auch im schottischen Plaid und Kilt, die ja auch in einem einzigen, zusammenhängenden Stück Stoff bestehen. In Afrika hat sich das umgewickelte Tuch als Kleidungsstück bei den Somali erhalten. Dort kann eine einzige Stoffbahn, die zugleich als Lendentuch, Mantel und Schulterhülle dient, bis zu 3 × 7 m groß sein.

Zum Schluß dieser Reihe urtümlicher Kleidungsstücke soll der Poncho genannt werden, dessen südamerikanischer Name auf die ganze Gattung übergegangen ist. Man kennt das viereckige Stück Stoff oder Fell, in dessen Mitte das Kopfloch ist, schon aus dem 3. vorchristlichen Jahrtausend; damals war es in Westasien bekannt und ist von dort in der Mitte des 2. vorchristlichen Jahrtausends nach Ägypten gekommen. Aus dem Grab Tutenchamuns (um 1346/37 v. Chr.) gibt es Festtrachten in Ponchoform. Bei den Römern nannte man den Hirtenmantel »casula«, und es wird nicht ohne Symbolgehalt gemeint gewesen sein, daß sich aus einem Hirtenmantel der Schnitt des römisch-katholischen Meßgewandes entwickelt hat; es war die angemessene Amtstracht für den Hirten der Seelen (lateinisch: pastor). Die sogenannte »Kotze« der Alpenbewohner, die ja ursprünglich Weidewirtschaft betrieben, ist ebenfalls eine Form des Ponchos, und selbst bei den Lappen, die als Rentierhüter abseits der Zivilisation leben, trifft man noch auf solche Überwürfe. Sie werden aus dem Fell eines jungen Bären verfertigt und sind offensichtlich die ideale Berufskleidung für den Hirten, weil sie den besten Wetterschutz bieten, aber die Bewegungsfreiheit der Arme nicht einengen. Nur unter einem Poncho ist das neugeborene Lamm, das der Hirte aufnimmt, vor Wind und Wetter vollkommen geschützt, ebenso wie der Hirte selbst. In Amerika erstreckt sich das Verbreitungsgebiet des Ponchos von den Hochebenen Kolumbiens bis nach Chile, in Asien vom zentralasiatischen Hochland bis nach Tahiti. Die Völkerkundler haben herausgefunden, daß zwischen den Gebieten, wo der Poncho vorkommt, andere folkloristische Trachtenformen getragen werden, die aber jüngeren Ursprungs sind. So erweist sich gerade an unscheinbaren Formen der Bekleidung, die in der Fülle des modernen Angebotes untergehen, eine uralte kulturelle Verbundenheit, weit vor Beginn der geschichtlichen Zeit.

Ehrenkleid und Büßerhemd

Die Kleidung als Schutz oder als Schmuck und Auszeichnung – diese beiden Grundelemente ergänzen sich wie zwei Seiten einer Medaille. Ein Beispiel: Wenn die jungen Männer aus den besten Familien des Inka-Staates mit Erfolg die sehr schwierigen Staatsexamen abgeschlossen hatten, durchbohrte der Inka persönlich ihre Ohrläppchen mit einer goldenen Nadel, jeder von ihnen erhielt aus seiner Hand enganliegende Hosen, ein Federdiadem und einen Brustpanzer aus Edelmetall. Von nun an durften sie die großen, goldenen Ohrgehänge tragen, die ihnen bei den Spaniern den Beinamen »orejones« (spanisch: Langohren) eingetragen hatten, und zählten zur Elite des Landes.

Ganz offensichtlich handelt es sich hier um eine Auszeichnung. Aber es geht nicht mehr um die Bemalung der Haut, um die Hervorhebung des »mana«, der magischen Kraft, die in einem Körperteil oder in einem bestimmten Stammesmitglied steckt, sondern um Auszeichnung im gesellschaftlichen Sinn: Der Inka selbst, der Sonnengott, greift zur goldenen Nadel, und was auf den ersten Blick für den außenstehenden Betrachter absurd erscheint, wirkt innerhalb des Systems vollkommen logisch. Die Gesellschaft selbst entwickelt also Formen, die Kleidung eines Menschen mit Bedeutung aufzuladen, sie differenziert sich in der unterschiedlichen Teilhabe an der Macht und drückt dies durch Titel, aber auch durch Kleidung aus. Wenn einer der Großmogul von China, der Großwesir des Osmanischen Reiches, der Erzbischof von Brasilien oder der Generalissimus von Honduras ist, dann muß das auch zu sehen sein: Schlösser und Parks, Dienerschaft und Kutschen aller Art, die vielfältigen Zeremonien der Gesellschaft, von denen sein Leben begleitet ist und mit denen die Gesellschaft sich selbst feiert, haben keinen anderen Sinn als das auszeichnende Kleid. Man könnte dabei allgemein als Regel ansehen, daß die Person des Herrschenden, etwa in Diktaturen, um so unscheinbarer gekleidet ist, je größer seine Macht ist, während seine Würdenträger ihre Kleidung um so imponierender und prahlerischer ausgestalten, je unsicherer ihnen ihre Stellung erscheint.

Wenn der Inka den jungen Leuten die schweren, goldenen Ohrringe überreicht, dann geschieht soziologisch gesehen zweierlei: Durch Federdiadem und Brustpanzer, durch die Hosen und die Ohrgehänge werden die jungen Leute »abgehoben«, sie werden unterschieden von der Masse ihrer Altersgenossen, zugleich aber auch in stärkerem Maße eingeordnet. Dieses paradoxe soziologische Gesetz läßt sich im Wechsel der Mode, in der Entwicklung der einzelnen modischen Ausformungen immer wieder nachweisen. »Auszeichnung und Einordnung in eine soziale Gruppe schließen einander nicht aus. Einer kann sich nur insofern auszeichnen, als er etwas tut, das auch von den anderen anerkannt wird« (R. König). Beispiele dafür finden sich überall: Ein Mann, der sich ausgezeichnet fühlt, gehört auf intensivere Weise dazu als ein weniger erfolgreicher Angehöriger eines Stammes, einer Kaste, einer Gruppe. Man kann das an dem Sonderfall des Schmuckes, dem Orden, noch deutlicher erkennen als an Gewändern, die Rang und Stellung ihres Trägers auf nicht zu übersehende Weise dokumentieren. Psychologisch ist interessant, daß Kopf und Brust die hervorragenden Bereiche solcher Zurschaustellung sind. Die hohe spitze Mütze der alten Priester, die Krone des Herrschers dokumentieren die hervorgehobene Stellung ihres Trägers, auch die Federbüsche auf dem Hut, die Helmzier, die Auerhahn- und Spielhahnfeder des Bauern und Jägers oder der Gamsbart am Hut des oft eitlen, klein gewachsenen Mannes sind Belege für das Bedürfnis, das Haupt auszuzeichnen.

Wenn man den Menschen stammesgeschichtlich in die Deutung des Tierverhaltens einbezieht, stößt man auf das Imponiergehabe des Affenmännchens, das sein Geschlechtsteil dazu benutzt, den Rivalen abzuschrecken. Überall in den alten Hochkulturen findet man Phallussymbole; oft mag der steinerne Phallus auf einem Hügel oder an einer Grenze nicht so sehr magisch die Fruchtbarkeit gestärkt, sondern eine Wächterfunktion übernommen haben. Auf alten afrikanischen Masken ist der Phallus angebracht, auch trug die goldene Königskrone des afrikanischen Reiches von Kaffa einen goldenen Phallus. Ursprünglich, so meint der Verhaltensforscher Otto Koenig in seinem sehr aufschlußreichen Buch »Kultur und Verhaltensforschung«, habe der griechische Helm einen Phallus getragen: Die männliche Geschlechtspräsentation war gleichzeitig die Präsentation der Macht. Aus diesem Phallus habe sich dann der griechische Helmbügel entwickelt, auch der Roßschweif als Helmzier deute auf die Sexualsymbolik des Helmes hin.

Daß man die Brust voller Orden hängt, auf der Kleidung reiche Stickereien anbringt oder gar, wie bei der alten Generaluniform, breite rote Aufschläge schuf, entspricht der Tendenz, die Brust als Bereich des Selbstgefühls besonders zu betonen. Rot, die Farbe des Blutes, hat schon im Tierreich häufig eine besondere Signalfunktion, ebenso in der Kostümgeschichte. Daß die Römer das Rot heilighielten, führte zur besonderen Wertschätzung von purpurgefärbten Stoffen. Nur Priester und Könige durften sie tragen, und nur verdienten Beamten wurde gestattet, als Auszeichnung einen Purpurstreifen auf dem Gewand zu tragen. Nun stammte die Verehrung des Purpurs aus uralten Zeiten, denn schon die Indogermanen haben Purpur gekannt, auf Kreta wurde es schon um 1600 v. Chr. hergestellt, und in Phönizien und Syrien produzierte man Purpur bereits in größerem Maßstab. Vor allem auf dem Export von Purpur beruhte die wirtschaftliche Bedeutung dieser Provinzen, Kanaan heißt »Land des Purpurs«. Andererseits wurde von seiten der herrschenden Beamten und des königlichen Hofes die Exklusivität der königlichen Farbe mühsam aufrechterhalten. Zur Kaiserzeit wickelte man die neugeborenen kaiserlichen Prinzen, um ihre Anwartschaft auf den Thron frühzeitig zu dokumentieren, in Purpurwindeln, und unter Kaiser Nero wurde jedermann mit der Todesstrafe bedroht, der unbefugt Purpur trug oder auch nur ein Stück roten Stoff auf eine andere Farbe nähte. Der Königspurpur, ergänzt durch den Hermelinpelz der späteren Kaisertracht, ist nur eines von vielen Beispielen, wie durch die Tracht ein Mensch oder eine Klasse hervorgehoben werden, wie das Herrschaftsverhältnis durch die Kleidung modisch zum Ausdruck kommt: Oft wird die Kleidung einheimischer, unterworfener Völker zur Tracht der niederen

Schichten, während die Eroberer an ihrer oft unzweckmäßigen Kleidung festhalten, um die Klassengrenzen zu markieren. Selbst der zeremonielle Gehrock der Engländer wurde in diesem Zusammenhang zum Statussymbol; die Generation der Sahibs hielt auch in tropischen Ländern an ihm fest, obwohl eine leichtere Tracht zweckmäßig gewesen wäre.

Kleidervorschriften hat es in allen Klassengesellschaften und zu allen Zeiten gegeben; der Kampf zwischen zwei rivalisierenden Schichten, etwa dem Bürgertum des 14. Jahrhunderts und dem Rittertum, drückte sich auch darin aus, daß die reich gewordenen Bürger tragen wollten, was bisher von Rechts wegen nur den Rittern zustand. Daß Kleidung auszeichnet, wird am stärksten in den sogenannten »Würdekleidern« realisiert. Mit diesem Begriff bezeichnet man vom Krönungsornat bis zum Häuptlingsputz alles, was bei bestimmten zeremoniellen Anlässen angelegt wird, damit sein Träger sich der Rolle entsprechend verhalte, die er in der Gesellschaft übernommen hat. Meist handelt es sich um ein ehrwürdiges, altes Gewand, das schon durch die Zeit geheiligt ist und von vielen Generationen getragen wurde. Reichgestickte Ornate (lateinisch ornare: schmücken) gehören zur kirchlichen Zeremonialkleidung. Der weite Rock löst übrigens die sexualtypischen Formen des Mannes oder der Frau auf, im Gegensatz zur täglichen Tracht. Kardinäle, Bischöfe und Priester haben daher ein weites, offenes Gewand. Bezeichnend ist, daß man für die Amtseinsetzung das Wort Investitur verwendet; das bedeutet eigentlich »Bekleidung«, und noch heute sagt die Sprache von einer Amtsperson, sie »bekleide« ein Amt. Am Beispiel Christi in der Kunst kann man die Bedeutsamkeit der Kleidung besonders deutlich erkennen: Im Mittelalter und bis weit ins 16. Jahrhundert hinein wurden die Heiligen, einschließlich der Heiligen Familie, in aller Naivität so dargestellt, wie der Bauer und der Bürger jener Zeit gekleidet waren. Nur Christus trägt stets ein zeitloses Rockgewand, das ihn schon von der Kleidung her seiner Umgebung entrückt. Das Gegenstück zum Würdekleid oder Ehrenkleid ist das Demutskleid. In den grauen und schwarzen Kutten der Mönchsorden ist es zu einer Art Uniform geworden, übrigens zu der ersten einheitlichen Kleidung Europas überhaupt; die Uniformierung der Soldaten ist erst sehr viel später entstanden.

Wer sich erniedrigt, meidet hohe Kopfbedeckungen, läßt sich das Haar scheren, zieht ein ärmliches, unauffälliges Gewand an, das Büßerhemd, so wird auch der zum Tode Verurteilte auf dem Karren zur Richtstätte gefahren, so tritt der Tote vor seinen Herrgott. Schon in der Antike hat es aber auch die Provokation durch die betont ärmliche, ungepflegte Kleidung gegeben; die Kyniker pflegten, wie heute die Gammler, dem parfümierten Luxus ihre ausdrucksvolle Zerlumptheit entgegenzusetzen. Diogenes, ein durchaus gebildeter und kluger Kopf, ist in seiner Tonne weltberühmt gewesen und hat seine Armut wie eine Auszeichnung getragen. Den geheimen Hochmut, der in dieser Haltung liegen kann, hat schon Sokrates unnachahmlich bloßgestellt, als er einem Kyniker zurief: »Aus jedem Loch deines Rockes blickt die Eitelkeit heraus!«

Narrheiten der Mode

Wenn jemandem etwas einfällt, das von einer größeren Anzahl anderer Menschen nachgeahmt wird, entsteht eine Mode, so etwa ließe sich der Begriff Mode auf einen schlichten Nenner bringen. Kompliziert wird das Thema allerdings erst, wenn man dem Wechsel der Moden auf die Schliche zu kommen versucht: Wer sich modisch kleidet, ahmt andere nach, aber was ist Nachahmung, und nach welchen Gesetzlichkeiten funktioniert sie? Gibt es überhaupt »Gesetze« der Mode? Nachahmung ist ein Schlüsselbegriff für das Lernverhalten und für kollektive Reaktionen: Ein Sperling fliegt auf, wenn alle auffliegen; die Massenbewegung wird blitzschnell ausgelöst und weitergeleitet – er ahmt nach. Ebenso lernt das Küken das Picken von der Henne, indem es sie nachahmt. Der Zwang zur Nachahmung hat in der Existenz eines Wesens eine bestimmte, erleichternde Bedeutung. Man fühlt sich geborgen, wenn man dem folgt, was andere tun, und braucht keine produktive Energie auf die Lösung von Problemen zu verwenden, die andere schon gelöst haben. Hier liegt übrigens die gesellschaftliche Funktion des Vorurteils. Aber wenn das so ist, wer ahmt in der Mode wen nach? Der Arme den Reichen? Allerdings scheint es sich auf den ersten Blick so zu verhalten, daß die Leitbilder für Kleidung den oberen Schichten entnommen werden, aber tatsächlich trifft das nur in begrenztem Maße zu. Auch bei Naturvölkern gibt es Moden. Bei den Eskimofrauen westlich der Hudsonbucht sind Stiefel Mode, die an der Seite völlig sinnlose Ausbuchtungen tragen; im Laufe der letzten dreißig Jahre hat sich diese Mode bei den Eskimofrauen rund um den magnetischen Nordpol ausgebreitet. Auch bei afrikanischen Stämmen oder selbst bei den Indios im Regenwald gibt es solche Tendenzen, die freilich, weil der Besitz gering ist, kaum auffallen und eher das Schmuckbedürfnis bezeichnen als eine Mode in unserem Wortbegriff.

Auf Völker mit einer fortgeschritteneren Zivilisation angewandt bedeutet Mode, daß ein gewisser Reichtum verfügbar ist, der auf Kleidung verwandt wird, aber dies geschieht nicht wahl- und regellos. Zunächst einmal bedeutet Mode Abwechslung, im Gegensatz zum Zeitstil oder zum Stil etwa einer Tracht. Der Stil formt, dem einzelnen meist unbewußt, das Gesamtverhalten, denn eine Vielzahl von unabhängigen Ausdrucksformen hängt doch auf verblüffende Weise miteinander zusammen. So bestehen Verwandtschaften zwischen den barocken Schlössern und den barocken Trachten, zwischen einer Notenschrift von Johann Sebastian Bach und der Allongeperücke, die er trug, zwischen der Vorliebe für gewundene, ovale Formen im Ornament und dem Tafelgeschirr, und für andere Stilepochen lassen sich ganz ähnliche Beziehungsreihen aufstellen. Innerhalb dieser Einheitlichkeit, die ja nicht gewollt ist, sondern als Ausdruck einer angepaßten Mentalität zutage tritt, spielt die Mode ihre Varianten durch und befriedigt das Bedürfnis nach Abwechslung. Natürlich sind auch hier die Grenzen fließend, und aus einer Summierung von modischen Akzenten kann unversehens ein neuer Stil entstehen, oder was sich zunächst als modische Variante darstellte, war Vorläufer eines geistigen Umbruchs und Beginn eines neuen Stiles.

Es gibt für solche Vorgänge in der Geschichte der Kostümkunde vielerlei Beispiele, die man noch wird erwähnen müssen, um die einzelnen Epochen zu charakterisieren. Eines dieser Beispiele ist die Schellentracht des Harlekins, der in Deutschland Kasper, in Frankreich Guignol, in England Punch heißt und stets die spitze Kappe und die spitzen Schuhe trägt; auch Eulenspiegel wird mit einer Schellenkappe dargestellt. Diese Puppenspielfigur ist ursprünglich durchaus realistisch nach neuester Mode gekleidet. Im Mittelalter lautete eine Redensart: »Wo die Herren sind, da klingen die Schellen!«, denn der hochgestellte Mann trug an der Schärpe Schellen aus Silber oder Gold. Diese Mode kam um 1350 auf, also vor der großen Pest und der Verödung Europas. Der damalige Wirtschaftsaufschwung begünstigte solchen Luxus, und so trugen die Herren als Friedenstracht – nicht immer stolzierten die Ritter ja in der Rüstung umher – einen Schellengürtel. Der Ritter La Hire trägt einen roten, ganz mit silbernen Kuhglocken überladenen Mantel, ein Herzog von Cleve bekommt den Beinamen »Johenneken mit den Bellen«, weil er ständig mit Glöckchen behangen ist, und Karl der Kühne (1433–1477) erscheint in einem Gewand, das über und über mit klingenden Florinsgulden bedeckt ist. Die Talerketten, wie sie heute noch zur Bauerntracht gehören, sind auf diesen Prunk zurückzuführen, ebenso die Schlittenglocken, denn auch die Pferde schmückte man mit Schellen. So wurde der Schellengürtel zum festen Bestandteil der Kleidung bis weit ins 16. Jahrhundert, und auch die Damen nähten sich Schellen an den Ausschnitt oder an die neuerdings weit herabfallenden Ärmel.

Modisch wurde auch das sogenannte »mi-parti«, die Kleidung, deren Farben geteilt waren, nicht nur gemustert. Da gab es die engen Strümpfe, die halb rot, halb blau waren, oder das in Blau und Rot oder Blau und Grün geteilte Wams – und auch dieses »mi-parti« hat sich im Kleid des Harlekins erhalten. Von der Psychologie des modischen Verhaltens her ist der Vorgang bezeichnend: Zunächst tragen nur Gecken solche Schellen, also Menschen von besonderer Eitelkeit, deren Verlangen, um jeden Preis aufzufallen, die herrschende Sitte durchbricht und die gewohnten Anschauungen provoziert. Dann erfolgt, weil das allgemeine Bedürfnis besteht, zu prunken und anmaßend aufzutreten, die Wendung zur herrschenden Mode. Nun trägt jeder, der zu einer bestimmten Schicht gehört, den Schellengürtel, den sich übrigens anfangs nicht jeder leisten kann. Der Soziologe spricht in diesem Zusammenhang von einem »kontinuierlichen Selbstmord der Mode«, die zunächst Auszeichnungsmerkmal ist und dann Allgemeinbesitz, also langweilig wird. Schließlich verschwindet eine solche Mode, der Geschmack verläuft plötzlich in gänzlich anderen Bahnen, und nur Reste der einstigen modischen Sitten erhalten sich, wie hier in der Talerkette des Bauern.

Damit ist die Schelle oder der Münzenschmuck zum »gesunkenen Kulturgut« geworden, ein Vorgang, der sich nicht nur im Bereich der Mode tausendfach beobachten läßt. Mit der Narrentracht hat es insofern eine besondere Bewandtnis, als es ja kein Zufall ist, wenn ausgerechnet der schlaue Kasper, der lustige Harlekin, Verkörperungen des respektlosen Volksdenkens, sich kleiden wie die Herren. Diese Puppen entkleiden die Herrentracht ihrer Anmaßung, geben sie dem Gelächter preis, in jener kritischen Funktion des Spaßmachers, die auch der Hofnarr verkörpert hat. In der Limburger Chronik von 1362 heißt es über solche modischen Entwicklungen: »In diesem Jahr vergingen die großen, weiten Pluderhosen und Stiefel. Die hatten oben rotes Leder und waren verhauen, und die langen Lederschuhe mit Schnäbeln gingen an. Dieselben hatten Krappen (Anm. d. Verf. Sporen), einen bei dem andern, von der großen Zehe bis oben aus und hinten aufgenestelt halb bis auf den Rücken. Da fing es auch an, daß sich die Männer hinten vornen und neben zunestelten und gingen hart gespannt. Und die jungen Männer trugen alle mehr geknäufte Kugeln (Anm. d. Verf. Schellen) als die Frauen. Diese Kugeln währeten mehr denn dreißig Jahr, da vergingen sie.« Mit Sicherheit hat diese Mode den Leibeigenen, den Bauern oder Knecht nicht berührt. Nur wer über genügend Mittel verfügt, hat modischen Spielraum und nutzt diesen auch, bewußt oder unbewußt, um sich abzuheben von denen, die wenig Geld im Beutel haben und nur ihr Werktagskleid und einen Sonntagsrock ihr eigen nennen. Goldene und silberne Schellen konnten sich nur die Ritter leisten und allenfalls reiche Bürger, aber hier setzt dann auch der Versuch ein, modische Grenzen zu ziehen: Prinzipiell sollen die Stände scharf geschieden und durch Kleiderordnungen in ihre Schranken gewiesen werden.

Wider Hoffart, Pracht und Übermut

Karl der Große trug eine Hose und ein Hemd aus Leinen, eine mäßig weite Tunika aus Wolle, die er mit einem seidenen Gürtel schürzte, und im Sommer einen wollenen Mantel, im Winter einen Pelz. Kostbare Stoffe gab es damals im Abendland noch nicht, die Seidengewebe der geistlichen Würdekleidung waren Geschenke aus Ostrom oder Kriegsbeute wie die gold- und silbergewirkten Gewänder, die Karl der Große im Schatz des Langobardenkönigs Desiderius fand. Der Biograph des Kaisers schrieb: »Ausländische Tracht wies er zurück, mochte sie auch noch so prunkvoll sein, und ließ sich solche niemals anlegen, ausgenommen zweimal in Rom, wo er einmal auf Wunsch des Papstes Hadrian und ein anderes Mal auf die Bitte von dessen Nachfolger Leo die lange Tunika, die Chlamys und die römischen Schuhe anzog. Einzig bei festlichen Gelegenheiten erschien er in golddurchwirktem Kleide und mit Edelstein besetzten Schuhen, den Mantel durch eine goldene Spange zusammengehalten und auf dem Haupte ein Diadem von Gold.« Bekannt ist die Geschichte, wie der Kaiser sein Gefolge, das durchaus die byzantinische Mode nachahmte, also feine Seidenstoffe trug, mit auf die Jagd nahm. Auf einer solchen Sau- oder Hirschhatz quer durch das Dickicht bewährte sich des Kaisers eigener, derber Schafspelz, während sich seine Höflinge, in ihrer kostbaren Tracht besudelt und beschmutzt, lächerlich machten.

Solche billigen Späße der Herrschenden auf Kosten derer, die von ihnen abhängig sind, hat es überall an Fürstenhöfen gegeben, wo ein Ressentiment gegen Mode entstanden war, und doch konnte kein Kaiser oder Bürgermeister auf die Dauer jene Kräfte unterdrücken, die ohne modische Akzentuierung ihre gesellschaftliche Stellung nicht hätten ausdrücken können. Ein aus verschiedenen widerstreitenden Schichten und Klassen bestehendes Gemeinwesen kommt ohne diese Versuche der Selbstdarstellung nicht aus. Bestimmte Kleidungsstücke übernehmen bei solchen Moden die Funktion eines »Erkennungszeichens«, sie signalisieren Amt oder Beruf, die purpurgesäumte Toga des römischen Senators wie der wallende Rock des Geistlichen oder der weiße Arztkittel des heutigen Mediziners. In der ständischen Gesellschaft allerdings kann nicht eigentlich von Nachahmung die Rede sein, denn kein Schmied hätte sich wie ein Stadtschreiber, kein Bader wie ein Bürgermeister zu tragen gewagt; nicht die Nachahmung, sondern die Tatsache, daß immer mehr Leute sich nicht ihrem Stand entsprechend kleideten, rief den Zorn der Obrigkeiten hervor. Die erste Kleiderordnung, im Jahre 808 von Karl dem

Großen erlassen, hat denn auch das Ziel, den verschiedenen Ständen ihre Kleidung zuzuweisen. Wenn die Ordnung eingehalten wurde, konnten Kleidungsfragen nicht zum Konfliktstoff werden, aber die Verhältnisse änderten sich, und so versuchte man, die Ordnung künstlich aufrechtzuerhalten.

Daß eine schweigende Mehrheit ihrem Unmut über neue Sitten Luft macht, scheint auch vom Wechsel der Generationen bedingt zu sein, nicht nur in der Psychologie des »Anstoßnehmens«. So schreibt der ehrwürdige Abt Siegfried von Gorze an den Abt Poppo von Stablo im Jahre 1043: »Eines aber ängstigt mich sehr und kann nicht mit Stillschweigen übergangen werden, nämlich daß die Ehre des Reichs, die sich zur Zeit der früheren Kaiser in Kleidung und Sitten, in Waffen und Kampf so stolz und würdig gezeigt hat, in unseren Tagen hintenangesetzt wird und dafür der üble Gebrauch der Franzosen eingeführt wird, sowohl im Bartschnitt, wie in der elenden und schamlosen Blicken alles bloßlegenden Verkürzung und Entstellung der Kleider, sowie anderer Neuerungen, die alle aufzuführen zu weit gehen würde und die zur Zeit der Kaiser Otto und Heinrich keinem erlaubt war einzuführen. Jetzt aber achten die meisten die väterlichen ehrbaren Sitten gering und streben nach den schändlichsten Gebräuchen, sowohl in Bezug auf ihre äußere Kleidung, wie auch in Bezug auf ihr Inneres; sie wollen in allem denen gleich sein, die doch ihre Feinde sind. Das beklagen wir deswegen so sehr, weil mit den äußeren Veränderungen in der Kleidung auch die Gesinnung sich ändert und dadurch in ein ehrbares Land Mord, Raub, Meineid und Betrug hineingetragen wird.« Die Kleidung der Herren damals muß auf den Abt gewirkt haben, als seien sie schon halbe Sarazenen, ähnlich wie auf den heutigen Bürger die Tracht modebewußter junger Leute; auch die schnelle Beziehung zwischen Kleidung und Kriminalität gehört offenbar zum Grundbestand der Verdächtigungen, wenn neue Sitten beurteilt werden.

Ende des 14. Jahrhunderts erfolgt eine modische Explosion, die Auseinandersetzungen zwischen den adligen Grundherren und dem städtischen Bürgertum ankündigend. Von Italien ausgehend gibt es zum ersten Male in Europa so etwas wie einen einheitlichen Stil der Kleidung, zugleich entsteht innerhalb des Bürgertums genau der gleiche modische Wettbewerb, wie er Jahrhunderte vorher im Feudaladel stattgefunden hatte. Es sind Prestigekämpfe auf der Ebene der Mode, in denen jeder seinen Reichtum, seinen Konsum demonstrieren muß. Ein unerhörter Kleiderluxus ist die Folge, der bald unsinnige Formen annimmt, und so erläßt denn der Rat zu Speyer, als einer von vielen, die folgende Kleiderordnung von 1356 »über hoffärtige Kleider und Gezier«: »Wir, der Rat zu Speyer, bekennen uns in diesem Briefe, daß wir han gemerkt groß Gebresten, das jetzund ist in Städten und im Lande an Hoffart und Übermut, die auch die erste Sünde gewesen ist, die je geschah und aus der alle Sünden entsprossen sind.«

Wenn eine Obrigkeit Ordnung schaffen will, verbietet sie frisch und ohne Zögern, was ihren Vorstellungen nicht entspricht, denn die Ursachen der Unordnung, deren Teil sie selbst ist, kann sie meist nicht erkennen, geschweige denn beseitigen. Der Schleier der Frauen, sagt der Rat zu Speyer, solle »umgewunden« nicht mehr als vier Falten haben, die Frauen dürfen ihre Zöpfe und Haare nicht »lassen hangen und vorne Locken machen«, keinen »zerschnitzelten Kugelhut« sollen sie tragen, auch nicht Gold, Silber, Edelstein oder Perlen an ihren Mänteln, Röcken oder Kugelhüten. Die verschnürten Ober- und Unterröcke werden verboten, die verbrämten Mäntel mit ihrem Pelzwerk und ihrer Seide, und auch die Männer kommen nicht ungeschoren davon: »Es soll keiner einen kürzeren Rock tragen, als der über die Knie abwärts geht und nicht an den Knien oder oberhalb endet, ausgenommen Wämser, Jacken, Wappen-, Harnisch- und Ritterröcke.« Neben Gold, Silber, Edelstein und Perlen auf Hüten, an Mänteln, auf Schuhen wird verboten, auf den Hüten »Schmelz« zu tragen, nämlich Zellenschmelz aus Emaille, auch soll einer, der nicht Ritter ist, keine goldene oder silberne Borte tragen oder Bänder um den Kugelhut, ebenso werden Schnabelschuhe und Schnäbel an den Lederhosen verpönt. Dies alles, unter beträchtlichen Strafandrohungen zu den Akten gegeben, kann nur für kurze Zeit wirksam bleiben.

Im 17. Jahrhundert fühlt sich die Aristokratie bedrängt von den immer machtvoller vorgetragenen Ansprüchen des Landesvaters, der als absoluter Fürst herrscht, und dem wohlhabenden Bürgertum, auf dessen Leistungen der Wohlstand des Staates beruht. Mit immer neuen modischen Extravaganzen muß der Aristokrat sich abzuheben versuchen von der Masse jener anmaßenden Bürger, die ihm wiederum in allem getreulich folgen und so das Karussell der Mode in immer schnellere Drehung versetzen. Auch hier wird das Ringen um modisches Prestige von Verboten und Verwünschungen begleitet. Damals bestehen zwei verschiedene Modestile nebeneinander: Die durch Spaniens Weltherrschaft allgemein tonangebende spanische Tracht und die Phantasiemoden, zum Beispiel die schon erwähnte Schlitztracht der Landsknechte. Der Prediger Musculus eifert denn auch im Jahre 1550 in seiner berühmt gewordenen Predigt gegen den Hosen-Teuffell, daß »ein junger Rotzlöffell, ehe er noch das Gele vom Schnabel gar abwüschet, mehr Geld zu einem Par Hosen haben müsse als sein Vater zum Hochzeitskleid«. »Sie sehen doch in Wahrheit mit solcher Kleidung dem unflettigsten Teuffell enlicher als Menschen, geschweige denn Gottes Kindern. Das ich auch selber für meine Person mus sagen und bekennen, wenn ich jetzunder junge Leut auff der Strassen, Marckt oder Kirchen sehe, das ich nicht weis, ob ich sie für Menschen oder Meerwunder und wol gar für Teuffell ansehen sol, denn sie sich wol so greulich verkleidet, zerhackt und mit Lumpen und Hadern behenget haben . . .« Sein Zorn kommt aus vollem Herzen, so rät er, die Jungen auf der Gasse sollten die Hosenteufel mit Dreck und die Mädchen mit faulen Eiern bewerfen; sie werden sich das nicht zweimal haben sagen lassen, doch genützt hat der Pastorenzorn wohl auch damals nicht viel, denn die »Hoffart« saß tiefer und hatte ihre Ursache in einem unausweichlichen modischen Konkurrenzkampf. Den Zeitgenossen kam nicht zum Bewußtsein, daß es sich hier um gesellschaftliche Zwänge handelte, sie prangerten das Symptom an und glaubten, bei einigem guten Willen müßten die modischen Übertreibungen sich doch vermeiden lassen. Bezeichnend ist, was der sächsische Landtag im Jahre 1609 zu diesem Thema zu Protokoll gab, als eine neue Kleiderordnung begründet werden sollte: »Überdies und zum andern stehen unserer getreuen Landschaft vor Augen, wie Pracht, Hoffahrt, Übermut dergestalt überhand nimmt, daß keines vor dem andern zu erkennen, sondern man alles den großen Lands-Potentaten will nachtun.« Die Herren vom Landtag klagen, sie »wollten geschweigen«, was »vor fremde Manieren in Kleidung u. a. m. sich anmaßet, die nicht allein scheußlich anzusehen, sondern das dabei an den Tag geben, als wenn kein Deutscher im Lande« – schon damals also die Klage von der Überfremdung, von den Einflüssen der »fremden Nationes«.

Wenn man die zeitgenössischen Schilderungen der neuen Moden liest, meint man, ein heutiger Hippie werde von einem grimmigen Kleinbürger beschrieben: »Auch die Mannspersonen sind in der Hoffart ersoffen. Um die Hüte tragen sie goldene Spangen mit Ringen, wie die Weibergürtel. Dadurch geben sie zu verstehen, daß sie ein weibisches Herz haben . . . Die Haare müssen also gestrobelt sein wie bei einer bösen Sau, und hinten sind sie zottig, als hätten die kleinen Katzen daran gesogen. Sehen also aus wie ein polnischer Bauer, der morgens aus dem Stroh kriecht.«

Alle die Ressentiments halfen nichts: Nach dem Dreißigjährigen Krieg erscheint im Jahre 1672 die erste Modezeitschrift, der »Mercure galant«, später »Mercure de France«; das Wirtschaftssystem zwang Frankreich zur Ausfuhr, es wurden Gobelins, Tapeten, Spiegel, Brokat, Modekupfer und Parfüms hergestellt, die im Ausland bis nach Petersburg und Wien, Belgrad und Potsdam reißenden Absatz fanden. Wieder einmal ging die Mode mit der Macht, und wie die französische Vorherrschaft in Europa die der Spanier ablöste, so löste die französische Mode die spanische Tracht ab. Von nun an war Paris das Modezentrum der zivilisierten Welt, und wie der französische Adel sich kleidete, so kleidete man sich in allen Städten, an allen Höfen, auf allen Schlössern der bewohnten Erde: Die Hoffart hatte gesiegt.

Modeströmungen kann man nicht, wie den Herzrhythmus eines Patienten, in einer Kurve darstellen, denn es fehlt das Bezugssystem. Immerhin lassen sich doch einige Tendenzen erkennen, die bestätigen, daß es so etwas wie Pendelschläge der Mode gibt. An die manipulierte Mode, die der Hersteller diktiert und durch die Massenmedien in die öffentliche Diskussion bringt, ist dabei nicht gedacht. Mode umfaßt ja im weitesten Sinne nicht nur die Kleidung, sondern alles, was der Mensch benutzt, um sich selbst in der Gesellschaft darzustellen: eine bestimmte Sprechweise, der Jargon einer Clique, der Besuch bestimmter Lokale, eine Hundeart oder die Gartenlaube, das Picknick oder der Chorgesang, ja selbst eine Krankheit wie die Schwindsucht können »in Mode« sein. Im 19. Jahrhundert, beeinflußt von Puccinis »La Bohème«, galt ein wenig Schwindsucht als chic, denn wer auf sich hielt, war ein Ausnahmemensch, das heißt, orientierte sich an der Individualität des leidenden Künstlers.

Den Pendelschlag der Mode, einen im Grunde banalen Vorgang, kennt jeder aus eigener Anschauung: etwa den Wandel von der üppigen Weiblichkeit einer Monroe, einer Brigitte Bardot zum flachbusigen, schmalen Hosentyp mit lang hängenden Haaren, wie ihn zuerst Juliette Greco kreiert hat. In der eigenen Zeit erscheinen solche Gegenbewegungen ganz zwangsläufig und selbstverständlich; in der Vergangenheit nehmen sie sich bizarr aus, vor allem auf einem Gebiet, das gerade im heutigen Bewußtsein erneut auflebt, nämlich der männlichen Bekleidung. Von Abbildungen kennt man mittelalterliche Landsknechte mit riesigen, geschlitzten Pluderhosen. Ihre Tracht ist so phantastisch, daß sie immer wie zum Kostümfest ausstaffiert wirken – kaum vorstellbar, daß Männer in solchen Wämsern und Hosen über lehmige Äcker gerannt sind, Burgen gestürmt, Ritter vom Pferd gestoßen haben. Anfangs sah die Hose auch harmlos aus; sie wurde von den Rittern ursprünglich nur unter der Rüstung getragen und lag eng am Bein. Ab 1350 etwa trug man solche Hosen aus weichem, feinem Tuch auch als Friedenstracht. Im Spätmittelalter wurde die Männlichkeit nur noch vorgetäuscht, die Hose saß prall

Die Puffhose *war eine Erfindung der spanischen Hoftracht. Sie wurde mit Roßhaar ausgepolstert und ließ dem Träger wenig Bewegungsfreiheit. Eingeengt in knappe »Brustpanzer« konnte sich eine so gekleidete Gesellschaft eigentlich nur steif und gravitätisch geben. Gemälde der »Kompanie des Kapitän Dirck Jacobsz Rosecrans« von Cornelius Ketel, 1588. Rijksmuseum, Amsterdam*

am Bein, wurde wattiert und mit der nicht zu übersehenden Schamkapsel versehen. Diese Hosen waren unzweckmäßig, weil man sich in ihnen kaum bewegen
konnte. Der mittelalterliche Dichter Peter Suchenwirt (gest. 1395) spottet, daß
kein Ritter mehr wie früher mit ritterlichen Übungen Kraft und Gewandtheit beweisen könne: Alle Augenblicke rissen Bänder, die Herren Ritter müßten sich halten wie Holzscheite, wenn ihre Bekleidung heil bleiben solle.

Die Landsknechte konnten solche Hosen nicht brauchen, sie kamen zur Fahne
in der Jungmännertracht, die sie im heimischen Dorf oder im Städtchen getragen
hatten. Um sich bewegen und gut marschieren zu können, trugen sie weite bau-
schige Pluderhosen, die schon bald von Hieb und Stich zerfetzt waren. Wer
Schlachten überlebt hat, zehrt mit Stolz von seinen Taten: Die zerhauene Kleidung
wurde von der Marketenderin geflickt mit dem, was gerade zur Hand war, auf
Farbnuancen kam es nicht an. So wurde die mächtige Hose aus geflicktem Tuch,

die »zerhauene Tracht«, zum Ehrenkleid des Landsknechtes, der meist sein Leben lang unter der Fahne blieb. Dieses Monstrum bestand aus nebeneinander angeordneten, losen Stoffstreifen, deren Zwischenräume reichlich mit Seidenfutter ausgefüllt wurden. Übertreibung ist die Seele der Mode, also nahm der elegante deutsche Landsknecht so viel Seide, daß sie durch die Wollstreifen hindurch bis auf die Knöchel fiel. Man nannte das »Hosen nach Braunschweigischer Manier«, denn nachweislich ist die Pluderhose dieses Formats 1553 im Lager des Kurfürsten von Sachsen vor Magdeburg entstanden. Über den ersten Eindruck schreibt ein zeitgenössischer Berichterstatter: »Es rauschete, wenn die Hosenhelden kamen, als wenn der Elbstrom durch die Brücke über ein Wehr lief.« Diese Kerle waren nicht eingeordnet in die enge, ständische Welt, sie waren gefürchtet wie heute die Rocker, denn sie lebten aus dem Land und nahmen, was sie brauchten. Dieses Außenseitertum kompensierten sie durch immer riesigere, aufwendigere Kleidung, deren Anblick allein schon den Bürger einschüchterte. Die Tuchhersteller erkannten ihren Markt: Geschlitztes Gewebe wurde fix und fertig geliefert, so daß auch einer aussah wie ein erfahrener Kriegskerl, der nie einen Schuß Pulver gerochen hatte. Die Schamkapsel hatte in der Pluderhose keinerlei Funktion, aber es wäre wider alle Psychologie gewesen, hätten die Landsknechte nicht ihr Geschlecht demonstriert: Die Kapsel wurde ausgestopft bis zur Größe eines Kinderkopfes, und der französische Schriftsteller Montaigne, der als erster literarische Essays schrieb, äußert denn auch sein Mißbehagen: Die Schamkapseln würden »das wahre Modell eines Gliedes, das wir anständigerweise nicht einmal nennen dürfen«.

Um die Mitte des 16. Jahrhunderts kam mit der »spanischen Tracht« die Puffhose auf, eine mit Roßhaar, Werg oder Kleie vollkommen gefüllte und prall ausgestopfte Oberschenkelhose, die ihren Träger zwang, sich steif und würdevoll zu bewegen. Wer sie trug, dokumentierte schon äußerlich, daß er zum Hof gehörte. Diese Tracht betonte die Hüftpartie des Mannes und verbarg die Schamkapsel, Ausdruck der Prüderie in einer Zeit, in der die Inquisition das öffentliche Leben überwachte und die Sexualität verdrängt wurde. Später, nach den ausladenden Pumphosen, hat es wiederum die enganliegende »Rheingrafenhose« und die englische Kniehose gegeben, also Formen, die nicht verdeckten, sondern betonten. Zum Kavalier des Rokoko mit seinem erotischen Getändel, seinem nutzlosen Geplauder, seinem abgezirkelten Benehmen paßt die »culotte«, die Kniehose, zu der man Strümpfe und Schnallenschuhe trug. In der Dienstkleidung herrschaftlicher Lakaien ist diese Tracht erhalten, die von der Französischen Revolution weggefegt wurde: Die Arbeiter aus den Hafenstädten des Mittelmeeres, die von Robespierre nach Paris geholt wurden, trugen nicht, was der feine Mann trug, sondern »pantalons«, lange weite Hosen. Man nannte sie mit der Arroganz der herrschenden Klasse »die ohne Culotten«, und als Sansculotten sind sie in die Geschichte eingegangen, weil jeder Patriot und Republikaner ein Sansculott war.

Hinter diesem gesellschaftlich motivierten Wandel der modischen Formen wird also ein steter Wechsel erkennbar, der bald das Enge, bald das Weite, bald das prahlende Prunkbedürfnis, bald die unaufdringliche Zurückhaltung akzentuiert. Man hat sogar säkulare Rhythmen der Mode zu erfassen versucht, freilich mit begrenzten Ergebnissen: Um 1811 und 1926, so der amerikanische Anthropologe A. L. Kroeber, hatten die Frauenkleider extreme Enge, um 1749 und 1860 extreme Weite, woraus sich Pendelschwünge von etwa 111 oder 115 Jahren ergeben, aber eben nur für Frauenröcke. Mit solchen Methoden läßt sich dem Phänomen der Kleidermode offenbar schwer beikommen, doch erkennt man Tendenzen. Die verändernde Wirkung von Krieg und Revolution besteht nun nicht so sehr darin, daß diese Ereignisse einen neuen Stil und neue Moden schaffen, sondern daß die Gewalt der Ereignisse die bisherigen Formen in Frage stellt. Nach dem Sturm auf die Bastille, nach dem Tod des Königs war der Reifrock des Ancien régime so untragbar wie nach dem Ersten Weltkrieg die Turnüre, die bis zu 40 cm ausgebuchtete Gesäßpartie der Gnädigen um die Jahrhundertwende. Jedesmal wurde die Gesellschaft empfindlich getroffen, veränderte sich ihr Lebensgefühl, schien die bisherige Form mit dem, was als geschmackvoll galt, unerträglich hohl und verlogen – und immer wieder bildete sich Mode, nachdem die Extravaganten mit ihrer Kleidung formuliert hatten, was andere nicht zu sagen wagten.

Die Besonderheit des modischen Wandels liegt darin, daß er die Abweichung von der bisherigen Norm zu einer Regel erhebt, die dem bisherigen regelrechten Verhalten gleichrangig wird (R. König). Modenarren und Modetorheiten gehören zum Bild solcher Bewegungen wie der Anstoß, die Entrüstung: In ihnen äußert sich der Prozeß des lebendigen Wandels. Daß es sich um zeitlose Probleme handelt, läßt sich schon der Bibel entnehmen: »Und der Herr sprach: Weil die Töchter Zions hoffärtig sind und im Gehen den Kopf hoch tragen und mit den Augen nach der Seite blinzeln, weil sie trippelnd einhergehen und mit ihren Fußspangen klirren, wird der Herr den Scheitel der Töchter Zions kahl machen, und der Herr wird ihre Schläfe entblößen. An jenem Tage wird der Herr die ganze Pracht wegnehmen: die Fußspangen, die Stirnreife und Möndchen, die Ohrgehänge, die Armketten und die Schleier, die Kopfbunden und die Fußkettchen, die Gürtel, die Riechfläschchen und die Amulette, die Fingerringe und die Nasenringe, die Feierkleider und die Mäntel, die Umschlagtücher und die Taschen, die feinen Zeuge und die Hemden, die Turbane und die Überwürfe. Und statt des Balsamduftes wird Moder sein, und statt des Gürtels ein Strick, statt des Haargekräusels eine Glatze, statt des Prunkgewandes der umgürtete Sack, das Brandmal statt der Schönheit« (Jes. 3,16–24). Diese im Zorn herausgeschleuderte Anklage des Propheten prangert die weibliche Koketterie mit glühenden Worten an und zeichnet doch, ohne es zu wollen, ein zeitloses und überaus reizvolles Bild weiblicher Mode, die damals schon einige tausend Jahre alt gewesen ist.

Moden der Welt

Griechische Eleganz

Um 2000 v. Chr. trug man Bluse und Rock, die Bluse mit großem Ausschnitt. Der Rock, unten weit, war meist mit kunstvollen Borten bestickt oder mit Volants verziert. Offenbar war es üblich, ein Korsett zu tragen, denn die künstlerischen Darstellungen aus jener Epoche zeigen Wespentaillen und ein Dekolleté wie bei einer Balltoilette um 1900. Anscheinend haben aber nur Göttinnen den Busen frei getragen, wie die berühmte Statuette der Schlangengöttin zeigt. Auch damals muß man zwischen dem Alltagskleid und den Zeremonialgewändern unterscheiden: Männer und Frauen trugen bei feierlichen Anlässen offenbar ähnliche, bodenlange und reichverzierte Gewänder. Die Menschen der kretisch-minoischen Kultur, die auf so rätselhafte Weise plötzlich erstarb, lebten auf ihrer Insel in Frieden, und ihre Moden waren raffiniert. Schon damals gab es ein reiches Angebot an Hüten, die mit Federn und Bändern geschmückt waren, auch trug die Dame Locken oder lang herabhängende Haare, jedenfalls aber eine Frisur, auch dürfte sie die Kosmetika nicht weniger gut verwandt haben als die Ägypterin jenseits des Meeres.

Bekanntlich bestand zwischen Kreta und dem Festland zu jener Zeit ein kultureller Zusammenhang: Am Peloponnes lag die steinerne Burg Mykene, deren Grabstätten entdeckt, deren Goldschatz von dem Deutschen Heinrich Schliemann 1876 ausgegraben wurde. Auf dem griechischen Festland herrschte ein rauheres Klima als auf der Insel, deshalb trugen die Männer über dem Hüftrock eine Tunika aus Wolle, wie überhaupt die Tracht auf dem Festland nüchterner wirkte. Die griechische Kleidung bestand im Prinzip aus einfachen Stoffstücken, die auf bestimmte Weise um den Körper gewickelt wurden. Der Reiz der griechischen Statuen beruht unter anderem darauf, daß man ahnt, wie unnachahmlich lässig und zugleich elegant die Griechen ihre Kleidung drapiert haben. Zur Grundausstattung des Griechen gehörte das kurzärmlige Hemd, das über den Hüften geschürzt wurde. Dieser »Chiton« bestand, wie der aus dem Semitischen stammende Name besagte, aus Leinen und wurde halblang getragen. In späterer Zeit kamen auch lange Chitone auf. Die Bauern warfen über das Hemd wohl ein Fell, sonst trug man das schon erwähnte Himation, den Überwurf aus Wolle. Die griechischen Frauen trugen ebenfalls über ihrem Hemd ein weites Wolltuch, das mit Nadeln auf der Schulter geheftet wurde und als lange Stoffbahn vorn und hinten herabfiel. Diese griechischen Trachten, in der Renaissance von den Künstlern neu entdeckt und immer wieder nachgeahmt, haben für uns etwas durchaus Museales und lassen nur ahnen, daß sie für die damalige Zeit praktische und ansprechende Möglichkeiten boten, sich elegant zu kleiden. Jeder, der körperlich arbeiten mußte, trug derartige Hemden, die meist den rechten Arm frei ließen. Auch der Schmiedegott Hephaistos ist, wie die Soldaten und Handwerker, mit einem solchen schulterfreien Chiton bekleidet; die spätere römische Tunika ist nichts anderes als der alte griechische Chiton. Auch im klassischen Griechenland trugen die Götter, um den Eindruck der Feierlichkeit zu verstärken, fußlange Kleidung, wie überhaupt ein Gott stets in der uralten, durchaus nicht modischen Kleidung dargestellt wird. So finden sich Statuen des Gottes Apoll, die ihn mit einem fußlangen Chiton zeigen.

Soziale Unterschiede hat es zwischen freien Griechen kaum gegeben, nur unterschiedliche Wohlhabenheit. So liebte man es, in der Wahl des besseren und teureren Stoffes für das Himation zu demonstrieren, daß man es sich leisten konnte. Meist war dieser Überwurf ungefärbt, aber mit farbiger Borte verziert. Der kurze Reiter.mantel, wie man ihn auch von den Bildern des Mithras oder auch des heiligen Martin kennt, war in dem ganzen griechisch-römischen Kulturkreis verbreitet und wurde von jungen Leuten, nicht nur von Reitern, und natürlich auch von Soldaten getragen. Er war mit einer Spange auf der Schulter befestigt und flatterte im Rücken.

Die Damen übrigens variierten den »Peplos«, der ja ursprünglich ein Stoffrechteck war. Der obere, zusammengefaltete Teil bildete auf der Brust einen Überschlag und wurde auf der Schulter von zwei Fibeln gehalten. Von der Schulter fielen die Stoffbahnen in großen, gradlinigen Falten. Die modebewußten Athenerinnen schätzten es, wenn der Überschlag bis zur Mitte des Oberschenkels fiel; die berühmte Athene Parthenos von Phidias trägt ein solches Gewand. Das Hemd der griechischen Frauen bestand aus einem weichen, fein plissierten Stoff; weil es damals noch keine Bügeleisen gab, plissierte man mit einem Nagel. Diese Mode war aus dem Vorderen Orient im 6. Jahrhundert v. Chr. nach Griechenland herübergekommen und wurde vor allem von den Athenerinnen sehr geschätzt.

Hüte waren in Griechenland selten, nur gegen die glühende Sonne trugen die Leute, die auf den Feldern oder im Freien arbeiteten, die üblichen, breitkrempigen Sonnenhüte aus Filz oder Stroh. Die Sklaven und die einfachen Leute gingen selbstverständlich barfuß. In den höheren Schichten trug man Schuhe, wenn man ausging, ein deutlicher Hinweis auf die soziologische Bedeutung von Kleidungsstücken. Diese griechischen Schuhe hatten Sohlen aus Holz, Kork oder Leder und waren wie Sandalen geschnitten und mit Riemen um den Knöchel gehalten. Die Griechinnen waren als temperamentvolle Südländerinnen reich mit Schmuck behangen und mit allen Reizen einer hohen Zivilisation ausgestattet. Fächer und Sonnenschirm vervollständigten die Eleganz der Kleidung.

Die Römer, als Bauernvolk ursprünglich durchaus nicht »modebewußt«, kannten die Tag und Nacht getragene Unterkleidung, aber auch die bereits genannte Toga. Ihre für das Römertum charakteristische Form hat die Toga in der Kaiserzeit bekommen. Aus der einfachen Decke, die man um den Körper drapierte, hatte sich zu dieser Zeit ein halbkreisförmiges Stück Tuch aus weißer Wolle entwickelt. Lehrern und Kindern unter 16 Jahren wurde eine rote Borte als Verzierung zugestanden. Selbst an einem so einfachen Stück Stoff kann man die bereits geschilderten Gesetzmäßigkeiten der Mode demonstrieren: Als Rom noch eine Republik war, trug man die Toga verhältnismäßig kurz. In dem Maße, wie die sozialen Spannungen wuchsen und das Patriziat sich gegen das Proletariat behaupten mußte, wuchs die Länge der Toga. Offenbar war sie zum Demonstrationsobjekt des gesellschaftlichen Prestiges geworden. Zur Kaiserzeit hatte sie die Länge von 5 m erreicht und

Röcke aus Leinen, *die um die Hüfte geschlungen wurden,*
trug man in Ägypten. Sie waren meistens gestärkt, so daß
sie vom Körper abstanden, und variierten in der Länge.
Ägyptische Wandmalerei aus dem Grab des Senejem, 19. Dynastie

Die priesterliche Tracht *des Mittelalters entwickelte sich aus antiken Kleidungsstücken, wie z.B. der Talartunika, der späteren Alba oder dem Pallium, das allerdings stark reduziert übernommen wurde, in Form einer weißen, mit sechs Kreuzen bestickten Binde. Malerei auf Holz, signiert Johannes Pintor, um 1200. Katalanisches Kunstmuseum, Barcelona*

Mädchen mit Fächer; *sie trägt den langen Chiton, darüber einen Mantel, der über den Kopf gezogen ist, und einen runden Hut als Schutz vor der Sonne. Terrakotta-Skulptur aus Tanagra, um 320/300 v. Chr. Staatliche Museen zu Berlin, Antikensammlung, Berlin*

Die Eleganz und Aufwendigkeit der burgundischen Hoftracht
*galt als unübertroffen zu ihrer Zeit. Miniatur (Ausschnitt) mit der Darstellung
eines Jagdgefolges aus den Très Riches Heures des Pol de Limbourg,
um 1420. Musée Condé, Chantilly*

Das Kettenhemd *gehörte zur Rüstung des mittelalterlichen Kriegers.
Holzplastik um 1425. Stiftung Preußischer Kulturbesitz, Staatliche
Museen, Skulpturenabteilung, Berlin*

Die weißen Spitzenkragen *und Halskrausen stehen in wirkungsvollem Gegensatz zum tiefen Schwarz der restlichen Kleidung. Glänzendes Beispiel der besonders in den Niederlanden verbreiteten spanischen Tracht. Gemälde von Dirck Dircksz »Die Familie des Bürgermeisters Bas«, 1. Hälfte 17. Jh. Amsterdam Museum, Santvoort*

Kostbare Seidenstoffe, *übertriebene Draperien und ein unübersehbares Gewirr von Spitzen und Schleifen zeichnen die Mode des französischen Rokoko aus, die für ganz Europa tonangebend wurde. Bildnis der Infantin Maria Ludovica von Raphael Mengs (1728–1779). Kunsthistorisches Museum, Wien*

Die weibliche Mode *der napoleonischen Ära bezog ihre Inspiration aus antiken Vorbildern; der Reifrock war gefallen, und man trug lange Kleider aus weichen, fließenden und oft durchsichtigen Stoffen mit großzügigem Ausschnitt und einer Taille, die unterhalb des Busens ansetzte. Bildnis der Madame des Senonnes von J. A. Dominique Ingres, 1814/16. Musée des Beaux-Arts, Nantes*

sich zur Galakleidung entwickelt. Wer eine solche Toga um seinen Körper drapieren wollte, war ohne fremde Hilfe verloren. So erkannte man auf den ersten Blick, ob der Herr einen geschickten Sklaven hatte. Eine solche Toga, zweimal um den Körper gewickelt, mußte vorne einen sorgfältig übereinandergelegten und gefällig abgestuften Bausch haben, auch über dem Bein und auf dem Rücken mußten die Falten modisch drapiert sein. Die Würde und Gespreiztheit dieses Kleidungsstückes ist später nur von der spanischen Hoftracht und vom Reifrock überboten worden. Sie wurde den Römern selbst lästig, da man sich in der Toga nur wie sein eigenes Denkmal bewegen konnte. Kein Wunder, daß mit den griechischen Sitten auch der griechische Umhang, lateinisch »pallium«, in der guten römischen Gesellschaft Mode wurde.

Tatsächlich war die Toga zum Würdekleid geworden und spielte in Rom eine ähnliche Rolle wie der Frack um 1900. Wer bei Hofe eingeladen war, wer zum Senat oder auf das Forum ging und seine politischen Pflichten erfüllte, wäre ohne Toga nicht für voll genommen worden. Wenn der Kaiser in der Loge des riesigen Amphitheaters oder in seinem Palast Audienz gab und der vornehme Römer sich beeilte, ihm seine Aufwartung zu machen, war die Toga obligatorisch. Ebenso zog der Klient, also der Empfänger der persönlichen Unterstützung, seine Toga an, wenn er morgens zu seinem Gönner ging, um sich in Erinnerung zu bringen und sich nach dessen Wünschen für den Tag zu erkundigen. Meist war die Toga, die er trug, von seinem Gönner an ihn vererbt, doch der Etikette war Genüge getan. Bei allen diesen Gelegenheiten das Pallium zu tragen, kam einer Unverfrorenheit und vielleicht sogar einer politischen Provokation gleich: Ein solcher Mensch zeigte, daß ihm die ehrwürdigen Sitten gleichgültig und die Formen lächerlich waren. Kaiser Augustus, der seinen Kampf um die Wiederherstellung altrömischer Tugenden auf allen Gebieten führte, hat am griechischen Pallium Anstoß genommen und jedem freien Römer das Betreten des Forums verboten, falls er einen solchen griechischen Umhang statt der klassischen Toga trug. Diesem altväterischen Kleidungsstück hat er damit nicht zum Siege verhelfen können. So ist die Toga aber so etwas wie ein Schlüsselbegriff für die Auseinandersetzungen zwischen dem konservativen Römertum und dem kosmopolitisch orientierten Hellenismus geworden. Als zum Beispiel römische Autoren dem Übergewicht griechischer Theaterliteratur etwas Eigenes entgegensetzen wollten, schrieben sie Stücke mit typisch römischen Alltagsszenen. Man nannte diese Komödien, in denen Volkstypen wie Jüngling und Handwerker, Parasit und Familienvater auftraten, nach der Art der Kleidung »togata«.

Auch die Frauen des Kaiserreiches trugen Würde zur Schau. Die römische Dame, mit dem Hüftrock, einem Büstenhalter und einer langen Tunika aus Leinen bekleidet, stand an Eleganz der Griechin nicht nach; außer Hut und Sonnenschirm, Fächer und Schmuck trug sie sogar eine Handtasche. Das Staatsgewand der römischen Matrone war die Stola, die in Herstellung und Aussehen der Toga des Mannes entsprach und fußlang getragen wurde. Gegen Regen und Kälte legte der Römer, sofern er nicht in der Sänfte getragen wurde und sich im Freien aufhalten mußte, den schon früher erwähnten Umhang (lateinisch: paenula) an, der aus grobem, haarigem Stoff gefertigt und mit einer Kapuze versehen war.

Mit der Eroberung Ägyptens und Vorderasiens kamen orientalische Stoffe nach Rom, vor allem Seide. Anfangs hatte man nur halbseidene Kleider, denn ein Pfund

Seide wurde mit einem Pfund Gold aufgewogen, war also für normale Sterbliche ein unerschwinglicher Luxus. Der modische Konkurrenzkampf schuf aber einen immer größeren Markt. Die hauchdünnen Seidengewebe, deren Anstößigkeit der römische Philosoph Seneca mißbilligend gerügt hat, wichen den dicht gewebten Seidenstoffen, und es entstanden in Rom regelrechte Seidenmanufakturen. Hier haspelten Sklaven die Seide von den Kokons, verspannen und webten sie, und in dem entsprechenden Stadtviertel gab es Seidenhandlungen, in denen die Dame den Stoff für ihre Stola selbst aussuchen konnte. Der erste Römer, der ein Gewand ganz aus Seide anlegte, war der psychopathische Orientale Kaiser Heliogabal.

Baumwolle, obwohl aus dem Orient bekannt, hat sich in Rom nicht durchsetzen können. Nach der Unterwerfung Galliens und des linksrheinischen Germaniens sah man in Rom auch die Tracht nordischer Barbaren: Römische Feldherren und Offiziere, die lange im Feld gestanden hatten, leisteten sich die Eitelkeit, die »braccae«, die Hosen jener Stämme zu tragen, wie sich das in den nordischen Wintern als zweckmäßig erwiesen hatte. Die römischen Behörden haben für diese Mode kein Verständnis gehabt und sie aus Gründen der Disziplin in Rom verboten. Erst in der letzten Epoche der Kaiserzeit, als Rom eine riesige Metropole mit weitgehend unrömischer Bevölkerung geworden war, konnten sich die Trachten der Barbaren durchsetzen.

Legenden auf der Tunika

Das Wort Hemd kommt aus dem Germanischen: »hemedi«, »hamo« oder altnordisch »hamr« bezeichnen die Hülle des Körpers, die man auf der bloßen Haut trägt. Einfache Hemden bestanden aus grobem Leinen, doch nähte man auch Hemden aus »Saban«, dem byzantinischen Leinen, oder sogar aus Seide. Germanisch waren auch die Hosen, die sich, wie gesagt, schon in römischen Kaiserreich immer mehr eingebürgert hatten. Die Römer hatten das Land der Kelten »Gallia braccata« genannt, das Hosenland. Die Männer trugen den »brôk«, den Bruch, latinisiert braca, das waren kurze Hosen, die bis zu den Knien gingen. Diese Art der Beinbekleidung hat ihren Ursprung in der Reiterei, auch die asiatischen Reiter haben ja Hosen getragen, allerdings längs geknöpfte Hosen. Der germanische »Bruch« wurde umfaßt von dem, was man damals Hose nannte und was aus zwei Strümpfen bestand. Frauen trugen nur solche Hosen, eigentlich also Strümpfe, während die Männer den Bruch und »Hosen« trugen. Wie eine heutige Reithose reichte der Bruch weit bis über das Knie, und die Hose, die aus Wolle oder sogar Seide bestand, war mit Bändern oben am Knie festgehalten. Nachts legten die Frauen ihre Hemden ab und schliefen wie die Männer nackt; man deckte sich im Bett mit seinem Mantel oder auch mit einem Pelz zu.

Diese einheimischen Trachten bildeten eine Ergänzung der griechisch-römischen Kleidung. Max von Boehn, dessen gründliche, in den zwanziger Jahren erschienene Kostümgeschichte »Die Mode« in vieler Hinsicht noch heute unübertroffen ist, stellt fest: »Von allem, was das Altertum dem Mittelalter als Erbe hinterließ, hat sich nichts so lange behauptet wie die Kleidung. Ihre Schnitte und Formen haben das erste Jahrtausend unserer Zeitrechnung überdauert und sich in gewissen Amtstrachten bis heute erhalten.«

Ein Gallier in einheimischer Tracht, *einem bis über die Hüfte reichendem Hemd. Kalksteinfigur des 2./3. Jh. n. Chr. Archäologisches Museum, Auxerre*

Da gab es zunächst immer noch die Toga, das offizielle Gewand, das man längst nur noch bei besonderer Gelegenheit trug. Juvenal spottet in seinen Satiren, nur noch Toten zöge man die Toga an, auch hier wird die neue Mode als Verfall der alten Sitten beklagt. Nicht nur der Tote wurde mit der Toga feierlich gekleidet, sondern auch der Staatsmann während großer Zeremonien. Allerdings hatte sich die Mode inzwischen dieses einst so strengen Gewandes bemächtigt, denn jedermann ließ seine Toga prachtvoll verzieren und besticken, um den anderen auszustechen. Die Stoffe, mit Perlen und Goldfäden, Stickereien und Juwelen überladen, wurden mit der Zeit so steif, daß sie keine Falten mehr warfen. Das so entstandene Gewand, die sogenannte »Triumphal-Toga«, war ein Gehäuse aus starrem, prächtigem Stoff, in dem man sich nur wie ein Götzenbild bewegen konnte. Als der Kaiser Konstantius II. im Jahre 356 in Rom einzog, trug er nach Augenzeugenberichten eine solche Triumphal-Toga. Auch die Tunika, das männliche Hauskleid, wurde geschmückt und aus kostbareren Stoffen hergestellt: Streifen und Ornamente, große Purpurpaletten und Säume traten an Stelle der einfachen Purpurstreifen, die auf der altrömischen Toga den Rang eines Ritters oder Senators angezeigt hatten. Die Mode bemächtigte sich auch des Christentums, als das Christentum in Mode kam. Vornehme Damen ließen sich ihre Tuniken mit heiligen Geschichten besticken, was dem heiligen Hieronymus in seiner Radikalität ein echtes Ärgernis war. Hieronymus ist nicht der einzige Zeuge dieser Mode: über die Toga eines frommen Senators, die mit 600 Bildchen aus der Heilsgeschichte bestickt gewesen sein soll, gibt es sogar ein Poem des Claudianus. Dieser ägyptische Halbgrieche war 395 aus Alexandria nach Rom gekommen und hatte sich durch seine mythologische Vielschreiberei einen Namen gemacht. Solche christlichen Modegewänder der oberen Zehntausend haben sich leider nicht erhalten, wie überhaupt aus dem Mittelalter keine profanen Kleider vorhanden sind.

Der Kleiderluxus, der in den ersten vorchristlichen Jahrhunderten in Rom geherrscht haben muß, wurde von den Zeremonialgewändern des byzantinischen Hofes noch übertroffen, weil hier die orientalischen Einflüsse unmittelbar einwirkten. Der heilige Johannes Chrysostomus (345–407), zeitweise Patriarch von Konstantinopel, schildert die äußere, überaus prächtige Erscheinung des Kaisers Arkadius: Er habe seidene Gewänder getragen, die mit Drachen durchwirkt waren. Demnach stammten sie also wohl aus China oder kopierten doch chinesische Motive. Derselbe Heilige warnt gottgeweihte Jungfrauen davor, golddurchwirkte, mit Stickereien und Juwelen verzierte Kleidung zu tragen. Von den Werkstätten jener Zeit, in denen solche Kleider gefertigt wurden, ist nichts überliefert, auch muß man sich diesen Luxus auf eine kleine Gruppe der einflußreichen und mächtigen Familien beschränkt vorstellen. Immerhin herrschte in den Städten trotz aller Steuern, aller Unruhen und Kriege ein gewisser Wohlstand, und zwischen den äußersten Grenzen des Byzantinischen Reiches in Kleinasien und den westlichen Grenzen des christlichen Abendlandes, also bis zum arabisch besetzten Teil Spaniens, erstreckte sich so etwas wie ein riesiger gemeinsamer Markt, dessen Einzugsgebiet weit nach Asien und Osteuropa, nach Afrika und in die arabischen Länder reichte.

Pelzwerk aus dem skandinavischen Norden und aus den russischen Wäldern, feinste Wollstoffe aus Syrien oder Marokko, friesische Tuche in vielen Farben, Leinen aus Schwaben oder Flandern, Seidenstoffe, die schon lange vor Karl dem Großen über Venedig nach Europa gehandelt wurden, standen miteinander in Konkurrenz und boten den Rittern und hohen Würdenträgern die Möglichkeit, sich und ihre Frauen reich und kostbar zu kleiden. Wie hoch solche Stoffe geschätzt wurden, zeigte sich anläßlich der Gesandtschaft, die Karl der Große an den berühmten Abbasiden Harun al Raschid (763–809) entsandte: Zu den aus dem Abendland übermittelten Geschenken gehörten friesische Tuche in verschiedenen Farben. Die Schnitte der Gewänder veränderten sich in dieser Zeit kaum. Längst hatte sich das von Kaiser Augustus verpönte Pallium allgemein durchgesetzt. Es war etwa dreimal so lang wie breit und wurde mit einer Spange an der linken Schulter befestigt. Schon in den ersten nachchristlichen Jahrhunderten galt es als Tracht der Gelehrten. Die Maler der frühchristlichen Zeit haben Christus deshalb ganz folgerichtig, da er ja ein Rabbi, ein Schriftgelehrter, war, im Pallium dargestellt, ebenso die Apostel. Eine andere Form des Überkleides, die Chlamys, wurde von den Handwerkern übernommen. Im Gegensatz zum Pallium wurde sie auf der rechten Schulter befestigt und war wesentlich kürzer. Für alle, die sich bei der

Arbeit bewegen mußten, hatte sich dieses Kleidungsstück als zweckmäßig erwiesen. Kaiser Konstantin schrieb es deshalb in seiner Kleidervorschrift von 382 den Soldaten vor. Mit der Zeit hatte sich die Chlamys so eingebürgert, daß sie, etwas verlängert, damit man den Unterschied zum einfachen Volk auch deutlich sah, zur Hoftracht des Oströmischen Reiches wurde und auch in der westlichen Christenheit noch lange als Oberkleid der höheren Stände getragen wurde.

Während im Oströmischen Reich die Kleidung den Körper verdeckte und mit ihrem Zuschnitt, ihrer luxuriösen Machart dem pompösen Zeremoniell des byzantinischen Hofes entsprach, entstanden im Westen jene Trachten, die man auf den mittelalterlichen Gemälden wiederfindet. Zur Zeit der Merowinger sind für den romanisierten Europäer drei Kleidungsstücke üblich, nämlich Hemd, Hose und Rock. Der Rock, von der römischen Tunika beeinflußt, wird länger und weiter, erhält Ärmel bis zum Handgelenk und wird mit einem Gürtel getragen, so daß ein Bausch entsteht. Byzanz liegt damals durchaus noch im Blickfeld des westlichen Europas und ist in der Mode tonangebend. Als dem König Chlodwig die römische Konsulatswürde erteilt wurde, beschenkte ihn der Kaiser von Byzanz mit Gewändern aus Seide und Purpur. Auch Gallien, das seit der Eroberung durch Cäsar völlig romanisiert war, machte seinen Einfluß geltend. Freilich hat die Kleidung der Merowinger mit den römischen Trachten nur noch den Namen gemein, es herrscht »eine rohe Pracht«, die Gewänder sind überladen mit Gold und Edelsteinen.

Um 900 hat sich die fränkische Tracht entwickelt. Die Männer tragen einen Rock, der im Schnitt dem heutigen Herrenhemd ähnelt und bis auf den Oberschenkel reicht, mit engen Ärmeln, dazu Hosen, die an den Unterschenkeln mit Binden umwickelt sind; die Wickelgamaschen sind aus dieser Bekleidung hervorgegangen. Als Mantel ist ein Umhang üblich, der auf der rechten Schulter mit einer Spange geschlossen ist. Der modische Ehrgeiz der Edlen wurde schon unter Karl dem Großen zu einem Problem, dem auch durch Vorschriften nicht beizukommen war, doch scheint erst unter seinem Nachfolger Karl dem Kahlen die Wendung zum orientalischen Luxus erfolgt zu sein. Der Kaiser hatte in Italien oströmische Bildung und oströmische Eleganz kennengelernt. Nachdem er 875 in Rom gekrönt worden war, trug er sich nur noch nach dem Vorbild der Byzantiner, sehr zum Mißfallen der Deutschen. In den Annalen des Klosters Fulda heißt es zum Jahre 876: »Und als er nach Gallien zurückgekehrt war, nahm er neumodische und ungewöhnliche Trachten an. Mit einem dalmatischen Talar bekleidet, nebst einem darübergeschlungenen Gürtel, welcher bis auf die Füße hing, den Kopf mit einer seidenen Haube, dem Diadem darüber, bedeckt, pflegte er an Sonn- und Festtagen auf seinem Kirchgange zu erscheinen. Mit Verachtung aller Sitten fränkischer Könige hielt derselbe den griechischen Prunk für den ansehnlichsten.« Auf Miniaturen wird er noch mit fränkischer Tracht dargestellt, offenbar nahm er gelegentlich Rücksicht auf die herrschende Meinung. So hat er eine Synode in fränkischer Tracht eröffnet, aber in griechischen Gewändern geschlossen. Immerhin waren es einige hundert Jahre, die in der Mode, soweit die heutigen begrenzten Kenntnisse reichen, keinen lebhaften Wechsel gebracht haben. Immer noch trugen sich die Damen nach dem Vorbild spätrömischer Matronen, und so trugen auch die Heiligen und Büßerinnen diese Tracht. Damals führte jeder Mann das Schwert, in so unsicheren Zeiten eine Selbstverständlichkeit, so wurde der Gürtel wesentlicher Bestandteil der Kleidung. Auch die Frau trug den Gürtel, Symbol der Keuschheit und Tugend, oft war er mit Kleinodien geschmückt. Wer seine Frömmigkeit auffällig zur Schau tragen wollte, schnallte den Gürtel sehr eng, denn ein stattlicher Leibesumfang deutete auf Völlerei, Magerkeit hingegen auf Enthaltsamkeit. Die zierliche, enggeschnürte Gestalt der Gotik stellt demnach einen Typus dar, der nicht nur modisch zu verstehen ist. Büßer und Büßerinnen trugen unter dem härenen Gewand einen Stachelgürtel, um »das Fleisch zu ertöten«, und der römische Kaiser deutscher Nation legte über seine Alba einen Gurt, der aus einer breiten Goldborte bestand. Wie die Würdekleider des politischen Zeremoniells die Form der alten römischen Gewänder überliefert haben, so ist dies auch, bis in die heutige Zeit, bei der Kleidung der Geistlichkeit der Fall.

Die Uniform der Geistlichkeit

Im vierten nachchristlichen Jahrhundert hatte sich die talarartige, weit und lose geschnittene Tunika mit langen Ärmeln eingebürgert, die bis auf die Füße reichte. In der Antike war dieses Gewand von Sängern getragen worden, die ihre Lieder zur Kithara vortrugen. Offenbar wurde sie nur von den damaligen »Intellektuellen« geschätzt, denn der kernige Cicero schmähte sie als entehrendes Kleidungsstück der Anhänger Catilinas. Diese Talartunika galt lange als unrömisch und weibisch. Mit der Zeit bahnte sich aber ein modischer Wandel an, und zur Zeit des Kirchenlehrers Augustinus gehörte sie bereits zur Kleidung jedes Mannes, der auf sich hielt. Der Kirchenlehrer schreibt bei Gelegenheit, es gereiche einem anständigen Mann zur Schande, keine solche Talartunika mit Ärmeln zu besitzen. So kleideten sich auch die christlichen Presbyter und Priester in diese Tuniken, die nun den Namen »Alba« trugen; diese leicht geänderte Gewandform wird bekanntlich noch heute von Priestern getragen.

Ebenso bedeutsam wie die Alba wurde das bereits erwähnte Pallium. Diesen von den Griechen übernommenen Umhang trugen die Gebildeten der Spätantike. Auch das Pallium ist in die liturgische Zeremonialtracht übernommen worden und wurde, allerdings in stark zusammengeschmolzener Form, eine Art klerikales Rangabzeichen. Im Mittelalter war der kaiserliche Krönungsmantel als Pallium geschnitten. In der katholischen Kirche ist von diesem Umhang nur eine weißwollene Binde übriggeblieben, die mit sechs schwarzen Kreuzen bestickt ist. Der Papst trägt das Pallium, ebenso dient es den Metropoliten als Würdezeichen. Erzbischöfen und Bischöfen kann als Zeichen besonderer Würdigung dieses Pallium verliehen werden.

Eine bemerkenswerte Wandlung erlebte der uralte Hirtenmantel, von den Römern als »paenula« bezeichnet. Schon die etruskischen Ureinwohner haben diesen weiten Radmantel getragen, und auf der Trajanssäule ist der Kaiser selbst mit diesem Kleidungsstück abgebildet. Die Paenula war praktischer als die Toga, und so erschienen die Advokaten vor Gericht statt in der Toga im Hirtenumhang, sehr zum Ärger der Behörden, die den Übelstand mit Verboten bekämpften. Einen solchen Radmantel trägt heute noch jeder Priester, der Messe liest, denn das Gewand selbst hat sich, bis auf seine Machart und Ausstattung, nicht verändert, nur sein Name: Als »casula« wurde es zum Bestandteil der liturgischen Würde-kleidung, eingedeutscht Kasel.

Schließlich gehört in diesen Zusammenhang die Stola. Man nennt ja heute all-gemein einen leicht über die Schulter geworfenen Umhang mit diesem Namen, doch ging dieses Staats- und Ehrenkleid der römischen Matrone schon im frühen Mittelalter, wenn auch in Form einer Art Schärpe, in die geistliche Amtstracht ein. Als Band, nur in Form einer symbolischen Andeutung, wurde die Stola dem römischen Kaiser deutscher Nation über die Schultern gelegt. Ebenso hat sich im alltäg-lichen Mönchskleid, der Kutte mit Kapuze, die antike Tracht erhalten. In den Ordensregeln spielt die betont karge Kleidung eine wichtige Rolle, denn mit den weltlichen Kleidern zog der Novize auch den sündigen Adam aus: kein Zweifel, daß sich die Haltung eines Menschen ändert, wenn er statt Zobel und Seide, Samt und Brokat aus freien Stücken die einfache Kutte des Klosterbruders trägt. Der Verhaltensforscher nennt das Streben, eine Kleidung wie die anderen zu tragen, die »Zugehörigkeitsdemonstration«. Um dieses Streben nach einer Art Uniform realisieren zu können, müssen bestimmte gesellschaftliche und ökonomische Vor-aussetzungen gegeben sein. Weder in der Antike noch während der Völkerwande-rung gab es im strengen Sinne Uniformen, also einheitliche Bekleidung, wenn man von der gleichen Ausstattung bestimmter Truppen mit bestimmten Waffen oder Ausrüstungsstücken absieht. Die erste zentrale Macht, die politisch und ökono-misch in der Lage war, einer großen Menschengruppe einheitliche Kleidung als Ausdruck ihrer Unterwerfung und ihres Gehorsams zu geben, war die römisch-katholische Kirche. So waren die Soldaten Christi die ersten, die eine einheitliche Tracht, eine »Uni-form« trugen. Für die Geistlichkeit arbeitete das Heer der Non-nen, aber auch die hilfsbereite Schar der Gläubigen. Die Paramentenstickerei er-hielt, wie die finanzielle Stiftung oder wie andere gute Werke, den Charakter des Gottwohlgefälligen und wurde zu einem mit hoher Kunst geübten Zweig dessen, was man heute ungelenk mit »Kunsthandwerk« bezeichnet.

Vom Kleiderluxus der spätkarolingischen Zeit blieben aber auch die Klöster nicht unberührt. Im Wettstreit mit den weltlichen Herren mußte auch der geistli-che Fürst mit seiner Kleidung seine Stellung demonstrieren. Zwar verbot ihm die Ordensregel, etwas anderes zu tragen als sein Ordensgewand, aber die Versuchung war groß, es aus Seide herzustellen und mit modischer Raffinesse oder gar mit Schmuck zu versehen. Goldene Gürtelschließen, Skalpuliere aus kostbaren Stof-fen, mit Gold bestickte Meßgewänder entsprachen dem Selbstverständnis einer triumphierenden Kirche. Damals wurde die Kirche die großartige Auftraggeberin für die Goldschmiede, weil sie Bischofsringe und Bischofsmützen, Monstranzen und Tabernakel, Reliquiare und goldene Altarkreuze benötigte.

Die christlichen und orientalischen Mönchsgewänder ähneln einander durch-aus, nur daß zum Beispiel der buddhistische Mönch ein leuchtendgelbes Gewand trägt. Überall sind es weite, wallende Kleidungsstücke, die zeitlos zu sein schei-nen. Gottfried von Straßburg schildert in seinem Lied von Tristan die Pilgertracht des Mittelalters an zwei betagten Alten, »behaaret und bejahret«: »Die Alten gin-gen beide / Im langen Leinenkleide, / Das Wallern wohl und würdig steht. / Meer-muscheln waren drauf genäht / Und fremder Zeichen sonst genug. / Den Pilgerstab ein jeder trug, / Den Pilgerhut, wie sich gebührt, / Leinhosen eng ans Bein ge-schnürt. / Füß und Knöchel waren bloß / Für den Tritt und für den Stoß. / Die

Gottesknechte trugen auch / Am Rücken nach der Büßer Brauch / Die heil'ge Zier der Palmen.« Dieser selbe Zug der »Zugehörigkeitsdemonstration«, der Unterwerfung unter Gottes Willen und die Ziele der Kirche, treibt die Kreuzritter, die sich als bewaffnete Pilger zum Heiligen Grab auffassen, zur Uniformierung. Alle diese hochgemuten und stolzen Herren, deren modisches Ziel bisher gewesen war, ihre Individualität zu inszenieren, nehmen nun den weißen Mantel mit dem roten Kreuz.

Von der Rüstung zur Hose

Den Ritter des Mittelalters stellt man sich geharnischt vor, wie ihn Dürer in Kupfer gestochen hat. Welche Kleidung ein solcher Herr trug, wenn er sich auf seiner Burg oder bei Hofe befand, läßt sich nur schwer rekonstruieren, vor allem nach den alten Tafelbildern oder nach den Denkmälern der Zeit, den Grabstätten und Stifterfiguren. Jedenfalls weiß man, daß der Ritter der Mode hörig war und in seiner eitlen Selbstdarstellung geradezu »unmännlich« wirkte, während die Damen sich in weit geringerem Maße modisch kleideten. Das hing wohl damit zusammen, daß die Frauen praktisch recht- und besitzlos waren, also nur über beschränkte Mittel verfügten. Sie konnten ihr Gesinde Leinen weben oder Borten sticken lassen und selbst derlei Arbeiten tun, aber was sie an kostbaren orientalischen Stoffen, an Pelzwerk und Schmuck trugen, verdankten sie allein der Gunst ihrer Männer. Auch hier ging Mode also mit der Macht, und diese lag eindeutig auf der Seite der Männer.

Die langsame Verwandlung der aus der Antike übernommenen Kleidungsstücke in ihrem Ablauf während des Mittelalters nachzuzeichnen fällt schwer und würde sich in Einzelheiten verlaufen. Immerhin spielte bei dieser Veränderung die Rüstung des Ritters eine wichtige Rolle: Die Teilung der männlichen Kleidung in Hose und Rock ist eine unmittelbare Folge der Panzerung. Im 13. Jahrhundert trug man den Ringelpanzer, das Kettenhemd, das man wohl aus dem Orient übernommen hatte. Schuppenpanzer aus Leder gab es bei den zentralasiatischen Reitervölkern, ebenso in Ägypten, wo sie schon unter Ramses III. (1184–1153 v. Chr.) vorkommen. Auch die Perser und Inder trugen solche Panzer, die dann auch von den römischen Reitern übernommen worden sind. Der Mann auf dem Pferd mußte beweglich bleiben, für den römischen Legionär genügte ein einfacher Lederpanzer, gelegentlich mit Eisen verstärkt. Das Kettenhemd des abendländischen Ritters reichte bis auf die Knie und erlaubte ihm, darunter ein langes Hemd zu tragen. Offensichtlich suchte man nach einem stärkeren Panzerschutz und entwickelte den Plattenpanzer, der den Rumpf des Mannes eng umschloß und die Taille betonte. Der untere Rand des Brustharnischs wurde, damit der Lanzenstoß abglitt, stark eingewölbt. Gleichzeitig umhüllte man die Beine mit entsprechender Panzerung und verkürzte den Rumpfpanzer. Damit alles eng und knapp saß, mußte der Ritter eine andere Kleidung als bisher tragen, nicht mehr die weiten, wallenden Gewänder der Antike, sondern zweckmäßigere, enge Kleidungsstücke. So wurde der Rock eng und kurz, wie man es auf mittelalterlichen Plastiken sieht, und die Hose wurde sichtbar. Aus dem Jahre 1376 schreibt die Mainzer Chronik: »In jenen Tagen ging die Torheit der Menschen so weit, daß die jüngeren Männer so kurze Röcke trugen, daß sie weder Schamteile noch den Hintern bedeckten. Mußte jemand sich bücken, so sah man ihm in den Hintern. O, welch unglaubliche Schande.« Der Chronist von St-Denis, unter Historikern dieses Werkes wegen hochgeschätzt, versteht den Verlust der Schlacht von Crécy, einer entscheidenden Schlacht des hundertjährigen Krieges zwischen Frankreich und England (1338–1453) als Folge des göttlichen Zornes. Dessen Anlaß sei die unanständige Kleidung der Männer gewesen.

Engsitzende, noch dazu mit Baumwolle wattierte Röcke dieser Art kann man nicht über den Kopf ziehen wie Hemden, also schneidet man sie vorne auf und knöpft sie wieder zu. So ist der Einreiher oder Zweireiher des heutigen Herrn ein Nachfahr der damals notwendigen geknöpften Röcke. Das Kleidungsstück, mit dem der Mann seinen Oberkörper bedeckte, nannte man »Scheckett« alias Jackett, damit ist die Ähnlichkeit mit heutigen Formen allerdings auch erschöpft. Das mittelalterliche Wams war bunt, mit langen, schmalen Lappen versehen, es erhielt übrigens auch einen hochstehenden Kragen, der Logik des Panzers bis zum Halse folgend, und wurde auf eigentümliche Weise ausgezackt. Die »Zattelung«, oft wie Schuppen übereinanderhängend, wirkt auf den heutigen Geschmack grotesk, muß aber damals von bezwingendem Reiz gewesen sein, denn jedermann trug Gezatteltes. Gelegentlich warf der Ritter über seine Rüstung einen Waffenrock, auch hier sein Wappen zeigend – daher rührt der Name Waffen-, d. h. eigentlich Wappenrock –, und vor allem diese Röcke waren prächtig gezattelt. Den Bedürfnissen der Rüstung paßte sich übrigens auch die Kopfbedeckung an: die Kapuze, die eng um den Kopf lag und nur das Gesicht freiließ, aber über den Hals fiel. Die sogenannte »Gugel« ersetzte im 14. Jahrhundert alle anderen Kopfbedeckungen und wurde geradezu zum Kennzeichen der Gotik. Modische Varianten ergaben sich aus der Länge der hinten herabhängenden Stoffbahn. Diese Gugel, in der Narrenkleidung und im Fastnachtskostüm bis in unsere Zeit erhalten, verdrängte die bis dahin üblichen unter dem Kinn gebundenen Hauben.

Auch die weibliche Mode entwickelte damals einige noch heute übliche Formen. Irgendwann um 1100 begann sich der enganliegende Ärmel der Dame, ähnlich wie beim Ritter, aus nicht mehr erkennbaren Gründen zu verlängern und so weit zu werden, daß die Überfülle des Stoffes bis auf den Boden hing. Diese modische Übertreibung hat sich nicht gehalten, wohl aber die Verlängerung des Rockes zur Schleppe, wie sie noch heute im Hochzeitskleid fortlebt. Damals nannte man sie »swenzelin« und richtete sie gelegentlich so ein, daß sie nicht einfach eine Verlängerung des Rockes war, sondern angeknöpft werden konnte. Man muß bedenken, daß Tuche ja noch handgewebt und von Wert waren, daß also jeder Prunk in dieser Richtung den Reichtum des Trägers deutlich demonstrierte. Eine andere Neuerung aus jener Zeit hat sich ebenfalls bis heute erhalten. Ursprünglich wurde der Mantel auf der rechten Schulter mit einer Schließe gehalten, jetzt rutschte diese in die Mitte, und in der Mitte sind seitdem die Haken und Schließen des Hirtenmantels, des Überwurfs und Talars und aller ähnlichen Kleidungsstücke.

Frauenmode mit Teufelsfenster

Selbstverständlich leitete auch damals die neue Mode einen Verfall der Sitten ein. Insbesondere die Schleppen hatten es den meist geistlichen Kritikern angetan, man verglich diese Schaustücke an überflüssigem Tuch mit Schlangen und hatte so alle Möglichkeiten, mit dem Kleid auch die Trägerin zu verteufeln. Die Franziskaner, radikal in ihren Forderungen, verweigerten Damen, die Schleppen trugen, sogar die Absolution, doch richteten sie damit nichts aus. Wie seit jeher war das Verlangen zu sündigen stärker als jede transzendente Drohung und jeder gute Vorsatz. Selbst in Kleinstädten waren Schleppen bis zu vier oder fünf Ellen vom Stadtrat zugelassen. Auch die weibliche Kleidung verengte sich, dem Zug der Zeit folgend,

Die Vielfalt mittelalterlicher *Mode läßt sich diesem Stich von Israel van Meckenem anschaulich entnehmen. 2. Hälfte 15. Jh. Albertina, Wien*

da jedermann schmal und verinnerlicht wirken wollte. Das obere, enganliegende Kleidungsstück, Surcot oder Kürsit genannt, war ärmellos, und die Öffnung für die Arme ließ denn doch einen Blick auf weibliche Reize zu, so nannte man sie »Teufelsfenster«. Bald kam ein knappes Leibchen in Mode, das über der Hüfte aufhörte und keine Ärmel besaß: Hier trug die Dame Besatz und Stickerei, auch kostbare Knöpfe. Auch der Rock, »cotte« genannt, lag eng an, um so reizvoller der Gegensatz zu den oft meterlangen Schleppen. Um zu verstehen, wie sich die Mode im 15. Jahrhundert entwickelte, muß man die gesellschaftlichen und politischen Verhältnisse in Betracht ziehen: Frankreich und England ruinierten einander in dem schon erwähnten Krieg, so ging die kulturelle Führung an Burgund über, und zwar im traditionellen Sinne. In der besagten Schlacht von Crécy im Jahre 1346 siegten englische Volksheere, bewaffnete Bogenschützen, die von Lombarden unterstützt wurden, über die Aufgebote der französischen Ritterschaft. Burgund stilisierte das Rittertum der Spätgotik auf eine nicht mehr zu übertreffende Weise, noch standen die Niederlagen, die den burgundischen Rittern von bäuerischen Schweizern bereitet werden sollten, nicht auf der Tagesordnung. Die Mode war also restaurativ, das heißt, alle Einzelheiten wurden unverändert beibehalten, aber ins Maßlose gesteigert.

Breitschultrig, notfalls durch Wattierung, und schmalhüftig war der burgundische Edelmann, er hatte schlanke, lange Beine. In dieser Zeit, so schreibt der Kostümforscher von Boehn, »verschmelzen Bruch und Beinlinge endgültig zu einem Kleidungsstück, das mittels Bänder an den Wams genestelt wird«. Es ist die Epoche der Jungfrau von Orléans, die von ihren englischen Richtern törichterweise auch deshalb angeklagt wurde, weil sie Hosen trug. Sie pflegte diese Hosen mit zwanzig Nesteln an ihrer Kleidung zu befestigen, wie hätte sie ohne Hosen auch die ihr zustehende Rüstung tragen sollen – Röcke vertrugen sich nun einmal nicht mit Beinharnisch und Brustpanzer. Für die Ärmel haben die Kostümkundler eine ganze Systematik entwickelt, so ergiebig variierte die modische Phantasie dieses doch eher schlichte Thema. In Burgund aber, und von dort ausgehend im Europa des 14. Jahrhunderts, gab es Tüten-, Sack-, Puff-, Beutel-, Schlitz-, Bausch-, Keulenärmel usw., und diese Ärmel wurden überdies entsprechend der bereits erwähnten Schlitzmode ausgestaltet.

Man liebte damals bunte Farben und verstand sich darauf, die Farbe zum Ausdruck bestimmter Haltung oder bestimmter Gefühle werden zu lassen. Farbsymbolik wird ja zuallererst in der Kleidung wirksam. Im Mittelalter haben Farben eine ganz eigentümlich naive, direkte Bedeutung: Blau tragen Landleute und Engländer, auch jungen Mädchen steht es gut. Weiß kommt für Kinder bis zu sieben Jahren in Betracht – und für Einfältige. Gelb tragen Pagen und Diener, aber nicht ohne Zusätze anderer Farben. Hochgeschätzt ist Grün, die Farbe der Natur. »Und wenn der Maienmonat kommt, wirst du keine andere Farbe als Grün tragen sehen« (Huizinga). In der Fest- und Staatskleidung hat das fürstliche Rot vorgeherrscht, noch seit den Tagen des Purpurs bevorzugt und seines geheimnisvollen Symbolgehaltes wegen auch jetzt geschätzt, und so sind fürstliche Einzüge oft ganz in Rot gehalten. Grün und Blau waren als Kombination mit so eindeutigen Assoziationen belegt, daß sie nur in einer einzigen Hinsicht brauchbar waren: Grün symbolisierte die Verliebtheit, Blau die Treue, so wurden sie der damals schon zur leeren Formel erstarrten Minne zugeordnet und später bezeichnenderweise die »Narrenfarben«. Gelb bezeichnet damals Feindschaft. Heinrich von Württemberg zieht an dem Herzog von Burgund mit einem Gefolge vorüber, das ganz in Gelb gehalten ist, »und dem Herzog wird kundgemacht, daß das gegen ihn gerichtet wäre«. Schwarz, die feierliche Farbe der Absonderung und des Verzichts, wird von denen getragen, die diese Haltung auch äußerlich dokumentieren wollen. Philipp der Gute von Burgund (1419–1467), der Stifter des Ordens vom Goldenen Vlies, trug sich seit dem Ende seiner Jugend stets in Schwarz, auch sein Gefolge und seine Pferde wurden, dem Brauch der Zeit entsprechend, in der Farbe ihres Herrn eingekleidet. Die Wertschätzung des Schwarz bezog sich aber wohl vor allem auf schwarzen Samt, nicht jeden beliebigen Stoff, denn nur Samt hatte jene Weichheit und Fülle, die fürstlichen Ansprüchen genügte. Von Burgund aus gelangte Schwarz als höfische Farbe nach Spanien, wo die Tracht des 15. Jahrhunderts düster wie später in den Niederlanden bleibt. Auch hier führen Askese und Stolz zur Bevorzugung des Schwarz, auch das lutherisch-reformierte Bürgertum trägt diese Farbe.

Gerade am Hofe von Burgund, der so auf Etikette hielt, unterschieden sich aber Alltagsgewand und Zeremonialkleidung. Von dem Prunk der damaligen herrschenden Kreise macht man sich nur unzureichende Vorstellungen. Die manierierte Symbolsprache der Zeit, bis in die Kleidung fortgesetzt, erforderte dekorativen Scharfsinn und viel materiellen Aufwand. Als sich der Herzog von Amiens im Jahre 1392 mit dem Herzog von Lancaster traf, brachte er zwei Röcke mit, deren Beschreibung homerisches Format erfordern würde. Einer dieser Röcke zeigte auf kirschrotem Samt einen großen, silbergestickten Bären, dessen Maul mit einem aus Rubinen und Saphiren gestickten Maulkorb verschlossen war. Der andere Rock trug auf dem linken Ärmel einen Zweig mit zweiundzwanzig Rosen, deren jede aus Saphiren, Rubinen und Diamanten zusammengesetzt war. Solche Röcke bildeten geradezu eine Kapitalsanlage. In London verpfändete der Herzog von Burgund sein Perlengewand für 4200 Goldgulden. Gold- und Silberbrokate werden häufiger verwandt. Im Zelte Karls des Kühnen wurden nach der Schlacht bei Grandson hundert gestickte, goldene Röcke erbeutet, hoch stand Repräsentation im Kurs. Als dieser Kleiderluxus, von der Obrigkeit mit immer neuen, immer detaillierteren Verordnungen bekämpft, seinen Höhepunkt erreicht hatte, spiegelte er den Kampf zwischen Rittertum und Bürgertum am Vorabend der Reformation. Noch war die Kirche die Mutter und Zuchtmeisterin allen Lebens in Europa, aber überall kündigte sich Widerstand gegen ihre Vorherrschaft an. Dieser Umbruch prägte auch den Stil der Kleidung und veränderte sie, wie noch jede geistige Strömung den Stil einer Kleidung verändert, die Mode beeinflußt hat.

Wenn Kleider Leute machen

In früherer Zeit wäre das undenkbar gewesen: Ein Buchhalter der Augsburger Fugger namens Matthäus Schwarz, ein gebildeter und vermögender Mann, wenn auch kein Herr, läßt sich in allen Kleidern, die er in seinem Leben je getragen hat, malen. Die erste Serie dieser Bilder beginnt buchstäblich im Mutterleib – wie exakt und eigensinnig, egozentrisch und wunderlich muß dieser Mann gewesen sein – und endet, als er 63 Jahre ist. Er hält sich mit der Beharrlichkeit eines Menschen, für den nur Tatsachen und Zahlen eine Bedeutung haben, an die Natur: Als er mit 30 Jahren anfängt, einen Bauch zu bekommen, läßt er sich nackt malen, von vorne und von hinten. Sein Sohn Konrad Veit Schwarz, auch er in der gleichen Position, hat den Geschmack seines Vaters geerbt, er legt wie der Vorgänger auf Kleidung höchsten Wert und läßt sich ebenfalls in jedem neuen Gewand abbilden. Das Ergebnis dieser für die Zeit doch charakteristischen Laune sind die sogenannten »Schwarzschen Trachtenbilder«, insgesamt 140 Abbildungen von hohem kulturgeschichtlichen Wert. Die beiden Buchhalter Schwarz waren nicht die ersten, die im 16. Jahrhundert auf den Gedanken kamen, die Kleidung zu dokumentieren. Derlei lag in der Luft, die scheinbar unbeeinflußte Originalität besteht in Wirklichkeit in einer stärkeren Sensibilität für die Tendenzen der Zeit und in der größeren Unbefangenheit, sie gegen den herrschenden Geschmack und die allgemeine Meinung zu realisieren.

Schon früher hatte jemand den Blick für Kleidung gehabt. Siegmund Freiherr von Herberstein, ein weitgereister Diplomat, veröffentlichte 1500 in Wien seine Selbstbiographie, auch dies wie das persönliche Porträt ja ein neuer, kein mittelalterlicher Zug. Er hatte unter vielen Monarchen gedient, viele Länder bereist, und die Kleider, die er von einem König von Polen, einem russischen Großfürsten, einem König von Spanien oder gar einem türkischen Sultan geschenkt bekommen hatte, nehmen darin einen bedeutenden Platz ein. Sein Bericht über Moskau, aber auch seine Kostümbilder haben ihn berühmt gemacht. Das ist kein Zufall, denn tatsächlich verkörpert sich in diesem Interesse an Mode und Repräsentation das Interesse des Menschen an der Individualität, wie es sich in der Renaissance entwickelt hatte. Man sieht in verstärktem Maße, was an einem Menschen besonders und was typisch an ihm ist. Man orientiert sich nicht an seiner Funktion, seiner Rolle in der Gesellschaft, sondern an dem, was er als Einzelpersönlichkeit darstellt. Die Entdeckung der Persönlichkeit in der Renaissance bezeichnet auch die Tendenz der Mode seit 1500. Jedermann trägt, was ihm gerade einfällt, und es herrscht eine geradezu unglaubliche Vielfalt. Zu Beginn des Jahrhunderts tragen die Herren den Hals frei, das Haar in langen Locken, Brust und Rücken entblößt, seltsam verschnürt und einem prall verpackten Rollschinken nicht unähnlich. Dafür blähen sich um das Haupt der Dame, um ihre Hüften und Füße die Stoffmengen, und wie der forschende Geist seinen Widerstand gegen die mittelalterlichen Dogmen in der Sprache der Antike formuliert und alle Fesseln gesprengt hat, so explodiert die Mode: Die züchtige Haltung der gotischen Figur mit der Ameisentaille ist vorbei und vergessen, nun will der Körper sein Recht, immerhin war es die Epoche, die das Nackte wieder wagte, und nach Jahrhunderten der Triebverdrängung orientierte man sich an antiker Sinnenfreude.

Wie die ganze Bewegung der Renaissance hatte auch der Sinn für Mode in Italien seinen Ausgang genommen. Der Reichtum der Handelsstädte war die materielle Basis einer Kultur, deren Maßstäbe von den Patriziern gesetzt wurden. Gerade weil keine ständische Ordnung dem einzelnen seinen Platz zuwies, mußte er sich selbst darstellen, um den ihm gebührenden Platz zu erringen. So wurde Mode zu einem wichtigen Bestandteil des öffentlichen Lebens, und man achtete erst in Florenz und ähnlichen Städten, dann im ganzen zivilisierten Europa auf modisch elegante Kleidung. Wichtig für diese Entwicklung wurde auch der Buchdruck. Bisher kannte jeder, der auf dem Lande lebte, nur die Kleidung seiner Herren, die Tracht der Geistlichkeit und das Aussehen durchreisender Kaufleute oder Handwerker. Auch in der Stadt lernte der Bürger nicht viel mehr kennen, als was er mit eigenen Augen sah. Erst jetzt nahmen breitere bürgerliche Schichten an dem teil, was draußen in der Welt vor sich ging, und so erfuhr man eben auch, was am Hofe zu Moskau oder beim Sultan der Türken an Kleidern getragen wurde.

So kam der italienische Radierer Enea Vico zum ersten Mal auf den Gedanken, die Kleidung aller Völker des Erdballs darzustellen. Auf 98 Blättern brachte er seine Vorstellungen unter, die er aus unbekannten Quellen geschöpft hat. Ein Pariser Verleger hat 1562 diese Zeichnungen zum ersten Mal kopieren und drukken lassen, und von nun an entsteht eine reiche Trachtenliteratur, die noch lange Zeichnungen des Italieners verwendet; Verleger aus Deutschland und Belgien, Venedig und Frankreich schöpfen aus Vicos Werk, wann immer ihnen dies praktisch erscheint. In Deutschland sind die Trachtenbücher des Verlegers Weigel aus Nürnberg und des ebenfalls in Nürnberg ansässigen Jost Amman als künstlerisch hochstehend zu Namen gekommen. Jost Amman (1539–1591) war Gebrauchsgrafiker, er zeichnete die Vorlagen für Holzschnitt und Kupferstich, sein Ständebuch und Trachtenbuch geben ein eindrucksvolles Bild des damaligen Lebens.

Schlitzmode und Halskrause

Man interessierte sich nicht nur für fremde Moden, man übernahm die vielfältigsten Anregungen, und so hört man von nun an in jeder Nation Europas reihum den Vorwurf der Älteren gegen die Jüngeren, sie äfften die Fremden nach. Die Schlitzmode sollten die Schweizer erfunden haben, die nach den siegreichen Schlachten gegen die burgundischen Ritter kostbare Stoffe erbeuteten und nicht wußten, was damit anzufangen sei. Also sollen sie sich wie rechte Barbaren mit dem überflüssigen Stoff die von Hieb und Stich zerfetzten Kleider aufstaffiert haben. Eine Steigerung dieser Richtung stellt die schon erwähnte Pluderhose dar, die ihrerseits bald in anderen europäischen Ländern Nachahmung fand.

Ein anderer modischer Einfall des frühen 16. Jahrhunderts prägt noch heute die Vorstellungen von selbstbewußtem Bürgertum und ist in der Gerichtstracht Englands überliefert. Er ging im Grunde aus dem Männerhemd hervor. Man trug sich als Mann seit neuestem nicht mehr brust- und rückenfrei, sondern zog ein Hemd an. Bald schaute die gefältelte Krause des Hemdes über den hohen Kragen. Weil nun im Laufe des Jahrhunderts auch das Hemd zum Prestigefaktor wurde – die Damen verarbeiteten feine Stoffe und nähten mit Zärtlichkeit, was ihre Herren stolz am Leibe trugen –, legte man den feinen Hemdstoff in Falten, das sah nach mehr aus. Ebendeshalb mußte es aber am Hals straff genommen werden, und so entstanden Bündchen, dicht aufgereiht, die schließlich eine Art Eigenleben bekamen und zur »Kröse« wurden. Diese »Mühlsteinkrausen« mußten ringsherum steif abstehen, also stärkte man sie und baute Draht ein, über den ein leichter Stoff gezogen wurde. Anfangs wurde nur die bläuliche Reismehlstärke benutzt, und einem modebewußten König wie Heinrich III. von Frankreich soll es großes Vergnügen bereitet haben, sich seine Krausen selbst zu stärken.

Später erfand eine gewisse Madame Turner ein Rezept für eine andere Stärke, die aber gelb statt blau färbte. Eine Weile benutzte man für die Krause beide Stärken, und es gab demnach nebeneinander Gelb und Blau. Lange sollte dieser unschuldige Zustand nicht dauern, denn in den unerbittlichen Religionskämpfen jener Zeit gab es buchstäblich nichts, was nicht entweder papistisch oder hugenottisch gewesen wäre. Madame, offenbar eine leidenschaftliche und kluge Dame, beteiligte sich an einem Komplott, Sir Thomas Overbury im Tower zu vergiften. Ihre Komplizinnen wurden auf ihre Güter verbannt, jedoch Madame Turner mußte aufs Schafott. Sie tat dies in einer gelbgestärkten Krause, und damit war Gelb als Farbe für Krausen erledigt, wer hätte sich bei Hofe schon mit derartigen Elementen identifizieren wollen. Welcher Luxus mit solchen Krausen getrieben wurde, bezeichnet der Ausspruch eines französischen Höflings, er trüge »32 Morgen bestes Weinbergland um den Hals«. Man begnügte sich nämlich nicht mehr mit Leinen und Draht, sondern es mußten Spitzen sein, weil jeder wußte, daß sie teuer waren; wenn jemand Spitzenkrausen wie ein Edelmann trug, wußte man, daß er kein armer Mann war.

Auch am Beinkleid vollzog sich ein Wandel, aus der enganliegenden Hose des Ritters wurde der Kniestrumpf, an den sich die lockere Kniehose anschloß. Schließlich trugen die besseren Bürger und die Gelehrten die Schaube, einen bis auf die Knöchel, später auch nur bis zum Knie reichenden Umhang. Diese Schaube, den älteren Umhängen nah verwandt, galt als Ehrenkleid des Mannes. Wer Luxus treiben wollte, besetzte sie innen oder außen mit Pelz. Als schwarzer Talar hat sie sich in der protestantischen Amtstracht der Geistlichkeit erhalten. Wer viel fror, trug auch wohl zwei Schauben übereinander; Holbein hat den berühmten Gelehrten Erasmus von Rotterdam in solcher Kleidung dargestellt.

Beginn des Modediktats

Zum ersten Mal gibt es so etwas wie eine Mode der zivilisierten Welt, in der die nationalen Unterschiede bedeutungslos werden, wenn sie auch als Strömungen innerhalb des Zeitstils in Erscheinung treten. Wer von nun an diese Mode nicht mitmacht, sondern an der althergebrachten Kleidung festhält, also aus Abhängigkeit oder Schwerfälligkeit konservativ bleibt, leitet eine Entwicklung ein, die zur Volkstracht führt; davon wird noch zu reden sein. Im Laufe des 16. Jahrhunderts war die Kleidung derer, die es sich leisten konnten, reich und bunt gewesen. Die Fürsten in Frankreich und England trugen Gold- und Silberbrokat, die Gefolge desgleichen, allenfalls Samt oder Atlas, die Knöpfe der Könige bestanden aus Rubinen, Diamanten und Perlen, und mit immer aufwendigerem, immer sinnloserem Prunk und Kleiderluxus stahlen die konkurrierenden Fürstlichkeiten und gekrönten Häupter einander die Schau. Die langen Röcke mit Schleppe waren um die Mitte des Jahrhunderts außer Mode gekommen, sie reichten nur gerade bis an den Boden und waren glockenförmig rund. Diese »deutschen Röcke« setzten sich allgemein durch, und so trug Prinzessin Anna von Cleve, die vierte Gemahlin König Heinrichs VIII., deren Reizlosigkeit ihn so sehr enttäuschte, daß er sich bald von ihr scheiden ließ, zur Brautschau »ein Kleid von reichem Goldstoff, ganz rund gemacht, ohne jede Spur von Schleppe, nach der deutschen Mode«.

Wie der Mann einen recht eindrucksvollen Hosenlatz trug, so betonte auch die Frau ihre Weiblichkeit – nämlich durch den Brustlatz. Die Kurfürstin Elisabeth von Brandenburg besaß einen Brustlatz, der mit 44 hängenden Perlen, 14 Diamanten und 14 Rubinen besetzt war. Dieser Luxus wich der spanischen Mode, die sich seit 1520 in Europa durchsetzte, und an Stelle der Verschwendung an Stoff und Zierat traten Strenge und Knappheit. Auch diesmal schien eine politische Entwicklung ihren Niederschlag in der Mode zu finden; wenn zuvor das Freie und Weitläufige der bauschigen, geschlitzten, verschwenderischen Moden ein Zeichen von beginnender Freiheit gewesen zu sein scheint, so zeichnet sich in der Rückkehr zum enganliegenden Beinkleid, zum wulstig neutralen Wams des Mannes, der spanischen Tracht, die restaurative Tendenz der Zeit deutlich ab.

Die knapp modellierende Strumpfhose wurde möglich dank der Erfindung des Trikots. Der Name stammt zwar von einem nordfranzösischen Ort, wo Trikotagen seit langem hergestellt werden, die Erfindung selbst aber ist spanischen Ursprungs. Spanische, aus Seide gestrickte Beinkleider waren so kostbar, daß die Fürsten sie als Geschenke austauschten. Herzog Erich von Braunschweig schickte dem Kurfürsten August von Sachsen (1553–1586) sechs Paar gestrickte spanische Beinkleider aus Belgien. In Magdeburg sind sie 1583 überhaupt verboten gewesen – man verbot in jenen Zeiten ja gerne und viel, weil man jede Unruhe ausschalten wollte –, und der Geheimrat Barthold von Mandelsloh erhielt 1569 von seinem Landesherrn, dem Markgrafen von Küstrin, einen ernstlichen Verweis: Der Geheimrat lege seine kostbaren spanischen Hosen auch an Wochentagen an, während er, der Markgraf, die seinen nur an Sonntagen trüge. In Frankreich wurden diese Strumpfhosen, wie nicht anders zu erwarten, Gegenstand der Galanterie: Wenn ein Edelmann eine Dame besonders ehren wollte, ließ er sie seine eigenen neuen Trikothosen einmal acht bis zehn Tage tragen, ehe er sie sich selbst anzog. Besonders eifrig in der Nachahmung der spanischen Mode war man in Deutschland, wenn auch solche Pauschalurteile mit Vorsicht zu nehmen sind und nicht selten einen Hauch von Komik tragen. So schreibt der Verfasser der Zimmerischen Chronik von einem Andreas von Könneritz als von einem »seidins Mendle, herausgestrichen und gebutzt« und sagt beiläufig, »der Sachsen und insonderheit der Meißner Art und Manier ist es, daß sie viel auf Kleider und Hoffart legen«. So bilden sich Vorurteile, die durch Jahrhunderte mitgeschleppt werden.

Man darf sich die spanische Mode des ausgehenden 16. Jahrhunderts in Europa aber nicht so vorstellen, als sei jedermann, der zur Gesellschaft gehörte, in schwarzem Wams und hautenger Strumpfhose umherstolziert. Je weiter man sich von Madrid entfernt befand, desto weniger streng verhielt man sich, was Schnitt und Farbe anging, und vor allem in Frankreich hielt man an bunten, oft ungewöhnlichen Farben fest. Besonders Heinrich III., der letzte König aus dem Hause Valois, der 1589 ermordet wurde, war an Modefragen mehr als interessiert. Er selbst bestimmte die Mode seines Gefolges, die er den Damen absah, denn die Herren waren, seinem Vorbild entsprechend, wie die Hofdamen parfümiert, geschminkt und gekleidet. Damals gab es bei Hofe Feste, zu denen die Damen als Herren und die Herren als Damen gekleidet zu erscheinen hatten; man schätzte Farbkombinationen wie Lichtgrün, Weiß, Hellblau, und beim Anblick des Königs selbst konnte man sich, wie eine der Damen schrieb, im Zweifel sein, ob man »einen König als Frau oder einen Mann als Königin« vor sich hätte.

Die Damen hatten, ihrer gesellschaftlichen Stellung entsprechend, weitaus weniger Freiheit in ihrer spanischen Kleidung als die Kavaliere. Sie steckten in Pan-

Die Hosenlatzmode
*geht wie so viele andere
modische Über-
treibungen auf die
Landsknechtstracht
zurück. Kachel mit
dem Bildnis eines
deutschen Fürsten.
Hafner-Keramik,
um 1540/50,
Museum für Kunst
und Gewerbe,
Hamburg*

zern, die den Oberkörper einschnürten und aus denen sie erst die Französische Revolution befreien sollte. Während die Männer wenigstens noch die Wohltat der Strumpfhose kannten und sich mit den Beinen frei bewegen konnten, trugen die Damen die bekannten Reifröcke. Im 16. Jahrhundert als »vertugadin«, als Tugendwächter gedacht, wurden sie im 17. Jahrhundert mit der spanischen Mode zum unentbehrlichen modischen Hilfsmittel und erreichten im Rokoko, also im Laufe des 18. Jahrhunderts, eine absolut beherrschende Bedeutung – diesmal jedoch nicht als Tugendwächter, sondern als »panier«, als Hühnerkorb. Damals stritten sich London und Paris noch um die Vorherrschaft in der Mode. Englisch waren die Kunstfertigkeit, die Tüftelei, und vermutlich aus England kam der »Hühnerkorb« nach Paris. Wie die Pantalons, die langen schlotternden Hosen der englischen Seeleute, war die Sache englisch, ihr Sieg französischen Ursprungs.

Die Herrschaft des Reifrockes

Im Jahre 1719 sah man zum ersten Mal den Reifrock in Paris im Theater. Man sah eine sich nach oben verjüngende, überaus erregende Silhouette, deren Charme in der Betonung der weiblichen Hüfte bestand. Die Konstruktion selbst bestand aus fünf Reifen, die sich nach oben verjüngten und durch Wachstuch miteinander verbunden waren. Das Geräusch, das diese Röcke beim Gehen verursachten, muß gräßlich gewesen sein, denn die boshaften Kavaliere nannten die Damen »Kreischerinnen«. Ursprünglich waren diese Röcke rund, doch wann hätte sich die Mode je mit dem Erreichten begnügt, ehe nicht jede Variation ausgekostet war: Die Röcke wurden unten so breit, daß die Dame nur seitwärts durch die Tür gehen konnte, auch gab es elliptische Formen oder jene, die vorne und hinten wie zusammengedrückt erschienen. Reifröcke trugen im Rokoko die kleinen Mädchen und die alten Damen, selbst das Küchenpersonal in Paris wagte es, sich wie die Herrin zu kleiden, in Deutschland war das verboten. So hat man, wie Boehn berichtet, im Jahre 1751 im Dorfe Dennschütz in Sachsen gegen zwei Bauernmädchen prozessiert, weil sie in »paniers« gingen.

Die Albernheiten und Absurditäten, die der Reifrock verursachte, sind nicht zu zählen. Die Geistlichkeit machte das Tragen des Reifrockes zur Gewissensfrage, Mitglieder der Sorbonne erforschten dieses Problem vom theologischen Standpunkt aus, und selbstverständlich versuchte man, ihn zu verbieten – die öffentliche Meinung allerdings, artikuliert von dem Lustspieldichter Legrand, der 1722 eine Posse zu diesem Thema aufführen ließ, stand auf seiten der Mode. Der Erzbischof von Paris, Kardinal de Noailles, war in diesem Stück so lächerlich gemacht worden wegen seiner Verbotsabsichten, allerdings war er klug genug, sein Vorhaben fallenzulassen. Die Frage hingegen, ob die Klosterfräulein den Reifrock tragen dürften, blieb bis zum Schluß für die Beichtväter und Äbtissinnen ein nahezu unlösbares Problem. Um 1760 war man des Reifrockes müde, man kürzte ihn bis zum Knie, womit er zwar bequemer wurde, aber eben auch an charakteristischen Reizen verlor. Schließlich erfand der Franzose Monsieur Parmard Gerüste in Gestalt von Turnüren, das heißt Wulsten, die, auf den Hüften befestigt, das Kleid in gewünschter Weise aufbauschten. Seither wurde die Turnüre als Hauskleid getragen, der Reifrock bei offiziellen Anlässen. Nach der Revolution hat sich der Reifrock in England noch einige Zeit erhalten, länger noch am sächsischen Königshof.

Die Taille als Kunstwerk

Eleganz war zu Zeiten des Ancien régime eine Frage eiserner Konstitution. Man muß bedenken, daß eine Dame, die abends bei Hofe geladen war, bereits morgens den Schnürleib anlegte, um die gewünschte Taille zu erhalten. Alle fünfzehn Minuten etwa wurde das Marterinstrument stärker angezogen, denn abends mußte die Taille einen Umfang von etwa 30 cm haben; die zeitgenössischen Berichte, von Frauen verfaßt, lassen an so extremen Maßen keinen Zweifel. Männer wie Rousseau, der Naturforscher Buffon, der Arzt Sömmering und viele andere haben ihre Stimme gegen diesen Unsinn erhoben, aber der gesellschaftliche Zwang war wie immer stärker als jede Vernunft. Auch damals, so darf man vermuten, haben die Damen behauptet, nur um den Männern zu gefallen, quälten sie sich so, ein höchst fragwürdiges Argument, das allerdings geeignet ist, jeden Mann zum Schweigen zu bringen. Das Korsett selbst, über dem Kleid getragen, wurde bald zum Schaustück, der Reifrock zum Kunstwerk. Mit Etagen von Schleifen, Rüschen und mit Stickereien verziert, überstieg seine Bedeutung jedes Maß; man versah ihn mit allegorischen Darstellungen aus der Bibel – Adam und Eva blieben ein geschätztes Motiv –, und drei verschiedene Schneider arbeiteten an seiner Herstellung, einer arbeitete die Taille, den Rock durften nur Schneiderinnen herstellen, den Besatz stellte man aus ca. 150 verschiedenen Mustern zusammen. Die Modehistoriker wissen zu berichten, daß allein ein Kleid, in dem die Zarin Katharina II. im Jahre 1775 den türkischen Gesandten empfing, mit Diamanten sowie 4200 großen Perlen bestickt war. Von solchen Kleidern, alle ähnlich kostbar, hat die Zarin Elisabeth 15 000 Stück hinterlassen.

Die französische Mode setzte sich in jener Zeit endgültig in Europa durch, und von Moskau bis nach Palermo, von Wien bis London hatte man nur einen Wunsch: Man wollte à la mode sein, das heißt, man ahmte Paris nach, übrigens nicht ohne geschicktes »marketing« der französischen Modehersteller. Die französischen Manufakturen, die Samt, Seide und Spitzen produzierten, stellten einen volkswirtschaftlichen Faktor dar, der von der Regierung kräftig gestützt wurde. Schon seit der zweiten Hälfte des 17. Jahrhunderts reiste monatlich einmal eine lebensgroße Kleiderpuppe über den Kanal nach London, entweder in Staatstoilette als »große Pandora« oder im Negligé als »kleine Pandora« bezeichnet. Die Dame Scudery schrieb damals die viel gelesenen, historisch ausstaffierten Romane, die von der Gesellschaft verschlungen und später von Molière verspottet wurden. Bei der Staffage der Kleiderpuppe aus der Rue de Saint-Honoré wurde Mademoiselle de Scudery gleichsam als Autorität in Fragen der Etikette und des Geschmacks zu Rate gezogen. Erst wenn die Pandora im Hotel Rambouillet zurechtgemacht worden war, trat sie die Reise über den Kanal an, um den Engländern Geschmack beizubringen.

Auf dem Kontinent, vor allem in Frankreich und Deutschland, galt die Kleidung aber keineswegs nur als Ausdruck persönlichen Geschmackes und zeitgebundener modischer Tendenzen, sondern war als Standestracht ein Ordnungsmittel. So waren in Bayern um 1626 die Untertanen in sieben Klassen eingeteilt, nämlich »Bauersleut, geringen Bürgerstandt, Kauff- und Gewerbsleut, Kanzleidiener und Gerichtsschreiber, Geschlechter, Ritterschaft und Adel, Doktoren und Lizenziaten, Grafen und Freiherren«, und jeder dieser sieben Klassen waren die Stoffe ihrer

Kleidung und der Aufputz bis in Einzelheiten vorgeschrieben. Im Jahre 1657 bezeugt die »Nürnberger Kleiderordnung«, wie vergeblich diese Versuche waren. Die Klage lautet, daß »fast von allen Ständen, sowohl Manns- als Weibspersonen gantz verächtlich und freventlich der übermäßigen Pracht in Kleidern und neuen Trachten dergestalt unverantwortlich aufs Höchste getrieben worden, daß fast kein Stand von dem andern unterschieden werden möge«. Dem Mißmut der Obrigkeit entsprach die Aufsässigkeit und Erbitterung des Volkes, und wenn die Obrigkeit die sich in der Kleidung abzeichnende Unbotmäßigkeit durch Verbote unterdrückte, so signalisierte jeder, der sich gegen sie stellte, dies zuallererst durch die Kleidung: An diesen »Äußerlichkeiten« wurde sichtbar, was als Gesinnung anders kaum noch auszudrücken war. Noch unterschied sich der Edelmann durch Federn am Hut, durch Stickereien und rote Absätze an den Schuhen vom Volk, das wie Vieh auf den Dörfern lebte, und von der Masse der Bürger minderer Herkunft, und er hütete diese Privilegien, als seien es Schätze. Wer sie in Frage stellte, machte sich verdächtig.

Der Sieg der Sansculotten

Die französischen Stände traten unter Anleitung des Oberzeremonienmeisters Dreux de Brézé im Mai 1789 zur Nationalversammlung zusammen, wobei man selbstverständlich auf Ordnung sah. Der Oberzeremonienmeister, ein Muster an Tugend und ein Kenner der Etikette, war gewiß keiner revolutionären Sympathien verdächtig und brachte dies auch auf dezente Weise zum Ausdruck; dem Dritten Stand, der ja nun auf irgendeine Weise in die Welt der Perücken, Degen und Schnallenschuhe einzugliedern war, wies er eine Tracht zu, deren »Farbe und Schmucklosigkeit ein geradezu beleidigendes Kostüm« darstellte. Die Abgeordneten des Dritten Standes, durchaus imstande, diese Infamie gebührend zu würdigen, traten gereizt in die Verhandlung ein, und Mirabeau erhielt Gelegenheit, seine erste Rede zu halten. Mit seiner ganzen flammenden Beredsamkeit wandte er sich zunächst gegen die Ungleichheit der Kleidung. Eine der ersten Taten der Nationalversammlung war die Abschaffung aller Standesunterschiede in der Kleidung – verglichen mit der Abschaffung der Bildungsprivilegien, den gesetzgeberischen Leistungen gewiß kein bedeutsamer, aber doch ein folgenreicher Akt. Damit wurde das Schwarz, das Monsieur Dreux de Brézé dem Dritten Stand zugewiesen hatte, zur Farbe der politisch bewußten Bürger, und nichts konnte die Farbenpracht des Ancien régime mehr beleben.

Daß sich bestimmte politische Strömungen in der Kleidung manifestieren, war durchaus nichts Neues. Schon die aufrührerischen Banden junger Herren in Byzanz kleideten sich nach Art des Todfeindes des Weströmischen Reiches, nach Hunnenart, und ließen sich Bärte wie die Mongolen stehen. Bekannt ist das Beispiel des Bundschuhs, des einfachen Bauernschuhs, der zum Symbol des bäuerlichen Widerstandes wurde. Als Bettler verspottete man die Freiheitskämpfer in den Niederlanden, die sich seit 1566 gegen die spanische Herrschaft auflehnten. Ihre zerlumpte Kleidung bildete einen scharfen Gegensatz zu den prunkvollen Trachten ihrer Gegner, ihr Symbol war der Bettlerpfennig.

Daß die Kniehose, die culotte, der Revolution zum Opfer fiel, wurde schon erwähnt, ebenso, daß die Sansculotten jene formlosen Röhrenhosen trugen, die »pantalons«, die bei der englischen Marine üblich waren. Das bürgerliche Kleidungsstück jener Epoche, vom England der Puritaner geschaffen und in Europa verbreitet, war das »Negligé«. Das Wort bedeutet »das Nachlässige« und bezeichnete jede Art Kleidung, die nicht Staatskleid war und bei höfischen Veranstaltungen getragen werden mußte. Der heute geläufige Ausdruck für ein intimes Nacht- oder Morgenkleid hat sich erst spät eingebürgert. Im 18. Jahrhundert legte der Bürger, wenn er seine Standesuniform abgelegt hatte und es sich im Kreise seiner Familie gemütlich machen wollte, den Schlafrock an. Auch Besuche konnte man im Schlafrock empfangen, der damals etwas Orientalisches hatte und oft aus kostbarem Stoff gefertigt war. Im Schlafrock präsentierte sich auch die bürgerliche Intelligenz, und wenn Goethe, immerhin ein Minister, dem Dichter Gottsched als Privatmann seine Aufwartung machte, empfing ihn dieser in einem gründamastenen Gewand, das rot gefüttert war.

Die jungen Genies der sogenannten »Sturm-und-Drang-Zeit«, der vorrevolutionären Epoche des späten 18. Jahrhunderts, lehnten selbstverständlich die Zeremonialkleidung der älteren Generation strikte ab, aber auch den bürgerlichen Rock, der aus England gekommen war. Ein Mann wie Christoph Kaufmann, der als »Kraftgenie«, wie man damals sagte, und als Jünger Rousseaus mit Goethe, Merck und Lavater befreundet war, trug die Haare offen, nicht im Zopf, und ließ das Hemd bis zum Nabel offen. Dieses Signal der Rebellion, das offene Hemd, hat in den Freiheitskriegen und bei den revolutionär nationalen Turnern noch einmal eine Rolle gespielt, auch dem Wandervogel ist es als Schillerkragen zum Zeichen seines »Andersseins« geworden. Kaufmann übrigens taufte das zeitgenössische Drama »Wirrwarr« des Dramatikers Klinger in »Sturm und Drang« um und gab damit seiner Epoche den literarhistorischen Namen.

Zurück zur Natur

Als die Französische Revolution Ende des 18. Jahrhunderts die Barriere der Standestrachten niedergelegt hatte, zunächst in Frankreich selbst und später auch im Rheinland, schüttelte man mit Perücke und Zopf, brokatenem Staatskleid und Robe zugleich alle Kleidung ab, die entbehrlich war – und zu entbehren war, jedenfalls für die Frauen, fast alles. Man richtete sich, Rousseau folgend, nach der Natur, und was war natürlicher als die Nacktheit? Allerdings ging die Nacktheit Umwege, und es dauerte eine wenn auch kurze Zeitspanne, bis man das volle Gewicht der Veränderungen begriffen hatte. Zunächst nämlich blieb alles beim alten; noch im August 1789 bestellte eine Dame sich einen Reifrock für einen Empfang bei der Königin – es war übrigens die letzte Bestellung dieser Art –, und die Damen kleideten sich nach jener Mode, die etwa 1780 entstanden war. Damals war man der Reifröcke und riesigen Frisuren überdrüssig geworden, und so ließ man sie fallen und betonte dafür einen anderen reizenden Körperteil der Frau, nämlich den Busen. Faltige Röcke, eine hochgeschnürte Taille, ein mit bauschigen Tüchern bedeckter Busen sind die Elemente der Mode; auch die Frisur wächst nach einer Zeit der losen Locken wieder zu riesiger Höhe, und nach der Revolution ändert man zunächst nicht die Kleidung, wohl aber die Namen: Nicht nach dem Dauphin, sondern nach der Egalité, der bürgerlichen Gleichheit, oder nach der Carmagnole (kurze Jacke der Jakobiner) nannte man Farben, die man vorher als »caca Dauphin« oder Farbe der Heiligen Jungfrau Maria an höheren Werten orientiert hatte. Allerdings änderte die wachsende Armut die Qualität der Stoffe; während in der Provinz die Seidenwebereien Konkurs machten, während die exklusiven Schneider und Schneiderinnen emigrierten, stellte man die Kleider aus bedrucktem Kattun und gemusterter Baumwolle her. Etwa sechs Monate nach der Revolution erschienen überhaupt keine neuen Modelle, dann wurde die Mode demokratisch, und in Paris gab es seit 1791 Magazine für fertige Kleider. Auch gedruckte Preislisten wurden verschickt, und so begann das Zeitalter der Konfektion.

Das antike Kleid indessen, das man mit der Ära Napoleons und mit dem Klassizismus der Epoche zu verbinden gewöhnt ist, haben nicht die Franzosen, sondern die Engländer erfunden – und auch diesmal verdankt ein englischer Einfall seinen Erfolg der französischen Kultur. Die junge, reizende Herzogin von York, bei Hofe allgemein beliebt, kam 1793 zum ersten Mal in andere Umstände, tatsächlich imitierten einige närrische junge Frauen diesen Zustand, indem sie sich gestopfte Haarkissen unter den Gürtel steckten. So rutschte die Taille direkt unter den Busen und auf dem Rücken unter die Schulterblätter, und als »englische Mode« wurde diese Bizarrerie auf dem Kontinent, das heißt zunächst in Frankreich, aufgenommen und als »antik« bezeichnet. Die Pariserinnen hatten trotz Revolution ihre Lebenslust nicht eingebüßt, und nach einer kurzen Zeit der Unsicherheit etablierte sich auch eine neue modische Hierarchie: Frau Tallien, ehemalige de Fontenay, die auf ihren revolutionären Gatten einen Einfluß ausübte, den man als »reaktionär« bezeichnen mag, löste eine Bewegung aus, die alle Hüllen fallen ließ. Korsett und Unterröcke waren vergessen, man trug Trikots und ein durchsichtiges, wallendes Gewand, das »chemise«, bis zum Knie offen, und an den nackten Füßen Ringe.

Wie Sexualität und Gesellschaft miteinander verbunden sind, mag man damals nicht erkannt haben, doch genoß man die neue Freiheit, und als chic galt es, gut ausgezogen zu sein. Zwischen den von der neuen Ära berauschten Damen hat es einen sympathischen Wettstreit gegeben, wer am besten »ausgezogen« sei, und so wog man die Kleidung. Im Jahre 1800, also immerhin ein Jahr nach Napoleons Staatsstreich, durfte die Bekleidung einer Dame 18 Lot nicht überschreiten, einschließlich ihres Schmuckes und ihrer Schuhe, die den weitaus gewichtigsten Teil der Bekleidung ausmachten. Nicht, daß Frauen sich auszogen, wie es ihrem Narzißmus entspricht, sondern daß sie es unter den neuen gesellschaftlichen Bedingungen zu tun wagten, macht die Bedeutung dieser Mode aus. Besser als manche gravitätische Darstellung der Staatsakte bezeichnen solche Episoden, wie tiefgreifend die Wirkung der Revolution gewesen ist.

Auf dem Weg zum Frack

Die französische Revolution hatte den Reifrock entthront, die Frisuren verändert, den Damen eine Freiheit gegeben, wie sie seit der Antike kaum gekannt war, sie träumte von einem neuen Menschen, aber wo sie eben noch Fesseln zerbrochen hatte, legte sie sogleich neue an. Jacques-Louis David, der revolutionäre Maler, der später Napoleon verherrlichte, hat als Jakobiner die Revolution nach antiken Vorbildern stilisiert. Für die öffentlichen Festzüge, bei denen Chöre von Greisen und Frauen, Knaben und Mädchen auftraten, schrieb er antike Gewänder vor und hätte wohl am liebsten der gesamten Bevölkerung die antike Kleidung als revolutionäre Tracht aufgezwungen, aber Hüte, Hosen, Halsbinden und Manschetten konnte er nicht abschaffen, die Mode erwies sich als die stärkere Macht.

In Zeiten, in denen die öffentliche Meinung von jedermann religiöse oder politische Bekenntnisse zu fordern scheint, sind die Fanatiker mit entsprechenden Forderungen schnell bei der Hand. Als in Deutschland aus dem Widerstand gegen Napoleon ein längst verschüttetes Nationalbewußtsein erwachte, forderten begeisterte Damen wie Karoline Pichler, die österreichische Schriftstellerin, eine Nationaltracht für jeden der deutschen Stände, und Wilhelmine von Chézy, das preußische Pendant, Textautorin der Oper »Euryanthe«, trat für eine Nationaltracht der deutschen Frau ein. Man beschäftigt sich in dieser Epoche gerne mit solchen dramatischen Gesten, man entwirft »ächt teutsche Feyerkleider«, wobei man in Unkenntnis der wahren Zusammenhänge auf die französischen Puffärmel, den Stuartkragen, das spanische Barett zurückgreift, als seien dies spezifisch deutsche Elemente der Mode gewesen. Auch Ernst Moritz Arndt hat sich auf diesem Gebiet hervorgetan und eine Schrift »Über Sitte, Mode und Kleidermacht« verfaßt. Sein Ziel war eine Kleidung, die das »Würdige und Menschliche«, nicht das »Leichtfertige und Äffische« hervorkehren sollte; man sah ja damals die Franzosen als eine Art eitler Putzaffen an und legte den Grund zu einem Vorurteil, dessen Torheit erst viele Generationen später abgebaut und überwunden worden ist. Arndt sah die deutsche Volkstracht so: »Der deutsche Mann trägt gewöhnlich Stiefel, die höchstens bis an die Kniebeuge hinaufgehen; bei feierlichsten Gelegenheiten nur trägt er Schuhe. Seine Beinkleider halten die Mitte zwischen zu eng und zu weit. Um den Leib und halb über die Arme bis an die Ellenbogen trägt er in der kälteren Jahreszeit einen kurzen, den ganzen Leib umschließenden und bis auf die Hüften hinabgehenden Wams. Damit er sich auf das leichteste und bequemste bewegen könne, mag er sich bei Arbeiten und Leibesübungen bis auf diesen entkleiden.« Die offene Brust war zur Zeit des Turnvaters Jahn Kennzeichen eines kernigen deutschen Jünglings, so konnte man jeden, der die Franzosen am liebsten gefressen hätte, an seiner Kleidung schon von weitem erkennen. Die Bemühungen, künstlich eine Nationaltracht einzuführen, hatten aber keinen Erfolg, weil sie an den Realitäten vorbeigingen. Schon 1797 hatte sich der König von Preußen Wilhelm III. auf der Promenade in Bad Pyrmont in den langen Röhrenhosen gezeigt, den Pantalons, die doch bis dahin als Anzeichen aufrührerischer Gesinnung gegolten hatten, und Benjamin Franklin, der als Gesandter der nordamerikanischen Rebellen am Hof zu Versailles erschien, trug nicht die bisher obligatorische Kniehose, den goldbestickten Frack und den Dreispitz, sondern das revolutionäre Beinkleid.

In der Tat gingen in diesen wirren Zeiten alle Tendenzen miteinander und gegeneinander: Bei Hof trug man Kleidung, die ins 18. Jahrhundert verwies, aber doch auch Kleider, die eigentlich zur Empörung Anlaß gaben, und umgekehrt versuchten politische Köpfe in Europa die Kleidung zu »demokratisieren«, als im ursprünglich demokratischen Frankreich die höfischen Sitten wieder lebendig wurden. Diese »jakobinische« Tendenz blieb übrigens nicht auf die Herren beschränkt. Die vom Preußenkult so verherrlichte Königin Luise folgte der »griechischen Mode« ebenso wie die Damen der französischen Revolution, und so schrieb Gräfin Tina Brühl im März 1799 voll Empörung an ihren Mann: »Ich begreife nicht, daß dieser liebe König seiner koketten Frau erlauben kann, sich anzuziehen, wie sie es tut. Das ist nicht mehr der elegante Anzug eines vornehmen Hofes, sondern der einer sehr hübschen Schauspielerin, nach Möglichkeit ausgeschnitten und coiffiert.« Im selben Jahr ließ der Landgraf von Hessen, der seinen Untertanen die französischen Moden verleiden wollte, die Strafgefangenen, die an Ketten geschmiedet die Straßen reinigten und Karren schoben, nach französischer Art kleiden, also ohne Zopf und Kniehose, mit geschorenem Haar und in den langen Beinkleidern der Revolution. Den königlich preußischen Beamten hatte man bereits 1789 eröffnet, daß eigenes Haar dem Ernst und der Würde des preußischen Beamten nicht angemessen und daß Pantalons unanständig seien.

Mit Napoleons Krönung entwickelten sich in Frankreich selbst die bekannten restaurativen Tendenzen, mit höfischer Etikette wurde eine höfische Tracht wiedereingeführt, und Napoleon achtete mit dem Ehrgeiz eines Emporkömmlings auf die Details. Er selbst war ein Barbar an Geschmack, aber zu klug, um nicht den Wert der Mode und die Bedeutung der Repräsentation zu erkennen. Seine Frau Josephine besaß kurz vor der Scheidung allein 500 Spitzenhemden, 230 Sommerkleider und 673 Winterkleider, denn der Kaiser liebte Abwechslung. Auf den Bällen zitterten die Damen vor seiner übellaunigen Kritik, und mehr als einmal mußte eine Frau, die sich ein paarmal in demselben Kleid gezeigt hatte, von ihm hören: »Haben Sie denn nur dieses eine Kleid? Können Sie Ihren Mann nicht bitten, Ihnen ein neues zu kaufen?« Längst waren die Zeiten vorbei, in denen man möglichst zerknittert, mit strähnigem Haar und nachlässiger Kleidung, möglichst in Reitstiefeln, herumgelaufen war; seit 1802 gab es in Paris wieder Kniehosen und Schnallenschuhe, Paradedegen und mächtige Hüte, die mit Anstand unter dem Arm getragen werden mußten. Als sich das Kaiserreich auf dem Höhepunkt seiner Macht befand, mußten sogar Generale in der neugeschaffenen Hilfstracht erscheinen. Der bedeutendste Modeschöpfer Frankreichs war Leroy, der in der heutigen Rue Richelieu wohnte, damals hieß sie noch Rue de la loi. Er kleidete Napoleons Hofstaat und alle, die von Napoleons Gnaden herrschten. Auch die Gewänder für die Kaiserkrönung hatte er, nach Entwürfen der Maler Isabey und David, in seinem Atelier gearbeitet.

Der Brauch, die große und die kleine Pandora mit den neuesten Moden nach England und ähnliche Kleiderpuppen auch an die anderen Höfe der napoleonischen Statthalter zu schicken, war von Napoleon selbst unterbunden worden; mit dem krankhaften Mißtrauen des Diktators witterte er die Möglichkeit, mit Hilfe solcher Puppen über den Kanal Informationen an die englische Spionage zu liefern. Dort hatte sich inzwischen in aller Stille eine Revolution der Männerkleidung vorbereitet, und zwar ausgehend von dem aus Frankreich stammenden Justaucorps. Dieser enganliegende, etwa knielange Männerrock ohne Kragen, der seit 1670 getragen wurde, hinderte beim Reiten über Stock und Stein. Selbst der würdevollste Edelmann machte aber in der Frage der Mode Konzessionen, wenn es um die Hatz von Hirsch und Fuchs ging. Also machte man aus dem Justaucorps der Herren – bei den Damen trug das Mieder mit Schoß diesen Namen – einen »riding coate«, einen Redingote, indem man die zu langen Schöße erst aufknöpfte, später abschnitt. Schließlich blieb von dem ganzen Rock nur der Schwalbenschwanz mit knappem Sitz übrig, der Frack. Diese »abgeschnittene« Form, die damals durchaus formlos und barbarisch gewirkt haben muß, führte der erste wirkliche Dandy George Brummel (1778–1840), das modische Vorbild aller eleganten jungen Männer, in der englischen Gesellschaft ein – und genau dieser Frack wurde der heutige Diplomatenfrack. Damals gehörte die helle Kniehose zum dunkelfarbigen Frack; die lange Röhrenhose ist erst im Laufe des 19. Jahrhunderts hinzugekommen. Ende des 18. Jahrhunderts trug man keine schwarzen, sondern braune, blaue oder grüne Fräcke, dazu einen Zylinder mit flott gewölbter Krempe. So beschreibt Goethe auch den jungen Werther, der sich »in völliger Kleidung« umbringt. »Gestiefelt, im blauen Frack mit gelber Weste« findet man ihn erschossen am Schreibtisch.

Wie stets zeichnete sich die Diplomatie auch in der Kleidung durch ihren Konservativismus aus. Noch bis zum Ersten Weltkrieg bestand die Garderobe des Gesandten aus drei Hauptstücken, dem Frack, Redingote und Zylinder. Die heu-

Napoleons Schwäche für Etikette und höfische Tracht *kam der Textilindustrie allerorts im Lande zugute. Hier besucht der erste Konsul zusammen mit seiner Frau Josephine eine Tuchmanufaktur in Rouen. Sepia-Zeichnung von J. B. Isabey, 1802, Musée de Versailles*

tige Diplomatenuniform, die manche europäische Diplomaten bei Staatsakten noch anlegen, stammt aus der restaurativen Ära: Blauer Frack, weiße Kniehose, Zweispitz und Degen, damals vorgeschrieben, sind zum Urbild der Diplomatenuniform geworden. Alle europäischen Staaten schlossen sich dem Vorbild Frankreichs an, nur Dänemark machte eine Ausnahme: Es verwendete für den Frack nicht blaues, sondern leuchtendrotes Tuch. Diese für Diplomatengemüter so ungewöhnlich wirkende Farbe veranlaßte einen amerikanischen Gesandten in Stockholm, seinen dänischen Kollegen mit den Worten »My dear old flamingo!« zu begrüßen.

In der guten alten Zeit

Die Zeit nach dem Sturz Napoleons ist eine Epoche der politischen Erschöpfung, das Bürgertum entwickelt sich zur bourgoisen Kaste, der Adel konserviert seine Traditionen, das Volk trägt die Lasten der beginnenden Industrialisierung. Eine satirische Zeitschrift, die »Spitzkugel«, sieht das so: »Sonst wie jetzt besteht die gesamte Bevölkerung aus drei gesonderten Hauptklassen. Wir wollen versuchen, sie hier mit kurzen bezeichnenden Worten zu charakterisieren. Die Aristokratie trägt: Schlafrock und schwarzen Frack, der Bürgerstand trägt: Überrock und Paletot, das Volk trägt: Jacke, Kittel, Bluse. Die Sprache der Aristokratie: Heuchelei unter der Maske der Höflichkeit, die Sprache des Bürgerstandes: Persönlicher Vorteil unter dem Deckmantel der Gemütlichkeit, die Sprache des Volkes: Freimütige Offenheit.« Die Rückkehr der königlichen Familie nach Paris hatte gewisse romantische Elemente in die Mode gebracht. Halskrausen und hohe Federarrangements verfälschten die bisher geschätzte klassische Linie mit ihrer hochgerutschten Taille. Nun kam ein breiter Gürtel auf, der Maria-Stuart-Gürtel, langsam bekam die Dame wieder normale Proportionen, aber zugleich zeigt die Mode deutlich die Tendenz, die Frau entsprechend ihrem gesellschaftlichen Status im Sinne von Schillers Glocke wieder zu verweiblichen: Breit ausladende Ärmel, bis ins Groteske gesteigert, der offenherzige Ausschnitt und der wieder in Mode gekommene Schnürleib kennzeichnen die Dame als erotisches Haustier des Mannes.

Die Anfertigung eines Korsetts wird zur Kunst, und wer es sich leisten kann, läßt sich eines von Lacroix aus Paris kommen. Um 1836 etwa haben die ständig länger werdenden Röcke den Boden erreicht, sie werden unverändert beibehalten, denn nun widmet man sich fast ausschließlich den Ärmeln und der Taille. Die Hüte, wie die Frisur und der Schmuck – bei Trauer nicht aus Gold, sondern aus Silber, Berliner Gußeisen oder poliertem Stahl – akzentuieren eine spielerische und wohlhabende Note, man trägt Litzen und Rüschen, Bänder als Besatz und Bänder als Schleifen, und um 1830 kommt die Pelzboa in Gebrauch, ein Kleidungsstück, mit dem sich das Vermögen des Mannes und das eigene Prestige hervorragend präsentieren lassen. Der umgeworfene Pelzstreifen und ebenso die Federboa kamen erst in den 40er Jahren aus der Mode, denn ihren Reiz bezogen diese modischen Objekte aus dem Kontrast mit dem frei wogenden Busen, der kurz vor der Revolution von 1848 verdeckt wurde: Die Beständigkeit des Wechsels der Mode ist gerade für diesen Zeitabschnitt charakteristisch.

Um 1815 war alles an der Frau eng und knapp, wie man auf den Bildern eines

Caspar David Friedrich sieht, um 1830 bauscht und rundet sich die weibliche Figur, man gibt sich kokett und kapriziös, und schon fünfzehn Jahre später ist die Dame schmachtend, die Mode zeigt fließende Formen. Der bürgerliche Kostümhistoriker Max von Boehn deutet, mit einem guten Schuß Skepsis, die vermutbaren Zusammenhänge dieses ständigen Wechsels an, wenn er schreibt: »Vielleicht besteht wirklich ein innerer Zusammenhang zwischen dem Fühlen und Denken einer Zeit und der Art, wie sie sich kleidet, und man würde, das zugegeben, unschwer den Zusammenhang entdecken, in dem der Inhalt der mit romantischen Ideen gefüllten Köpfchen um 1830 zur ihrer Hülle steht. Das krause, bunte Vielerlei von Haube und Putz scheint in der Tat die passende Umhüllung für ein unklares Durcheinander von Rittertum, Romantik, Weltschmerz, Mittelalter, Magnetismus und Gott weiß was noch für Allotrien, die um 1830 das Interesse in Anspruch nahmen, während ein halbes Menschenalter später die Frau, deren Kleidung alles Unwesentliche abgestreift hat, einen seriösen, gesetzten Eindruck macht, als dokumentiere sich auch in ihrer Toilette der schwerwiegende Ernst, den die soziale Frage in die öffentliche Meinung trägt. Das ließe sich behaupten, aber würde derjenige, der diesen Beweis zu erbringen versuchte, sich nicht mit Recht dem Vorwurf aussetzen: Was ihr den Geist der Zeiten heißt, das ist im Grund der Herren eigner Geist, in dem die Zeiten sich bespiegeln.«

Erstaunlich bleibt, daß zum dritten Male in der Geschichte der weiblichen Mode das Prinzip des Reifrockes zur Herrschaft gelangt: Die Jahre von 1840 bis etwa 1865 können als die Zeit der Krinoline gelten, mit der in der Tat die Vorstellung von der bürgerlichen Idylle seit jeher eng verknüpft ist. Aus dem losen, lang fließenden, als antik empfundenen Gewand des Directoire (1795–1799), das von den sogenannten Merveilleusen, den »Wunderbaren«, mit Lässigkeit getragen wurde, hatte sich die aus Leibchen und Rock zusammengesetzte Kleidung entwickelt. Der Ausdruck Krinoline kommt vom französischen »crin«, dem Roßhaar, mit dem man die Gestelle polsterte, denn selbstverständlich behielten die weiten, glockenförmigen Röcke nicht von alleine ihre vornehme Form: Mit gesteiften Unterröcken, später mit den bekannten Gestellen wurde der gewünschte Eindruck erzielt. Noch einmal fanden deshalb die Walfischfänger für Fischbein reißenden Absatz; schon Ende des 18. Jahrhunderts hatte man ja alle diese Mieder und Korsetts, diese immer größer werdenden Rockgestelle aus Fischbein, also aus Walbarten, hergestellt, das bekanntlich den »Kunststoff« der Epoche darstellte.

Man weiß, daß auch die Krinoline sich nur einige Jahrzehnte hielt. Um 1880 war die Silhouette der Dame wieder gestreckt, die Erscheinung schmal, und wiederum betonte eine Schleppe gleichsam den sozialen Abstand zwischen der Trägerin und der übrigen Welt; allerdings hat man so viel Natürlichkeit nicht lange ertragen und sich wiederum ein Gestell unter den Rock gebaut, aber eines, das nicht die Hüften, sondern tiefer sitzende Partien betont und Urgroßmüttern als »cul de Paris« auf uralten Familienfotos eine bizarre feminine Note gibt, an den Fettsteiß der Hottentottin erinnernd. Die geistig hochstehenden, wenn auch meist prüden Damen der viktorianischen Ära befanden sich mit dem Cul de Paris in einem hoffnungslos anmutenden erotischen Konkurrenzkampf mit dem breithüftigen und vollbusigen Personal: Hier war Natur, was mit dem Cul nur vorgetäuscht und was die Herrenwelt leider zu bevorzugen schien, das handfest Griffige der weiblichen Form. Man bevorzugte als Modefarbe das Makartrot, genoß an Makarts Bildern die weibliche, Rubenswerken nachempfundene Fülle und gefiel sich in wuchtig historischen Möbeln à la Renaissance, in Brokat und Seide. Wenn in Wien der Malerfürst Hans Makart (1840–1884) sein Gemälde »Einzug Kaiser Karls V. in Antwerpen« ausstellte, dann drängten sich die Menschen vor diesem Bild, denn jeder wußte, daß für die nackt und realistisch, wenn auch verklärt dargestellten Frauen nur Damen aus ersten Kreisen der Gesellschaft Modell gesessen hatten, und weil die Gesichter verändert und unkenntlich gemacht worden waren, war der voyeuristische Reiz um so größer. Es war die Epoche der Wiener Wäschermädel- und Fiakerbälle, der Dienstbotentragödien, der heimlichen Verhältnisse und der bürgerlichen Reputation. Die Frau nahm in diesem Schauspiel eine beherrschende Rolle ein, da sie in allem wichtig genommen wurde, außer in den Fragen, auf die es ankam. Zur Hoftoilette gehörte das große Dekolleté, die Paradefläche des Busens für den blitzenden Familienschmuck, während man alltags durchaus der hochgeschlossenen Bluse den Vorzug gab.

Eleganz und Sittsamkeit

Um 1902 wandelt sich wiederum das Bild, und wieder erscheint das Korsett, sein Ziel ist, die Frau »mit gerader Front« zu zeigen, der Busen verschwindet, die Schleppe wird als Draperie verwendet, man wickelt sie bei den berühmten starren, kunstvoll komponierten Aufnahmen um die Füße – und es fehlt nur wenig, bis der enge Rock von dem schleppenden Anhängsel befreit ist. Die historische, an Königinnen gemahnende Spielerei hat ausgedient, kein Page trägt der Dame mehr das »swenzelin«, und im Jahre 1908 ist es denn auch soweit: Fräulein Duluc vom Theater de l'Athenée tritt zum ersten Mal in einem engen Gesellschaftskleid auf, dem die Schleppe fehlt; bereits 1909 gab es die ersten Modelle des fußfreien, engen Kostüms. Um 1910 sind diese Kostüme so knapp, daß die Damen wie Bleistifte wirken. Man versteht kaum, daß sie sich auch nur einen Schritt vorwärts bewegen können, ohne zu stolpern. Der Hosenrock war die logische Folge, noch vor 1914 zum ersten Mal vorgestellt, oder auch die radikale Verkürzung. In der Tat gab es schon kurz vor dem Ersten Weltkrieg eine als »nackt« empfundene Mode, und so erließ der Fürstbischof von Laibach am 1. Januar 1913 folgenden Hirtenbrief: »Ich fühle mich gedrängt, eine recht dringende Bitte an die Frauenwelt zu richten. Bitte, halten Sie bei der Kleidermode jene Grenzen ein, welche von der Sittsamkeit und von der christlichen Schamhaftigkeit gezogen sind. Unsere gottvergessene Welt hascht nach sinnlichen Genüssen und gibt sich ganz besonders der Lüsternheit hin. Auch die neuesten Kleidermoden sollen der Lüsternheit dienen. Sie sind ein trauriger Beweis dafür, wie sittlich tief der moderne Geist gefallen ist, und zugleich noch ein traurigeres Beispiel für die Gewalt, ja für den Terrorismus der Mode, vor der auch sonst gläubige und sittsam sein wollende Frauen und Fräulein ihre Knie beugen, statt sich zu sammeln und mit einem lauten Schmerzensaufschrei dagegen Stellung zu nehmen. Auf dem Lande ist die Mode sittsamer und hält sich mit wenigen Ausnahmen noch so ziemlich in den richtigen Grenzen, während in den Städten einer der Sittsamkeit und der Schamhaftigkeit hohnsprechenden Mode von hoch und niedrig gehuldigt wird.«

Im Juni 1914 verfaßten die »katholischen Handwerkerinnen im Verband katholischer Vereine erwerbstätiger Frauen und Mädchen« eine Resolution, in der sie sich darüber beklagten, daß sie Kleider anfertigen müßten, die »christlicher Sitte und Wohlanständigkeit« Hohn sprächen. Sie gerieten durch diese Aufträge in Gewissenskonflikt und versprachen ihren geistlichen Hirten, künftig keine Aufträge dieser Art mehr anzunehmen. Solche Tugendhaftigkeit war durchaus nicht auf Deutschland beschränkt. Im Staate Illinois erließ man zum Schutze der weiblichen Tugend kurzerhand ein Gesetz folgenden Inhalts, das Sittenwächtern aller Art zum Beispiel dienen kann, sollte sich das Bedürfnis regen, die Mode für die Verhältnisse in der Gesellschaft verantwortlich zu machen. Es heißt da: »Erstens: Es ist jeder Frau untersagt, Röcke oder Unterröcke zu tragen, deren Saum, wenn die Trägerin aufrecht steht, mehr als 15 cm vom Boden entfernt ist. Zweitens: Absolut verboten sind die unter dem Namen Peek-a-boo bekannten Taillen, die die Linien des weiblichen Körpers allzu sinnfällig herausarbeiten.« Drittens wurde das Korsett nur jenen erlaubt, die ein ärztliches Attest für die Notwendigkeit beibringen konnten, viertens wurden kurze Ärmel und der Halsausschnitt verboten, und es grenzte an ein Wunder, daß nicht der Busen selbst von der Behörde verboten wurde. Jedenfalls heißt es unter Paragraph 5: »Mit einer Geldstrafe von 25 Dollar werden alle Frauen bestraft, die bei gesellschaftlichen Veranstaltungen von ihrem Körper zwischen Kopf und Gürtel dem Auge des Beschauers zuviel preisgeben«, und die dreifache Strafe wird den Frauen angedroht, die sich am Strande und in Badeorten in »ärgerniserregender Kleidung« zeigen.

Wie fragwürdig Begriffe wie »ärgerniserregend« sein können, wie schnell sie von der Zeit überholt, von der Mode lächerlich gemacht werden, zeigt gerade dieses Beispiel, doch kann man von keinem Menschen erwarten, daß er sich über die Irrtümer seiner Zeit erhebt oder ihr in Geschmack und Toleranz voraus ist. Diese letzten Jahrzehnte vor dem Ersten Weltkrieg bieten ein sonderbares Bild: Kaiser Wilhelm II. führte, im Zusammenhang mit der Einweihung der restaurierten Wartburg, für Herren von Zivil eine Hofuniform ein, Frack, Kniehosen, Schnallenschuhe und Degen, griff also, wie könnte es anders sein, auf das 17. Jahrhundert zurück, zugleich bemühten sich Reformer wie Gustav Jaeger um völlig neue Kleider für die Damen, die rein nach Zweckmäßigkeit entworfen ihren Eintritt ins Berufsleben erleichtern sollten. In der Künstlerkolonie Worpswede oder in Schwabing trugen die malenden jungen Frauen Kleider ohne Taille, sogenannte Reformkleider, deren Häßlichkeit nur durch die Jugend der Trägerinnen zumutbar war: Im einfachen Leinen oder Kattun, in volksnahen Mustern und Borten artikulierte sich der Protest gegen die muffige Welt von Mama, es war das weibliche Gegenstück zum Wandervogel, zur romantischen Revolution der Jungen. Als im August 1914 der Erste Weltkrieg begann, änderte sich die Mode fast so schlagartig, wie sie sich nach der Revolution von 1789 geändert hatte: im Jahre 1915 fällt der lange Rock der Schere zum Opfer, die Schnürbrust verschwindet, man trägt knappe Hänger und kurzes Haar, und die Scheinblüte des Bürgertums in den Goldenen Zwanziger Jahren beginnt. Eines aber hat, allen Wandlungen zum Trotz, die tugendhaftesten wie die absurdesten Modetorheiten überlebt, das ist die Fähigkeit des Menschen, sich über die neueste Mode zu entrüsten – fast möchte man sagen, zum Glück für die Mode.

Bundhose, Kilt und Attila

Wer heute im Alpenland einen Gebirgler in seiner Landestracht trifft, sieht einen Mann in Kniebundhose aus Hirschleder, die reich bestickt ist. Der Hosenlatz erinnert an das 17. Jahrhundert, als solche Lätze allgemein modern wurden, die Kniehose an die höfische Tracht von Versailles. Auch Mieder und Schmuck der Bäuerinnen, ihr Busentuch und ihre gefältelten Ärmel gehen auf alte Vorbilder zurück, und wer die Volkstracht mit der höfischen Mode vergleicht, erkennt den konservativen Grundzug der Volkstracht. Tracht ist eine durch bestimmte Voraussetzungen weitgehend vereinheitlichte Kleidung, die ihre Träger als Angehörige einer regionalen oder funktionalen Gruppe charakterisiert. Von der Uniform unterscheidet sich die Tracht dadurch, daß sie weitgehend freiwillig getragen wird. Die Art und Weise, wie aus einer allgemein getragenen Kleidung eine Tracht wird, zeigt das von dem Verhaltensforscher Otto Koenig referierte Beispiel der Tiroler Schützenkompanie, das sich beliebig durch ähnliche Beispiele ergänzen ließe. Die Talschaften in Tirol trugen bei ihrem Aufstand unter Andreas Hofer im Jahre 1809 eine Kleidung, die sich in den folgenden Jahrzehnten unter dem Einfluß der Zeit weitgehend verändert hat. Nur die besondere Gruppe der Tiroler Schützenkompanie behielt die alte Kleidung als traditionelle Schützentracht bei. Viele Truppeneinheiten wie Spahis, Kosaken, die französischen Zuaven oder die schottischen Hochlandregimenter bieten ein ähnliches Bild.

Die Trennung zwischen der allgemeinen Mode und jener Kleidung, an der das Volk festhielt und mit der es sich gegen die Städter abhob, vollzog sich im 17. und 18. Jahrhundert, vor allem nach der Revolution, als der Bauer an der Standestracht festhielt. Alle diese Details der heutigen Volkstrachten, soweit sie überhaupt noch getragen werden, sind Reste einstiger Moden, haben sich aber auch selbst unter dem Einfluß der Mode leicht verändert und gehen nicht über die Mitte des 16. Jahrhunderts zurück. So ist der spitze Hut der Altbayern im Dreißigjährigen Krieg entstanden, ebenso der kurze Rock. In Schwaben sieht die Tracht anders aus, denn hier ist das Volk stärker als vom Dreißigjährigen Krieg von den politischen Unruhen des 18. Jahrhunderts bewegt worden. Kniehose, Schnallenschuh und Dreispitz, genannt »Nebelspalter«, verweisen auf diese Zeit. In manchen holländischen Trachten ist die Pumphose des 17. Jahrhunderts, zuweilen auch die Pluderhose des 16. Jahrhunderts erhalten, und in den alemannischen Teilen Europas, in der Schweiz und im Schwarzwald, verweisen Hüte, Halskrausen und Schuhe ins 17. Jahrhundert. Nur bei den Kopfbedeckungen, den Hauben und Schuten der Volkstracht, liegen die modischen Vorbilder gelegentlich noch weiter zurück, also auch im 15. Jahrhundert.

Neben politischen Einflüssen spielen die landschaftlichen Bedingungen in der Volkstracht eine Rolle. Der Nagelschuh paßt auf den steinigen Pfad im Hochgebirge, nicht auf Schiffsplanken, und der Holzpantoffel in ein lehmiges, nasses Land. In manchen Gegenden werden bestimmte Farben bevorzugt, etwa ein leuchtendes Rot bei den Frauentrachten der Nordseeküste, das auf die altfriesische Tracht zurückgeht und auch in einigen dänischen Trachten auf der Insel Röm erhalten geblieben ist (Nienholdt). Die ganze Fülle der deutschen oder gar europäischen Volkstrachten erschließt sich nur dem Spezialstudium. Manche Fragen sind auch durchaus ungeklärt, so zum Beispiel, ob das Muster des Kilts, des schottischen

Männerrocks, tatsächlich die Zugehörigkeit zum Clan signalisiert. Nach der Schlacht bei Culloden (1746), in der die aufständischen Schotten von den Engländern geschlagen wurden, verboten die Engländer die schottische Tracht. Erst 1782 durfte die alte Tracht wieder getragen werden, doch hielt man sich nun an die Kleidung der Hochlandregimenter, die in den Kriegen des 18. Jahrhunderts in Kanada gekämpft hatten und vom Trachtenverbot ausgenommen gewesen waren; Kniestrümpfe, Kilt mit Schottenmustern und eine kurze, taillierte Jacke wurden seitdem kennzeichnend für die Tracht, die im 19. Jahrhundert auch von den schottischen Tiefländern, den Lowlanders, angenommen wurde. Auch die kleine, halbkegelförmige Mütze mit herabhängenden Bändern, Glengarry cap genannt, ist eine Schöpfung des 19. Jahrhunderts. Schottischen Ursprungs ist übrigens auch das Plaid, der Vorläufer des Kilts. Das Plaid, aus zwei Stoffbahnen zusammengenäht, war ursprünglich 1,5 m × 5 m und hüllte die Dame gänzlich ein. Es schrumpfte im Laufe der Zeit zum Kilt, was englisch »kleines Umschlagtuch« heißt, und wurde erst dann im frühen 18. Jahrhundert als Rock getragen. Zum Reiten trug der schottische Adlige eine lange, die Beine und Füße bedeckende Hose, »trews« genannt.

Auch in den osteuropäischen Trachten spiegelt sich die Geschichte wider. Daß Rußland lange unter der Herrschaft der Mongolen lebte, läßt sich am altrussischen Kostüm, dem Kaftan, ablesen. Ob aus Brokat oder Pelz, Seide oder schlichtem einfarbigem Tuch, es ist stets der gleiche Typus des langen Rockes, den der Kosak

Alpenländische Trachten. *Lederhose und Joppe wurden seit Jahrhunderten von den männlichen Landbewohnern getragen, während die Frauen alle möglichen Formen des Dirndls variierten. Aquarell von M. Loder, 1836. Österreichische Nationalbibliothek, Wien*

früher ebenso trug wie der Zar. Die überlangen Ärmel sind nichts anderes als lange, gerade, aneinandergenähte Stoffbahnen, die man in den ebenfalls aus Stoffbahnen zusammengenähten Kaftan eingesetzt hat. Der Kaftan variierte nach Länge und Schnitt, doch erhielt er sich über Jahrhunderte, ursprünglich aus dem langärmligen, vorne offenen Überrock der asiatischen Völker abgeleitet.

Trachten des Ostens

Wenn in Rußland die Herrschaft der Mongolen ihren Niederschlag in der Volkstracht fand, dann in Ungarn die Herrschaft der Türken. Diese Einflüsse blieben aber nur auf die Männertracht der herrschenden Schicht beschränkt. Doliman heißt im Türkischen der eigentliche Leibrock des Mannes, und Dolman heißt die ungarische, knapp sitzende und reichverschnürte Jacke ohne Schöße, ein typisches Reiterkostüm, das zunächst zum Nationalkostüm gehörte und dann Bestandteil der Husarenuniform war; im 19. Jahrhundert ist der Dolman durch die längere Attila ersetzt worden. Auch in der polnischen Nationaltracht hat sich der türkische Einfluß geltend machen können, aber auch der Einfluß östlicher Kaufleute spielte eine beachtliche Rolle. In Lemberg lebte eine große Anzahl armenischer Kaufleute, die aus dem Orient große, seidene Schärpen als Tracht mitbrachten; so wurde die seidene Schärpe im 18. Jahrhundert zum Kennzeichen der polnischen Tracht.

Wichtiger als Kaftan und Dolman waren im ganzen europäischen Osten zwei Kleidungsstücke, die von Serbien bis Litauen, vom Oderbruch bis zu den Peipussümpfen das Bild des Dorfes geprägt, die Volkstracht bestimmt haben. Das ist das Hemd, am Kragen oft reich bestickt und gelegentlich hoch geschlossen, auch als Kittel über der Hose getragen, und das Kopftuch. Die ungarischen, tschechischen, slowakischen und polnischen Trachten gehören zwar, wie die des westlichen Europas, zu den Nationalkostümen, die als der Mode der Zeit entwickelt worden sind, doch haben auch sie die reichbestickte Hemdtracht übernommen. Das Hemd, in der geschilderten Form getragen, ist slawischen Ursprungs, ebenso das unter dem Kinn oder im Nacken geknotete Kopftuch, das man in Westdeutschland noch einige Zeit nach dem Kriege an älteren Flüchtlingsfrauen sah. Heute erscheint es nur noch dort, wo polnische Minderheiten leben, etwa im Ruhrgebiet, das so viele Einflüsse aus dem Osten aufgenommen hat.

Wie selbst die Tragweise eines Kopftuches von uralten, geographisch definierten Sitten bestimmt ist, deren Ursprünge sich meist im Dunkel der Geschichte verlieren, zeigt der Vergleich mit der mittel- und süditalienischen Volkstracht. Hier wird das Kopftuch flach über den Kopf gelegt und mit einem Haarpfeil festgehalten, so daß es frei über den Nacken hängt. Meist ist so ein Tuch einfarbig oder gestreift, buntbestickt oder aus weißem Leinen mit Spitzenbesatz. Wie der lange, venezianische Schal, der um den Körper geschlungen wird, ein unentbehrliches Requisit jeder »Carmen«, charakterisiert ein solches Detail die Tracht einer ganzen Landschaft, oft über Landesgrenzen hinweg.

Zu den wesentlichen Einflüssen, die das Bild der Volkstracht bestimmt haben, gehört die Uniform. Gerade in Mittel- und Norddeutschland hat sich der Rock des ausgedienten Soldaten alsbald in ein Kleidungsstück der Tracht verwandelt, das zudem seinem Träger ein gewisses martialisches Ansehen gab. Die Volkstrachten

Die Krinoline *beherrschte das Modebild der Damenwelt in den Jahren 1840–1865. Gemälde (Ausschnitt) von Winterhalter »Kaiserin Eugénie und ihre Hofdamen«. Schloß Compiègne*

Biedermeier-Mode *der vierziger Jahre des 19. Jhs., Inbegriff idyllischer Bürger-lichkeit; hier dargestellt aus der gesellschaftskritischen Sicht des Malers Thomas Th. Heine: »Wolken die vorüberziehen . . .«, 1900. Sammlung Alfred Otto Müller, Köln*

Mode der zwanziger Jahre. *Man trug kasakartige Kleider ohne Betonung der Taille. Die Röcke wurden immer kürzer und die langen Haare dem Bubi-kopf geopfert. Entwurf von Doucet aus »La Gazette du Bon Ton«, 1922. Staatsbibliothek Berlin, Preußischer Kulturbesitz-Bildarchiv, Berlin*

Die Dhoti, *ein meterlanger Wickelrock aus Baumwolle, gehört zur altindischen Tracht der Männer; man schlingt das Tuch um die Hüfte, wobei ein Ende vorne herabhängt und das andere zwischen den Beinen durchgezogen und auf der Rückseite befestigt wird. Wandmalerei aus dem Dambulla Höhlentempel, 13. Jh. Ceylon*

Der Sari *ist die Nationaltracht der indischen Frau. Ein solches Wickelgewand kann bis zu 8 m lang sein. Miniatur mit der Darstellung einer Ankleideszene. Kangra-Schule, um 1800. Cleveland Museum of Art, Edward L. Whittemore Fund, Cleveland*

Türkische Frauentrachten. *Miniatur aus einer Handschrift über das türkische Volksleben, 1. Viertel 16. Jh. Österreichische Nationalbibliothek, Wien*

Porträt des Schogunen Minamoto Yoritomo.
Malerei auf Seide, 12. Jh. Jingo-ji, Kyoto

Zwei junge Mandan-Krieger *vom Missouri-Fluß, eingehüllt
in mit Perlen verzierte Felldecken. Kupferstich nach einem Gemälde
von Carl Bodmer, 19. Jh.*

wurden seit der Jahrhundertwende fast überall von der industriellen Konfektionsware verdrängt, und mit den Blue jeans hat die »Nationaltracht« des Amerikaners
wie die Trapper- und Cowboykleidung ihre Herrschaft angetreten. Die alten
Volkstrachten stehen heute aber nicht nur in Museen, sondern sind Gegenstand
der Volkstumspflege. Diese bewußte Rückwendung auf die Pflege der Trachten
wie anderer Traditionen kennzeichnet eine Erscheinung, die der englische Kultur-
philosoph Spencer »Archaismus« nennt. Je wirrer und unübersichtlicher die Probleme der Gegenwart sind, desto betonter sucht man das Heil in den weit zurück-
liegenden historischen Zeiten, der »guten alten Zeit«, und betont diese
Rückwendung zuallererst durch die Kleidung. Die Wiederbelebung der Renaissance und der Gotik im Baustil des ausgehenden 19. Jahrhunderts mit seinen sozialen Problemen ist dafür genauso charakteristisch wie die Gründung zahlloser
Trachtenvereine, wie die Volkstumspflege im industriellen Zeitalter. Wie unter-
schiedlich übrigens das Verhalten der Völker in der Frage der Nationaltracht gegenüber der Konfektion sein kann, erweist sich an außereuropäischen Beispielen.
In Afrika, das, durch lange Kolonialherrschaft und durch Stammeskriege ge-
schwächt, seine politischen Freiheiten nach dem Zweiten Weltkrieg erhielt, hat
sich häufig die europäische Konfektion gegen die einheimische Tracht durchgesetzt. In Ostasien hingegen und in Indien trägt jeder, der auf sich hält, die über-
kommenen Gewänder.

Vom Kaftan zum Kimono

Die Trachten des Abendlandes sind durch ständigen Wandel gekennzeichnet, die
des Ostens durch Beständigkeit. Der größte Teil Asiens wird von einem einzigen,
vielfach variierten, aber durch Jahrtausende beibehaltenen Kleidungsstück beherrscht. Die persisch-arabische Bezeichnung Kaftan, von den Türken nach Europa
gebracht, meint ein Gewand, das nicht auf bestimmte Formen zugeschnitten, sondern aus der Breite des gewebten Stoffes entwickelt worden ist. Die Form ist jedermann vertraut, denn sie gehört zum Bild des »Zauberers« oder Magiers auf der
Bühne, selbst auf der Puppenbühne. Stets trägt er den breiten, langärmligen Rock
mit schrägen Seiten. Es gibt in den historischen Sammlungen wundervolle Stücke
dieses Typs, so einen kurzärmligen Kaftan des Sultans Mohammed II. (1430–1481)
aus Brokatsamt mit geometrischer Musterung oder einen ebenfalls kurzärmligen
Kaftan, der mit Goldfäden durchwirkt ist und dem Sultan Bajazid II. (16. Jahrhundert) gehört hat. Ein besonders kostbares Stück hat der russische Zar der Königin
von Schweden geschenkt; es gehört in die Zeit des Schahs Abbas des Großen
(1587–1628) und besteht aus reichbestickter Seide mit Figurendarstellungen im
Stil der persischen Miniaturen. Im Vorderen und Mittleren Orient trug man oft
mehrere Kaftane übereinander, auch gab es keine Trennung zwischen weiblicher
und männlicher Tracht wie im Abendland. Der obere Kaftan hat dabei den Charakter des repräsentativen Übergewandes; es ist meist einfarbig und mit Pelz besetzt.
Dafür wird das untere Gewand aus farbigen Stoffen gearbeitet. Früher nahm man
Damast oder Brokat, doch haben sich in neuerer Zeit die mit Baumwolle vermisch-
ten Stoffe ausgebreitet.
Dem Muslim ist verboten, reine Seide zu tragen, man findet deshalb im Kultur-

kreis des Islam vorwiegend Stoffe, die aus Seide und Baumwolle gemischt sind. Mindestens aber ist dem sonst reinen Seidengewebe ein nichtseidener Faden beigemischt. Der Kaftan ist mit der Türkenherrschaft in die Trachten des Balkans eingedrungen, die orientalischen Juden haben ihn mit nach Spanien und nach Armenien gebracht, und von den tatarisch-mongolischen Völkern ist er, wie schon erwähnt, nach Rußland verpflanzt und dort zur Volkstracht geworden. In Persien und im Kaukasus hat man den Kaftantyp der altpersischen Art übernommen; an dem knapp anliegenden Oberteil setzten an der Hüfte faltige Schöße an. Die persischen und kaukasischen Überröcke bestehen aus derbem einfarbigem Tuch, man liebt blaue, graue oder auch weiße Farben, ebenso naturfarbige Kamelwolle.

Im Fernen Osten gibt es schon aus der Han-Epoche die ersten Beweise, daß der ostasiatische Kaftantyp getragen worden ist. Einige erhaltene Grabfiguren, so die Tonplastik eines Knaben, zeigen das weite, vorne übereinandergeschlagene Ärmelgewand, unter dem ein zweites, ähnliches Kleidungsstück hervorzusehen scheint. Bis ins 17. Jahrhundert wird dieses Kleidungsstück nur geringfügig verändert. Erst mit der Eroberung Chinas durch die Mandschu-Dynastie im Jahre 1644 setzt eine willkürliche Umformung der bisherigen Mode ein. Die Mandschus gehören bekanntlich zur Gruppe der südlichen Tungusen; sie gingen vollständig in dem kulturell so viel höher stehenden Chinesentum auf, verloren ihre Sprache, die ursprünglich Hofsprache gewesen war, und ihre sonstigen Eigenheiten. Nur die chinesische Tracht bewahrte noch jahrhundertelang die Erinnerung an die alten zentralasiatischen Formen. Hier war es nämlich üblich, den Rock seitlich zu schließen, also übernahm man dies jetzt auch beim chinesischen Gewand; es erhielt auch die langen, nach unten verengten Ärmel, wie sie in Turkestan gebräuchlich waren. Soweit der Geltungsbereich der chinesischen Sprache, der Einfluß chinesischer Handelsherren reichte, hat sich der neue Typus der chinesischen Tracht durchgesetzt und bis auf den heutigen Tag gehalten. In Rotchina allerdings hat die russische Wattejacke genauso weite Verbreitung gefunden wie im Westen der Western-Look und verdrängte damit die Gewänder der alten Klassengesellschaft. Typisch für die Hoftracht waren in China die besonderen Embleme und Rangabzeichen, mit denen die Beamten ihre Position kennzeichneten; so trugen die höchsten Beamten, die zum Hofstaat des Kaisers gehörten, das Emblem des Drachens, während der Hofstaat der Kaiserin an dem Phönix (chinesisch: fong huang) zu erkennen war, jenem ostasiatischen Herrn der Vögel, der Musik und des Lichtes, über den um 300 n. Chr. der Alexandriner Lactanz eine sehr exakte Reportage in Versen geschrieben hat.

Die Drachengewänder sind in der chinesischen Kostümkunde zum Begriff geworden; an ihrem Beispiel zeigt sich der soziologische Aspekt der Kleidung besonders deutlich. Wie der mittelalterliche Ritter seine Knappen in »seinen« Farben kleidete, so geschah dies ähnlich mit den Emblemen des kaiserlichen Hofes. Auch der Herrscher selbst, der Sohn des Himmels, trug den Drachen, genau wie seine Minister, aber sein Drachen besaß fünf Zehen, während die Drachen gewöhnlicher Sterblicher nur vier Zehen aufwiesen. Solche fünfzehigen Drachen standen nur den Mitgliedern der kaiserlichen Familie zu, so war auch hier der Abstand zum übrigen Volk gewahrt. Diese Gewänder aus farbenprächtiger, reichbestickter Seide waren überaus kostbar, und eine Versammlung von hohen chinesischen Beamten (chinesisch: kwan) – die Portugiesen bezeichneten sie mit der dem Sanskrit entlehnten Bezeichnung Mandarin – muß einen überaus farbenprächtigen Anblick geboten haben. Damit ist die historische chinesische Kleidung durchaus nicht erschöpft. Es gibt enge und weite Hosen, den seitlich geschlossenen Rock der Südchinesen und enge Wickelröcke und natürlich den bekannten kegelförmigen Strohhut. Er wurde von jedermann getragen, auch von hochgestellten Personen, dann aber mit roten Bändern verziert.

Die Farbensymbolik in China unterscheidet sich übrigens erheblich von der des Abendlandes. Im Kaiserreich war Gelb die Farbe des Kaisers und der kaiserlichen Prinzen, den hohen Mandarinen kam Violett zu, und beim Volk überwogen Blau und Schwarz; die blaue Wattekleidung der chinesischen Arbeiter bedeutet also, was die Farbe angeht, keinen Bruch mit Traditionen. Die Farbe der Trauer ist im fernen Osten nicht Schwarz, sondern Weiß, und Rot die Farbe der Freude, ein für die Rote Armee wichtiger Symbolgehalt.

Als seit dem 8. Jahrhundert der chinesische Einfluß das japanische kulturelle Leben prägte, kam mit den Gesetzen und Schriftzeichen auch der »Kaftan« auf das Inselreich. Korea, das zwischen Japan und China so oft den Mittler gespielt hat, besaß übrigens eine eigene, ausgeprägte Tracht, die weder von China noch von Japan beeinflußt worden ist. In Japan nun bürgerte sich der chinesische Rock bald ein und gehörte, in mehreren Exemplaren übereinander getragen, zur üblichen Kleidung. Man nannte einen solchen Rock »Hauskleid«, japanisch Kimono. Im Rokoko entzückten Kimonos wie alles, was aus dem Fernen Osten stammte und die Illusion einer heilen Puppenwelt vorspiegelte, die Damenwelt und beherrschten für eine Weile die modische Szenerie wie das Porzellan die Tafel und der chinesische Pavillon den Garten. In Japan hat sich der Kimono zu einem eigenständigen, sehr reizvollen Kleidungsstück entwickelt, das dem Europäer auch durch die japanischen Farbholzschnitte des 17. und 18. Jahrhunderts bekanntgeworden ist. Um diese Zeit wurde auch der Obi eingeführt, der 30 cm breite, oft mehrere Meter lange Gürtel, der den offenen Kimono hielt. Er wurde mehrmals um den Körper gewickelt und auf dem Rücken zu einer großen, flachen Schleife zusammengelegt. Daß sich japanische Liebespaare, die sich zum »Herztod«, zum gemeinsamen Selbstmord entschlossen hatten, mit ihren Gürteln aneinanderbanden, ehe sie von einer Klippe ins Meer sprangen, ist technisch nur denkbar mit solchen langen Obis. Auch der Kimono bot die Möglichkeit der sozialen Differenzierung. An Farbe und Muster eines solchen Stückes konnte der Japaner erkennen, welche Stellung die Trägerin in der Gesellschaft bekleidete. Wie bei den meisten Volkstrachten signalisierte das Kleidungsstück durch Farbe und Musterung, ob es sich bei der Trägerin um ein junges Mädchen, eine verheiratete Frau oder eine Geisha handelte. Hier waren Farbe und Musterung lebhafter als bei den sonstigen Kimonos.

Auch in Japan, wie in allen »Kaftanländern«, ist der Unterschied zwischen männlicher und weiblicher Kleidung gering. Der Kimono des Mannes ist schlichter und wird nur von einem schmalen Gürtel zusammengehalten. Der Nachteil dieser Kleidung, nämlich der Mangel an Taschen, führte in Japan zu besonders kunstvoller Herstellung von »Hängern«. Man konnte zwar das für alle möglichen Zwecke verwendete Papier im Ärmel mit sich führen, aber wohin mit der Geldbörse und dem Schreibzeug, dem Schnupftabak und dem Inro, der Medizinbüchse? Die Lösung besticht: Man hängt alle diese Dinge in kleinen, kunstvoll gearbeiteten Dosen am Gürtel auf, wobei ein Knopf (japanisch: netzke) oben am Gürtel sichtbar befestigt war, um das Herausgleiten der Schnur zu verhindern. Die Medizinbüchsen waren in Mode gekommen, seit die Jesuitenmissionare Medikamente eingeführt hatten, aber die Ausgestaltung der Büchsen war rein japanisch. Man entlehnte die Motive den alten Medizinbeuteln und wandte die verschiedensten Lacktechniken an. Tabak wurde unter dem Einfluß der Holländer angebaut, und so wurde das Schnupfen im Anfang des 17. Jahrhunderts bis zur Ausrottung des Christentums eine weitverbreitete Gewohnheit. Auch das Rauchen war üblich, und in breiten Schichten des Volkes trug jeder seine Pfeife mit einem winzigen Kopf im Futteral am Gürtel, daneben den Tabaksbeutel.

In Japan galten übrigens andere Regelungen als in China, was die Kleidung betraf. Weiße Brokatkleider durften nur der Hofadel und hohe Würdenträger tragen. Allen übrigen Kriegern waren nur weiße, wattierte Seidenkleider zugestanden, und dem Volk war nur Baumwolle erlaubt. Der intensive Ackerbau auf den japanischen Inseln machte Viehzucht unmöglich, so war Wolle ein unbekannter Artikel. Steinzeitlich war die Kleidung der im Norden Japans lebenden Ureinwohner, der Ainus; sie kannten nichts anderes als eine Sommerkleidung aus Ulmenbast und eine Felltracht für den Winter.

Saris und Ponchos

Wenn China und Japan einen im Grunde einheitlichen Typus der Bekleidung besaßen, bevor die europäische Kleidung sich durchsetzte, so besitzt Indien von alters her zwei verschiedene Gattungen: Die Hindus tragen die altindische Wickeltracht, die Muslims den Kaftan. Die Wickeltracht für den Unterkörper, wie sie auch auf den altindischen Tempeldarstellungen zu erkennen ist, besteht aus einem langen Stück Stoff, das von hinten um den Körper gelegt und durch die Beine gezogen wird. Die zentralasiatische Kaftantracht wird mit dem Islam in Nord- und Mittelindien eingeführt und in der zweiten Hälfte des 17. Jahrhunderts unter der Mogul-Dynastie nach persischem Muster umgewandelt; man trägt am Hofe die persische Mode, so wird auch der Kaftanüberrock mit faltigem Schoßteil zu einer original indischen Tracht.

Die altindische Tracht jedoch, an der die Hindus festhalten, ist die Dhoti, ein etwa 3,5 m langes Wickelgewand aus Baumwolle, dessen Breite von der gewünschten Beinlänge abhängt. Im Grunde handelt es sich um ein ins Riesige verlängertes Lendentuch, das nur auf besonders komplizierte Weise um den Körper geschlungen wird. Noch größer ist der Sari, das Wickelgewand der indischen Frau. Ein solcher Sari ist fünf bis acht Meter lang, aber nur einen Meter breit. Eine Frau kann sich mit dieser Stoffbahn von Kopf bis Fuß einhüllen, und obwohl es sich hier nicht um ein gleichsam festes Kleid handelt, das einmal zugeschnitten und genäht seine Gestalt behält, drückt es doch je nach der Art der Wickelung die Zugehörigkeit zu einer bestimmten Landschaft und zu einer Kaste aus. In Burma, Thailand, Malaysia und Indonesien ist ein Lendentuch die übliche Bekleidung, man nennt es Sarong, was soviel wie Hülle, Köcher oder Futteral bedeutet. Weder Sari noch Sarong haben sich über ihr Ursprungsland hinaus verbreiten können, weil ihr Gebrauch weitgehend von bestimmten klimatischen und soziologischen Voraussetzungen abhängt.

Anders ist das mit dem wohl ältesten aller Bekleidungsstücke, dem Poncho. In

Mittelamerika tragen die Indiofrauen noch heute die gleichen Kleidungsstücke, die schon in den Bilderhandschriften aus der vorkolumbianischen Zeit und an den Plastiken zu erkennen sind. Das ist der schon aus Indien bekannte Wickelrock und eine Art Poncho, das heißt ein Stück Stoff, das mit einem Kopfloch versehen und seitlich so weit vernäht ist, daß nur die Öffnung für die Arme freibleibt. Im Schnitt bestehen keine Unterschiede zum ärmellosen Hemd mit Seitennaht, doch ist der regelrechte Poncho nichts anderes als eine ungenähte Decke mit Halsschlitz, die über die Schultern geworfen wird. Vermutlich hat er sich von Chile aus nach Norden verbreitet. Die Maße eines originalen Ponchos betragen etwa 130 × 160 cm, jeweils um 10 cm variierend. In den Gräbern an der Küste Perus sind im konservierenden Sand einige textile Reste gefunden worden, die zeigen, daß in der Vor-Inkazeit zunächst einfache farbige Hemdgewänder mit Ärmeln getragen worden sind. Reich mit figürlichen und geometrischen Mustern versehen, wurden sie dann in der Inka-Zeit ohne Ärmel getragen. Erst unter spanischer Herrschaft, also wohl während des 17. Jahrhunderts, tritt an die Stelle des Hemdgewandes der Poncho, der den Armen mehr Schutz gewährt. Wenn man sich auf Spekulationen einlassen wollte, könnte man sagen, daß ein versklavter Mann, der den Entschluß zum Widerstand gefaßt hat, den Poncho einem Hemdgewand vorziehen muß, denn unter dem Poncho kann er vieles verbergen, auch Waffen – aber das ist reine Vermutung, denn für solche Änderungen der Tracht werden sich kaum noch exakte historische Beweise beibringen lassen.

Wenn man abschließend die Fülle der originalen exotischen Kleidungsstücke, die Vielfalt ihrer Formen und den Reichtum ihrer Herstellungsweisen in Betracht zieht, dann wundert eigentlich nur eines: Wie sich ausgerechnet eine so dürftige, phantasielose und im Grunde häßliche Kleidung wie die des europäischen Bürgers auf der ganzen Welt hat ausbreiten können. Tatsächlich ist der zweiteilige Anzug mit Kragen und Krawatte zu einer Art Uniform der europäischen Zivilisation geworden; undenkbar, daß ein Kongreß von Wissenschaftlern aus aller Welt, eine Konferenz von Politikern, ein Konzert zwischen San Franzisko und Leningrad, Tokyo und Kapstadt ein anderes Bild bieten könnte als das, was man auch aus Manchester und Wuppertal, Bordeaux und Minsk kennt.

Was die Uniform verrät

Jedermann kennt Panoramen, auf denen wie auf einer Bühne historische Schlachtenszenen mit Zinnsoldaten originalgetreu aufgebaut worden sind. Vor allem die Farbigkeit der Uniformen mit ihren Aufschlägen und Litzen, Federbüschen und Kokarden erregt immer wieder Entzücken. Diese Brigaden und Regimenter, Reitertrupps und Grenadierhaufen wirken so bunt und zugleich uniform wie Vogelschwärme. Tatsächlich ist dieser Vergleich nicht nur oberflächlich zutreffend, und man hat von seiten der neueren biologischen Wissenschaften erfogreich damit gearbeitet. Die Einheitlichkeiten des Federkleides sind nun aber von der Natur im Erbgang fixiert und nur selten Mutationen unterworfen, während der Mensch sich nur unter ganz bestimmten Bedingungen uniformiert hat. Der Begriff Uniform taucht erst spät auf, denn man sprach bei den Soldaten zunächst von »lieferey« oder »Montur«. Solange die Kriegsknechte vom Obristen auf eigene Rechnung angeworben wurden, hatte jeder seine eigene Kleidung und setzte seinen ganzen Stolz darein, sich möglichst imponierend auszustaffieren. Das Ende des Dreißigjährigen Krieges brachte den ersten Schritt zum stehenden Heer: Kaiser Ferdinand III. erließ 1644 ein Edikt, nach dem neun Regimenter zu Fuß und zehn Regimenter zu Pferd winters wie sommers unter den Fahnen zu halten waren. Die Kleidung dieser Männer entsprach den bäuerischen Trachten jener Zeit, denn vor allem Bauern wurden zu Soldaten gemacht. Ein solches Regiment blieb zwar zunächst nach wie vor ein privatwirtschaftlich geführtes Unternehmen, aber eines mit steigenden Kosten: Beim Sold, bei der Verpflegung und bei den Waffen konnte der Obrist kaum sparen, um auf seine Kosten zu kommen, wohl aber an der Bekleidung. Man ließ sich einiges einfallen, vor allem in den preußischen Schneider-werkstätten, um durch geschickte Schnittmuster aus einem Stoffballen möglichst viele Uniformen herauszubringen, und so schrumpften überall die Röcke, wurden enger und verloren jeden überflüssigen Zierat.

Diese Entwicklung hatte auch eine wirtschaftliche Seite: Solange die alte Zunftordnung bestand und ein Meister nicht mehr als vier Gesellen beschäftigen durfte, war es nur durch Dezentralisierung der Aufträge möglich, eine größere Truppe zu uniformieren. Erst mit dem Übergang zur vorindustriellen Manufaktur waren die Voraussetzungen geschaffen, genügend Tuch zu produzieren, und die Lockerung der Zunftgesetze ermöglichte Fabrikation en masse. Auch zivile Kleidung hätte man wie Uniformen herstellen können, aber neue Kleider durften nicht gehandelt werden, nach einer Verordnung zum Schutz des Schneiderhandwerks. So wird verständlich, daß der Uniformrock als getragener Rock zum Teil der Volkstracht wurde, denn er war billig, verglichen mit einem vom Schneider hergestellten Kleidungsstück. Erst als das Verbot des Kleiderhandels mit neuen Kleidern fiel, waren die Voraussetzungen für die Massenkonfektion geschaffen. Sie ging nun den Weg massenweiser Fertigungsmethoden, den die Uniformfabrikation schon gegangen war.

Ganz abgesehen von solchen wirtschaftlichen und auch von den militärgeschichtlichen Voraussetzungen: Die Uniform des Soldaten, scheinbar die reine Zweckmäßigkeit verkörpernd, verrät viel mehr über menschliches Verhalten, als sich ihre Träger träumen lassen, denn sie ist, Spezialfall einer »Berufstracht«, ein durchaus komplexes Gebilde. Einer der führenden Ethologen (Ethologie: Verhaltensforschung, von griechisch ethos: Sitte, Haltung), Otto Koenig, hat die an Graugänsen, Buntbarschen, Bergdohlen und anderen Tieren erarbeitete Methodik, deren Ergebnisse unbestritten sind, auf bestimmte kulturelle Phänomene übertragen. Andere Forscher wie Eibl-Eiblsfeldt haben die Verhaltensforschung auf das Verhalten des Menschen bezogen und seine Ausdruckswelt untersucht, Otto Koenig nimmt sich dagegen das »Federkleid« des Menschen, die Uniform, vor und analysiert ihre einzelnen Elemente. Das führt scheinbar weit weg von der historischen Uniformkunde – welche Farbe hatte die Schärpe eines russischen Tambourmajors vom Ismailowschen Regiment um 1830? –, setzt sie jedoch voraus.

Ein einfaches Beispiel mag die Methode charakterisieren: Die Männchen des Kampfläufers (Philomachus pugnax) tragen während der Balzzeit starke Federhalskrausen, die je nach Individuum unterschiedliche Zeichnung und Farbe zeigen. Sie dienen zwar wie ein Schild dazu, Schnabelstiche des Gegners abzufangen, ermöglichen aber auch jedem Kämpfer, seinen Gegner zu erkennen. In einem Revier gibt es ein ranghöchstes Reviermännchen, aber auch rangniedrigere Kampfläufer, die durch ihre Krausen gekennzeichnet sind. Auf dem Turnierplatz spielen sich nun regelrechte Schaukämpfe ab, deren Ausgang die Rangordnung festlegt. Für jedes Männchen ist es wichtig, jedes andere Individuum zu erkennen, weil nur so ein ranggemäßes Verhalten gewährleistet ist. Daß der Begriff »Turnier« auftaucht, ist kein Zufall: Das Verhalten der Vögel erinnert in starkem Maße an ritterliches Verhalten, vielmehr verhielten sich die gepanzerten Ritter, die auf dem Schlachtfeld den Einzelkampf suchten, ganz ähnlich wie die Kampfläufer. Hier wie dort ist die individuelle Kennzeichnung von entscheidender Bedeutung. Während dem Kampfläufer jedoch sein Kleid als Erbgut angeboren ist, vermochten es die Ritter sogar von einem auf den anderen Tag zu ändern, zum Beispiel bei festlichen Turnieren. Der Kampfläufer, durch den biologischen Erbgang festgelegt, besitzt für sein Verhalten nur eine geringe Variationsbreite und kann seine »Uniform« nicht selbst gestalten. Der Ritter, der sich mit Helmzier und Wappenbild zunächst nur selbst kennzeichnen will, schafft, ohne es zu wollen, die Voraussetzung für den genealogischen Erbgang innerhalb der Familie: Nach seinem Tod steht sein Wappen für seine Taten, und seine Nachfahren schmücken sich mit seinem Ruhm, um ihren eigenen Rang zu erhöhen. An seinem Beispiel lernen die Enkel Ritterlichkeit, bis sich die Nachfahren schließlich »ritterlich« benehmen, ohne je einen Ritter gekannt zu haben oder auch nur die Vorstellung von ritterlicher Lebensweise zu besitzen. Der Verhaltensforschung geht es nun, wenn sie sich mit der menschlichen Kultur auseinandersetzt, um die »Verschränkung von Erb- und Lerngut im menschlichen Verhalten«. Die Gewohnheiten des Menschen, die sein Verhalten bis in die Einzelheiten regeln, sind ja nur zu einem winzigen Bruchteil eigene Schöpfung. Meist sind sie nicht vom Einzelwesen erfunden und erworben, sondern als Norm und Verständigungsmittel sozialen Verhaltens in der Vergangenheit geschaffen und vom Individuum übernommen worden. Vom Faustschlag bis zum Lächeln, von der Verbeugung bis zur Gratulation reicht, um nur einzelne Beispiele zu nennen, die Skala der Verhaltensmuster, und selbstverständlich gehört die Kleidung als spezifisches kulturelles Erbe, und hier wiederum die Uniform, zur »Ausdruckswelt« des Menschen.

Hier muß nun noch ein weiterer Begriff geklärt werden, nämlich die »Ritualisierung«, der man in der Uniformgeschichte auf Schritt und Tritt begegnet. Rituale kennt man aus der Religion, auch in familiären und politischen Beziehungen: Bestimmte, verbindlich festgelegte Handlungen erfüllen allgemein anerkannte Ansprüche, seien es solche der Götter oder andere, die von der Gesellschaft als verbindlich empfunden werden. Die Friedenspfeife der Indianer, das Rauchopfer, die feierliche Unterzeichnung eines Vertrages, der Handschlag auf dem Viehmarkt oder der Ringwechsel bei der Trauung sind solche Rituale. Im erweiterten, heute von der Wissenschaft gebrauchten Sinn bedeutet Ritualisation, ein von dem Biologen Julian Huxley geprägter Begriff, aber etwas anderes.

Wenn ein Haubentaucher sich ein Nest bauen will, muß er sich Nistmaterial vom Grund des Sees holen; er handelt dabei instinktgebunden und zweckmäßig. Wenn er Nistmaterial vom Grund des Sees holt, ohne ein Nest zu bauen, und nur Bewegungen vollführt, als wolle er es tun, dann will er seine Artgenossen nicht etwa »täuschen«, sondern er signalisiert ihnen, das heißt einem von ihnen, seine

Trompeter und Heerpauker *aus dem österreichischen Heer zwischen 1620 bis 1840. Die Trompeter besaßen als Überbringer von Befehlen während der Schlacht eine wichtige Position. Kolorierte Lithographie von Fritz L'Allemand, 19. Jh.*

Bereitschaft zum Nestbau. Dieses Signalisieren nennt der Verhaltensforscher »Ritualisierung«. Ein Beispiel: Wenn jemand seinen Ärmel reich bestickt, so ist diese Stickerei eine »Signalisierung von Reichtum«, eine ritualisierte Bekundung dessen, was man heute Prestige nennt. Jede Besitzdemonstration ist in diesem Sinne eine Ritualisierung, von den nutzlosen Paradebetten bis zur Zahl der Unterröcke oder bis zur Jagdtrophäe. Auch die Schmuckkette mit Eberzähnen oder der Gamsbart am Hut sind Ritualisationen; es gibt sie nicht nur für Besitz, sondern auch für Macht und eine Reihe anderer Positionen und Funktionen.

Eine der wichtigsten Funktionen in jedem Kampf ist die der Nachrichtenübermittlung, und daraus leiten sich denn auch, verhaltenspsychologisch gesehen, einige Elemente der Uniformierung ab, zum Beispiel der aufgenähte Tressenwinkel als Dienstgradabzeichen. Es ist nun sehr reizvoll zu beobachten, wie der Wandel der Uniformen sich jeweils an Funktionen orientiert, die mit dem ursprünglichen Zweck nur noch lose verknüpft sind. Viele Details der Uniform haben tatsächlich keinen anderen Sinn, als der Ritualisierung zu dienen oder psychologische Sachverhalte zum Ausdruck zu bringen, obwohl ihre Träger sich dessen kaum bewußt sind.

Schwalbennest und Tambourstab

Zinnsoldaten geben den Eindruck nur unvollkommen wieder: die in »Feldern« aufmarschierten Soldaten, einheitlich uniformiert, stehen in Wirklichkeit unter dem krachenden Beschuß von feindlichen Batterien. Ein für damalige Verhältnisse unvorstellbarer Lärm übertönt jedes Wort, und auf seinem Feldherrnhügel hält hoch zu Roß der Fürst, dem diese Truppen gehören, da er sie angeworben und entlohnt hat. Seine Entschlüsse übermittelt kein Funkgerät, sondern ein Melder – aber einer, der legitimiert ist, die Befehle Seiner Fürstlichen Hoheit an andere, gesellschaftlich fast ebenso hochstehende Herren zu übermitteln. Solche Boten der Macht, ritterlich Herold geheißen, waren im militärischen Bereich die Trompeter und Hornisten. Der Kavallerietrompeter war meist mit einem Schimmel beritten, damit er im Getümmel der Reiterschlacht mehr auffiel, auch trug er meist eine dem Schnitt nach ältere, also vornehmere, jedenfalls besondere Uniform. Die Hornisten der Infanterie, gelegentlich beritten, waren nicht ganz so eindrucksvoll hergerichtet, denn verglichen mit der Kavallerie hatte die Infanterie ein geringeres Ansehen. Im Dreißigjährigen Krieg waren die Trompeter der Reiterei durch lang flatternde Ärmel gekennzeichnet, die sogenannten »Trompeterärmel«, die mit Borten in Winkelform verziert waren. Die »Schwalbennester« auf den Musikerröcken, etwa der Freiwilligen Feuerwehr oder der Schützenkompanie, sind nichts anderes als die oberen Ärmelansätze des alten »Trompeterärmels«. Der ornamentale Besatz der Schwalbennester entspricht nämlich genau dem alten Bortenbesatz im Schulterteil des Heroldsärmels. Auch der Tressenwinkel als Dienstgradabzeichen wird auf solche Vorbilder zurückgeführt. Aus einem anderen Ursprung, nämlich aus der Schulterklappenvergrößerung, ist die Epaulette entstanden: Die schweren Tragetaschen für die aus Glas gegossenen Handgranaten der Grenadiere wurden mit einer Spange gehalten; aus diesen erst einseitigen, später beiderseitigen Spangen haben sich, als die Schultern wattiert und gegen Säbelhiebe geschützt werden mußten, die Epauletten entwickelt. Die sogenannten Schwalbennester und die Epauletten haben nun zwar, weil sie auf der Schulter sitzen und aus ähnlichen Materialien gefertigt sind, ähnliches Aussehen, leiten sich demnach aber aus ganz verschiedenen Ursprüngen her.

Dies ist eines der Ergebnisse, die aus dem Institut für vergleichende Verhaltensforschung der österreichischen Akademie der Wissenschaften stammen. Es zeigt am Beispiel der Uniform, was in der Natur bei Tieren erst im Laufe von vielen hunderttausend Jahren festzustellen wäre, nämlich den langsamen Wandel von Funktionen. Freilich geht es hier nicht um den Funktionswandel von Körperteilen, von Flügeln zu Flossen, von Greifhänden zu Schwimmhänden, sondern um Uniformteile. So kennt jedermann das Bild einer marschierenden Kapelle, an deren Spitze ein Tambourmajor mit seinem Stock den Takt angibt oder diesen Stock auch kunstvoll wirbeln läßt. Dieser Brauch geht in eine Zeit zurück, als es noch keine Hornisten gab, weil die Herstellung von Hörnern offenbar bestimmte technische

Fertigkeiten und Möglichkeiten voraussetzte. In der frühen Zeit der Landsknechte konnte man einem marschierenden Haufen also keine anderen als optische Signale geben, denn die Trommel diente dazu, den Haufen aufzustacheln. Schon damals wurde, obgleich es keinen Gleichschritt gab, der Rhythmus »links-links-links-rechtslinks« geschlagen. Vorneweg oder jedenfalls abgesetzt, so daß er von möglichst vielen Knechten gesehen wurde, lief der Fähnrich, der mit der kunstvoll gewirbelten Fahne am kurzen Stiel bestimmte Befehle übermittelte. Als die Truppen im Laufe des 16. Jahrhunderts statt der bisherigen Trommeln und Querpfeifen die Blechmusik der Janitscharen einführten, Ausdruck des Triumphes über die gefürchteten Türken, mußte der bisherige Fähnrich diese Musik kommandieren und im Takt halten. Seine Fahne gab er an den Fahnenjunker ab, der dieses Symbol der Truppe nunmehr an langer Stange mit sich führte und im Gefecht als Orientierungspunkt aufpflanzte. Die aus verschiedenen Nationalitäten stammenden Soldaten konnten sich oft nur an der Fahne orientieren. Dem bisherigen Fähnrich verblieb sein Stock, den er nun als »Tambourstab« benutzte, um die Kapelle zu leiten. Immer noch wirbelt er aber, wie vor gut siebenhundert Jahren, seinen Tambourstab in die Luft; so ist dieser Stab das Überbleibsel der Landsknechtzeit – wie der Schildkragen der Militärpolizei ein letzter Rest der Halsberge einer Ritterrüstung.

Die Uniformgeschichte steckt voller solcher Beispiele. Sehr hübsch ist die Geschichte von den verschiedenen Hosen: Die Überlegenheit der preußischen Militärmaschinerie beruhte bekanntlich auf Drill, das heißt möglichst exakt ausgerichteten Soldaten, deren Feuerkraft von der Dichte ihres Aufmarsches abhing und die sich langsam im Karree vorwärts bewegten. Da jeder geflohen wäre, wenn er die Möglichkeit dazu gehabt hätte, wurde die Truppe von stockbewehrten Korporalen bewacht. Die knappe Uniform erlaubte den Soldaten aber keine schnellen Bewegungen, ihre Moral kein Ausschwärmen. In ihren Zelten lagen die Soldaten wie die Heringe nebeneinander, und der Schnitt ihrer Hosen war so eng, daß zwei Mann eine Hose halten mußten, damit einer geradezu hineinspringen konnte. Als diese Truppen auf die zerlumpten Heere der französischen Revolutionsarmee stießen, waren sie ihrer Unbeweglichkeit wegen hoffnungslos unterlegen, und die Berliner staunten im Jahre 1806 nicht schlecht über die weiten, wenn auch zerrissenen und geflickten Hosen der Franzosen, in denen man sogar laufen konnte, während die musterhaft korrekten Uniformhosen der preußischen Armee nur den gemessenen Marschschritt zuließen. Ihre Taktik hatten die französischen Tirailleurs übrigens in den amerikanischen Unabhängigkeitskriegen von den Waldläufern gelernt, die sich als gute Schützen ihre Ziele selbst suchten und ihren Gefährten Feuerschutz gaben. Bis dahin kannte man in den stehenden Heeren des Absolutismus nur das ungezielte Feuern der Karrees auf ein Zeichen des Offiziers.

Als Folge der Revolution verwandelten sich die Heere aus gepreßten, bunt zusammengewürfelten Haufen aller Nationen in nationale Armeen, und überall kamen die Kokarden auf, Kennzeichen der Nationalität. Mit Kokarden allein war aber das Problem noch nicht gelöst, denn die Uniformschnitte der verschiedenen gegeneinander kämpfenden Truppen ähnelten sich zu stark. So galt in den Befreiungskriegen eine weiße Armbinde als Kennzeichen der gegen Napoleon verbündeten Truppen, und auch im Krieg gegen Dänemark trugen die preußischen und die österreichischen Truppen 1864 diese Armbinden. Eigentümlich ist bei der

Kokarde die Tendenz zur symmetrischen Anbringung. Aus schießtechnischen Gründen wurden die wallenden Hüte links hochgeklappt, damit in der Gefechtsformation das rechts angelegte Gewehr des Hintermannes nicht behindert wurde. Auf dieser aufgeklappten Seite wurde auch die Kokarde angebracht, aber wann immer möglich, rückt sie in die Mitte, wird der Hut gedreht.

Die besonderen Kennzeichen einer Uniform haben außer praktischen Ursachen auch psychologische Aspekte. Elitetruppen gab es in vielen Heeren, aber keine, die nicht an irgendeinem Abzeichen, einem Uniformteil zu erkennen gewesen wären. So wirkte die Kennzeichnung, die zunächst oft nur eine dem Orden entsprechende Auszeichnung für Tapferkeitstaten einer Truppe war, ihrerseits anspornend und erzeugte jene Kampfbereitschaft, die den Interessen des Herrschers entsprach.

Zu den berühmtesten Truppen dieser Art gehörten die Delis, die »Tollen«, eine Elitetruppe der osmanischen Herrscher, die im Frieden den Sultan und die Großwesire bewachte, im Kriege die Spitze des Angriffs bildete. Diese tollkühnen, zum Äußersten entschlossenen Krieger des Islams, die meist unter Rauschgift standen, wenn sie stürmten, trugen rote Uniformen, gelbe Stiefel, Pelzmützen mit Adlerflügeln und umgehängte Pantherfelle. Pantherfelle und Adlerflügel wurden bei den ungarischen Magnaten nach den schweren Kämpfen mit den Türken Mode, und als die Kuruzen, jene Ungarn, die gegen das Haus Habsburg rebellierten, im Jahre 1710 die von österreichischer Infanterie gehaltenen Schanzen zwischen Neusiedl und Parndorf durchstießen und auf Wien vorrückten, töteten sie auf ihrem Weg im Schloß-Neugebäude alle Raubtiere im Tiergarten Kaiser Rudolfs II., hängten sich die noch frischen Felle um und zeigten sich so den schaudernden Bürgern unter den Stadtmauern von Wien.

Der Wunsch, die Uniform des Siegers nachzuahmen, bezeichnet die Eigenheit des Mannes, der sich auf den Boden der Tatsachen stellt und Traditionen aufgibt, wo die Frau noch lange daran festhält. Bei der Entwicklung der Volkstrachten läßt sich dieser konservative Zug der Frau ebensogut nachweisen wie die Bereitschaft des Mannes, sich dem Sieger anzupassen. Diese Tendenz hat oft zu absurden Imitationen geführt, für die der Uniformhistoriker eine ganze Reihe von Beispielen kennt. So stellte der Vatikan nach französischem Vorbild Zuavenabteilungen nach kolonialem Muster auf, freilich aus wackeren Söldnern, und auch in der nordamerikanischen Armee gab es im Bürgerkrieg ganze Zuavenkompanien in Originaluniformen, die aus amerikanischen Freiwilligen bestanden. Sogar die deutsche Turnertracht mit dem gestreiften Leibchen ist zu einer selbstgewählten Uniform der Freiwilligen geworden, weil man auf diese Weise den Turnvater Jahn und seinen martialisch demokratischen Nationalismus zu ehren wünschte.

Stärker noch als bei der Volkstracht zeigen sich im Wandel der Uniformen die verborgenen Motive, die den Menschen sich modisch verhalten lassen, und die Zweckmäßigkeit liefert oft nur Vorwände, damit sich das Selbstbewußtsein um so überzeugender in Szene setzen kann: Selten macht der Mann die Uniform, aber fast immer macht die Uniform den Soldaten. Freilich befindet sich die Uniform selbst auf dem Rückzug wie im 15. Jahrhundert die Rüstung vor der Bauerntracht, und der Kampfanzug der modernen Heere hat wenig von der Romantik der Felle und Adlerflügel übriggelassen, von der Arbeitskleidung revolutionärer Milizen oder den schwarzen Pyjamas ganz zu schweigen. Zum Glück der formellen Militärs gibt es immerhin noch Paradeuniformen, aber die Uniformierung selbst sinkt zu einer Art Folklore ab: Der Tambourmajor der Prinzengarde, die am Rosenmontag durch die Straßen marschiert, ist weder ein Herold der Macht, noch hat er es nötig, sich in Pulverdampf und Schlachtgetümmel schon von weitem als Befehlsüberbringer auszuweisen, seine Borten und Tressen sind nichts als ritualisierte Machtbekundung aus längst versunkenen Tagen, und damit ist der Schritt zur Pagenuniform, die von englischen Hotels um die Jahrhundertwende eingeführt worden ist, zur Uniform des herrschaftlichen Chauffeurs nicht mehr weit.

Hermelin und Zobel

Das Fell als zweite Haut

Lange bevor Menschen einen Faden gesponnen, aus Fäden ein Gewebe gewirkt haben, benutzten sie das Fell wilder Tiere als zweite Haut. Die Bearbeitung des Felles ist bei allen Naturvölkern Frauenarbeit gewesen – nicht, weil sich der Mann entehrt gefühlt hätte, wenn er das Fleisch vom Fell hätte schaben oder die Stücke zusammennähen sollen, sondern weil er seine ganze Kraft für die Ernährung der Familie, also für die Jagd einsetzen mußte. Kein Fell kann so gebraucht werden, wie es abgehäutet worden ist, denn die rohe, mit Fleischfetzen und Blut verschmierte Haut wird hart wie ein Brett, sie stinkt und fault. Zunächst muß also die Innenseite des Felles von allen Fleischresten gereinigt werden. Damit es nicht schrumpft und besser bearbeitet werden kann, wird es ausgespannt, dann kratzt man mit Schabern die Innenseite sauber. Man hat aus der letzten Eiszeit solche Fellschaber gefunden, auch weiß man, daß die damals lebenden Menschen die Häute mit ätzenden Substanzen gegerbt und mit natürlichen Farbstoffen gefärbt haben, wie dies heute noch bei vielen Jägervölkern üblich ist. Man kann in Westgrönland Frauen treffen, die für das Schaben nur eine Muschelschale oder einen scharfkantigen Stein benutzen. Gelegentlich hilft der Eskimo übrigens seiner Frau beim Fellschaben, weil diese Arbeit sehr anstrengend ist, im allgemeinen aber ist die Grenzlinie zwischen männlicher und weiblicher Arbeit sehr streng gezogen, und oft ist schon das Arbeitsgerät der Frau für den Mann tabu, ebenso umgekehrt.

Das Werkzeug der heutigen Naturvölker, obwohl weit in die Vergangenheit zurückreichend, ist durchaus nicht primitiv. Am bekanntesten ist das breite, unten halbkreisförmig auslaufende Schabmesser, das von den Eskimofrauen gebraucht wird, aber auch in Amerika bis nach Peru verbreitet war, ebenso in der Steinzeit Ostasiens. Auch auf ägyptischen Darstellungen ist dieses Schabmesser zu sehen, das noch heute in Tirol und Bulgarien vorkommt und in veränderter Form als Sattlermesser bekannt ist. Häufig sind auch Knochen für das Fellschaben benutzt worden, wobei man darauf achtete, daß man das Werkzeug mit beiden Händen fassen konnte.

Es gibt viele verschiedene Methoden, Felle gebrauchsfertig zu machen. Die Eskimos beherrschen die Kunst, Felle vom Rentier, vom Moschusochsen, vom Bären und verschiedenen anderen Tieren so meisterhaft zu schaben, daß die Innenseiten ohne weitere Behandlung so weich und angenehm werden wie Samt. Wenn man die Felle enthaaren will, legt man sie in Wasser oder, in Alaska und Grönland, in Urin, bis die Haare sich lösen und leicht abschaben lassen. Ein Fell, das nur geschabt worden ist, hält aber nicht lange und muß deshalb mit Fett nachbehandelt werden. Ohne die chemischen Vorgänge zu kennen, stellte man durch Erfahrung fest, daß Felle, die man mit Fett eigentlich nur geschmeidiger hatte machen wollen, länger hielten; der Fettstoff oxydiert nämlich an der Luft und geht dabei eine Verbindung mit den Fasern der Lederhaut ein (Birket-Smith). Die Indianer in Nordamerika verwendeten Hirnmasse zum Einreiben, im nördlichen Asien nimmt man Fischrogen, bei den Mongolen Stutenmilch und bei einigen Stämmen Ostafrikas Butter. Diese Fettgerbung, die man heute Sämischgerbung nennt, ist in Ägypten schon um 3500 v. Chr. bekannt gewesen, ebenso die pflanzlichen Gerbverfahren. Diese Methode ist ursprünglich sicher nicht angewandt worden, um das Fell haltbar zu machen, sondern um es zu färben; die gerbende Wirkung war eine ungewollte Nebenwirkung. So hat man in Ägypten schon um 3500 v. Chr. die Felle in einen Absud von Akazienschoten getaucht, ein Verfahren, das es noch heute bei afrikanischen Stämmen gibt. Man sieht auf den alten ägyptischen Darstellungen, wie die Handwerker das Fell auf die Arbeitsbank spannen und bearbeiten. Mit getrockneten und pulverisierten Scharlachschildläusen erzielte man ein starkes Rot, mit Granatapfelschale ein Gelb. In Ägypten gab es bereits eine intensive Lederverarbeitung, weil die Viehzucht hoch entwickelt war und viele Felle von Kühen, Kälbern, Ziegen und Schafen anfielen. Man fertigte aus Leder Sandalen und Soldatenröcke, Helme, Kissen, Radmäntel, Armbänder, Köcher, Scheiden für Hieb- und Stichwaffen, Pferdegeschirre, Hundehalsbänder und die Überzüge für Hocker, Bänke und Betten. Zwischen den ersten Versuchen des affennahen Menschenahnen, das Fleisch vom abgezogenen Fell des Tieres zu kratzen, und diesen ersten Errungenschaften einer hochentwickelten Kultur dürften mehrere hunderttausend Jahre liegen. Schon aus der Altsteinzeit gibt es Schaber aus Feuerstein; auch aus späteren Epochen, so aus der letzten Eiszeit um etwa 50 000 v. Chr., haben sich zahlreiche Funde, hier schon aus Rentiergeweih oder Hirschgeweih, erhalten.

Ganz gewiß ist die Haut des Tieres ein uralter Werkstoff, wie überhaupt alles, was von einem Tier an Knochen, Sehnen, Haaren, Hörnern usw. zu gewinnen war, genutzt werden mußte. Ebenso sicher ging es aber, wenn Menschen Tierhäute bearbeiteten, nicht allein um die Kleidung, jedenfalls nicht nur um Schutz vor Kälte wie bei den Eskimos und anderen arktischen Jägern, sondern wie bei aller Kleidung um Prunk und Schönheit, um Magie und Macht. Es gibt einen alten assyrischen Text aus der zweiten Hälfte des ersten vorchristlichen Jahrtausends, der sehr anschaulich zeigt, wie vielseitig die Verschwendungsmöglichkeiten waren. Um eine kultische Trommel bespannen zu können, wurde ein Rind unter ganz bestimmten, sehr komplizierten Riten geschlachtet. Dann heißt es: »Das Fell dieses Rindes wird in einwandfreies gestampftes Weizenmehl getaucht, das mit Wasser, erstklassigem Bier und Wein gemischt wurde. Danach wird es in feines, einwandfreies Rinderfett gelegt, mit ausgewählten Kräutern, vier Litern Malzmehl, vier Litern Mehl (und) einem Liter Kurru (Anm. d. Verf.: unbekannter Stoff). Anschließend wird es mit Gallapfel und Alaun aus dem Lande der Hethiter bearbeitet.« Es gab in jener Zeit in Mesopotamien regelrechte Spezialisten der Fell- und Lederbearbeitung, Ashkappu genannt, die in einer Art Berufsverband organisiert waren und in bestimmten Vierteln zusammen lebten. Aus dem Stadium, daß jede Familie selbst ihre Felle bearbeitet, ist man in diesen frühen Hochkulturen längst hinaus. Es gibt bereits die spezialisierte Arbeitsteilung, und sogar eine regelrechte Stadt der »Lederzurichter« ist bezeugt.

Im frühen Indien, als Kühe durch mythologische Zusammenhänge kultische

Heiligkeit bekamen, stufte man Handwerker, die Leder herstellten, naturgemäß in dieselbe Klasse ein wie die Totengräber. Wer Felle und Leder bearbeitete, mußte die toten Tiere ja anfassen und wurde deshalb unrein. Der Lederbedarf war aber sehr groß, und verblüffenderweise – als ob Leder selbst nicht »unrein« wäre – war es das Privileg der Brahmanen, der Könige und ihrer Ritter, Leder zu tragen. Magische Gesichtspunkte spielen dabei eine bedeutende Rolle. Der König, der gottgleich über seinen Untertanen stand, unterlag nämlich einem besonderen Tabu; er durfte nicht, wie andere Sterbliche, den Boden mit seinem Fuß berühren und trug deshalb Schuhe oder Riemensandalen aus Leder. Auch Adligen, die als Jäger oder Stallmeister Verwendung fanden, war dieses Privileg zugestanden. Nur Brahmanen aber war es erlaubt, Kleider aus Leder oder Antilopenfellen zu tragen, denn die Felle von Tigern, Antilopen und Hyänen gehörten zu den heiligen, also magisch hochwirksamen Dingen.

Wenn ein Mensch sich ein Tierfell um die Schulter legt, bedeutet das ja durchaus noch nicht, daß er sich vor Kälte schützen will, sondern daß er sich bis zu einem gewissen Grade mit dem Tier identifiziert, sich etwas von der Kraft, der Ausstrahlung, der Persönlichkeit des Tieres zu eigen macht. Bei Homer wird Delon aus Troja geschildert, den der Leib mit »grauslicher Wolfshaut« bedeckt und einen Iltishelm trägt. Eindrucksvoller noch heißt es in einer Schilderung Agamemnons, des Königs der Achäer: »Auf nun stand er und deckte die Brust ringsum mit dem Leibrock, band auch stattliche Sohlen fest an die glänzenden Füße, hüllte sich dann in das rötliche Fell des gewaltigen falben Berglöwen, das ihm die Knöchel berührte, faßte den Speer dann.« Am prächtigsten aber schildert Homer, was das Fell angeht, den Menelaos, den großmütigen Gatten der schönen Helena. Hier wird mit wenigen Worten die ganze Furchtbarkeit des Kriegers angedeutet, wenn es heißt: »Und mit des Tigers gesprenkeltem Fell umhüllt' er den breiten Rücken zuerst, dann aber erhob er den ehernen Sturmhelm, deckte das Haupt . . .« Wer sich so in ein Tigerfell hüllt, der beweist schon durch diese Trophäe seine Stärke: er ist der, der über das Tier triumphiert hat, vielleicht sogar einer, der vom Blut des Tieres getrunken, von seinem Fleisch gegessen und an seiner Wildheit, seiner Kraft und seiner Unerschrockenheit Anteil hat. Schon die frühesten Felszeichnungen der Steinzeit zeigen ja Menschen in Tiermasken und Menschen, die sich in Felle hüllen. Daß sich ein Mensch in ein Tier verwandeln könne, stand außer Zweifel, wobei es nicht allein um bloße Tarnung beim jägerischen Anschleichen gegangen sein mag, sondern um ein magisches Sicheinfühlen: Wer in dem Fell des Löwen oder des Büffels steckt, ist selbst Löwe oder Büffel.

Wenn die römischen Priester bei den Luperkalien, den Fruchtbarkeitsfesten in Rom, nackt, nur mit einem Bocksfell bekleidet, durch die Straßen der Stadt liefen, verkörperten sie selbst die Geilheit und Fruchtbarkeit, die im Ziegenbock verkörpert war, auch hier also die Identifikation mit dem Tier, dessen Fell man trägt. Im Volksglauben hat sich die Vorstellung vom Werwolf (germanisch wer: Mann), dem Mann, der sich nachts in einen Wolf verwandelt und Menschen mordet, lange erhalten. Der Bund der Leopardenmenschen ist aus Afrika bekannt; seine Opfer tragen Klauen- und Bißspuren des Leoparden, in Mexiko gibt es noch heute den Glauben an ein »anderes Ich« in Tiergestalt. Hier berührt sich der Totemismus der jägerischen Urzeit mit dem Wunsch, ein Fell zu tragen. Ein ähnliches Motiv mag dem Wunsch einer Frau zugrunde liegen, ausgerechnet ein Leopardenfell tragen zu wollen, obwohl es andere, teurere Pelze gibt: Es wird die Unberechenbarkeit, die Gefährlichkeit, die Wildheit der Raubkatze signalisiert.

In der Antike sind zunächst nur Schafpelze von den Hirten als Berufskleidung getragen worden. Modepelze werden erstmalig von Cato, dem berühmten Gegner Karthagos, erwähnt (234–149 v. Chr.), und beliebt wurden sie, als römische Kaufleute mit den Stämmen am Don und jenseits des Limes in Germanien Handel trieben. Offenbar hat die Prestigesucht mit Edelpelzen schon damals zu volkswirtschaftlich nicht vertretbarem Luxus geführt, denn im Jahre 416 n. Chr. wurde das Tragen von Pelzen vom Senat verboten. Leder indessen blieb wie überall ein unentbehrlicher Werkstoff: Schuhe, Sandalen, Rüstungen, Riemen aller Art und Wassersäcke wurden aus Leder hergestellt. Zu dieser Zeit boten die undurchdringlichen Wälder hinter der Wehrgrenze am Rhein für die römischen Händler ähnliche Möglichkeiten wie später die sibirische Taiga oder die kanadischen Wälder dem europäischen Kaufmann. Schritt für Schritt verengte sich der Lebensraum der Wildnis, in dem es Luchse und Marder, Bären und Füchse, Hermeline und Nerze gab, aber der Bedarf an Pelzen war so groß, das Geschäft so lohnend, daß der Mensch ihnen folgte. Trapper und Jäger sind die eigentlichen Pfadfinder der Zivilisation gewesen. Wenn in einem Wald erst Fallen standen und Büchsen schossen, waren auch Axt und Pflug nicht mehr weit. Diese Entwicklung begann, wenn irgendwo in den Handelskontoren der zivilisierten Welt die Preise für Pelze stiegen, weil die bisherigen Lieferungen ausblieben und die Nachfrage wuchs.

Auf der Fährte des Zobels

Die Geschichte der Eroberung Sibiriens durch die Kosaken ist ein Bericht über die Jagd nach dem Zobel. Im 16. Jahrhundert wurde in Europa Zobel (russisch: Marder) von jedem Bürger getragen, der auf sich hielt, weil vorher die Adligen Zobel getragen hatten. Damals erzählte man sich in Moskau, die Menschen dort in Sibirien, die Samojeden (russisch: »Selbstfresser«, Menschenfresser), seien klein von Wuchs und flachgesichtig, sie hätten kurze Nasen, seien vorzügliche Bogenschützen und führen mit Rentier- und Hundegespannen. Wenn ein Gast zu ihnen käme, spießten sie ihre Kinder auf, um sie dem Gast als Speise vorzusetzen. Auch gäbe es dort Stämme, die trieben den schwarzen Zobel in Herden zusammen und hielten ihn wie Schlachtvieh. Dichte, weiße Wolken hingen dort bis auf die Erde, daraus hüpften Eichhörnchen und Hirschkälber. Die Fabel von der Menschenfresserei war nur eine Folge des Namens, den sich diese Wilden selbst gegeben hatten und der aus derselben Wurzel wie das finnische »suomi« gebildet war. Unglücklicherweise erinnerte das die Russen an ihr »samo« = »selbst«, und so wurden die Waldmenschen zu Menschenfressern, der Wildreichtum zum Traum vom schnellen Glück.

Die Möglichkeiten, die dieses Land an der eben befriedeten Ostgrenze des Zarenreiches bot, erkannte früher als andere ein Kaufmann namens Anika Stroganoff, dessen Nachkommen zu den berühmtesten Geschlechtern Rußlands gehören sollten. Die Stroganoffs saßen in Nowgorod und kannten sich im Handel mit Pelzen, Wachs, Honig und Salz aus, denn Nowgorod war am Handel mit diesen Waren reich geworden. Anika Stroganoff konnte den Zaren überzeugen, daß es für ihn am vorteilhaftesten sei, wenn er den Stroganoffs jenes wilde Land übereignen würde, weil man mit ein wenig Geschick viel mehr Pelze für den Zaren würde herausholen können als mit Gewalt. So geschah es auch, und mit einer Urkunde vom 4. April 1558 ging alles unbebaute Land, das an den Nebenflüssen der Kama lag, »von ihren Mündungen bis zu ihren Quellen«, für zwanzig Jahre an die Stroganoffs. Sie durften Kanonen gießen, Truppen halten, Fische fangen, Erze suchen und brauchten keinen Zoll zu zahlen, waren von allen Abgaben befreit und unterstanden ausschließlich der Gerichtsbarkeit des Zaren. Moskau hatte damals gerade Astrachan unterworfen und den Ural erreicht. Aus Sibirien war schon zwei Jahre vor diesem Edikt eine Gesandtschaft beim Zaren erschienen und hatte ihm Zobel- und Eichhörnchenfelle gebracht. Den Gesandten war daraufhin gnädigst gestattet worden, alljährlich tausend Eichhörnchen- und tausend Zobelfelle zu liefern, wofür der Zar geruhte, sich Herr über Sibirien zu nennen. Der historischen Gerechtigkeit wegen muß allerdings gesagt werden, daß man damals unter Sibirien auch Landstriche diesseits des Urals verstand, etwa das Jugorsche Land, dessen Kleinfürsten schon dem Großvater Iwans des Schrecklichen den Treueid geleistet hatten.

Das Land, das den Stroganoffs überschrieben war, 2,2 Millionen Hektar, wurde erschlossen wie später Kalifornien durch Sutter. Salzsiedereien entstanden, eine jetzt vergessene Hauptstadt an der Kama wurde gebaut, es gab Sägewerke, Bauernhöfe, sogar ein Kloster, zahlreiche Magazine, und neben Russen und Deutschen gab es sogar Holländer, Spezialisten für Entwässerung, und allerlei Abenteurer aus aller Herren Ländern. Der Historiker Karamsin schreibt von den Stroganoffs: »Sie versprachen der Arbeitsliebe ihre Früchte, der Kühnheit ihre Beute.« Besser hätte er das Wort Brutalität an die Stelle der Kühnheit gesetzt. Kriegerische Auseinandersetzungen gab es mit einem Nachfolger Dschingis-Khans, einem sibirischen Fürsten, der seine Tscheremissen, Tataren und Ostjaken zu durchaus legitimen Beutezügen ausschickte. Vier Jahre dauerte der Grenzkrieg zwischen der Zivilisation und der einheimischen Bevölkerung. Die Stroganoffs sicherten sich 1574, knapp formuliert, das Recht zur Eroberung des restlichen Sibiriens und die politische Rückendeckung des Zaren. 1581 aber erscheint auf der Szenerie eine beherrschende Figur im Kampf um die Erschließung Sibiriens, der Kosak Tschermak. In immer neuen Expeditionen kämpft er die Tataren nieder, und immer wieder rebellieren sie. Tschermak selbst stirbt, als er 1584 mit 500 Mann versucht, den Irtysch zu überqueren. Sein leichtes Boot kentert, vom Gewicht seiner Rüstung wird er ins Wasser gezogen und ertrinkt. Die 200 Soldaten, die ihn überleben, ziehen sich zum Ural zurück. Auf die Dauer sind aber die Tataren ihrem Gegner nicht gewachsen. Die Taktik der Kosaken ist denkbar einfach: Eine kleine Gruppe bildet den Vortrab. Im Sommer zu Pferde, im Winter auf Schneeschuhen oder im Schlitten jagen die Kosaken, entlaufene Leibeigene, die sich unter ihrem Hetman eine eigene Ordnung gegeben haben, nach Zobeln. Der Reichtum dieser Wälder an Wild muß unermeßlich gewesen sein, denn stets machten sie Beute. Wenn sich ihnen Eingeborene entgegenstellten, griffen sie bei eigener Überlegenheit an, andernfalls wichen sie aus und holten Verstärkung. Nach jedem Sieg wird ein Fort errichtet, ein Palisadenlager, wie man es auch hundert Jahre später im Wilden Westen Amerikas anlegen wird.

Im Jahre 1604 wird auf diese Weise Tomsk gegründet, das heutige Kernforschungszentrum, 1607 Turachansk. Am Jenissei unterwirft sich der erste Kirgisenfürst, vielmehr will er sich unterwerfen und schickt seine Gattin zu Verhandlungen nach Tomsk. Der Pelz, den sie trägt, stachelt die Besitzgier der Kosaken an, sie verlieren jede Beherrschung und reißen der Fürstin den Pelz herunter. Es kostet die Kosaken zehn Jahre Kampf, bis der aufgebrachte Kirgisenfürst endgültig unterworfen ist, und weitere 40 Jahre, bis auch die übrigen Stämme geschlagen sind. Die Kosaken beweisen ihre Erfolge auch dem großen Iwan dem Schrecklichen: Im Jahre 1582 überreicht der Kosakenhetman Koltso, Vasall der Stroganoffs, dem Zaren 2500 Zobelpelze, 20 schwarze Fuchspelze und 50 Biberfelle. Über die Hafenstadt Archangelsk werden in jener Zeit jährlich etwa 30000 Zobelpelze exportiert, der Pelzhandel ist zu einem wichtigen volkswirtschaftlichen Faktor geworden. Daß man Raubbau treibt und den Zobel praktisch auszurotten beginnt, merkt man nicht. Typisch für das Denken der Zeit ist ein Ukas, den der Woiwode von Jakutsk, ursprünglich ein Baltendeutscher, bekannt unter dem Namen Chabarow, im Jahre 1649 bei seinem neuen Vorstoß in Richtung China erläßt: »So aber selbige Leute sich unbotmäßig zeigen sollten . . . möge man sie mit Gottes gnädiger Hilfe durchsuchen und bekriegen und sie nach Kriegsbrauch gefügig machen, mit heimlichem und unerwartetem Überfall überrumpeln . . . und für den Zaren Tribut heischen: In Zobelfellen und Zobelpelzen, in Kragen, Decken und Umhängen; dazu Felle vom Fuchs, schwarze, blaue, schwarzbraune, rotschwarze und rote, Hermeline samt Ottern und Bibern.«

Als die Russen die Kamtschatka erreicht hatten, weiterhin Pelze als Tribut einziehend und von den Einheimischen erbittert bekämpft, ergab sich die Frage, ob Amerika und Sibirien durch ein Meer getrennt seien. Der Däne Vitus Jonassen Bering (1680–1741) hat bekanntlich als russischer Seeoffizier im Jahre 1728 die nördliche Ostküste Asiens im Auftrage Peters des Großen umfahren und das von dem Kosaken Deschnew entdeckte Nordostende Asiens und die Meerenge wiederentdeckt, die dann nach ihm benannt wurde. 1741 stieß er mit dem Deutschen Georg Wilhelm Steller (1709–1746) auf die Küste von Alaska – und auf neue unermeßliche Reichtümer an Pelzen: An diesen Küsten lebten riesige Scharen von Seekühen und Seerobben. Der Pelz dieser Robben, der Seal, war so begehrt, daß die Seeleute in blinder Profitgier so viele Tiere erschlugen, wie ihnen möglich war. Eine bestimmte Art von Seerobben, die Stellersche Seekuh, wurde auf diese Weise in kurzer Zeit ausgerottet. Von der Kamtschatka aus war es nur ein Sprung über das Beringmeer nach Alaska, das, wie ein Jahrhundert zuvor Sibirien, vor allem als pelzreiches Land anziehend wirkte. Die Berichte der Fahrtgenossen des auf der Reise verstorbenen Steller waren so verlockend, daß die russischen Trapper, die »Promyschlenniks«, auf eilig zusammengezimmerten Schiffen die Beringstraße überquerten, um sich den schnellen Gewinn zu sichern. Das Pelzfieber jener Zeit ist durchaus mit dem späteren Goldrausch zu vergleichen, und wie stets, wenn märchenhafter Reichtum zu winken scheint, fanden sich Männer, die zum äußersten entschlossen waren. Die Sealfelle wurden vor allem auf den Märkten Chinas hoch bezahlt, daher kämpften sich die Trupps unter klimatisch unvorstellbar harten Bedingungen entlang der Küste vor. Von den Dimensionen macht man sich nur schwer einen Begriff, exakte Statistiken gab es nicht, doch weiß man: 79 Schiffe brachten von ihren Fahrten insgesamt nahezu 100000 Seeotternpelze, 40000 Felle der Bärenrobbe, also Seals, und 40000 Fuchspelze heim. Im Jahre 1780 wurden auch die Pribilof-Inseln entdeckt und ausgebeutet, doch schließlich ließ der Ertrag nach, und es kam zur Bildung größerer Gesellschaften, so 1781 zum Ende des Jahrhunderts zur Gründung einer »Russisch-Amerikanischen Compagnie«.

Überall in Alaska sind damals russische Siedlungen entstanden, von denen einige, wie Kodiak, noch heute existieren. Im Jahre 1867 ist Alaska dann bekanntlich an die USA für einen lächerlich geringen Betrag verkauft, aber sich selbst überlassen worden. Siebzehn Jahre gab es dort überhaupt keine Regierung, erst 1884 wurde ein Gouverneur für das Land ernannt, und um 1900 begann dort der große Run auf Gold. Die Pribilof-Robben, die wertvollsten Pelztiere, entgingen ihrer Ausrottung nur um Haaresbreite: Während die Russen nur etwa 20 000 pro Jahr geschlachtet hatten, stieg die Ausbeute auf Geheiß der Manager der »Alaska Commercial Compagnie« auf 240 000 Tiere allein für diese eine Gesellschaft (1868). Auch draußen auf den kleineren Inseln wurde gejagt, und während die Russen wenigstens Schonfristen für Bullen eingehalten hatten, schlugen die von der Gesellschaft bezahlten Indianer alles tot, was ihnen in den Weg kam. Auch die Seeottern waren auf der amerikanischen Seite des Stillen Ozeans fast ausgerottet worden, denn allein zwischen 1867 und 1910 waren rund 100 000 Felle erbeutet worden. Erst im Jahre 1911 gab es einen internationalen Vertrag über Schonfristen zur Erhaltung bestimmter Tierarten. Auf der Fährte des Zobels waren die Kosaken als Vorläufer der Zivilisation bis an die Beringstraße und nach Alaska gekommen. Während des gleichen Zeitraumes wurde von Osten her der amerikanische Kontinent erschlossen, und auch hier waren Trapper und Fallensteller die ersten Weißen, die sich hinaus in die Wildnis wagten.

Im Land des roten Mannes

Die Indianer nähten das Leder, das sie mit steinernen Messern zuschnitten, mit Knochennadeln oder Dornen. Ihre Kleidung fertigten sie auf diese Weise recht mühsam aus Hirschleder, das sie allerdings äußerst weich herzustellen verstanden. Sie trugen Beinlinge, die wie bei den Germanen am Gürtel angenestelt wurden, einen Durchziehschurz und ein kurzes Lederröckchen, um die Lücke zwischen den Beinlingen und dem Schurz zu schließen. Im Winter war das Hirschlederhemd üblich, im Sommer genügten Schurz, »Kilt« und die Mokassins. Bei winterlicher Kälte trug man auch regelrechte Anzüge aus Hirschleder. Wenn die Indianer auf die Jagd gingen, dann nur, um sich zu beschaffen, was sie selbst benötigten und verarbeiten wollten: Hirschfelle für ihre Anzüge, Büffelhäute für ihre Zelte, Bärenhäute als Decken. Selbst bei den großen Büffeljagden erlegte man nur soviel, wie man schleppen konnte, und das war nicht viel. Wenn die riesigen Herden sich den Ansiedlungen der Indianer näherten, brachen die Jäger auf, bewaffnet mit Lanzen und Pfeilen, deren Spitzen aus Stein bestanden. Die Prärie wurde angezündet, und man erlegte, was man brauchte, nämlich nur soviel, wie die Frauen auf ihren Rücken an Fleisch und Fellen heimschleppen konnten. Räder und Wagen waren unbekannt, die Indianer benutzten nur Schleppen aus zwei Stangen, zwischen die ein kräftiger Hund gespannt war. Der Transport war also eine elende Plackerei. Im Winter, wenn man die Brettschlitten hätte benutzen können, waren die Büffel weit fort.

Festkleid *der Tochter des Indianers Sitting Bull aus Leder mit einem ponchoartigen bestickten Umhang. Deutsches Ledermuseum, Offenbach*

Die Prärie-Indianer stellten aus dem »Material Bison« nicht nur ihre Kleidung und ihre Wigwams her, sondern zahllose andere Geräte: Im Magen des Bisons trug die Frau Wasser, aus den Sehnen fertigte man die Bogensehne, aus den großen Rippen leichte und zugleich unglaublich haltbare Schlitten, ebenso waren die Fellboote, mit denen man Flüsse überquerte, aus Bisonhaut. Die Bisonherden zogen auf der riesigen Fläche zwischen Kanada und der Grenze Mexikos, zwischen den Appalachen im Osten und den Rocky Mountains im Westen in regelmäßigem Wechsel: »Wenn der Sommer kommt, verlassen die Bisons den Schutz der Wälder und der Gebirgstäler, die sie vor eisigem Wind geschützt haben, und beginnen, auf der Prärie das grüne Gras abzuweiden.« Die Routen, die sie nahmen, veränderten sich seit Jahrhunderten nicht, und wo Bisons zogen, war die von Hufen zerstampfte, mit Dung angereicherte Erde fruchtbarer als anderswo, zeichnete sich ein saftiger Bewuchs als Streifen ins Gelände. Als in der Mitte des 19. Jahrhunderts Ingenieure im Auftrage der Union Pacific die Strecke für die Baltimore- und

Ohio-Eisenbahnen festzulegen hatten, suchten sie zuerst nach dem Kartenbild, welche Streckenführung durch Gebirge und Täler, über Flüsse und durch Sümpfe am preisgünstigsten war. Mit ihren Unterlagen fuhren sie hinaus und stellten fest, daß die künftigen Schienenwege mit den tausendjährigen Marschrouten der Büffelherden fast überall verschmolzen (Blond).

In diese abgeschlossene Welt, in der die Indianer zeitlos nach der Sitte ihrer Väter lebten, den Großen Geist und ihre Ahnen ehrten, den Boden bebauten und Tiere jagten, drangen Anfang des 16. Jahrhunderts, als in Europa der Reichtum der überseeischen Besitzungen die Blüte der Renaissance begünstigte, die ersten Weißen ein. Der Pelz- und Fellhandel in Nordamerika begann als Nebenverdienst für die Matrosen französischer Schiffe. Auf Fischfang kamen sie an die Küsten Neufundlands, und zwischen den Matrosen und den Indianern entwickelte sich ein primitiver Tauschhandel. Die Indianer lieferten Pelze von Tieren, die nicht als Totem heiliggehalten wurden, also Marder, Otter, Fuchs, Eichhörnchen, die Matrosen nahmen in ihren Kuttern Messer, Spiegel, Töpfe und Pfannen mit, später auch billige Perlen. Kein Indianer hatte auch nur die geringste Vorstellung, weshalb diese weißen Männer so versessen auf bestimmte Pelze waren, denn keine Familie konnte so viele Pelze verarbeiten. Die Matrosen begriffen schnell, wie groß der Gewinn war. Der Reichtum an Pelztieren war eine wahre Goldgrube, und dieses Gold brachten die Indianer freiwillig, während man das wirkliche Gold mühsam suchen mußte. Unternehmungslustige Männer gaben denn auch bald den Fischfang auf und ließen sich an den Ufern des Sankt-Lorenz-Stromes nieder. Im Jahre 1603 wurde Französisch-Kanada gegründet. Wie in Sibirien strömten Abenteurer aus Europa in die neue Niederlassung, die damals aus Blockhäusern bestand. Die Indianer glaubten, ebenfalls nahezu mühelos Reichtümer erwerben zu können: Man brauchte diesen verrückten Weißen, die sich im Wald wie Ochsen benahmen, nur immer mehr Felle zu liefern, und man bekam sehr viele Messer, Perlen, Töpfe und – Branntwein.

Jacques Cartier, der von König Franz I. von Frankreich ausgesandt worden war, die Nordwestpassage nach China zu entdecken, hat die erste genauere Beschreibung der amerikanischen Tierwelt geliefert. Er stieß während seiner Fahrt entlang der Küste von Neufundland auf solche Mengen Pinguine, daß er sich mühelos verproviantieren konnte, und erlegte einen fabelhaften Bären, »groß wie eine Kuh und weiß wie ein Schwan«. Der Reisende, der bereits in Brasilien gewesen war und einen Blick für fremde Länder hatte, beschrieb das Indianerlager Hochelaga, das spätere Montreal, als eine kreisrunde Palisadenstadt, die aus Holz, Baumrinde und Fellen gebaut war. Der Name der Siedlung bedeutete »Damm der Biber«, und Biberfelle gab es in solchen Mengen, daß man schon für eine Axt oder ein Messer ganze Ballen davon haben konnte. Die Indianer fingen Biber auf höchst einfache Weise. Im Winter hockten sie an den Flußläufen, und zwar dort, wo der Biber unter Wasser zum Eingang seines Baues schwamm. Wenn das Tier unter der Böschung auftauchte, griffen sie zu und holten es heraus.

Aufbruch der Waldläufer

Champlain, einer der großen Gouverneure Kanadas, der zu Anfang des 17. Jahrhunderts selbst als Pelzhändler ins Land gekommen war, erzog junge Männer, die in der Niederlassung groß geworden waren, zu spezialisierten Jägern, die mit den indianischen Jägern zusammengehen und ihr Handwerk lernen sollten. Das geschah auch, aber bald gingen diese »Waldläufer« ihre eigenen Wege und indianisierten sich vollkommen, falls sie nicht von der weißen wie von der indianischen Gesellschaft ausgestoßen wurden. Unter König Ludwig XIV. wurde auch in Kanada ein zentralistisches System eingeführt: Die Indianer mußten, wenn sie Alkohol bekommen wollten, ihre Pelze an bestimmte Stapelplätze schaffen. Sie unterwarfen sich den Forderungen des Königs ohne Widerstand und haben in manchen Jahren rund 100 000 Felle auf den Markt gebracht.

Wenn die Tiere im Umkreis der indianischen Dörfer ausgerottet waren, zog man weiter ins Innere; immer größer wurde das Einzugsgebiet Montreals, das sich zum Zentrum des Pelzhandels entwickelte. Auf ihren leichten Kanus kamen die Indianer, die von den phantastischen Geschäften gehört hatten, von weither, und bald konnte man in den Straßen Montreals die imponierenden Gestalten der »Wilden« sehen, der Ottawas und Huronen, die am Indianermarkt teilnahmen. Mit der Zeit hatte sich ein regelrechtes Zeremoniell entwickelt. In der Mitte des Marktplatzes pflegte der Generalgouverneur der Provinz zu sitzen. Schweigend und ihr Kalumet rauchend erschienen die roten Krieger, denen er als Zeichen der Gastfreundschaft und des Marktfriedens gnädig ein kleines Geschenk überreichte. Mit feierlichen beiderseitigen Ansprachen wurde der Markttag dann eröffnet. Der Handel selbst blieb für die ersten Jahrzehnte ein reiner bargeldloser Tauschhandel, weil die Weißen, nicht ohne Hintergedanken, der Ansicht waren, die Indianer könnten in den Wäldern ohnehin nichts mit Geld anfangen. Allenfalls erhielten diese Wilden Gutscheine, mit denen sie sich beim Händler die Ware eintauschen konnten. Auf diese Weise haben die Indianer erst nach langer Zeit begriffen, wie groß die Gewinnspanne der weißen Händler war, oft mehr als 200 Prozent.

Für den Weißen sah die Rechnung folgendermaßen aus: Zunächst mußte er eine vom Generalgouverneur ausgestellte Lizenz haben, das heißt, er mußte von diesem mächtigen Mann begünstigt werden. Ältere Offiziere, abgeschobene Adelssöhne, skrupellose Abenteurer, die aufzutreten wußten, konnten sich durchaus in den Besitz einer solchen Lizenz bringen. Auf jede Lizenz durften im Jahr zwei Kanus mit Tauschware für die Indianer ausgestattet werden, und der Gouverneur durfte nicht mehr als 25 Lizenzen ausgeben – das System der Ausbeutung ist also, im eigenen, wohlverstandenen Interesse, als maßvoll zu bezeichnen. Der Erwerbssinn fand die Lücken dieses Systems schnell heraus: Man konnte die Lizenz, die wie bares Gold war, an einen Unternehmer verkaufen, vielleicht sogar mehrere Lizenzen, so wuchs die Jagd auf die Pelztiere lawinenartig an. Der Kaufmann, der eine Lizenz erworben hatte, rüstete zwei Kanus mit Waren im Wert von 2000 Kronen aus und warb sechs Waldläufer an. Die Ware berechnete er ihnen zu einem Preis, der um mindestens 15 Prozent über dem Preisniveau der Siedlung lag. Die Waldläufer brachen mit ihren zwei Kanus auf und kehrten nach fünfzehn bis achtzehn Monaten zurück, die Kanus bis zum Rande mit Biberfellen beladen, die damals am meisten geschätzt waren. Niemand schrieb vor, mit wie vielen Kanus sie zurückkehren durften, also kalkulierten sie scharf, handelten die Indianer, die sich gegenseitig Konkurrenz machten, im Preis immer mehr herunter und konnten so die Ausbeute verdoppeln. Für Tauschware im Wert von 1000 Kronen brachten sie Ware im Wert von 8000 Kronen (Hetmann). Von diesem Gewinn zog der Kaufmann 600 Kronen als Unkosten für die Lizenz ab, dann die 1000 Kronen für die Ware. Vom Rest behielt er eine Unternehmerprämie von 40 Prozent, und was dann übrigblieb, wurde unter die sechs »Coureurs du bois«, die Waldläufer, aufgeteilt, pro Mann 600 Kronen, der Lohn für monatelange Schinderei, für ständige Gefahren und Einsamkeit.

Die Männer selbst fühlten sich nach den überstandenen Strapazen wie Könige, sie kleideten sich nach der neuesten Mode ein, soweit sie nach Kanada gelangt war, setzten sich in den kostbar bestickten Röcken mit Spitzen behangen an den Spieltisch, hielten ihre Freundinnen aus und verjubelten ihr Geld nicht anders als Seeleute im Hafen, bis sie mit neuer Ware wieder in der Wildnis untertauchten. Daß sie den Indianern ihre Fellbündel mit Gewalt abnahmen, kam ebensooft vor, wie sie selbst von indianischen Kriegern überfallen wurden. Zwar waren diese Männer ausgezeichnete Kenner des Landes und hatten die Berge und Flüsse im Kopf, als läsen sie von einer Karte ab, auch kannten sie die indianische Mentalität, wie der Jäger seine Beute kennt, aber sie hatten für die indianische Kultur kein tieferes Verständnis und konnten es auch nicht haben. Gewiß wäre ihr Geschäft auch nicht so erfolgreich gewesen, hätte der weiße dem roten Mann nicht das Feuerwasser anbieten können, es wirkte in dem Sozialgefüge des Stammeslebens wie Sprengstoff. Der Rauschzustand war den Indianern ja nicht unbekannt; wie alle Naturvölker kannten sie pflanzliche Rauschmittel, etwa bestimmte Pilze, und erlebten die dadurch ausgelöste »Bewußtseinserweiterung« eingebettet in die Traditionen ihres Kultes. Das Feuerwasser brachte einen Zustand, der sich von allem, was die Indianer kannten, unterschied, und sie verfielen ihm so, wie der weiße Mann heute den Drogen verfällt. Es gab in der indianischen Kultur keine eingelernten Verhaltensmuster, und so wirkte sich die Enthemmung, die der Alkoholgenuß mit sich bringt, auf jeden Indianer demoralisierend aus. Selbst der letzte Mohikaner Chingachgook aus dem Romanwerk »Lederstrumpf«, einst »die große Schlange«, nach der Taufe »Indianer-John« genannt, starb, dem Feuerwasser verfallen, mit der silbernen Washingtonmedaille um den Hals.

Pelzgeschäfte

Bekanntlich haben die Europäer ihre Zwistigkeiten über das Meer gebracht und die steinzeitlich lebenden Indianer zu Parteigängern ihrer absurden politischen Probleme gemacht. Chingachgook steht am Ende eines hundertjährigen Ringens zwischen Frankreich und England, in dem Frankreich seine gesamten amerikanischen Besitzungen verlor. Der berühmteste Name in diesem Konflikt ist der von »Hudson's Bay Company«, einer Gesellschaft, die noch heute einen großen Teil des Pelztierhandels kontrolliert und das älteste Unternehmen dieser Art ist. Weltwirtschaftlich ist sie allerdings heute ohne Bedeutung, seit sie 1859 ihre staatlichen Rechte an Kanada übertrug. Die Gesellschaft verdankt ihre Gründung in England dem Unmut zweier französischer Trapper, Pierre Radisson und Sieur de Grosseilliers, die nicht gewillt waren, sich den zentralistischen Verwaltungsmethoden unter Ludwig XIV. zu beugen. Sie wandten sich nach England, wo man schon lange darauf gewartet hatte, in den nordamerikanischen Pelzhandel einbrechen zu können. Nun rüstete man ein Schiff aus und gründete eine Gesellschaft; als das Schiff aus der Hudsonbay mit einer reichen Ladung guter Felle zurückkehrte, erhielt die Gesellschaft 1670 von König Karl II. (1630–1685) ein unumschränktes Handelsmonopol und den Namen »The Governor and Company of Adventurers of England trading into Hudson's Bay« (Morus). Die Franzosen aber waren nicht gewillt, das englische Monopol anzuerkennen. Die beiden Waldläufer, die inzwischen wieder auf die Seite Frankreichs übergewechselt waren, betrieben die Gründung einer Konkurrenzgesellschaft, und nun begann ein jahrzehntelanger erbitterter Kampf um den Markt, in dessen Verlauf die Biber nahezu ausgerottet und die Indianer korrumpiert wurden. Franzosen, Engländer und Russen blieben aber nicht lange ohne Konkurrenz. Mit dem Frieden von Versailles vom 3. 9. 1783 war den Europäern eine neue Konkurrenz erwachsen, die als unabhängig anerkannten Vereinigten Staaten von Amerika, die freilich erst 1789 ihren ersten Präsidenten erhielten und den Marsch nach Westen noch nicht angetreten hatten.

Es war im Grunde reiner Zufall, daß der aus Walldorf bei Heidelberg stammende junge Mann im Jahre 1783, als er in die Staaten einwandern wollte, weil es dort schon einen älteren Bruder gab, auf der Überfahrt einen Pelzhändler kennenlernte. Das Schiff war auf dem Wege nach Baltimore drei Monate in der Chesapeake Bay vom Eis eingeschlossen worden, und man hatte Zeit genug, miteinander zu reden. Johann Jakob Astor ließ sich überreden, in New York eine Handelsfirma für Pelze zu gründen, und eine der »Heldensagen« des räuberischen Kapitalismus begann: 1784 reiste er mit der ersten Ladung Pelzwerk nach London, setzte sie mit Gewinn ab und machte sich mit allen Kniffen der Branche vertraut. Schon 1807 zählte Astor zu den einflußreichsten Geschäftsleuten seines jungen Staates, 1811 schloß er mit den Direktoren der Northwest Company einen regelrechten Friedensvertrag: Astor wurde Eigentümer der Hälfte aller Handelsposten und Warenlager der Mackinaw Company im Indianerland auf dem Territorium der USA. Nach fünf Jahren sollte auch die andere Hälfte in seinen Besitz übergehen. Dafür versprach er, seine Jäger und Fallensteller nicht in kanadisches Gebiet eindringen zu lassen. Von den Indianern war damals nicht die Rede, sie gehörten wie das Wild zum lebenden Inventar der Landschaft und waren Unmündige, keine Geschäftspartner, außer wenn es um Felle ging. Als 1812 zwischen England und den USA Krieg ausbrach – der einen vergeblichen Angriff der USA auf das englische Kanada und die Einnahme der amerikanischen Hauptstadt Washington durch englische Truppen brachte –, fiel Astor zu, was sein geheimes Ziel gewesen war, denn der englische Einfluß auf amerikanischem Territorium wurde durch Gesetz ausgeschaltet, gewiß nicht ohne seinen Rat und Einfluß.

In Kanada selbst blieb die Herrschaft der Northwest Company unangetastet; sie spielte hier in Nordamerika eine ähnliche Rolle wie die Ostindische Kompanie in Südasien. Gegründet wurde die Northwest Company im Jahre 1783, weil der seit 1766 aufgeflammte Konkurrenzkampf zwischen mächtigen Unternehmern zu hemmungslosem Alkoholmißbrauch geführt hatte. Während unter französischer Herrschaft der Verkauf von Alkohol an Indianer verboten gewesen war, gab es solche Einschränkungen unter englischer Herrschaft nicht, und so herrschten in den

Indianerdörfern in der Nähe der Handelsposten unerträgliche Zustände. Anfangs hatte die Company 23 sogenannte Partner, also Aktionäre, und insgesamt etwa 2000 Angestellte, eine für damalige Verhältnisse riesige Zahl, außer dem Büropersonal, den Magazinverwaltern und Dolmetschern auch die Jäger und Trapper. Mit der Zeit bildete sich eine patriarchalische Klassengesellschaft heraus, auf deren unterster Stufe der Lehrling mit einer siebenjährigen Lehrzeit stand, die Spitze nahm der Direktor in Montreal oder Quebec ein. Patriarchalische Sitten gaben dem ganzen, gut funktionierenden System einen Anstrich von Behaglichkeit, und wenn die Herren der Company einmal im Jahr aus Gründen der Repräsentation nach New York reisten, machten sie in den Hotels, bei den Juwelieren und in den Modegeschäften märchenhafte Rechnungen. Die Zeit der Expansion allerdings war für die Northwest Company schon zu einem Zeitpunkt vorbei, als Astor seine wichtigsten Unternehmungen noch vor sich hatte. Auch hier ging es um Pelze und um internationale Rivalitäten im großen Geschäft.

Der Aufstieg der Astors

Von dem Reichtum an Bärenrobben, Seeottern und anderen Pelztieren an Amerikas Westküste hatten schon die Russen profitiert, und die Entdeckungen des Kapitäns Cook, der 1779 auf Hawaii getötet worden war, hatten wie in Alaska ein regelrechtes Pelzfieber entfacht. Kaufleute aus aller Herren Länder, die von den dortigen Möglichkeiten gehört hatten, rüsteten Schiffe aus und trieben mit den Eingeborenen Handel. Das System war einfach: Man begann im Norden der Pazifikküste, ankerte in einiger Entfernung und wartete, bis die Eingeborenen mit ihren Booten voller Felle kamen. Bezahlt wurden sie mit dem üblichen Tand, dann segelte man zur nächsten Bucht nach Süden. Allein im Jahre 1792 grasten 21 Schiffe auf diese Weise die Küste ab. Im Herbst segelten die Schiffe nach Hawaii, wo die Seeleute unter Palmen und ewig blauem Himmel das Leben genossen, wie sie es verstanden; dreiviertel der Einwohner wurden durch eingeschleppte Epidemien dezimiert, viele durch die »blackbirds«, wie man die Seeleute nannte, verschleppt, die alte Häuptlingskultur ertrank im Rum wie die der Indianer. Im Frühjahr kehrten die Schiffe zurück an die kalifornische Küste und gingen auf Nordkurs, bis sie die Laderäume mit Fellballen bis an die Luken vollgeladen hatten. Von Kalifornien aus segelte man über den Pazifik nach China, um dort die Felle gegen hohen Gewinn in Seide und Tee umzusetzen. Wenn diese Ware in Boston oder Southampton abgesetzt wurde, hatte der Kapitaleinsatz der Kaufleute märchenhafte Profite erbracht. Die Russen machten es ähnlich, nur waren sie durch die Landverbindung zur nordchinesischen Grenze im Vorteil. Sie operierten von Stützpunkten auf den Aleuten aus und schafften die Ware über Land nach China.

Der amerikanische Osten mit seinen blühenden Neu-England-Provinzen war vom Westen durch die Leere des Kontinents, durch die Wildnis der Rocky Mountains getrennt, es gab noch keine Karten und nicht einmal klare Vorstellungen über den Verlauf der wichtigsten Flüsse und Gebirge. Andererseits lag es im Interesse der USA, sich am Pelzhandel zu beteiligen und nicht den Russen, Engländern und sonstigen Ausländern das Feld zu überlassen. In dieser Situation unterbreitete Astor der Regierung folgenden Plan: Entlang des oberflächlich bekannten Missouri und des neu entdeckten Columbia River sollten Stationen eingerichtet werden, die den Fellaufkauf zu organisieren hatten. An der Küste sollte eine größere Handelsstation eingerichtet werden. Eine kleinere Flotte sollte die Pazifikküste befahren, und einmal im Jahr sollte ein Schiff aus New York, mit Tauschware beladen, den Stützpunkt im Osten anlaufen, die Felle einladen und nach Kanton segeln, um sie dort abzusetzen, und mit chinesischer Handelsware nach New York zurückkehren. Alle Eventualitäten wurden abgesprochen, auch für einen Konfliktfall mit den russischen und englischen Unternehmern, und am 23. 6. 1810 wurde die Pacific Fur Company gegründet.

Die Geschichte des Vordringens dieser Gesellschaft nach Westen, ihrer Überwindung der Rocky Mountains, ihrer »Entdeckung« von Mexiko ist Firmengeschichte des Hauses Astor und zugleich ein nationaler Mythos der USA. Die Kämpfe und Intrigen zwischen den großen Gesellschaften, die Schlachten und Scharmützel mit Indianern und ihre Ausrottung sind heute im Detail so unwichtig geworden wie die ritterlichen Fehden des 13. oder 14. Jahrhunderts in Europa, wie die Einzelheiten der Kreuzzüge. Bezeichnend ist ein Ausschnitt aus einem Bericht, der 1829 im Fort Vancouver abgefaßt worden ist: »Fort Nez Percé, die nächste Niederlassung stromabwärts, liegt an der Mündung des Walla Walla River und etwa sechs Meilen unterhalb des Zusammenflusses des Südarms mit dem Hauptarm des Columbia River. Dieser Posten war nie sehr produktiv. Die Umgebung ist arm. Die Eingeborenen sind eine kriegslüsterne Rasse, die nicht viel mehr tut, als auf der Suche nach Skalpen und Vergnügungen umherzustreifen. Aus verschiedenen Gründen ist es jedoch angebracht, sich mit ihnen gut zu stellen und den Posten zu halten. Einmal beherrschen diese Indianer den Hauptverkehrsweg, zum anderen müssen unsere Expeditionen zum Snake River durch ihre Jagdgründe, was nie möglich wäre, ohne daß gute Beziehungen bestehen. Schließlich versorgt uns dieser Stamm mit 250 Pferden im Jahr, und zum letzten bringt der Fellhandel, wenngleich er zurückgeht, ganz gute Gewinne (1825: 1800 Pfund; 1826: 2200 Pfund; 1827: 1100 Pfund). Die Abrechnungen für die Saison 1828 liegen noch nicht vor, aber der Gewinn wird auf 1500 Pfund geschätzt. Die wenigen Felle, die hier zusammenkommen, bringen die Cayuces-Indianer, aber da ihr Land durch eigene Streifzüge und durch Expeditionen der Trapper erschöpft ist, dürften die jährlichen Einnahmen jetzt rapide zurückgehen.« Dies ist, in klassischer Kürze formuliert, das Programm des Raubbaues an einem Erdteil, der zugleich der industriellen Produktion erschlossen wurde.

Wildtöter oder der edle Weiße

Es hat keinen Waldläufer, keinen Squatter gegeben, der in den Indianern nicht letzten Endes blutrünstiges Gesindel gesehen hätte, das man nur respektieren mußte, weil man sich dazu gezwungen sah. Bezeichnenderweise entstammt der edle Weiße nicht dem Leben, sondern der Literatur. Mit dieser Gestalt, die am Anfang der eigenständigen amerikanischen Literatur steht, erobert sie sich ihren Platz in der Weltliteratur. Der »Lederstrumpf«, heute ein Jugendbuch, war der Bestseller seiner Zeit und ist von einem Mann geschrieben worden, dessen Vater nach Beendigung des Unabhängigkeitskrieges große Ländereien in der Nähe des

In der Herstellung von Booten aus Büffelhaut *waren die Indianer Experten.*
Zeichnung aus dem Skizzenbuch von F. Kurz, 19. Jh. Historisches Museum, Bern

Mohwak-Tales erworben hatte. Dieser Umstand hat auf die Entstehung des
»Lederstrumpf« entscheidenden Einfluß gehabt. William Cooper, der Vater, be-
schreibt die Idylle selbst: »Im Jahre 1785 durchstreifte ich die wilde und hügelige
Gegend am Otsego, dreihundert Meilen von meinem Heimatort entfernt, ohne
Brot, Fleisch oder sonstige Vorräte; Feuer und Fischangel waren meine einzigen
Unterhaltsmittel. Ich fing Forellen in den Bächen und briet sie in der Asche. Mein
Pferd graste auf den Wiesen am Rand des Wassers. Ich legte mich, in meinen Rock
gehüllt, zum Schlafen nieder, nichts als die unwirtliche Wildnis um mich her. Auf
diese Weise erforschte ich die Gegend, machte meine Pläne für zukünftige Ansiedlungen und sann nach über die Gegend, in der ich später eine Handelsstation oder
ein Dorf gründen wollte. Im Mai 1786 eröffnete ich den Verkauf von 4000 Acker
Land, die innerhalb von 16 Tagen von Leuten aus den ärmsten Schichten übernommen wurden. Bald darauf errichtete ich ein Vorratshaus, zog hin und wohnte
allein unter den Ansiedlern, bis zum Jahre 1790, in welchem ich auch meine Familie dahin verbrachte.« Der Ort heißt heute Cooperstown.

Der junge James Cooper lernte in seiner Kindheit das Milieu kennen, das er später so großartig beschreiben sollte. Er sah die Händler und Siedler, die Waldläufer
und ab und an Indianer, die aus der Wildnis in ihr altes Stammesgebiet zurück-

kehrten, um alte Kultstätten aufzusuchen. Ungestörtes Indianertum hat er nicht mehr erlebt. Alles, was er von Indianern wußte, hatte er aus Erzählungen seines Vaters oder aus anderen Berichten. Coopers Lebenslauf als Marineoffizier ist hier ohne Interesse. Mit 30 Jahren erst kam er zur Literatur, eigentlich eher aus einer Laune: Das Mißfallen über einen englischen Roman, den ihm seine Frau vorlas, brachte ihn dazu, selbst zu schreiben. 1820 erschien in New York Coopers erster Roman, der in der Londoner Aristokratie spielte. Erst das zweite Buch, unter dem Einfluß von Scott erschienen und in der Heimat seiner Kinderjahre spielend, brachte den großen Erfolg. »Der Spion« frischte die Erinnerung an die Unabhängigkeitskriege, an die Indianer und auch an die von den Engländern eingesetzten hessischen Truppen wieder auf. Sein großes Werk, die fünfbändige Romanfolge, schildert den Lederstrumpf als einen Weißen, der von den Indianern Wildtöter genannt wurde, weil er »noch nie einem Mitmenschen das Leben genommen hatte«. In den Wäldern, die »keines Menschen Hand je gepflegt hat«, lebt Natty Bumppo, der Jüngling, sein bedürfnisloses Leben fernab der Zivilisation. Er ist in gegerbte Wildlederhäute gekleidet, führt die lange Büchse und das Jagdmesser mit, dazu die Kugeltasche mit der Wampumstickerei. Später, in »Der letzte Mohikaner«, heißt Natty Bumppo »Falkenauge«, und im Band »Der Pfadfinder« läßt Cooper ihn selbst erzählen: »Die Franzosen und Rothäute jenseits der großen Seen nennen mich La longue carabine, die Lange Büchse, die Mohikaner haben mir den Namen Falkenauge gegeben, das Militär und die Waldläufer auf dieser Seite der Wasser nennen mich Pfadfinder.« Er ist der Mann, der auf sich selbst gestellt alle Gefahren meistert, alle Tugenden eines Mannes verkörpert, nie die Selbstbeherrschung verliert und seine Grundsätze nie verleugnet; in ihm ist literarisch ein Typ angelegt, der als unbestechlicher Sheriff, als harter Bursche, der für das Recht eintritt, seine Vollendung findet – selbst Tarzan mit seinem Urwaldlook gehört noch zu dieser Gruppe typisch amerikanischer Heldenrollen, wobei Natty Bumppo so bürgerlich-puritanisch, so liebenswert bescheiden und redlich wirkt wie seine ganze in der Erinnerung verklärte Epoche.

In dem Roman »Die Ansiedler oder die Quellen des Susquehannah« erscheint Natty als reifer Mann in mittleren Jahren, zunehmend angewidert von der herandringenden Zivilisation, die ihm immer mehr Weiße als Nachbarn in den Wäldern ringsum beschert. In den Prärien westlich des Mississippi taucht er unter, ein welker, aber zäher alter Mann, der dort in der unermeßlichen Weite der Steppe von der Jagd lebt, und ein Freund der Indianer. Man hat ihn in den Wäldern aufzuspüren versucht, doch »sie fanden ihn nicht mehr, er war weit nach Westen gezogen, der untergehenden Sonne zu, der erste jener Pioniere, die den Weg für den Marsch eines Volkes über den Erdteil bahnten«. Dort in der Prärie lebte er als »alter Trapper«, gekleidet in Tierfelle, deren Haarseite nach außen zeigte, Jagdtasche und Kugelhorn hingen ihm von der Schulter herab, und er pflegte sich auf den Lauf seiner berühmten Flinte von ungewöhnlicher Länge zu lehnen, die ebenso wie er selbst die Spuren des langen und schweren Dienstes trug. Lederstrumpf wird von Cooper ja als Loyalist bezeichnet, als Kundschafter in königlich-britischen Diensten, der sich noch vor seinem Tod in der Prärie zur britischen Krone bekennt. Soviel Edelmut hat es in Wirklichkeit kaum gegeben, wie überhaupt bei Cooper die auf Rousseau zurückgehende Verklärung des natürlichen Lebens zu romantischen Perspektiven führt: Chingachgook ist einer jener »edlen Wilden«, von denen Europa schon lange geträumt hatte, so beruht Coopers Erfolg nicht nur auf seinem Talent, Natur und Menschen plastisch zu schildern, sondern auch auf seiner intuitiven Fähigkeit, sie zu idealisieren.

Eine historische »Vorlage« für Lederstrumpf hat es wohl nicht gegeben, wenn auch vielfältige Anregungen. Die Erinnerungen an den berühmten Grenzerpionier Daniel Boone (1734–1820) mögen ebenso Stoff geliefert haben wie die Abenteuer des Pfälzers Adam Hartmann, der um 1820 hochbetagt am Mohwak in der kleinen Stadt Herkimer gelebt und an vielen Kämpfen gegen die Indianer teilgenommen hat. In Cooperstown steht heute ein rührend realistisches Denkmal des edlen Lederstrumpf, dessen Gestalt tiefere Spuren im Bewußtsein des amerikanischen Volkes hinterlassen hat als die blutigen Ereignisse selbst; er ist kein »häßlicher Amerikaner«, sondern die romantische Verkörperung des amerikanischen Traumes vom Sieg der Zivilisation und Humanität. In Deutschland übrigens hat dieser Vorfahr des teutonischen Old Shatterhand besonders viele Anhänger gefunden: Goethe hat »Die Ansiedler« mit großem Interesse gelesen, Wilhelm Hauff schreibt 1826, daß Walter Scott, Washington Irving und James Fenimore Cooper zu den beliebtesten Autoren zählten und »die Quellen des Susquehannah und die malerischen Höhen von Boston« in aller Munde seien, und selbst zwischen dem Szenarium des Stifterschen »Hochwald« und Coopers Romanen gibt es sehr reizvolle Verbindungslinien, zumal Stifter ein begeisterter Leser Coopers gewesen ist (Plischke). Die umfangreichste Cooper-Ausgabe ist 1826–1850 im Verlag J. D. Sauerländer erschienen, wo 38 übersetzte Werke eine deutsche Gesamtausgabe von insgesamt 158 Bänden ergaben. Auch in Amerika selbst machte der sogenannte völkerkundliche Roman Schule. Das bekannteste Werk dieser Art, »Onkel Toms Hütte« von Harriet Beecher-Stowe, erschienen im Jahre 1851, hat auf die Öffentlichkeit eine unmittelbare politische Wirkung gehabt.

Silberfuchs und Federhaube

Mit der Erschließung des amerikanischen Kontinents endete die Epoche der Entdeckungen, die von Pelzjägern eingeleitet worden war. Nun gab es noch die Vorstöße zu den Polkappen der Erde, die geographisch-historischen Forscherreisen ins Innere Afrikas oder Asiens, um längst versunkene Städte wiederaufzufinden, längst vergessene Handelsrouten zu erkunden. Wirtschaftlich gesehen folgt dem Jäger stets die Farm, damit ist gemeint: Wann immer der Nutzen eines Tieres groß genug ist, wird man versuchen, es nach dem Prinzip der Viehzucht zu halten, ob es sich um Austern für die Perlenzucht oder Strauße handelt. Dieses Prinzip galt auch für Pelztiere. Fünfzehn Jahre lang experimentierten die kanadischen Züchter Ch. Dalton und R. T. Oulton mit Schwarzfüchsen, bis ihnen der große Wurf gelang. Von den Mendelschen Gesetzen haben sie mit Sicherheit sowenig gewußt wie die alten Ägypter oder Inder, und wie diese haben sie trotzdem bestimmte Eigenschaften eines Tieres »herausgemendelt«. Indem sie immer tiefdunkle Füchse miteinander kreuzten, schufen sie einen Stamm von silberhaarigen Füchsen, deren Inzucht reinrassige Silberfüchse ergab.

Im Jahre 1910 wurden fünfundzwanzig dieser kostbaren Tiere auf eine Pelzauktion nach London geschickt und machten Sensation. Füchse sind von Natur monogam; wer züchten will, muß ein Paar erwerben. Nicht der Preis der Felle, sondern der Preis der Pärchen stieg ins Astronomische, denn viele geschäftstüchtige Männer erkannten ihre Chance, mit einer Silberfuchsfarm auf mühelose Weise reich zu werden. Im Jahre 1912 wurde ein Fuchspaar für 35 000 Dollar versteigert, es gibt noch einmal einen Pelzrausch, und man erwirbt sogar Anteile auf die Zukunft, nämlich Optionen auf noch ungeborene Füchse. Immer steiler geht die Kurve aufwärts, und schon gibt es rund 200 Gesellschaften mit einem Einsatz von ca. 30 Millionen Dollar, als der Weltkrieg 1914 dem Spuk ein Ende macht. Heute züchtet man Nerz und Silberfuchs, peruanische Chinchillas und persische Karakuls, aber schon liefert die Industrie Pelze, die aus Synthetics bestehen und von echten Pelzen kaum zu unterscheiden sind. Der einzige Unterschied besteht eben darin, daß diese Pelze nicht von Tieren stammen, und so ist die magische Beziehung zwischen Mensch und Tier zerrissen, das Fell bloße Dekoration geworden. Inzwischen aber sind die Pelztiere nahezu ausgerottet oder doch so dezimiert, daß der Mensch sie, um die gröbsten Schäden zu verhindern, in Hege nehmen muß.

Erst in diesem Jahrhundert, nach dem Zweiten Weltkrieg, ist allen zu Bewußtsein gekommen, welche Verwüstungen die Mode in der Tierwelt angerichtet hat, und man beginnt zu erkennen, daß eine Erde, die keinen Platz für wilde Tiere mehr hat, auch bald keinen Platz für Menschen mehr haben wird. Was mit Eisbär und Tiger, Leopard und Marder, Schwarzfuchs und Silberfuchs, Bär und Büffel geschah, hat sich aber auch in der Vogelwelt abgespielt, denn vom Gesichtspunkt der Bekleidung aus gesehen sind Federn eben auch nur Rohstoff für Schönheit und Vögel die Lieferanten. Auch hier gibt es sehr alte, höchst raffinierte Techniken, die ihre höchste Vervollkommnung in Mittelamerika vor dem Einbruch der Weißen erreicht hatten. Es gab zwei verschiedene Methoden, Federn zu verarbeiten. Für Federmosaike wurde ein Träger, etwa eine Art festen Papiers, mit zwei dünnen Lagen Baumwolle beschichtet. Das künstlerische Motiv, ein Zeichen oder Ornament, wurde zuerst mit gewöhnlichen Federn ausgeführt, also gleichsam grundiert, ehe man es mit wertvolleren Federn ausführte. Dabei verarbeitete man vorwiegend die grünschillernden Federn des Quetzal, eines Höhlenbrüters, der heute Wappenvogel von Guatemala ist und der Währungseinheit des Landes den Namen gab. Alle Federn wurden mit einem natürlichen Klebstoff aufgeklebt. Man konnte diese Technik nur für Federmosaiken verwenden, die für starre Gegenstände bestimmt waren, nicht für Kleidungsstücke. Hier wurden die Federn mit dem Gewebe durch eine bestimmte Knüpftechnik verbunden, wobei Faden und Federn mit dem Stoff kunstvoll verschlungen wurden. Bei der Herstellung bog der Federflechter den Kiel um, band ihn mit einem Baumwollfaden fest und fuhr mit dem Faden durch diese Schlinge, dann wurden die Federn eng nebeneinander und übereinander geschichtet. Man arbeitete mit äußerster Präzision, wie ein Zeremonialstab beweist: In einem Abstand von einem Millimeter ist Feder an Feder gesetzt. Mit Federschmuck wurden Zeremonialstäbe und Umhänge, Kopfschmuck und Fächer, Armbänder und Schilde hergestellt; allerdings gibt es leider nur noch ganz wenige Stücke, die erhalten sind.

In den peruanischen Gräbern hat man Gegenstände aus Stein, aus Obsidian oder Metall oder Tonfiguren gefunden, aber die ganze Pracht der Gewebe und Federmosaiken ist zum Kummer der Archäologen zu Staub zerfallen. Nur weil diese Gegenstände so häufig auf den steinernen Säulen und Mälern, den Tempelfriesen und auf den Kodices abgebildet sind, kann man sich eine Vorstellung von ihrem Reichtum machen. Federschmuck gibt es auch in der Südsee, wo die Papuas sich mit den wunderbaren Schwanzfedern des Paradiesvogels schmücken, und die Federhaube der Sioux kennt jedes Kind, aber nur in altamerikanischen Hochkulturen hat die Federverarbeitung den Rang einer Kunst erreicht. Von den Federflechtern hieß es denn auch im Mythos, sie seien die ersten Einwohner des Landes gewesen. Mit ihrem Gott Coyotlinaual, das ist »der, welcher als Wolf verkleidet ist«, hätten sie das Dorf Amantlan gegründet, und zwar rings um die Behausung des Gottes, vor der sein federgeschmücktes, mit einem Wolfsfell bekleidetes Standbild errichtet war. Der Inkagott selbst, wenn er auf seiner Liege von Gold getragen wurde, ist stets von einem Sonnenschirm begleitet, der aus Federn gearbeitet ist. Die Zeichnungen aus dieser Zeit zeigen die Frauen, auch im Haus, stets unter einem kleineren, ganz ähnlichen Sonnenschirm – offensichtlich ist auch hier der Schirm ein Symbol der Würde, und Federn werden als kostbares Material verwendet. So erklärt sich auch die Vollkommenheit der Verarbeitung, denn in den frühen Kulturen wurde auf eine technische Methode um so größere Aufmerksamkeit und Mühe verwandt, je bedeutsamer ihre Ergebnisse für das kultische, zeremonielle Leben der Gesellschaft waren.

Federnzucht

Im tropischen Südamerika hatte man eine Methode entwickelt, Federn auf lebenden Vögeln künstlich zu entfärben; sie ist von Reisenden aus Guayana und Brasilien berichtet worden. Hierbei gab es zwei Verfahren, eine äußere und eine innere Entfärbung. Im ersten Fall wurden Vögeln, meist Papageien, die Federn ausgerissen. Die Wunden rieb man mit dem Blut und den Sekreten einer Kröte oder eines bestimmten Frosches (Rana tinctoria) ein, die zuvor einer bestimmten, die Nerven aufreizenden Behandlung unterworfen worden waren. Wenn dem auf diese Weise behandelten Papagei neue Federn wuchsen, waren sie gefleckt und von wunderbarer Farbe. Man konnte auf diese Weise sogar bestimmte Farben züchten: Wenn die Papageienhaut mit dem Tran bestimmter Fische behandelt wurde, wuchsen gelbe Federn; dasselbe Ergebnis, das man in Guayana mit Fischtran erzielte, brachte man in Brasilien mit pflanzlichen Mitteln zustande. Die andere Methode beruhte auf einer bestimmten Zusammensetzung des Futters. Solche Farbänderungen kennt man auch in der westlichen Welt. Wenn man Distelfinken mit Raps- oder Hanfkörnern füttert, bekommen sie ein schwarzes Gefieder, Kanarienvögel werden durch Cayennepfeffer rot, und so kannte man auch in Südamerika verschiedene Futterstoffe, um bestimmte Farben zu erzielen. Bei den Mayas und Inkas, den Azteken und Araukanern müssen riesige Mengen an Federn benötigt worden sein. Man verarbeitete alles, die winzigsten Federn von den Kolibris der Sierra, die größten von den Papageien. Im Inka-Staat waren auch die Indianer der tropischen Wälder tributpflichtig. Ein spanischer Chronist schreibt, diese Stämme seien »so wild, daß sie keine festen Jagdgründe« hätten, und ihre Jagdgebiete »so völlig ohne Reichtum«, daß diese Indianer als einzigen Tribut Vogelfedern liefern müßten. Es gab in der Hauptstadt Speicher, in denen mehr als 100 000 getrocknete Vogelbälge aufbewahrt worden sind.

Insgesamt sind von den Federarbeiten vor Kolumbus nicht mehr Stücke erhalten, als man an den Fingern einer Hand abzählen kann. Federn sind auch niemals, wie Pelze, Handelsartikel gewesen. Man schmückte sich zwar auch in Europa mit Federn, steckte sich Reiherfedern oder Fasanenfedern an den Hut, aber zu einer wirklich nennenswerten Mode wurden Federn erst nach der Jahrhundertwende; die Jahre 1909–1912 werden von mächtigen Damenhüten beherrscht, die nach modischem Putz verlangen. Am beliebtesten ist die künstlich gekräuselte Straußenfeder, sie macht »viel her« und ist dennoch leicht. Kleinere sogenannte Federköpfe werden zu Büscheln vereinigt, lange und breite geknüpfte sogenannte Pleureusen schmücken den breit ausladenden Hut. Es fehlt aber auch nicht an anderem Federschmuck, selbst ausgestopfte Vogelflügel und schillernde Vogelbälge tauchen auf den Hüten der Damen auf: Die saturierte Epoche des Kolonialismus bestätigt sich mit Trophäen. Natürlich kam diese Mode aus Frankreich, in Paris wurde die Straußenfeder als der letzte Schrei kreiert, und so legten französische Züchter in Algier die ersten Straußenfarmen an. Später haben englische Züchter in Südafrika das Beispiel nachgeahmt. Selbst in Europa, an der französischen Riviera, hat man einige Versuche mit der Straußenzucht gemacht, doch die große Domäne ist Südafrika geblieben, wo rund 300 000 Vögel gehalten werden (Morus). In der Wildnis lebt ein Straußenhahn mit mehreren Hennen zusammen, auf der Farm werden ihm aber nur zwei Damen zugestanden. Auf diese Weise erhöht sich der Umsatz, denn eine Straußenhenne setzt im Jahr mehrere Dutzend Küken in die Welt. Was in der Freiheit zu Übervölkerung und Nahrungsmangel führen müßte, steigert hier die Produktion, denn bereits nach sechs Monaten sind Strauße ausgewachsen und voll gefiedert. Einmal im Jahr werden die Tiere eingefangen und gerupft, den Rest des Jahres führen sie ein unangefochtenes Leben. Für die Zeit knapp nach der Jahrhundertwende, als die Federmode ihren Höhepunkt erreicht hatte, ist ein Ölgemälde bezeichnend, das Hugo Freiherr von Habermann in der »Jugend« veröffentlicht hat: Eine süßlich schmachtende Blondine lächelt den Beschauer an, umhüllt von einem Polarfuchsfell, gekrönt mit einem Hut, der offenbar Reiherfedern trägt, während sie selbst in der Hand einen weich fallenden Pelz hält. Betitelt ist das Bild »Winterschmuck«, eine Idylle, die Fell und Federn wie selbstverständlich zur Steigerung weiblicher Schönheit vereinigt.

Von Schafen
und Bäumen

Haare oder Fasern

Das natürliche Fell bot das Vorbild. Man brauchte nur das Haar als zusammenhängende Masse zu verarbeiten, und man hatte, wie das Tier, ein Kältekleid. Gewiß ist die Filzherstellung nicht so geradlinig entwickelt worden und nie auf theoretischer Basis, aber tatsächlich gehört Filz, ein Stoff aus »ungeordneten Tierhaaren«, wie das Lexikon sagt, zu den sehr alten Bekleidungsstoffen. Hier wird das Rohmaterial, das die Natur in Form von Haaren bietet, noch nicht wesentlich verändert – mit einem kühnen Vergleich könnte man sagen: Filz verhält sich zu Wollstoff wie die Wildbeuterei zum Ackerbau, denn Spinnen und Weben stellt eine höhere Form der Technik dar als diese Haarverwertung. Die Filzherstellung setzt voraus, daß es viele Tiere mit dichtem Haarkleid gibt. So gehört Filz auf die nördliche Halbkugel, und hier wiederum ist er wohl bei den zentralasiatischen Nomadenvölkern entstanden, die über große Herden disponieren konnten und bei denen Mengen von Haaren anfielen. Noch heute ist Filz bei Mongolen, Kirgisen, Kasaken usw. höchst geschätzt, seine Herstellung ist dort zur Vollkommenheit entwickelt worden.

Schon die alten chinesischen Quellen berichten denn auch von den Filzzelten der Hunnen, und in Ostturkestan sind bei Ausgrabungen Kleidungsstücke aus Filz gefunden worden, die offenbar einige Jahrhunderte vor der Zeitwende entstanden sind. Man kann Filz aus den Haaren von Schafen, Ziegen, Pferden, Kamelen, Hasen usw. pressen, wobei die Herstellung denkbar einfach ist. Die Haare werden in Schichten auf einem Teppich oder einer Matte ausgebreitet, mit einer Mischung aus Wasser und Fett befeuchtet und geklopft, damit die Filzschicht dicht wird. Dann rollt man abwechselnd von beiden Enden her den Teppich auf, wobei man ihn fest zusammenpreßt. Dieser Vorgang wird mehrere Male wiederholt, bis man die fertige Filzplatte abnehmen kann, um sie zu waschen und zu trocknen. Der von Stadtbewohnern hergestellte Filz ist bei weitem nicht so haltbar wie jener der Nomaden, die offenbar mehr Geduld und Mühe auf die Herstellung verwenden. In den zentralasiatischen Steppen, wo Holz knapp ist, hat man sogar Schüsseln und Teller aus Filz verfertigt, vor allem aber Decken und Zeltplatten, Mützen und Stiefel, wie sie in der UdSSR heute noch üblich sind, ferner Teppiche, Kleiderfutter und Satteldecken.

Aus uralten Sitten schließt der Völkerkundler, daß der Gebrauch von Filz bis in die Frühzeit der Nomadengeschichte zurückreichen muß: Man huldigte den türkischen wie den mongolischen Fürsten auf Teppichen aus weißem Filz. Auch Götterbilder stellte man aus diesem Material her, und in den Skythengräbern Südrußlands hat man kunstvoll gearbeitete Applikationen aus farbigen Filzstücken gefunden: Palmblätter, Lotosblumen, katzenartige Tiere sind aus verschiedenen Stücken zusammengesetzt, die Konturen mit farbigen Fäden hervorgehoben.

Zu den Bekleidungsstoffen, die wie der Pelz und das Haar der Tiere unmittelbar von der Natur selbst gewonnen werden, ohne daß der Mensch sie einem gleichsam umformenden Verfahren unterwirft, gehört auch die Baumrinde. Daß man aus Birkenrinde Schachteln und Kästen herstellen kann, leuchtet ein, aber als Bekleidungsstoffe wirken Baumrinden auf Europäer doch eher fremdartig. Rindenstoffe kommen bei vielen Völkern zwischen Polynesien und Afrika vor und finden sich selbst in Südamerika, wo Filz übrigens unbekannt ist. Im Prinzip ähneln sich alle Herstellungsverfahren: Man löst die innere Bastschicht von der korkigen Rinde, weicht sie in Wasser und klopft sie mit einem gerieften, vierkantigen Schlegel breit. Dann werden die Bahnen aneinandergeklebt und mit Hilfe von Stempeln aus Bambus oder Hartholz bedruckt. In der Südsee wird dieser Rindenstoff vom Papier-Maulbeerbaum Kapa oder auch Tapa genannt. Seine Herstellung war ur-

Tapa *ist ein Stoff aus Rinderbast. Man gewinnt ihn aus dem Papier-Maulbeer-baum, indem man den Baum entrindet, den Bast wässert und mit einem Schlegel breitklopft; die Bahnen werden aneinandergeklebt und dann bedruckt. Fidji-Inseln, 1905 erworben. Linden-Museum, Stuttgart*

sprünglich ein Vorrecht des Adels und unterlag, wie alle wichtigen Techniken, bestimmten Tabus. Vor allem die Samoa- und die Fidschiinseln, Tonga, Hawaii und Tahiti sind für ihre Tapas bekannt gewesen. Ob der Rindenstoff in einer historischen Skala an den Anfang gehört, läßt sich nicht mit Sicherheit sagen: Textilien und Rindenstoffe haben selten überlebt und sind verstreut, auch hat man erst vor nicht allzu langer Zeit mit der archäologischen Erforschung derartiger Erzeugnisse begonnen.

Der Rindenstoff stellt gleichsam nur eine Spezialform der Verwertung von pflanzlichem Werkstoff dar. Die ältesten Textilfunde in Ägypten bezeugen, daß nahezu gleichzeitig mit dem Getreideanbau um 5000 v. Chr. bereits Flachs und Hanf kultiviert und genutzt worden sind. Am häufigsten kommt der Flachs vor. Aus den Tempeldarstellungen ist bekannt, daß die Ägypter alle Stadien der Faserherstellung beherrscht haben. Flachs, der kurz vor der Samenreife geerntet wird, indem man ihn »rauft«, das heißt mit der Wurzel aus dem Boden zieht, durchläuft vier Arbeitsgänge: Zunächst muß die Bastschicht durch einen Gärungsvorgang, das Rösten, gelockert werden, damit sie die Faser freigibt. Dann wird der Flachs gespült, getrocknet und »gebrochen«. Die Ägypter haben dieselbe Flachsart (Linum usitatissimum) gebraucht, die auch aus den steinzeitlichen Funden in Skandinavien bekannt ist. Eine andere Flachsart, die in den Schweizer Pfahlbauten ans Licht gekommen und auch in der Eisenzeit Italiens benutzt worden ist, nämlich Linum angustifolium, gehört zu den mehrjährigen Pflanzen und ist nicht widerstandsfähig gegen das rauhere nördliche Klima. Auf den alten Zeichnungen der Ägypter sieht man deutlich, wie sie den Flachs »hecheln«. Aus diesem Vorgang, bei dem die Faser mit einem eisernen Kamm geordnet wird, ist ja die Redensart vom »durchhecheln« anderer Menschen abgeleitet. Man zieht sie gleichsam durch die Zähne. Um 3000 v. Chr. hatten die ägyptischen Leinenstoffe schon eine solche Vollkommenheit erreicht, daß Stoffe mit 64 Ketten- und 48 Schußfäden pro Quadratzentimeter keine Seltenheit waren. Jedermann trug, wenn er überhaupt etwas anzog, Leinenstoffe, deren Weiß einen reizvollen Kontrast zur braunen Haut dieser Menschen bildete. Auch die Mumien waren, wie mikroskopische Untersuchungen erwiesen haben, mit Leinenbinden umwickelt. Um bei den Pflanzenfasern als Rohmaterial zu bleiben: im vordynastischen Ägypten gab es neben Flachs und Hanf auch ein Fasermaterial unbekannter Herkunft, das bisher nicht identifiziert werden konnte. Es gibt auch Mumien, die mit Binden aus diesem Material umwickelt sind.

Die Zahl der Stoffe, die im Laufe der Jahrtausende zum Faden versponnen worden sind, ist unübersehbar. In Deutschland zum Beispiel, mindestens bis zum 13. Jahrhundert, ist die Brennessel für die Herstellung von Textilien benutzt worden, ebenso in China. Hier hat man mit einer ganzen Reihe von Pflanzen experimentiert, zum Beispiel verschiedenen Malvenarten; auch die Baumwolle gehört ja zur Gattung der Malvengewächse (lateinisch: gossypium). Auch bei den Indianern Mittelamerikas ist Baumwolle lange vor Kolumbus bekannt gewesen; an der peruanischen Küste ist sie schon um 4000 v. Chr. benutzt worden, und zwar hat man Gewebe, Netze und Seile aus diesem Material hergestellt. Diese Baumwolle enthält aber ein bisher ungelöstes Geheimnis, denn es waren zwei Sorten, die von den Indianern kultiviert worden waren, nämlich Gossypium Barbadense, die auf den Antillen, an der Küste Perus und in Brasilien wuchs, und das Gossypium Hirsutum, das in Mittelamerika wuchs. Nun haben die amerikanischen Baumwollsorten aber 26 Chromosomen und die Baumwollsorten der Alten Welt nur 13 Chromosomen. Die Botaniker erklären, so sicher wie zwei mal zwei vier ist, könnten die amerikanischen Sorten nur dadurch zustande gekommen sein, daß die aus Asien stammende Baumwolle mit ihren 13 Chromosomen mit der in Amerika beheimateten Sorte, die ebenfalls 13 Chromosomen hatte, gekreuzt worden sei, aber wann und wo diese Kreuzung stattgefunden hat, bleibt offen. Da die Indios in Mittelamerika über keinerlei Wolle verfügten, haben sie außer Baumwolle auch verschiedene Agavensorten versponnen. In Südasien wiederum entdeckte man den Seidenwollbaum (Bobmax malabaricum), aus dessen Samenhaar man Fäden spann. Bekannt ist die Pflanze, die auch in Westafrika beheimatet ist, als Lieferantin eines Polstermaterials, des sogenannten Kapok, das heute in der Möbelindustrie benutzt wird.

Wenn man zur Zeit der frühen Ackerbauer mit pflanzlichen Fasern experimentiert hat, so war der Schritt zum Verspinnen tierischer Wolle nicht weit – genauer gesagt, zum Verspinnen von Material tierischer Herkunft. Da gab es in der europäischen Jungsteinzeit wollene Gewebe, die zu 50 Prozent aus Schafwolle bestanden und mit Haaren vom Hasen, vom Reh, vom Hirsch und vom Wisent angereichert waren; die hohe Qualität dieses Materials, was die kälteschützende Isolierungsfähigkeit angeht, läßt sich nur ahnen. Für die Chinesen ist die Entdeckung der Seide bezeichnend, denn schon von Anfang an haben sie mit raffinierten Züchtungen gearbeitet, waren mit Fischen und Insekten wohl vertraut: Kein anderes Kulturvolk hätte auf den Gedanken kommen können, die Ausscheidung eines unscheinbaren Nachtschmetterlings zu verspinnen.

Für etwa eineinhalb Jahrtausende beherrschten nur drei Spinnstoffe die europäische Szenerie der Textilherstellung, nämlich Wolle vom Schaf, Leinen vom Flachs und Seide, die zunächst nur als Einfuhrartikel interessierte. Erst im 17. Jahrhundert setzte sich auch in Europa die im Orient, in China und bei den Indios in Mittel- und Südamerika längst bekannte Baumwolle durch, und es dauerte lange, bis die Legende des Ritters John Maundeville überall durch bessere Kenntnis ersetzt worden war. Der edle Herr, 1322 aus dem Morgenland zurückgekommen, muß eine Art Münchhausennatur gewesen sein. Er erzählt in seinem Buch »The Voiage and Travail of Sir John Maundeville« von einem »tatarischen Pflanzenschaf, auch syrisches Schaf oder Barometz genannt«, und behauptet, »es trägt eine Art Früchte, die wie Kürbisse aussehen; wenn sie reif sind, kann man sie essen, und man findet darinnen ein kleines Tier, aus Fleisch und Blut, wie ein kleines Lamm, außen mit Wolle bekleidet; und das ist ein großes Wunder, man ißt beides, Frucht und Tier. Und auch ich habe von dieser Frucht gegessen.«

Der Fluch der Wolle

Die Wolle vom Schaf, das ursprünglich vermutlich als lebende »Fleischreserve« gehalten wurde, begleitet den Menschen durch die Jahrtausende, seit nach unserer Kenntnis vor 10 000 Jahren die ersten Tiere dieser Art domestiziert wurden und die ersten Fäden gesponnen. Die Gestalt des Schäfers, die Symbolik des »guten Hirten«, die bukolische Dichtung der Antike und der Renaissance bis hin zu den

Schäferspielen des Rokoko haben von der Schafherde mit ihrem Hirten ein ganz bestimmtes Bild geschaffen. Mit dem Anblick von »Schäfchen« und Lämmern wird die Vorstellung von einer versunkenen Idylle beschworen, und von Abel, der ein Schäfer war, bis zum Seelenhirten ist das Klischee von der Herde, von der Friedfertigkeit und Beschränktheit des Lammes im Bewußtsein des Europäers tief verankert. Die religiöse Überformung geschichtlicher Erfahrungen hat verhindert, daß die Schafhaltung als wirtschaftlicher Faktor überhaupt zur Kenntnis genommen worden ist, und die Tatsache, daß der Gewinn am Wollhandel zu den ersten Auswüchsen standesgemäßen Profitstrebens wurde und den Schafherden ganze blühende Landstriche zum Opfer fielen, ist dem historischen Gedächtnis nahezu entfallen.

Das älteste Zentrum der Schafzucht in der Alten Welt ist Spanien, das seinen Vorsprung auf diesem wie auf anderen Gebieten den Arabern verdankte. Sie brachten aus Afrika das Merinoschaf mit, dessen feine Wolle sich anderen Wollarten überlegen zeigte. Eine Schafzucht in großem Stil hat in Spanien wie auch in Italien erst im 14. Jahrhundert begonnen, als genügend Kapital vorhanden war, um große Herden und ihren Unterhalt zu finanzieren. Sie waren die Rohstofflieferanten für eine Zunft, die bei steigenden Bevölkerungszahlen und wachsendem Wohlstand immer mehr Menschen mit immer feineren Tuchen zu versorgen hatte. Es war eine ausgesprochene »Wachstumsindustrie«, und wer genug geeigneten Grund und Boden hatte und knapp bei Kasse war, versuchte an diesem Geschäft zu verdienen. Die Folgen waren katastrophal. In Spanien zum Beispiel machte der Adel 1,65 Prozent der Bevölkerung aus, doch gehörte ihm 95 Prozent des spanischen Bodens. Um 1482 gehörte die ganze Provinz Andalusien adligen Familien und dem Erzbischof von Toledo, und in den anderen Provinzen sahen die Dinge nicht anders aus. Die Einkünfte, die der Adel aus seinen Ländereien zog, waren enorm. Der Marquis de Villena rühmte sich, jährlich 100 000 Dukaten einzunehmen. Selbst wenn es sich um Aufschneiderei gehandelt hat, muß sein Barvermögen unglaublich gewesen sein, denn es bezifferte sich, auf heutige Währung umgerechnet, auf rund 10 Millionen Mark (Kamen).

Den Hauptteil dieser Einkünfte bezogen die Grundherren aber nicht aus dem Ackerbau, sondern aus der Schafhaltung, die schnelle Gewinne abwarf. Die Mesta, die sehr mächtige und streng organisierte Gilde der Schafhalter, wurde vom Adel wie vom Königshaus unterstützt; der Adel hatte seinen Landbesitz auf Kosten der unabhängigen Bauern erweitert, und die Regierung verfügte, daß fruchtbares Land nicht mehr zu bestellen, sondern den Schafherden als Weidefläche vorbehalten sei. Schließlich stiegen auch die Großgrundbesitzer in das Wollgeschäft ein und hielten selbst Herden. Die kargen Hochflächen Kastiliens zeigen noch heute, daß damals dem Ackerbau die Schafzucht vorgezogen wurde, zum Nachteil für die Wirtschaft des Landes, dessen Bauernstand ruiniert und dessen einst blühende arabische Provinzen zu Weidewüsten wurden. Für die spanische Krone entwickelten sich die Einnahmen aus der Schafzucht, die Abgaben der Mesta zu einem Grundpfeiler des Etats, so daß die Einzelinteressen der hier zusammengeschlossenen Unternehmer sich stets gegen die volkswirtschaftliche Vernunft durchsetzen konnten. Selbstverständlich wachte die spanische Krone eifersüchtig über die Monopolstellung auf dem Wollmarkt: Bis 1760 war die Ausfuhr von Merinoschafen aus Spanien streng verboten, eine Maßnahme, die für die katholischen Majestäten selbst aber keine Geltung hatte. So konnte es einem geschickten Schweden bereits 1723 gelingen, von König Philipp V. als besondere Gnade die Erlaubnis für die Ausfuhr einer kleinen Herde Merinos zu erhalten. Territorialfürsten in ganz Europa wandten damals allerdings erhebliche Mühen und Kosten auf, um spanische Böcke zu bekommen und die eigenen Zuchten aufzubessern. Im Jahre 1765 kam die erste Merinoherde nach Sachsen, begleitet von spanischen Schäfern und Hunden, und in Ansbach-Bayreuth wurde ein »Sotomajoral«, ein Unteraufseher der Mesta, als Berater angestellt; im Jahre 1788 gründete der Markgraf von Ansbach in Triesdorf eine »Schafverbesserungs-Pflanzschule«, und in Preußen wurde 1825 bei Wriezen a. d. Oder eine »Königliche Schäfer-Lehranstalt« ins Leben gerufen.

Damit war das spanische Monopol durchbrochen, wenn auch noch ohne tiefgreifende wirtschaftliche Folgen. Schwerwiegender war die englische Konkurrenz. Hier gab es, begünstigt durch die saftigen Weiden des regnerischen Landes, in Yorkshire und Lancashire schon im 7. Jahrhundert eine bemerkenswerte Schafzucht, und zur Zeit Wilhelms des Eroberers hatte es sogar Wollexporte gegeben. Wie nach Friesland, so fuhren die Aufkäufer der großen Unternehmer aus Augsburg und Venedig, aus Brügge und Saragossa nach England, um sich die Rohstoffe für ihre Tuche zu sichern. Bis zur Mitte des vorigen Jahrhunderts entwickelte sich in allen europäischen Ländern eine einheimische Schafzucht, weil sie als Rohstoffgrundlage unentbehrlich war.

England, das die Schafzucht schon seit Jahrhunderten mit großem Erfolg betrieb, hat durch sie ähnliche Schäden davongetragen wie Spanien. Der Aufstieg der englischen Wollindustrie hatte begonnen, als die Heirat des Königs Eduard III. mit einer Gräfin von Hennegau eine Verbindung zu Flandern schuf. Aus Gent, Brügge und Ypern kamen die Meister der Tuchweberei nach England, um dort ihre Künste anzubieten, und diese Wollindustrie wurde, wie in Spanien die Mesta, von der Krone und vom Adel unterstützt. Das hatte auch hier handfeste wirtschaftliche Gründe, die in der Auseinandersetzung zwischen Adel, Bürgertum und Krone zu suchen sind. Der König strebte, dem Zug der Zeit folgend, eine absolute Monarchie an, und das Bürgertum stärkte dessen Bemühungen mit finanziellen Mitteln, um sich selbst von der Vorherrschaft des Adels zu befreien. Die sogenannten Rosenkriege, die Kämpfe der Häuser Lancaster und York, zwischen der Roten und der Weißen Rose um die Macht im Staat hatten den Adel dezimiert, unzählige Adlige waren mit dem Tode bestraft oder verbannt, ihre Güter zugunsten der Krone eingezogen worden. Um zu schnellem Geld zu kommen, betrieb Eduard IV. (1461–1483) einen Exporthandel mit Wolle und Tuchen. Mit allen Mitteln wurde die Schafzucht gefördert, denn um die Ländereien ertragreich zu bewirtschaften, fehlten die Arbeitskräfte. Die Ausfuhr von Wolle wurde zum Privileg der Krone erklärt, die Schafzucht hatte Vorrang vor dem Ackerbau. So fielen, wie in Andalusien oder Kastilien, die Bauern den Schafen zum Opfer. Die Ziege ist des armen Mannes Reichtum, aber das Schaf ist des armen Mannes Untergang, denn es ist das Kapital der Reichen, so etwa ließe sich die volkswirtschaftliche Wirkung der Schafhaltung formulieren. Es kamen noch einige Faktoren hinzu, die in England den Ausbau der Schafzucht und die Wollindustrie gefördert haben. Als 1567 in den Niederlanden bekannt wurde, daß Herzog Alba mit seinen spanischen Regimentern die Niederlande besetzen würde, flohen in wenigen Tagen mehr als

100 000 Menschen aus ihrer Heimat, und auch England nahm einen großen Teil des Flüchtlingsstromes auf – unter ihnen waren die flandrischen Meister, hochqualifizierte Handwerker, Spezialisten für Wollweberei und Seidenweberei, Barchent- und Spitzenherstellung.

Schafe fressen Menschen

Nach dem Widerruf des Toleranz-Ediktes von Nantes kamen etwa 10 000 bis 50 000 Hugenotten nach England, später wanderten Pfälzer und Salzburger ein. Diese kräftige Zufuhr von Arbeitskräften hat die heimische Wollindustrie mächtig belebt und die Qualität ihrer Erzeugnisse gehoben. Nun konnte man auch die feinsten Wollstoffe, Seidenstoffe und Samt im Lande herstellen. Nun nannte man die Wolle »die Zierde und Stärke, die Quelle des Wohlstandes und das Blut Englands«, und Königin Elisabeth I. (1558–1603) erließ die Anordnung, der Lordkanzler des Oberhauses und der Sprecher des Unterhauses hätten auf Säcken zu sitzen, die mit Wolle gefüllt sein sollten, eine Erinnerung daran, daß England seinen Wohlstand vor allem der Wolle verdankte.

Die sozialen Schäden dieser Monokultur hat Thomas More (1478–1535), der Verfasser von »Utopia«, mit Schärfe angeprangert. Er schildert die Lage der Bauern, die von ihren Höfen vertrieben worden sind, weil die Herren immer mehr Ackerland in Weide verwandeln, obwohl sie nicht mehr als 2000 Schafe halten dürfen und obwohl verboten war, Höfe mit mehr als 16 Hektar Land in Weideland zu verwandeln: »Wenn sie umhergeirrt sind, bis der letzte Heller verzehrt ist, was können sie anders tun, als stehlen, um dann, bei Gott, in aller Form und rechtens gehenkt zu werden?« Und weiter sagt er: »Die Schafe zerstören und verschlingen ganze Felder, Häuser und Städte. Diese gierigen und unersättlichen Vielfraße, die eine Landplage geworden sind, suchen viele tausend Morgen umzäuntes Land heim. Schafe fressen Menschen . . .« Vom Land strömten die Massen in die Stadt, wo sie weder Lohn noch Brot finden konnten. Die Räte von König Eduard VI. (1547–1553) führten schon in den ersten Monaten der Regierung Eduards die Sklaverei ein, und zwar auf eine äußerst wirksame Weise: »Wenn jemand sich weigert zu arbeiten, soll er als Sklave der Person zugeteilt werden, die ihn denunziert hat als Müßiggänger. Er hat das Recht, ihn zu jeder auch noch so ekelhaften Arbeit durch Auspeitschung und Ankettung zu treiben. Wenn sich der Sklave für vierzehn Tage entfernt, ist er zur Sklaverei auf Lebenszeit verurteilt, und soll auf Stirn und Backen mit einem ›S‹ gebrandmarkt werden. Wenn er zum dritten Mal fortläuft, wird er als Staatsverbrecher hingerichtet.«

Die Wirtschafts- und Sozialgeschichte Englands ist in Wirklichkeit weitgehend eine Geschichte der englischen Wollindustrie, und so hängen Armut, Verbrechen und der wachsende Wohlstand untrennbar mit Schafzucht und Wollweberei zusammen. Dabei ergibt sich ein weltgeschichtliches Kuriosum: Die Verelendung der Bevölkerung ließ die Kriminalität sprunghaft ansteigen, und dies wiederum führte zu immer brutaleren Formen des Strafvollzuges. Schließlich wurde die Deportation ein auch in England sehr geschätztes Verfahren. Wie man in Wien die mißliebigen Straffälligen zur Deportation nach Ungarn verurteilte, von wo sie als Sklaven in die Türkei verkauft wurden, so schob England seine Sträflinge in die amerikanischen Kolonien ab, später nach Australien. Im Jahre 1605 hatte der Holländer Janszoon die erste Landung an dessen Küste gewagt, andere Seefahrer wie Torres und Tasman folgten ihm, aber erst die berühmte Reise von James Cook erbrachte größere Klarheit, und im Jahre 1780 erklärte der deutsche Revolutionär und Geograph Johann Reinhold Forster (1729–1798), es handele sich um einen fünften Erdteil: Damit war Australien etabliert. Schon wenige Jahre später, im Jahre 1787, lief eine Flotte von elf Schiffen aus dem Hafen von Portsmouth nach Australien aus, beladen mit etwa 600 männlichen und 200 weiblichen Kriminellen, dazu mit einer Wachmannschaft von 212 Mann einschließlich der Offiziere.

Im Jahre 1800 hatte Australien, das einen Ruf wie Cayenne besaß, bereits 3780 weiße Einwohner, wovon man rund 3100 als Kriminelle bezeichnete. Erst jetzt begann man langsam, das Innere des Landes zu erforschen, noch waren die Küsten nicht vermessen, und kein Mensch hatte mehr als nur eine ungefähre Vorstellung von der Größe und Beschaffenheit des Landes. Klar war nur, daß es unermeßlich viel Raum in diesem Land gab und Weide genug für Schafe. Einer von den Wachoffizieren, ein noch junger Mann von 30 Jahren, sah mit Kopfschütteln, daß sich dieses »Neu-Südwales«, wie es damals hieß, nicht einmal selbst ernähren konnte. Er führte unter einigen Mühen den englischen Pflug ein und erschloß damit den Kontinent der Landwirtschaft. Damals kaufte man in Südafrika bei den Buren Lebensmittel, und so regte dieser Mac Arthur an, man solle doch auch Schafe von dort mitbringen. Dorthin waren sie durch einen gewissen Obersten Gordon gekommen, einen Kolonialoffizier in holländisch-burischen Diensten, der das Merino 1780 am Kap eingeführt hatte. Heute gibt es in Südafrika Millionen von Schafen, und auch Australien ist bekanntlich von Schafen geradezu überschwemmt. Gordon, der an dem Konflikt zwischen den holländischen Buren und den eroberungslustigen Engländern zerbrach, hat die Folgen seines Versuches vielleicht noch eher vorausgeahnt als der junge Mac Arthur. Dieser schroffe, intelligente Offizier tat seinen Gamaschendienst, baute aber nebenher seine Schafzucht aus und verdiente nicht schlecht dabei. Als es wegen einer Kasinoaffäre zum Duell und zu seinem Ausscheiden aus der Armee kam, widmete er sich, nach einem längeren Englandaufenthalt, ganz seinen Geschäften. Er erwarb 4000 Hektar leeres Weideland, gründete eine Farm und betrieb die Schafzucht. Von hier aus eroberte sich das Merino den ganzen Kontinent, es »fraß« die Eingeborenenkultur und veränderte die Landschaft. Heute weiden in Australien rund 155 Millionen Schafe, und australische Schurwolle ist der Hauptausfuhrartikel des Landes.

Zwischen Lancashire und Bombay

Für Korn und Wein, für die Olive und die Ähre hat es Götter gegeben, auf der geheimnisvollen Verwandlung der Saat in wogende Ährenfelder bauten sich ganze Mythologien auf, blutige Opfer wurden gebracht, um die Ernte zu sichern, aber für die »Kleiderpflanzen« kennt man keine Mythen, für Baumwolle war keine Göttin zuständig. Dabei ist die Pflanze doch ebenso alt wie die anderen Kulturpflanzen und in ihrer asiatischen Heimat Indien schon von den Bewohnern des Indus-Tales genutzt worden, bevor die Heere aus dem Norden das Land unterwarfen. Immerhin taucht Baumwolle in einer indischen Mythe auf, die zum Kreis der rätselhaften Flutsagen der Menschheit gehört; ihr Ursprung hat ja bis heute nicht geklärt werden können, weil ihre Entstehungszeit durch viele zehntausend Jahre von den letzten großen Überschwemmungen der Nacheiszeit getrennt ist. In der Bibel ist bekanntlich Noahs Arche Mittelpunkt dieser Mythe; der alte babylonische Bericht im Gilgamesch-Epos mag hier das Urbild geliefert haben. In der indischen Mythe rettet Wischnu, der Gott, in einen Fisch verwandelt, die Menschheit in einer Arche, in der Urvater Manu auf der Spitze eines Berges landet. In den »Regeln des Manu« wird den hinduistischen Priestern vorgeschrieben, bei kultischen Handlungen einen dreifachen Faden aus Baumwolle um die Stirn zu tragen. Diese Vorschrift wird heute noch strikte befolgt. Die einzige mythologische Erwähnung der Baumwolle deckt sich mit dem historischen Befund: Vermutlich ist diese Pflanze zuerst im Pandschab angebaut worden, das auch heute noch ein wichtiges Erzeugerland der Baumwolle ist. Der Anbau ist nicht überall möglich, denn dieser durchaus unscheinbar wirkende Strauch braucht in der Periode des Wachstums große Mengen Wasser und ebenso intensive Hitze während der Reife. Diese Gegebenheiten finden sich nur zwischen dem 41. Grad nördlicher Breite und dem 36. Grad südlicher Breite. Von ihrer Heimat in Indien aus hat sich die Baumwolle über den Iran und Vorderasien nach Norden und Westen ausgebreitet.

Etwa 2000 Jahre lang hat Indien seine Monopolstellung in der Baumwollerzeugung halten können. Das erste in Ninive gewebte Kleidungsstück stammt aus dem Jahr 1100 v. Chr., und um 1000 v. Chr. hatte Babylon den Handel mit Baumwolle an sich gerissen. Alle Stoffe aus Baumwolle, die in der damals zivilisierten Welt getragen wurden, gingen durch die Hände der babylonischen Kaufleute, eine Quelle enormer Gewinne. So berichtet eine Keilschrifttafel, daß eine asiatische Königin die Einkünfte zweier Jahre und dreier Monate zusammengelegt habe, um in Babylon ein einziges golddurchwirktes und edelsteinbesetztes Baumwollgewand zu kaufen. König Sanherib (705–681 v. Chr.) hat in dieser Epoche zu seinem Ruhm einen prahlerischen Text formuliert, der auch die Baumwolle erwähnt: »Die Maulbeerbäume und Zypressen, das Produkt der Gärten und das Schilf des Röhrichts, ich schnitt und verwendete sie, wie geplant, beim Bau meiner königlichen Paläste. Die wollbringenden Bäume scherten sie, aus Wolle webten sie die Gewänder.« Zwischen Ninive und Babylon hat es regelrechte Handelskriege um den Zwischenhandel mit indischer Baumwolle gegeben. Auch Ägypten hat sich in diese Kämpfe eingeschaltet, und als im sechsten vorchristlichen Jahrhundert die Perser die rivalisierenden Stadtstaaten überrannten, brach auch der Zwischenhandel von Indien in den Vorderen Orient zusammen.

In China ist die Baumwolle sehr viel später kultiviert worden. Die Schwierigkeit, in den alten Texten die Bezeichnungen der Textilpflanzen richtig zu interpretieren, führt zu ziemlich fragwürdigen Ergebnissen. Im 3. nachchristlichen Jahrhundert wird Baumwolle für Süd-Vietnam und Tonking erwähnt, ein Jahrhundert später heißt es, die Pflanze werde in Tonking kultiviert, aber erst in einem »Landwirtschafts- und Seidenraupen-Zuchtbuch« aus dem Jahre 1273 werden Anbau und Verarbeitung von Baumwolle ausführlich abgehandelt. Die Chinesen sind Systematiker. Sie haben die Lebensgewohnheiten der Pflanze studiert, spezielle eigene Düngemethoden angewandt und mit der ihnen eigenen scharfsinnigen Intuition die Bedürfnisse der Pflanze erfaßt. Bald übertrafen die Baumwollfelder in China die der Inder an Ertrag und Qualität, und auch die Baumwollstoffe aus China wurden für Indien zu einer scharfen Konkurrenz. Die Chinesen wirkten nämlich Baumwolle und Seide zusammen, so daß es wunderbar weiche und leichte Stoffe ergab. Dies wiederum brachte die Inder auf den Gedanken, auch noch Goldfäden in die Baumwollstoffe zu weben, und so steigerten sich die beiden asiatischen Konkurrenten zu Qualitäten, die heute kaum noch erreicht werden könnten, auch nicht in der Handweberei. In jenem chinesischen Zuchtbuch von 1273 werden übrigens die ersten Maschinen oder vielmehr mechanischen Einrichtungen beschrieben, die man zur Reinigung und zum Kämmen der Baumwolle eingesetzt hat. Sie blieben für die Geschichte der Baumwolle ohne Bedeutung, sinnreiche mechanische Spielereien, die niemanden um Lohn und Brot brachten.

Baumwolle in Europa

Wirkliche Bedeutung hat die Baumwolle für die Menschheit in der Tat erst bekommen, als das Problem der Technisierung gelöst war. Die aus dem Orient stammende Pflanze und die abendländische Technik haben zusammengewirkt, um Baumwolle zu einem Handelsartikel auf dem Weltmarkt werden zu lassen, zur »königlichen Pflanze«, jedenfalls aus der Sicht des Europäers, der von ihr profitierte. So konnte ein gewisser Henry Grady aus Atlanta (Georgia) im Jahre 1900 sagen: »Die Welt verfolgt mit Spannung ihr Wachstum; der Regen, der auf ihre Blätter niederrauscht, hallt auf der ganzen Erde wider; die Gebete der Völker steigen zur Sonne auf, welche sie bescheint; der Frost, welcher sie heimsucht, der Tau, der vom Himmel niedersinkt, werden ängstlich beobachtet, und der Schaden, den ein kleiner Wurm an ihren Knospen verursacht, bedeutet für England mehr als das Vordringen Rußlands im fernen Asien. Sie sind Goldes wert von dem Zeitpunkt an, da ihre zarten Sprossen das Licht erblicken. Ihre Faser ist für jede Bank bares Geld. Breiten sie ihre Vliese vor der Sonne aus, so erstrahlt das Feld des Pflanzers im Glorienschein.«

Von dem ersten Auftauchen der Baumwolle in Europa bis zu diesem von Profiten inspirierten poetischen Erguß sind rund zwei Jahrtausende vergangen: Herodot weiß zu berichten, die Truppen des Großkönigs von Persien seien in Baumwollstoffe gekleidet gewesen, er nannte die Baumwolle eine »indische Pflanze«. Erst nach den Alexanderzügen hat sich die Baumwolle auch in Griechenland verbreitet. Die Römer lernten sie als Importware aus Vorderasien kennen, als sie sich in Asien militärisch engagierten. In Athen wie in Rom sind Baumwollstoffe aber sehr teuer geblieben und waren nur für Reiche erschwinglich. Schon im ersten und zweiten nachchristlichen Jahrhundert ist die griechische Landschaft Elis eine einzige Baumwollplantage; dennoch sagt Plinius über die Preise, die in Elis hergestellten Stoffe seien bei den Damen der Geldaristokratie so beliebt, daß sie mit Gold aufgewogen würden.

Erst im Mittelalter, etwa zur selben Zeit, als in China die ersten Abhandlungen über Baumwolle erschienen, ist die Baumwolle zum zweiten Male in Europa heimisch geworden. Als Handelsware aus Persien und Syrien, die über Venedig die mitteleuropäischen Handelsstädte erreichte, war Baumwolle längst bekannt, aber Pflanzungen kannte man nicht mehr, seit die antiken Baumwollfelder verfallen waren. Man weiß, die Araber waren Gartenkünstler, sie verwandelten ihre spanischen Provinzen mit Hilfe ihrer Bewässerungstechniken in blühende Landstriche. Nach Sizilien haben sie nicht nur die Dattelpalme, Orangen, Myrrhen und Bananen gebracht, sondern auch Zuckerrohr- und Baumwollpflanzungen dort angelegt, eine Grundlage des Wohlstandes. Allerdings ist es den Arabern nie gelungen, die Baumwolle so fein zu verarbeiten wie in den indischen Manufakturen. Hier kannte man sich schon seit Jahrhunderten aus, man stellte in Gantipurru und Dacca Gewebe her, die so fein waren, daß man einen ganzen Rock durch einen Fingerring ziehen konnte und daß ein Turban aus 16 m Stoff nur 120 Gramm wog. Die arabischen Stoffe waren gröber, so das Barrakan, heute Barchent genannt, ein linksseitig gerauhtes sogenanntes Köpergewebe. Immerhin sind die arabischen Stoffe und Muster so hochstehend, daß man sie in Italien imitierte. Schon um 1200 tragen die Damen in den Liedern des Minnesängers Neithart von Reuenthal Barchent, der aus Mailand auf die oberdeutschen Messen gekommen ist. Wenige Jahre später entstehen in Konstanz, Basel, Ulm und Augsburg Barchentwebereien, und wiederum hundert Jahre später wandern zwei Barchentweber aus ihrem Dorf Graben nach Augsburg aus: Ulrich und Hans Fugger. Ulrich Fugger wird von seinem Bleichergesellen ermordet, Hans Fugger beginnt als Weber und verarbeitet Baumwolle aus Syrien und Cypern zu modischem Barchent für Joppen und Kittel.

Überall in der Welt ist Baumwolle auf Heimarbeit angewiesen. Indiens Wohlstand gründet sich auf ein Wirtschaftssystem, das dem indischen Bauern ermöglicht, die »tote Zeit« während der großen Dürre zu überbrücken, bevor der Monsun einsetzt. Denn während dieser Zeit, in der es auf dem Feld keine Arbeit gibt, sitzt er hinter dem Webstuhl und stellt die wundervoll leichten Stoffe aus Baumwolle her. Dieses wirtschaftliche Gleichgewicht wurde auch nicht gestört, als die europäischen Mächte begannen, den Zwischenhandel der Araber auszuschalten, und vor den Küsten Indiens aufkreuzten. Am 20. 5. 1498 war Vasco da Gama in Calicut gelandet und hatte die vorübergehende Herrschaft der Portugiesen begründet. Anfang des 17. Jahrhunderts wurden sie durch die Holländer verdrängt, etwa gleichzeitig traten die Engländer auf, die sich 1639 in Madras festsetzten, dann auch in Bengalen und schließlich in Bombay, das sie 1661 erwarben. Am 31. 12. 1600 erhielt die East India Company ihre Konzession, aber auch jetzt war die wirtschaftliche Struktur Indiens noch nicht entscheidend bedroht, denn immer noch nahm England indische Fertigwaren auf, wenn auch mit Widerstreben. Mit hohen Zöllen und Einfuhrverboten suchte sich die englische Wollindustrie vor der Konkurrenz aus Indien zu schützen, andererseits belud die Ostindische Kompanie ihre Schiffe mit den englischen Tuchen aus Suffolk, Gloucester, Coventry oder Hampshire, um sie in Indien gegen Brokate und andere einheimische Erzeugnisse zu tauschen. So war ein gewisses Gleichgewicht gewahrt, zumal die schweren englischen Wollstoffe in den Ländern südlich des Äquators nur schwer abgesetzt werden konnten, während die indischen Baumwollstoffe ihren Markt hatten.

Das änderte sich mit einem Schlage, als in Lancashire die ersten Spinnmaschinen zu laufen begannen. Schon im Jahre 1767 konnte ein Kind an der »spinning Jenny« 8, später 10 und seit 1780 sogar 30 Spindeln bedienen. Im Zuge der Konjunktur entstanden bis 1792 eine ganze Reihe von Betrieben, die Baumwolle verarbeiteten, aber erst als 1790 die Baumwollspinnerei mit Dampfkraft einsetzte und die Lohnkosten für Garn um 90 Prozent sanken, begann der Siegeszug des Kattuns – und der Ruin der indischen Wirtschaft. Denn nun benötigte England keine Baumwoll-

**Die sogenannte
»spinning Jenny«,**
*Modell des ersten
mechanischen Spinn-
rades aus den 60iger
Jahren des 18. Jh.
Die zunehmende
Mechanisierung des
Spinnvorgangs in
England ruinierte
Indiens Baumwoll-
industrie.
Graphik des 19. Jh.*

stoffe aus Übersee mehr, sondern nur noch den Rohstoff, das »weiße Gold«. Im
Jahre 1776 war den »Eingeborenen« Indiens die Ausübung des Textilgewerbes
streng verboten worden. Nur in den Faktoreien der East India Company war die
Spinn- und Webarbeit zugelassen, im übrigen Land blieben die Spinnräder stehen,
die Bauern in den rund 700000 Dörfern dieses Subkontinents verloren ihre
Nebeneinnahmen, und im Jahre 1834 berichtete der Generalgouverneur nach
London: »Das Elend findet kaum eine Parallele in der Geschichte des Handels. Die
Knochen der Baumwollweber bleichen die Ebenen von Indien . . .« Gewiß gab es
für die Verelendung Indiens noch eine Reihe anderer Gründe, so die Ausbeu-
tungspolitik der East India Company in den Jahren um 1770, die große Hungers-
not, die fast einem Drittel der Bevölkerung das Leben kostete, und die Übervölkerung auf den Dörfern, wo es keine ausreichende Existenzgrundlage gab, aber den
entscheidenden Stoß hat Indiens Wirtschaft durch die Zerstörung seiner Manufakturen erhalten. Vor diesem Hintergrund wird verständlich, weshalb der radikale Rechtsanwalt Gandhi 1921 von jedem das häusliche Spinnen forderte, der für
Indiens Freiheit eintrat, und das Spinnrad zum Symbol des indischen Kampfes erhob.

Das Reich King Cottons

Man spürt noch heute den ganzen Schwung einer puritanischen Seele, wenn man
die um die Mitte des vorigen Jahrhunderts geschriebenen Sätze liest: »An seinem
Grab habe ich beschlossen, daß ich nie wieder einen Sklaven haben wollte. Niemand sollte durch meine Schuld Gefahr laufen, von Heim und Familie getrennt
zu werden und wie er einsam zu sterben. Wenn ihr also jetzt frei seid, so vergeßt
nicht, daß ihr es dieser alten, treuen Seele zu danken habt, und vergeltet es seiner

Frau und seinen Kindern! Denkt an eure Freiheit, sooft ihr Onkel Toms Hütte seht. Sie soll euch mahnen, seinem Beispiel zu folgen und redliche, treue Christen zu sein.« Mit welcher Begeisterung mag Harriet Beecher-Stowe diesen Schlußsatz geschrieben haben – eine Pfarrersfrau, die nie aus ihrer Küche in Boston herausgekommen war und doch keinen Zweifel daran hatte, was die Stunde zu fordern schien. Ihr Roman machte bekanntlich Sensation, er wurde in alle Weltsprachen übersetzt und schuf in der öffentlichen Meinung Amerikas jenes Klima, das 1861 den Ausbruch des nordamerikanischen Bürgerkrieges begünstigte.

In Amerika hängen Sklaverei und Baumwolle eng zusammen: Onkel Tom ist Pflücker, Arbeiter auf einer Plantage, sein von ihm niemals begriffenes Schicksal hing von der Entwicklung im fernen England ab, vom Rohstoffhunger einer Textilindustrie, die eine schnell wachsende europäische Bevölkerung mit billigen Textilien versorgte. Um 1835 war die Textilindustrie von Lancashire zum ersten industriellen Wirtschaftszentrum geworden. Im Jahre 1845 schrieb Sydney Smith, ein anglikanischer Geistlicher, der durch seine liberalen Ideen schriftstellerisch hervorgetreten ist, den Satz: »Die größte Aufgabe, für die die angelsächsische Rasse geschaffen zu sein scheint, ist die Erzeugung von Baumwollwaren.« Tatsächlich hatte sich für die billigen englischen Erzeugnisse ein riesiger Markt geöffnet, und überall, wo englische Missionare auftauchten, folgten ihnen die Händler, so daß die Redensart »Sie sagen Gott und meinen Kattun« nur zu berechtigt schien. Bis 1770 ging ein Drittel des Exportes nach Afrika; man brachte Kattun und kaufte Sklaven, die dann über den Atlantik verfrachtet und mit hohen Gewinnen veräußert wurden. Mit diesen Erlösen wurde Rohbaumwolle eingehandelt und zurück nach England gebracht – ein sehr profitabler Kreislauf. Die andere Hälfte des englischen Exportes in Baumwollstoffen ging nach Nordamerika und Westindien. Auch in Europa eroberte sich England nach dem Siebenjährigen Krieg einen großen Markt. Die Baumwollindustrie als ein kapitalistisch betriebenes Gewerbe war damals, im Vergleich zum Zunft- und Verlegerwesen der Tuchmacher, eine fortschrittliche Wirtschaftsform und galt um 1770 als Wahrzeichen eines Industriezeitalters, das über allen Vergleichen mit der Vergangenheit stand und die Menschen an den absoluten Fortschritt der Zivilisation glauben ließ (Treue).

Um diese Zeit war Indien noch keineswegs im Besitz Englands, an Baumwollpflanzungen in Ägypten war nicht zu denken, denn das Land gehörte damals den Mameluckenhäuptlingen und hat ja selbst Napoleons Einmarsch (1798–1801) noch unbeschadet überstanden. Das einzige Land, in dem die europäischen Mächte schalten und walten konnten, wie es ihren Interessen entsprach, waren die westindischen Kolonien. So entstanden die spanischen Zuckerrohrplantagen auf Kuba, die Tabakpflanzungen in Virginia und die riesigen Baumwollfelder, auf denen »King Cotton« herrschte. Der Boom begann im Jahre 1794, als George Washington das Patent für Whitneys Baumwoll-Entkernungsmaschine unterschrieben hatte. Schon seit 1612, als die ersten Neger in die USA eingeführt worden waren, arbeiteten auf den Feldern farbige Sklaven, die auf diese Arbeit spezialisiert waren. Allein die Engländer brachten zwischen 1680 und 1780 rund 2 130 000 Neger in die Baumwollstaaten, und trotzdem reichte das Angebot nicht aus, wuchs der Hunger nach Arbeitskräften. Der farbige Arbeiter mußte während seines 15–18-Stunden-Tages nicht nur die Baumwolle ernten, allein dies war eine langwierige, mühsame Arbeit, sondern sie auch entkernen und reinigen. Eine mittlere Plantage brauchte 150–200 Neger, eine große etwa 300 Arbeitskräfte, aber schon um 1790 kostete ein guter farbiger Arbeiter 200 Dollar. Nur wer über Kapital verfügte, konnte es sich leisten, für gutes Geld billiges Land zu kaufen – etwa 10 Dollar kostete der Morgen Land – und mit entsprechenden Arbeitskräften eine Plantage anzulegen.

Als aber die Nachricht von der Baumwollentkernungsmaschine an die Öffentlichkeit gelangte, gab es kein Halten mehr. Lehrer und Geistliche, alte Jungfern und Krämer legten ihre Ersparnisse in Baumwolläckern an, Ärzte kauften ganze Plantagen, jedermann versuchte, an King Cottons Reichtümern teilzuhaben. Solange durch die Mühseligkeit des Entkernens die Produktion von Baumwolle in Grenzen blieb und nebenher auch Mais, Tabak, Zucker, Gemüse und sonstige Pflanzen angebaut wurden, hatten die Südstaaten ein gewisses wirtschaftliches Gleichgewicht besessen. Nun stürzte die Profitgier die Menschen in ein Abenteuer mit ungewissem Ausgang, das doch jedermann vernünftig erschien. Ein Dummkopf, wer seine Stunde nicht nutzte. In kurzer Zeit entstand in den Südstaaten jene Monokultur, die von den Baumwollnotierungen in Liverpool abhängig war. Von Südkarolina und Georgia aus, wo die ersten Anbaugebiete waren, eroberte sich die Baumwolle Alabama und Mississippi, ebenso das ganze Flußtal bis Memphis, dann Louisiana und schließlich einen Teil von Texas. Im Norden wurde das Gebiet begrenzt durch die sogenannte »Mason-und-Dixon-Linie«, die sich von der Südwestecke Kentuckys bis zur Stadt Newcastle hinzog. Auf diesem riesigen Gebiet lebten zu Beginn der Sezessionskriege 8 Millionen Weiße, davon 350000 Sklavenhalter, und 4 Millionen Schwarze.

Selbstverständlich kam man in Amerika auf die Idee, daß es vernünftiger sei, die Baumwolle an Ort und Stelle zu verarbeiten, als sie nach England auszuführen und die Stoffe zu hohen Preisen wieder zu importieren. Aber man hatte die Maschinen nicht, und England hütete sich, sein industrielles Know-how preiszugeben. Es war verboten, Spinnmaschinen zu exportieren, alle Häfen wurden überwacht, alle fremden Schiffe durchsucht, und keinem erfahrenen Textilarbeiter wurde gestattet, etwa nach Übersee auszuwandern. In Amerika bemühte man sich in umgekehrter Richtung: Auf die Nachahmung englischer Maschinen wurden hohe Prämien ausgesetzt.

Maschinen spinnen Baumwolle

Tench Coxe, ein Unternehmer aus Philadelphia, hatte seine erste Lektion in Industriespionage schon hinter sich. Nach langem Bemühen hatte er in England einen Agenten gefunden, der sich trotz der dortigen nationalen Propaganda bereit fand, eine »spinning Jenny« zu stehlen. Im Maßstab 1:50 baute er sie aus Bronze in zweijähriger Arbeit nach, spielte sie amerikanischen Mittelsmännern in die Hände und hatte sie bereits auf das Schiff gebracht, mit dem die Überfahrt angetreten werden sollte. Eine Stunde vor Abfahrt kam die Hafenpolizei, die Modelle wurden zerstört und die Komplizen zu langjährigen Freiheitsstrafen verurteilt. Tench Coxe hat keinen Erfolg gehabt, wenn man von ein paar mißlungenen Versuchen absieht, die denn auch wohlwollend prämiiert wurden. Der Mann, der schließlich mit Erfolg die Polizei täuschte und die Spinnmaschinen sozusagen auswendig

lernte, ehe er sich als Simulant und »Spinner« unmöglich machte, seinen Arbeitsplatz verlor und unverdächtig im September 1789 nach Amerika auswandern
konnte, hieß Samuel Slater. Als er in den Staaten ankam, war er gerade 21 Jahre
alt, ein Mechaniker, der voller Aufsässigkeit und Trotz den Slums zu entfliehen
versucht hatte. In den Staaten erhielt er die Möglichkeit, die Maschine zu bauen,
man gründete eine Firma »Almy, Brown & Slater«, aber nun merkte er, daß es
nicht leicht ist, eine komplizierte Konstruktion nach dem Gedächtnis zu bauen.
Auch befielen in Skrupel, denn er hatte sich nicht, wie ein frommer Christ, in die
Verhältnisse gefügt, sondern sich gegen sie aufzulehnen versucht. Man verfolgte
die Arbeiten Slaters, der nur langsam vorankam, von Küste zu Küste mit angehal-
tenem Atem und durchaus nicht mit einhelliger Begeisterung. In der Zeitung hieß
es: »Spinnmaschinen! Und mit welchen Sünden werden dann die Frauen sich die
Zeit vertreiben, wenn ihre Männer auf See sind?« Schließlich war es soweit, die
Wasserräder begannen zu laufen, alle Räder und Spindeln drehten sich, und das
Garn, das sie erzeugten, war von ausgezeichneter Qualität. Allein in Neu-England
entstanden in den Jahren 1790–1800 zwölf große Spinnereien, Slater wurde über
Nacht berühmt und verdiente ein Vermögen. Sein Gewissen hat ihn nie ganz zur
Ruhe kommen lassen. Er gründete die erste amerikanische Sonntagsschule und
zog sich vom Geschäft zurück.

Die USA hatten, nach Einführung der Entkernungsmaschine, ihre Produktion
an Baumwolle etwa verzwölffacht, und trotzdem war der Preis für ein Pfund
Baumwolle von 26 Cent im Jahre 1790 auf 44 Cent im Jahre 1800 gestiegen. Zu
groß war der Bedarf an Stoffen in diesem schnell wachsenden Land mit seiner un-
ablässig steigenden Bevölkerungszahl. Erst die Maschine, wenn man die Sklaverei
einmal beiseite läßt, hatte die Baumwolle zum Riesen auf dem Markt werden lassen. Jedermann mußte sich kleiden, und es kam für die Massen überhaupt nichts
anderes als Baumwollstoff in Frage. Im Jahre 1808 gab es in den USA etwa 8000
Spindeln, schon drei Jahre später hatte sich ihre Zahl verzehnfacht, 1815 liefen in
den Staaten 500000 Spindeln, und die dortige Industrie verbrauchte selbst etwa
90000 Ballen jährlich – fünfzehn Jahre früher waren es 500 Ballen gewesen. England, in seinen Kampf gegen Napoleon verstrickt und durch dessen Kontinentalsperre von seinen europäischen Märkten abgeschnitten, konnte auf die Herausforderung der jungen amerikanischen Industrie nicht reagieren. Aber in demselben
Jahr 1815, als Napoleon nach dem Zweiten Pariser Frieden sich nach St. Helena
einschiffte und England Ceylon, Helgoland, das Kapland und Malta erwarb, um
seine Seeherrschaft zu festigen, wandte es sich dem Kampf um den amerikanischen
Textilmarkt zu.

Für die englische Textilindustrie war es eine Lebensfrage, ob es ihr gelingen
würde, die junge nordamerikanische Industrie zu zerschlagen. Mit einem rück-
sichtslosen Dumping schaffte sie es, dieses Ziel zu erreichen. Während in den USA
eine Fabrik nach der anderen schloß und in einigen Südstaaten regelrechte Hun-
gersnot ausbrach, überschwemmten die englischen Waren das Land. Napoleons
Kontinentalsperre hatte die Vorräte anschwellen lassen, nun wurde die englische
Überproduktion an Textilien zum Ruin der unter so großen Schwierigkeiten auf-
gebauten Spinnereien in den USA. Im Grunde war der Bruderkrieg zwischen den
Nord- und Südstaaten, der um die Sklavenbefreiung geführt wurde – viele befür-
worteten sie, jeder wollte sie anders, keiner um jeden Preis –, ein Kampf um die

wirtschaftliche Vormacht in den USA. Im Prinzip ging es darum, daß der Süden seine Baumwolle in England absetzen wollte, dafür aber englische Industrieerzeugnisse ins Land strömten, so daß der Markt dem industriellen Norden verlorenging.

Dieser Warenverkehr, durch die neu entwickelte Dampfschiffahrt über den Atlantik begünstigt, war Ursache des sich verschärfenden Zwistes zwischen Norden und Süden, zwischen dem industriellen und dem feudalistisch-agrarischen Teil der Nation. Die Sklavenfrage spielte dabei nur die Rolle des Zünders am Pulverfaß der Interessengegensätze. Mehr als zwei Drittel der weißen Bevölkerung waren an der Sklaverei kaum oder überhaupt nicht beteiligt, etwa 1000 Familien verdienten jährlich 50 Millionen Dollar, die übrigen 660 000 Familien etwa 60 Millionen Dollar. Im Norden herrschte der, der Maschinen besaß, im Süden, wer Sklaven auf Baumwollfeldern hatte. Aber die Gewinne an der Baumwolle schöpften letzten Endes nicht die Erzeuger ab, sondern die Industriellen der Nordstaaten und Englands. Der Bruderkrieg, der am 14. April 1861 bei Fort Sumter begann, erwies sich insofern als der erste der modernen, hochkapitalistisch geführten Kriege, als bei ihm die überlegene Wirtschaftskraft der Nordstaaten und nicht die soldatische Tüchtigkeit der Südstaaten den Sieg entschied (Treue). Der Preis waren 360 000 Gefallene auf seiten der Nordstaaten und 260 000 Tote bei den Südstaaten. Allerdings beendeten die Sezessionskriege formal die Sklaverei und die mit Sklaven betriebene Plantagenwirtschaft, sie brachen die Macht der feudalen Familien des Südens, aber die Armut des Südens beseitigten sie nicht, dafür förderten sie die Entwicklung des Kapitalismus in den USA. In Indien war Baumwolle, in Erzeugung und Verarbeitung auf viele hunderttausend Familien verteilt, die Grundlage eines bescheidenen Wohlstandes gewesen. In den USA wurde aus der Baumwolle der King Cotton, der das Land auslaugte, der viele arm und nur wenige reich werden ließ.

Die Ahnfrau des Fadens

Es gibt mehrere Seidenspinner-Arten, deren Raupen sich in Kokons einspinnen, etwa der Augenspinner, der Tussahseidenspinner, der Eichenspinner und der Ailanthusspinner. Alle diese Arten haben die Chinesen vor über dreitausend Jahren beobachtet, gezüchtet und später beschrieben. Niemand weiß, wie viele Generationen mit diesen Kokons experimentiert haben, genauer gesagt, wie viele Menschen sich mit dem Versuch befaßt haben, aus den Fäden der Kokons Fäden für ein Gespinst zu gewinnen. Es hat sich ja damals, in der Bronzezeit Chinas, nicht um ein »Forschungsprogramm« mit klar umrissener Zielsetzung gehandelt, sondern um eine unglaublich einfühlsame, gewiß zweckfreie Beschäftigung mit Pflanzen und Tieren, deren jedes im kosmischen Weltbild der Chinesen eine besondere »Qualität«, einen unverwechselbaren Wert verkörperte. Schon während der sogenannten Shang- oder Yin-Dynastie (1766–1123 v. Chr.) muß es eine hochentwickelte Seidenbaukultur gegeben haben, wie sich aus dem der Seidenraupengöttin gebrachten Opfer entnehmen läßt. Aus dieser Zeit stammt auch der früheste reale Beweis für die chinesische Seidenproduktion: Auf einer Bronzevase und auf einem Bronzebeil, die bei Nyan-Yang (Provinz Honan) gefunden wurden,

Federmantel aus Peru. *Die Technik des Verarbeitens von Vogelfedern ist in Mittelamerika altbekannt und wurde dort zu einer hohen Kunst entwickelt. 800 n. Chr. Staatliches Museum für Völkerkunde, München*

Windschutz der Wahpeton Sioux, bemalt mit Kampfszenen zwischen Indianern zu Pferd und zu Fuß. Baumwolltuch. Museum of the American Indian, New York

Fragmente eines Wandbehanges *aus Ägypten, 3./4. Jh. n. Chr.*
Wolle auf Leinen. Ikonenmuseum, Recklinghausen

Seidenraupen *werden in den Maulbeerbäumen gesammelt.*
Chinesische Miniatur aus einem Buch über die Herstellung von Seide,
19. Jh. Stadtbibliothek, Poitiers

Italienisches Seidengewebe *vom Ende des 14. Jh. Italien war ein weiteres Zentrum der Seidenherstellung in Europa. Kloster Lüne*

Spinnerin mit Spindel. *Asphalt-Steinrelief aus Susa,*
10./9. Jh. v. Chr. Louvre, Paris

Spinnende Schäferin. *Mosaikdetail aus Tabarka,*
4. Jh. Bardo-Museum, Tunis

Djamshid lehrt das Textil- und Metallhandwerk. *Rechts unten im Bild die Technik des Webens, links oben Zuschneiden und Nähen von Kleidungsstücken. Persische Miniatur aus einer Handschrift der Annalen des Tabari, 1469. Chester Beatty Sammlung, Dublin*

haben sich die Muster des Stoffes abgezeichnet, mit dem diese Gegenstände vor Jahrtausenden umwickelt worden sind. Es handelt sich, wie Textilforscher festgestellt haben, um Damastseide, also um Erzeugnisse einer komplizierten Webetechnik. Man hat sogar feststellen können, daß die Zahl der Ketten- und Schußfäden pro Zentimeter 72 und 25 bzw. 40 und 17 betrug. Es ist die Frühzeit der chinesischen Kultur, in der man bereits zu solchen technischen Leistungen fähig war: Bronzezeitlicher Ackerbau, das Land Eigentum des Königs, der Inspektionsreisen unternimmt, den Kult leitet und nach seinem Tod zum Gott erhoben wird.

Es gibt den Orakelkult, bei dem polierte Rinderknochen und Schildkrötenschalen mit glühenden Bronzestäbchen berührt werden; aus den so entstehenden Rissen und Sprüngen las man die Zukunft, den Willen der kosmischen Götter ab. In dieser magisch erfaßten Welt, aus der auch die ersten Orakelinschriften stammen, entwickelte man die Seidenraupenzucht zu einer hohen Kunst, ebenso die Seidenweberei. Ihre Anfänge haben die alten chinesischen Chroniken in das Jahr 2800 v. Chr. verlegt und der Gemahlin des großen chinesischen Kaisers Huang-ti zugeschrieben. Sie habe das Volk gelehrt, die Raupen zu züchten, Fäden zu spinnen, damit »es Kleider erhalte und man nicht mehr an Hautrissen und Frostbeulen zu leiden brauche«. Die Kaiserin Si-lung schi erwarb sich damit die immerwährende Dankbarkeit des Volkes, das sie als »Feuerstern« in das Sternbild des Skorpions versetzte. In vielen Tempeln, die der »Ahnfrau des Fadens« geweiht waren, opferte man der himmlischen Lehrerin; erst im Jahre 1912 ist auch dieser Ahnenkult, wie der des ersten kaiserlichen Ackerbauern Yang, erloschen. In der Han-Zeit wurden im ganzen Reich der Mitte unter der Bauernschaft Bilder verteilt, auf denen die Seidenraupenzucht und die Verarbeitung der Seide eingehend beschrieben war. Sie enthalten nicht nur technische Anweisungen, sondern Sentenzen: »Wer sich in Seide kleidet, soll der Kälte gedenken, die die Weberin litt.«

Schon damals beherrscht man die Kunst der Seidenweberei in vollkommener Weise. Einige Jahrhunderte später, in der ersten Hälfte des ersten nachchristlichen Jahrtausends, heißt es in einer Gedichtsammlung: »Durch eine geglückte Vereinigung von Linien und eleganten Blumen webt der Arbeiter ein Stück Seide, dessen Zeichnungen das Geäder kostbarer Muscheln imitieren.« In diesem Werk heißt es ferner, die Hauptbeschäftigung der Frauen bestehe darin, Futterpflanzen zu pflücken, Seidenraupen zu züchten, zu spinnen und Kleider anzufertigen. Man hat schon damals Wildseide von den bereits erwähnten Seidenspinnerarten gezogen, aber vor allem natürlich die echte Seide (chinesisch: Ssê) des ostasiatischen Maulbeerspinners. Das Weibchen dieser Schmetterlingsart legt 300–500 mohnkorngroße Eier, deren Raupen sich von den Blättern des weißen Maulbeerbaumes ernähren. Sobald die Raupen ausschlüpfen wollen, legt man die Eier auf ein großes weißes Tuch. Die kleinen Raupen, »Schwärzlinge« genannt, sind 3 Millimeter lang und fadendünn. Mit einer Gänsefeder werden sie vorsichtig verteilt. Binnen 48 Stunden erhalten diese Raupen 48 Mahlzeiten, aber es werden ihnen nicht einfach Blätter und Zweige vorgeworfen, sondern zarte, mit scharfen Messern vorgeschnittene Maulbeertriebe. Eine alte Regel sagt: »Wenn hungrige Raupen ihr Haus bauen, so wird die Seide stark verworren, so daß man den Anfang des Fadens nicht finden kann.« Alle, die auf dem Dorf zu anderer Arbeit nicht taugen, also meist Greise und Kinder, haben früher die Aufgabe gehabt, das Futter zu sammeln und zuzubereiten, da es weder zu naß noch zu trocken sein darf, aber fein geschnitten und peinlich sauber sein muß. Zwei Monate lang werden die Raupen auf diese Weise gepflegt und überstehen vier Häutungen, ehe sie sich in einen festen, eiförmigen Kokon verspinnen. Die Seidenspinnerraupe verfährt dabei nach einem Prinzip, das die chemische Industrie bewußt nachgeahmt hat: sie drückt aus zwei »Düsen« am Kopf eine Flüssigkeit, die an der Luft zu einem Faden erstarrt. Die Länge des Fadens, der zu einem Kokon benötigt wird, beträgt etwa vier Kilometer.

Die Raupen werden denn auch mit einer ans Lächerliche grenzenden Hingabe gepflegt. Rein äußerlich sorgt man dafür, daß kein Metall in ihre Nähe kommt. In irdenen oder hölzernen Schalen werden die Eier in reinem Quellwasser geschwenkt, aus Bambus sind alle Brutkammern gearbeitet, weil Bambus ein nahezu geruchloses Holz ist. Die Eier bewahrt man sorgfältig vor Lärm und Luftzug. Auch dürfen die Personen, die mit ihnen umgehen, ohnehin junge und gesunde Menschen, von deren Fleiß und Treue alles abhängt, keine stark gewürzten Speisen essen, blähende und in Öl gebratene Speisen sind ihnen untersagt. Die Raupen sind sehr temperaturempfindlich; also muß das Personal sich mehrmals täglich ausziehen, um mit der ganzen Haut die Temperatur des Raumes zu erfühlen; ein europäisches Thermometer wäre ihnen viel zu ungenau. In den Kammern wird nur im Flüsterton geredet, die Raupen brauchen gedämpftes Licht, aber keine direkte Sonnenbestrahlung, und ihre Verdauung wird sorgfältig geprüft: Zwei- bis dreimal wird den Maulbeerblättern Reismehl oder Erbsenmehl als gelindes Abführmittel beigemischt, damit die Säfte der jungen Raupe gereinigt werden. Es heißt, mit solchen Verfahren erziele man eine starke und leuchtende Seide. Alle diese Kenntnisse waren Teil eines Wissens, das, von der Göttin selbst dem Volke gegeben, nahezu kultischen Charakter angenommen hatte. Auch die Seide selbst erschien diesen Menschen ursprünglich als etwas, das mit Andacht, als ein Geschenk der Göttin, empfangen wurde. Mit dem Gedanken, Seide als eine Handelsware zu exportieren, haben sich die Chinesen denn auch nur zögernd befreunden können, obwohl sie durchaus geschickte Händler waren und Gewinne mitnahmen, wo sie sie bekommen konnten.

Millionen Menschen haben fast zwei Jahrtausende lang in der chinesischen Seidenraupenzucht gearbeitet, und ihre Futterpflanze, der Maulbeerbaum, hat die chinesische Landschaft so geprägt wie der Weinstock eine Rhein- oder Mosellandschaft. Man hat vor allem die Maulbeerbäume so gezogen, daß sie nicht höher als zwei Meter wurden, damit man sie leicht abernten kann. Als Hecken ziehen sich diese Maulbeerbüsche um Dörfer und Seen, säumen Flüsse und Kanäle, Felder und Beete, und vom Stillen Ozean bis an die Chinesische Mauer erstreckte sich ihre Verbreitung. Man möchte annehmen, daß gewisse »Nationaleigenschaften« des Chinesen, seine Gewissenhaftigkeit und Sauberkeit, seine Geduld und Zuverlässigkeit, ein nicht unwesentliches Kulturerbe aus der Seidenraupenzucht sind.

Die weitere Bearbeitung der Kokons erfordert zwar auch noch Behutsamkeit, hat aber doch nicht solche fast kultischen Züge wie die eigentliche Zucht. Das »Betriebsgeheimnis« der Seidenraupenzucht liegt nicht nur in der Sorgfalt, mit der die Raupen ernährt werden, sondern auch in der Art, wie der verpuppte künftige Schmetterling getötet wird. Wenn er sich nämlich durch die Wand seines Gespinstes bohrt, wird der Faden zerrissen, und die Eigentümlichkeit der Seide geht verloren. Deshalb tötet man die Larve durch Hitze – etwa durch grelle Sonnenbestrahlung oder heiße Luft –, dann wirft man den Kokon in kochendes Wasser. Mit dünnen Zweigen wird die siedende Brühe so lange gepeitscht, bis die Flokkenseide, das wirre Gespinst um den Kokon, sich ablöst. Dann haspelt man den langen Faden, der den Kokon bildet, mit äußerster Vorsicht auf und dreht ihn mit anderen Fäden zu einem einzigen Faden zusammen: Die Rohseide ist fertig und kann verarbeitet werden. Aus zehn Gewichtseinheiten Kokons wird eine Gewichtseinheit Seide erzielt, von der die Hälfte als hochwertig gilt, der Rest ist für Stickereien geeignet. Aus Seide stellte man im alten China Bogensehnen und Saiten her, man wattierte Stoffe damit, fertigte aus Seidenlumpen das erste wirk-

Chinesische Frauen verarbeiten Seide, hier wird das Rohmaterial weichgeschlagen. Die Herstellung von Seide, angefangen bei der Züchtung der Seidenraupen, war ein komplizierter Vorgang, den die Chinesen bis zur Perfektion beherrschten. Malerei auf Seide, um 1082–1135. Museum of Fine Arts, Boston

lich erstklassige Hadernpapier der Welt und stellte aus zweifacher Seide wasserdichte Behälter her. Sogar Teeschalen aus Seide, die lackiert wird, gibt es.

Ähnlich wie bei der indischen Baumwollweberei gründete sich die chinesische Seidenherstellung auf die Arbeit vieler Hände, und wie dort waren Erzeugung und Verarbeitung miteinander verknüpft. Im Unterschied zur Baumwolle ist aber Seide nie ein Rohstoff geworden, der von der Industrialisierung begünstigt worden wäre oder die politische Landkarte verändert hätte. Wie in Indien stand auch in China die Weberei auf hoher Stufe. Aus verschiedenen Funden zwischen Sibirien und Peking weiß man, daß es im ersten Jahrtausend einfarbige und bunte Seidenstoffe, Damaststoffe, Gaze und Brokat gegeben hat. In Tschangan, der alten Hauptstadt der Han-Dynastie, fand man die älteste Malerei auf Seide, die aus dem 4. oder 3. Jahrhundert v. Chr. stammt. Aus dieser Zeit gibt es auch alte Darstellungen von Webstühlen und einen Text, der einiges über die Arbeitsorganisation verrät. Da ist die Rede von einem »Direktor der Seide« und von einem »Direktor des Hanfes«. Ihre Aufgaben werden so beschrieben: »Der Direktor der Seide hat die Seidenfäden in Empfang zu nehmen. Er unterscheidet zwischen den Sorten und zeichnet sie mit dem Handelspreis aus. Er ist mit der Lagerung und der Ausgabe der Seide beauftragt. Er wartet die geeignete Jahreszeit ab, um sie zu verarbeiten. Er verteilt die Fadenseide unter die Arbeiterinnen von Außen und von Innen. Jeder gibt er die für ihre Arbeiten geeigneten Sorten. Ebenfalls verfährt er so mit den Gaben und Geschenken des Kaisers.« Eine Art kaiserliche Seidenmanufaktur also, auf Heimarbeit beruhend wie die Baumwollweberei in Indien, und die Seide offenbar bereits ein profaner Kleiderstoff, mit dem man handelt.Ursprünglich sind Seidenballen von den chinesischen Kaisern als herrscherliche Geschenke verwendet worden, und erst später haben sie in China ihre Exklusivität eingebüßt.

Zum Export von Seide ist es erst spät gekommen, nach Indien allerdings wesentlich früher als nach Europa. Einige Jahrhunderte vor der Zeitwende hat man in Indien schon Seide eingeführt, teils als Rohseide, teils gewebt. Eine eigene Seidenweberei hat Indien seit dem 5. vorchristlichen Jahrhundert gekannt und große Mengen von kostbaren Seiden für Prunkkleider, Bettüberwürfe, Kissen u. ä. hergestellt. In Form von leichten Schleiergeweben ist Seide auch aus Indien ausgeführt worden. Zwischen dem Römischen Reich und China bestanden zu dieser Zeit noch keine Handelsbeziehungen. So sahen die Römer zum ersten Male in einem für sie höchst unglücklichen Augenblick Dinge, die aus Seide bestanden.

Drachen auf Seide

Wo heute Iran und Afghanistan aneinanderstoßen, lag zu Cäsars Zeiten das Reich der Parther. Diese ledergepanzerten Reiterhorden, ausgezeichnete Bogenschützen, sperrten den Weg nach Indien, den der römische Statthalter in Syrien, Marcus Licinius Crassus, mit sieben Legionen erzwingen wollte. Er sah sich als Triumphator in Rom, ein zweiter Alexander, der seine Nebenbuhler Cäsar und Pompejus mit seinem Ruhm zu überstrahlen hoffte. Das Unternehmen war ein Fiasko, denn die gedrillten Legionen waren dem beweglichen Reiterkampf der Parther nicht gewachsen. Wie alle Steppenvölker kämpften sie beweglich und auf Distanz, wichen dem Kampf Mann gegen Mann in die Weiten der Steppen aus und demoralisierten die Legionäre. Im Frühsommer des Jahres 53 v. Chr. kam es zur Schlacht von Carrhä, die entschieden wurde, als gegen Mittag die Parther ihre riesigen, leuchtenden Banner entfalteten: Den Legionären sank der Mut, die Schlacht endete mit einer der schwersten Niederlagen, die Rom je erlitten hat. Rund 20 000 Mann fielen auf dem Schlachtfeld, 10 000 gerieten in die Sklaverei, der Feldherr selbst wurde niedergemacht, sein Sohn gab sich den Tod. Die goldbestickten bunten Banner aber, deren Anblick die Soldaten so entmutigt hatte, waren nach dem Zeugnis des Geschichtsschreibers Florus die ersten Seidenstoffe, die ein Römer je zu Gesicht bekam.

Man wird diese fabelhafte Geschichte nicht unbesehen akzeptieren können. Soviel mag richtig sein: Seidenstoffe sind in den ersten vorchristlichen Jahrhunderten bis weit in den Westen gelangt, so auch über Indien hinaus zu den Parthern, sei es als Kriegsbeute oder als Handelsgut. Zur Han-Zeit (206 v. Chr.–6. n. Chr.) kam eine Verbindung des Ostens mit dem Westen zustande, denn die Chinesen eroberten das Tarimbecken, d. h. Ostturkestan, und befreiten die dortige Bevölkerung von den Hunnen, die ja auch die alten Feinde Chinas waren. Wie üblich errichteten sie in den befreiten Gebieten Militärkolonien, um der Bevölkerung Schutz zu geben, und organisierten den Widerstand der einheimischen Bevölkerung; weil die Nachschubwege aus China zu weit waren, riefen sie an Ort und Stelle Waffenmanufakturen ins Leben. Zum ersten Male in der chinesischen Geschichte öffneten sich Handelsverbindungen mit dem Westen, und eine Fülle von neuen und wunderbaren Dingen gelangte ins Reich der Mitte, während die Apfelsine, die Päonie, die Azalee, vor allem aber die Seide nach Westen kamen. Das chinesische Wort für Seide ist »Ssê«, und die Griechen haben daraus »seres« gemacht. Für die Römer war China das »Land der Serer«, während das heutige Wort China von dem Namen des ersten einheitlichen Staates »Ch'in« abgeleitet ist. In Byzanz nannte man das Land Tzinista und bei den Arabern al-Sin. Man darf sich die damaligen Handelsbeziehungen aber nicht als einen breiten Güteraustausch vorstellen. Zunächst wechselten die Herrscher Geschenke aus, die dann wohl auch an Würdenträger weitergegeben wurden. Zuerst waren es also die kaiserlichen Höfe, die Kenntnis von fremdartigen Waren bekamen, später blieben auch Güter im Hause des wohlhabenden Kaufmanns, unter dessen Regie die Karawane zusammengestellt worden war. Und wenn man das Erzeugnis eines fremden Landes erst kannte, wollte man es auch selbst produzieren. Das stieß gerade bei der Seide auf unerwartete Schwierigkeiten, denn woher sollte man Seidenraupen nehmen und wie sie züchten? Phantastische Gerüchte waren im Westen im Umlauf, aber niemand wußte genau, wie die Chinesen nun eigentlich diese wundervoll leuchtenden Stoffe wirklich herstellten. Es hieß, die Chinesen hätten eine besondere Art Schafe, die man zu bestimmter Zeit mit einem wunderbaren Wasser bespritzen müsse, damit sich deren Wolle in Seide verwandele. Vergil äußerte in seinem Epos über den Landbau, Seide sei das Erzeugnis gewisser Blätter, und der Autor der »Historia Naturalis« Plinius schrieb, die Seide sei ein Flaum, der sich bilde, wenn bestimmte Blätter im Wasser lägen. In China aber wurde nach wie vor die Ausfuhr von Raupeneiern, Kokons, Rohseide oder Maulbeersamen mit dem Tode bestraft, ebenso jede Art von »Wirtschaftsspionage«.

Je ängstlicher ein Geheimnis gehütet wird, desto größer die Anstrengungen, es zu entschlüsseln. Schon die ersten Anfänge einer außerchinesischen Seidenraupenzucht werden durch einen frühen Fall von Werkspionage erklärt, allerdings in ihrer liebenswürdigsten Form. Eine chinesische Prinzessin, die nach Ostturkestan verheiratet werden sollte, hat der Legende nach in ihrem Kopfputz Seidenraupen-eier mitgenommen, um in der Fremde die gewohnten Seidenstoffe nicht entbehren zu müssen, eine ebenso unwahrscheinliche wie rührende Erklärung, die bezeich-nenderweise wieder einmal die Frau als die Ursache allen Übels darstellt. Der näch-ste Fall von Wirtschaftsspionage ist weithin bekannt und verbürgt. Der Hauptan-geklagte ist Kaiser Justinian (527–565), dessen Zähigkeit und Gründlichkeit sich bekanntlich auch in anderer Hinsicht bewährt haben.

Seidenzucht in Byzanz

Byzanz und Persien befanden sich in einem langwierigen Konkurrenzkampf um den Seidenhandel, den sie schon 297 durch eine Interessenabsprache hatten beile-gen wollen; das aus China kommende Rohmaterial ging an ein einziges großes Handelszentrum, die jetzt versunkene Stadt Nisibis. Dort wurde die Ware verzollt und weitergehandelt. Seit dem 5. Jahrhundert besaß der Hof von Byzanz eigene Seidenwebereien, nahezu »geschlossene Anstalten« für Frauen, in die man wie in ein Arbeitshaus verwiesen werden konnte. Was für eine Art Seide dort fabriziert worden ist, läßt sich kaum noch klären, doch darf man annehmen, daß es sich nicht um qualitativ hochwertige, der chinesischen Seide vergleichbare Ware gehandelt hat. Wer über die byzantinische Seidenweberei berichtet, müßte die Wirtschafts-geschichte des asiatischen Raumes schreiben, die Kämpfe zwischen Byzanz und Persien, das Auftauchen der Sogdianer, eines hochkultivierten Volkes im Raum von Samarkand, und die Ausbreitung Chinas bis ins Tarimbecken, wie Boulnois dies in seinem fesselnden Werk »Die Straße der Seide« getan hat. Im Abendland war Seide ja schon seit vielen Jahrhunderten bekannt, und wenn man einigen Quellen glauben will, so bestand in der Antike auf der Insel Kos eine Art Industrie, die höchst durchsichtige Schleier herstellte. Zunächst hat man vermutet, daß dort die chinesische Seide aufgetrennt und die Fäden neu verwoben worden wären. Gründlichere Forschungen haben ergeben, daß es sich um Wildseide gehandelt ha-ben muß, deren entscheidender Unterschied zur klassischen Seide nicht nur im Ausgangsmaterial besteht, weil es von anderen Seidenspinnern stammt. Wildseide wird von »gekrempelten« Kokons hergestellt, also aus zerstörten Kokons, deren Gespinst wie Wolle in Fasern verwandelt wird, nicht aus den langen Fäden, die abgehaspelt worden sind. Die durchsichtigen »koischen Gewänder«, von den Sit-tenrichtern der Zeit als schamlos beanstandet, waren in der Antike berühmt und sind auch exportiert worden. Damals ist Seide noch so teuer gewesen, daß Kaiser Aurelian seiner Gattin ein Kleid aus Seide verweigern mußte, weil es zu teuer war, und Kaiser Caligula (12–41 n. Chr.) soll sich über den Preis von Purpurseide be-klagt haben, ein einziges Kilo kostete umgerechnet etwa 4000 Mark.

Bisher war es aber immer mißlungen, Maulbeerspinner in Europa zu ziehen und den Seidenfaden nach dem chinesischen Verfahren zu gewinnen. Diese Möglich-keit wurde unter Kaiser Justinian realisiert, aber ihre Chancen wurden verspielt. Der byzantinische Historiker berichtet nun, daß Kaiser Justinian einige Mönche empfangen habe, die aus »Serinda« gekommen seien, eine höchst fragwürdige und ungenaue Ortsangabe. Nach anderen Berichten war es ein Mann, ein »Perser, der von den Serern kam«. Man hat später von zwei Mönchen gesprochen, die Nestorianer gewesen seien, also zu einer schon vor einigen Menschenaltern exkommunizierten christlichen Sekte gehörten, die nach Osten ausgewichen war und in Asien Fuß gefaßt hatte. Die Mönche versicherten, sie hätten lange in »jenen Gegenden« gelebt, verstünden sich auf die Seidenraupenzucht und könnten Eier nach Byzanz bringen (Boulnois).

Sie brachen, verlockt von einer hohen Belohnung, nach Osten auf, erreichten, um das mißtrauische Persien zu umgehen, ihr Ziel auf der kaukasischen Route und kehrten nach einigen Jahren tatsächlich mit den gewünschten Seidenraupeneiern zurück. Es heißt, sie hätten sie in den hohlen Pilgerstäben aus Bambus verborgen, andere Quellen sprechen von einem Holzkästchen, was freilich nüchterner klingt. Damit hätte die Grundlage für eine blühende byzantinische Seidenraupenzucht und Seidenherstellung gelegt sein können, denn Arbeitskräfte besaß Byzanz, und auch die entsprechenden Kenntnisse waren vorhanden. Kaiser Justinian aber, an einer veralteten und verfehlten Wirtschaftspolitik festhaltend, erklärte die Seidenraupenzucht zu einem kaiserlichen Monopol, wobei Prestigefragen eine Rolle gespielt haben mögen, und blockierte die Entwicklung. Die byzantinische Seidenraupenzucht hat denn auch niemals eine wesentliche Bedeutung gewonnen, sondern ist unrühmlich erloschen, während die Seidenweberei mit chinesischer Rohseide auf vollen Touren lief. Im Jahre 562 wurde zwischen Byzanz und Persien ein Friedensvertrag geschlossen, der auf fünfzig Jahre die Belieferung mit Rohseide sicherstellen sollte. Die byzantinische Seidenweberei, die Kunst der Weiterverarbeitung, hat damals phantastische Ergebnisse erzielt; noch heute gehören Seidenbrokate aus Byzanz zum kostbarsten Besitz von Textilsammlungen. Der Kaiser verteilte die Stoffe aus der eigenen Seidenproduktion als Geschenke an seine Günstlinge, sie waren golddurchwirkt und mit Perlen bestickt, eine majestätische Spielerei zum Ruhme des Hofes.

Ein Zahlungsmittel wie im China der Tang-Zeit, wo die Gehälter der Beamten in Reis und Seide gezahlt wurden, ist Seide in Byzanz freilich nie geworden, aber sie hat doch die Funktion eines Depots gehabt, einer Kapitalreserve. Wer irgend dazu in der Lage war, stapelte in seinen Truhen die kostbaren Stoffe, und wenn der Kaiser von Byzanz sich die Neutralität eines Barbarenfürsten erkaufen wollte, so schickte er ihm einige Ballen kostbarer Seide. Unter Justinian wurden die privaten Seidenwebereien ruiniert, denn der Kaiser setzte eine Preissperre fest, so daß die Seidenhändler alle Stoffe abstießen, weil sie nicht mehr auf ihre Kosten kamen. Ein Günstling der Kaiserin Theodora, dem die Kontrolle über die Seidenerzeugung übertragen worden war, ließ alle Seidenweber daraufhin für sich arbeiten und verkaufte die Seide weit über die befohlenen Richtpreise mit Profit, wobei er selbst steinreich wurde und auch dem Kaiser große Einkünfte verschaffte. Die ganze Branche aber, die von der Seidenveredelung lebte, war ruiniert, so daß Prokop schrieb: »Alle jene, die sich bisher in Byzanz oder an anderen Orten diesem Geschäft gewidmet hatten, Seeleute und Arbeiter auf dem festen Land, erlitten nur noch Verluste. Die vielen, die es in den Städten betrieben hatten, kamen an den Bettelstab. Handwerksmeister und Arbeiter endeten im Elend. Viele unter ihnen verließen ihr Vaterland und suchten Zuflucht bei den Persern.« So ging im 6. Jahrhundert die private Seidenweberei zugrunde, und nur die staatlichen Manufakturen arbeiteten, die ihrerseits nach wie vor von den persischen Einfuhren abhingen. Justinians so erfolgreich durchgeführte Wirtschaftsspionage, obwohl einer der erstaunlichsten Erfolge in diesem Metier, hatte sich als Schlag ins Wasser erwiesen, weil der Kaiser die falschen Maßnahmen traf. Immerhin besaß Byzanz etwa sechs Jahrhunderte eine gewisse Monopolstellung, was den Transithandel betraf.

Europa bricht das Monopol

Als der Islam Syrien, Palästina, Nordafrika und Spanien erobert hatte, wurden die Araber Nutznießer des Zwischenhandels mit Seide. Ihnen selbst war das Tragen von Seide vom Propheten verboten, weil »einer, der prächtige Gewänder besitzt, meist nicht demütig ist«; so half man sich mit dem schon erwähnten Baumwollfaden, der in die Seide gewebt wurde und dem Buchstaben des Gesetzes Genüge tat. Eine andere Schwierigkeit war zu überwinden: Der Koran verbot seinen Gläubigen die Darstellung lebendiger Wesen, weil auf diese Weise die Majestät des Schöpfers und seiner Geschöpfe angetastet werden könnte. Andererseits waren auf den chinesischen und persischen Stoffen Drachen und Phönixe und andere Lebewesen abgebildet. Man mußte sich also Christensklaven besorgen, um die Stoffe herstellen zu können – die man dann selber trug. Denn die Schrift verbot nur die Herstellung solcher Stoffe, nicht ihren Gebrauch.

In Spanien hat sich diese allzu listige Methode schließlich gerächt. Auch hier war der Anbau von Maulbeerbäumen eingeführt, die Seidenraupenzucht entwikkelt, und die christlichen Sklaven webten die herrlichsten Stoffe. Als Spanien aber Schritt für Schritt von den Christen zurückerobert wurde, blieben die Seidenwebereien erhalten. Schon im 14. Jahrhundert war die andalusische Seide Spaniens wichtigster Ausfuhrartikel, und die Seidenmanufakturen beschäftigten mehr als eine Million Menschen. Die Ausbreitung des Seidenbaues in Europa ging aber nicht nur von Spanien aus. Der venezianische Doge Dandolo (gest. 1108) brachte Raupeneier, das nötige Pflegepersonal und Seidenweber nach Italien. Nach Jahrhunderten erst lohnte sich die Mühe, aber dann blühte auch hier der Wohlstand, wie er überall entstand, wo der Maulbeerbaum heimisch und die Seidenraupenzucht gelungen war. Im Jahre 1602 schrieb denn auch ein Historiker: »Sie haben sich der Erkenntnis des hieraus erwachsenden Nutzens der Seidenkultur derart hingegeben, daß sie sich wie Schwämme mit Gold und Silber anfüllen, indem sie andere Länder mit der bei ihnen erzeugten Seide beglücken.«

Aus Süditalien kam der Seidenanbau im 14. Jahrhundert nach Südfrankreich. Wie die chinesische Prinzessin hatte Papst Clemens VI., als er nach Avignon ins Exil ging, italienische Seidenweber mitgebracht, damit er den gewohnten Luxus nicht zu vermissen brauchte. Eine eigene Seidenraupenzucht entwickelte sich zunächst noch nicht; erst als Ludwig XI. im Jahre 1466 erklärte, in Frankreich müsse eine eigene Seidenindustrie entstehen, um das »große Ablaufen von Gold und Silber für die Brokate und Seidentücher« aufzuhalten, wurde es ernst. Nach zögernden Anfängen lief die Sache an, und 1540 wurde die erste Kooperation der Seidenweber von Lyon gegründet. 1575 gab es bereits 224 Seidenproduzenten, und Mitte des 19. Jahrhunderts waren es längst über 220000 Betriebe geworden. Heute ist Lyon bekanntlich eine der bedeutendsten Textilstädte der Welt, nur wird neben der Naturseide in großem Umfang die Kunstfaser verarbeitet. In Europa hängt übrigens die Ausbreitung des Seidenanbaues mit Glaubensfragen eng zusammen, denn die Meister der französischen Seidenmanufaktur waren vorwiegend Hugenotten. Das 1598 erlassene Edikt von Nantes schützte indirekt die französische Seidenindustrie. Als Ludwig XIV. es am 23. 10. 1685 aufhob, fühlten sich die Hugenotten ihres Lebens nicht mehr sicher. Sie flüchteten in Massen über die Grenzen Frankreichs und ließen sich in ganz Europa nieder. In Berlin und Leipzig, Moskau und Krefeld und vielen anderen Städten wurde Seidenbau betrieben, wurden Seidenwebereien ins Leben gerufen. In Potsdam hat man Zöglinge des Waisenhauses für diese Zwecke schulen lassen. Als Leibniz in Preußen Vorschläge für die Finanzierung der 1700 gegründeten Akademie der Wissenschaften und der Literatur machte, schlug er als Finanzquelle neben dem Verkauf von Kalendern und Feuerspritzen auch den Anbau von Maulbeerbäumen vor. Alle diese Unternehmungen aber, so erfolgversprechend sie gelegentlich sein mochten, haben die napoleonischen Kriege nicht überlebt.

Wenn Seide Wohlstand bedeutete und wenn man bei der Herstellung von Seide von den Launen einer winzigen Raupe abhängig war, dann lag es nahe, sich den Kopf darüber zu zerbrechen, wie man diesen Zustand ändern konnte. Wunschträume sind die Voraussetzung jedes technischen Fortschritts gewesen, und so hat der Engländer Robert Hooke (1635–1703), der auch den Zellaufbau der Pflanze entdeckt hat, schon 1665 diesen Wunschtraum in aller Deutlichkeit formuliert: »Ich habe oft darüber nachgedacht, daß man vielleicht eine künstliche leimige Substanz finden könnte, die vielleicht nicht ganz so gut, vielleicht aber auch viel besser sein könnte, als das Exkrement, oder was immer es ist, woraus die Seidenraupe ihren Faden spinnt. Wenn eine solche Substanz gefunden würde, wäre es wahrscheinlich ein leichtes, Wege zu finden, wie man sie zu dünnen Fäden für die textile Verwendung formen könnte.« Nun, ein Leichtes war es nicht, und niemand vernahm die Anregung des englischen Naturforschers. Dennoch lag die Idee eines künstlichen Fadens in der Luft, denn unabhängig von Hooke griff Réaumur (1683–1757), der Erforscher des Bienenstaates und Schöpfer der bekannten Temperaturskala, den Gedanken eines künstlichen Fadens auf. Die Naturseide sei doch im Grunde nichts anderes als eine Art an der Luft erhärteter Gummilösung, und warum sollte es nicht möglich sein, eine solche Lösung künstlich herzustellen?

Nach dem System der Raupe

Als Marx in Paris Friedrich Engels kennenlernte, Bismarck ein unbekannter pommerscher Landjunker war und der Gasbadeofen, die Bogenlampe und die Sicherheitszündhölzer erfunden wurden, beginnt auch die Geschichte der Chemiefaser, und sie beginnt wie alle guten Geschichten recht unauffällig. In Basel hatte ein Erfinder, ein gewisser Christian F. Schönbein, der Entdecker des Ozons, mit Schießbaumwolle experimentiert und dabei eine Zufallsentdeckung gemacht. Er hatte Baumwolle in eine Mischung aus konzentrierter Schwefel- und Salpetersäure getaucht. Weil sie keine Wirkung zeigte, legte er sie zum Trocknen in den Ofen, der explodierte – Schönbein hatte Glück, denn was da gekracht hatte, war Schießbaumwolle gewesen. Der Forscher hatte auf diese Weise einen explosiven

Stoff, die Nitrozellulose, gewonnen, die niedrig nitriert Kollodiumwolle und hoch nitriert Schießbaumwolle ergibt. Ein anderer Schweizer Erfinder namens Audemars, der diese Erfindung später aufgegriffen hat, scheint von der Vorstellung nicht losgekommen zu sein, daß ohne Maulbeerblätter die Herstellung eines Fadens kaum gelingen könne. Er nahm als Ausgangsmaterial Fasern von Maulbeerzweigen, behandelte sie wie seinerzeit der Baseler Professor mit Salpetersäure und löste die so erhaltene Schießbaumwolle, die mit Baumwolle nur den Namen gemeinsam hatte, in Alkohol. Er erhielt auf diese Weise eine sirupartige, schleimigklare Flüssigkeit, mit einem Kunstwort Kollodium genannt, die beim Verdunsten des Lösungsmittels ein kleines, zartes Häutchen zurückließ. Wenn er mit einer Stahlspitze einen Faden zog, erstarrte dieser in der Luft und ließ sich sogar, ganz wie ein richtiger Faden, auf eine Haspel aufwickeln. Solche Erfindungen befriedigen die Eitelkeit des Erfinders, aber sie nützen nichts. Das Problem, einen Faden künstlich herzustellen, war damit nicht gelöst. Es stand auch durchaus nicht im Mittelpunkt des Interesses, weil eine Realisierung utopisch erschien, jedenfalls in der Textilindustrie, die dank der Baumwolle auf vollen Touren lief.

In einer anderen, vor wenigen Jahrzehnten existierenden Industrie war die Frage nach einem künstlichen Faden aber viel wichtiger, nämlich in der Elektroindustrie. Im Jahre 1854 hatte der deutsche Mechaniker Heinrich Goebel die erste Glühlampe der Welt entwickelt, und 1879 hatte Thomas Alva Edison (1847–1931) dieser Idee mit der Entwicklung seiner Kohlefadenlampe zum Durchbruch verholfen; dieser Kohlefaden war aus Bambus gewonnen. Bereits hier kündigte sich aber ein Problem an, das die Technik bei wachsenden Dimensionen noch häufiger beschäftigen sollte, nämlich die »Unzuverlässigkeit« der Natur. Ihre Erzeugnisse sind nun einmal leichten Schwankungen unterworfen, so auch der gleichmäßigste Bambusstab. Die Folge waren Unregelmäßigkeiten oder Ausfall des Kohlefädchens, und man suchte eine künstliche Substanz mit allen Qualitäten der Natur, einen künstlich herstellbaren Faden. Technisch erschien dieses Problem lösbar, wenn man auf die Methode der Seidenraupe zurückgriff, indem man eine geeignete Masse durch eine dünne Düse auspreßte und so einen Faden gewann.

Das Schlüsselwort für die Aufgabe hieß Zellulose. Theodor Schwann hatte 1839 in seinem Werk über die »Übereinstimmung in der Struktur und dem Wachstum der Tiere und Pflanzen« die Lehre begründet, daß alle Lebewesen aus Zellen bestehen. Man hätte seitdem wissen können, daß zum Beispiel alle Pflanzen aus Zellulose aufgebaut sind, Faserpflanzen wie Hanf und Jute so gut wie Baumwolle. Ein modernes Forscherteam hätte die Aufgabenstellung bei Hooke gefunden, die Zellulose aus logischen Gründen als Ausgangsmaterial genommen und versucht, die technischen Lösungen zu finden. Man mußte, wenn es nach solcher Logik gegangen wäre, aus den Wäldern Zellulose gewinnen, sie von bestimmten überflüssigen Stoffen reinigen, in Fasern und schließlich in eine Spinnflüssigkeit verwandeln. Dann mußte man, wie von Hooke empfohlen, die Seidenraupe zum Vorbild nehmen. Auch vom Bambus her, bei dem die einzelnen Zellen schon mit dem bloßen Auge zu erkennen sind, ließ sich dieser Weg finden.

In Wirklichkeit waren die Ideen Robert Hookes vergessen, und was Schwann über die Tiere und Pflanzen herausgefunden hatte, gelangte zunächst nicht bis in die Köpfe der Erfinder, die sich einzeln mit dem Problem abmühten. Immerhin hatte ein Franzose namens Ozanam Anfang der sechziger Jahre den Vorschlag gemacht, man solle eine geeignete Masse durch eine Düse auspressen, um auf diese Weise einen verspinnbaren Faden zu gewinnen. Er hatte dabei durchaus auf die Seidenraupe hingewiesen, die man nachahmen solle, und sich damit auf den Spuren Robert Hookes befunden. Etwa zwanzig Jahre später, 1883, wurde das erste Patent beantragt. Man sieht aber bereits an der Ähnlichkeit der Denkansätze, wie manche Erfindungen »in der Luft« liegen, das heißt nur logische Fortentwicklungen bestimmter Voraussetzungen zu sein scheinen. In einem solchen Stadium geht es weniger um den Genieblitz als um die Verwirklichung. Nicht was einem einfällt, sondern wie einer etwas anpackt, ist die Frage. Der Engländer Joseph Wilson Swan (1828–1914), der wie Edison die Idee des glühenden Fadens in einer luftleeren Glasbirne realisiert hatte und sich auch in der Reproduktionstechnik einen Namen gemacht hatte, kümmerte sich auch um den künstlichen Faden. Er löste Schießbaumwolle in Eisessig, preßte sie durch feine Düsen aus und reckte sie, bis sie zu Fäden erstarrte. Durch einen speziellen Arbeitsvorgang, das »Karbonisieren«, eine gezielte Verkohlung, wurden die technisch sehr brauchbaren Fäden in Kohlefäden verwandelt. Diese Fäden, die ersten »Kunstfäden« der Welt, hatten mit der Textilindustrie nicht das mindeste zu tun. Sir Joseph W. Swan tat auch nicht viel, um seine Idee durchzusetzen.

Von ganz anderer Art war Graf St. Hilaire Gernigaud de Chardonnet (1839–1924), der 1885, als Swan sein zweites Patent beantragte, in der französischen Akademie der Wissenschaften ein versiegeltes Schreiben deponierte, in dem ein Verfahren zur »Herstellung künstlicher Seide« beschrieben war (Hausen). Im Prinzip hatte er nichts anderes gefunden und beschrieben, als was auch der Engländer schon gefunden hatte. Seine Leistung besteht darin, daß er das Verfahren bis zur Produktionsreife brachte. Das bedeutete, er mußte zunächst aus einem hochexplosiven Material, nämlich der Schießbaumwolle, einen Stoff machen, der ohne Gefahr versponnen werden konnte. Aus der Nitrozellulose mußten die Nitrate entfernt werden. Nach langwierigen Bemühungen gelang ihm das, und er konstruierte überdies die erste Chemiefaser-Spinnmaschine der Welt. Er hat seine Erfindung erstmals auf der Pariser Weltausstellung von 1889 vorgestellt; aber die Frage der Denitrierung war damals noch ungelöst, die Produktion in großem Maßstab zu gefährlich und zu unrentabel. Es kam vor, daß auf einer Gesellschaft ein Mann, der eine glühende Zigarette in der Hand hatte, eine Frau in einem Kunstseidenkleid in eine schreiende Flammensäule verwandelte, und es gab Todesfälle, deren Ursache solche Stoffe waren. Der Graf verlor im Lauf der Jahrzehnte nahezu sein gesamtes Vermögen, und erst als ein geeignetes Denitrierverfahren gefunden war, schlug die Stimmung um. Nun stiegen die Aktien der zehn Jahre zuvor gegründeten Gesellschaft in Besançon, und die vor über 200 Jahren von Robert Hooke formulierte Vorstellung von einer »leimigen Substanz«, mit der man Fäden müsse herstellen können, fand ihre Realisierung. Zunächst erzeugten die ersten Fabriken, die Nitrofasern herstellten, das Ausgangsmaterial für Borten, Tressen, Spitzen und Besatz. Von einer großen Industrie zur Herstellung textiler Spinnstoffe aus Kunstfasern konnte damals noch keine Rede sein.

Fäden aus Zellulose

Der Durchbruch zur Kunstseidenindustrie erfolgte dann auch nicht über die Nitrofäden, sondern über die Chemie-Kupferseide, und wieder stand die Elektroindustrie Pate. Längst gab es Morsetelegraphen und Transatlantikkabel, elektrische Straßenbahnen, elektrische Klingeln und Lampen, und die Glühlampenfabriken verlangten nach einem noch besseren, noch geeigneteren Material für ihre Fäden. In Oderbruch bei Aachen stand eine alte Papiermühle, in der zwei Deutsche namens Fremery und Urban daran arbeiteten, Fäden aus Zellulose zu gewinnen. Im Jahre 1857 hatte nämlich ein Schweizer erkannt, daß Baumwolle nichts anderes als Zellulose sei, eine Feststellung, die sich schon aus dem Werk Schwanns hätte gewinnen lassen müssen. Max Fremery und Johann Urban, ermutigt durch die Erfolge des Grafen Chardonnet, nahmen sich vor, eine konzentrierte und haltbare Lösung von Zellulose in Kupferoxydammoniak zu bekommen, also Kunstfäden für die Glühlampenproduktion. Als sie von den Erfolgen des Grafen Chardonnet auf der Weltausstellung in Paris hörten, erweiterten sie ihre Ziele: Nun wollten sie Kunstfäden gewinnen, die zur Herstellung von Textilien geeignet waren. Aus diesen Arbeiten ging ein Verfahren hervor, das 1897 patentiert wurde und in dem Annalen der Glanzstoff-Werke in Wuppertal bereits vom Licht der Firmenlegende verklärt ist: Die Chemie-Kupferseide war geboren. Die Vereinigten Glanzstoff-Werke wurden gegründet, die in Oderbruch bei Aachen und im Elsaß zu produzieren begannen – später sind die Werke aus Oderbruch nach Elberfeld umgezogen –, und der sogenannte Siegeszug der Kunstfaser begann.

Nun entwickelte der Kampf um Rohstoffe und Absatzmärkte, den es ja auch im Zeitalter der Seide und der Wolle gegeben hatte, ganz neue Dimensionen, und aus der Spannung zwischen Kapital und Arbeit ergaben sich in den Fabriken gesellschaftliche Probleme, zu deren Lösung ein Jahrhundert nicht ausgereicht hat. Tatsächlich hatte man, neben der Nitrofaser und der Kupferseide, noch ein weiteres Material gefunden, das zur textilen Verarbeitung geeignet war. Wieder bot Zellulose den Ausgangspunkt. Aber die Engländer Cross, Bevan und Beadle fanden, daß der Weg über das Kollodium und über das Kupferoxydammoniak nicht die einzige Möglichkeit bot, Fasern zu gewinnen. Sie behandelten die Zellulose mit Natronlauge und überführten das so gewonnene Material durch eine leichtsiedende chemische Verbindung, nämlich Schwefelkohlenstoff, in eine zähflüssige Lösung. Man mußte nun diese Lösung »fällen«, das heißt, den festen Stoff aus einer Lösung durch Zusetzen des Fällungsmittels ausscheiden. Dieses Problem blieb ungelöst, bis sich der Engländer Stearn der Sache annahm. Er befaßte sich mit der Möglichkeit, statt des Kollodiums, das bei der Herstellung von Fäden für die Glühstrümpfe der Gasbeleuchtung gebraucht wurde, ein anderes Material zu verwenden. Dabei kam er auf jenes, von seinen Entdeckern wegen der Zähflüssigkeit Viskose genannte Material. Das erste brauchbare Patent zum Ausfällen eines Viskosefadens konnte Stearn im Jahre 1898 anmelden, aber erst nach einem Jahrzehnt war das Verfahren produktionsreif. 1910 übernahmen es die Vereinigten Glanzstoff-Werke.

Jede Kunstfaser, die heute irgendwo auf der Welt hergestellt wird, ist nach einem dieser Verfahren produziert, die doch alle nichts anderes bedeuten, als daß es dem Menschen mit großer Mühe gelungen ist, die Methode der Natur in technische Lösungen umzusetzen. Unzweifelhaft aber ist, was Robert Hooke über diese Aussichten schrieb: »Ich brauche nicht zu erwähnen, wie nützlich eine solche Erfindung wäre und welchen Gewinn sie ihrem Erfinder brächte, denn das liegt offen zutage. Vielleicht gibt dieser Hinweis einem genialen Forscher Veranlassung, Versuche anzustellen, die, wenn sie erfolgreich verlaufen, meiner Intention entsprechen und für ihn keine Enttäuschung sein werden.« Der scharfsinnige Robert Hooke, der mit Gott und der Welt im Patentstreit lag, hat in einem Punkt die Verhältnisse nicht ganz richtig eingeschätzt: Große Entdeckungen in der Technologie entwickeln sich selten nach einem so naiv vorgezeichneten Schema, und ihre Gewinne fließen bekanntlich selten in die Taschen der Erfinder.

Fron
der Frauen

Am Spinnrad

Den Schicksalsfaden spinnen die Parzen, die Geburtsfeen und Schicksalsgöttinnen, ein strenges Bild für die Rätselhaftigkeit und Zufälligkeit menschlichen Lebens, aber auch für seinen innersten Zusammenhang. Wird der Faden durchgeschnitten, erlischt das Leben. Auch Dornröschen sticht sich an der Spindel, die alltäglichen Dinge werden im Mythos, im Märchen wunderlich erhöht, sie sind jedermann seit Urzeiten vertraut. Jahrhundertelang war es unvorstellbar, daß die Mutter, die Großmutter nicht Flachs oder Wolle spinnen, daß ein weibliches Wesen in einem großen Haushalt sich Muße leisten könnte, wie hätte sonst der Bedarf an Textilien je befriedigt werden können! Als die Frauen schon längst von der Fron befreit waren, das Korn mit der Handmühle für den täglichen Bedarf zu mahlen, weil es zum Müller gebracht und dort maschinell gemahlen wurde, haben sie sich die Fäden für ihre selbstgewebten Stoffe selbst herstellen müssen. Keinen Laden gab es, in dem man sich den Stoff meterweise kaufen konnte, höchstens kam der Händler über Land, um ihnen die Zutaten zu verkaufen, die Litzen und Spitzen, Bänder und Knöpfe, die sie selbst nicht herstellen konnten. Daher wurde der frauliche Fleiß im Volksmund gerühmt. Das sprichwörtliche »Spinnen am Morgen« zeigte, daß in diesem Haus keine Zeiteinteilung herrschte, daß zur Unzeit gesponnen wurde, vielleicht weil Not herrschte oder weil der Hausfrau die Wirtschaft über den Kopf wuchs, »Spinnen am Mittag« stand schon höher im Kurs, angeblich brachte es »Glück am dritten Tag«, und daß abends gesponnen wurde, zeugte für Fleiß und gehörte sich so. Es galt als »erquickend und labend«. Daß die Endungen im Sprichwort sprachlich verschliffen wurden, aus dem Spinnen die »Spinne« wurde, hat den ursprünglichen Sinn verlorengehen lassen.

Die Erfindung des Spinnrades, so selbstverständlich das klingt, setzt wohl die Erfindung des Rades voraus. Wie bei der Töpferscheibe handelt es sich um einen Anwendungsbereich des Rades, der im Vergleich zum Rad am Wagen, zum Rad als Mittel des beschleunigten Transportes, kaum je beachtet wird. Das Rad ist in den Jahrtausenden vor der Zeitwende nur in Europa, Nordafrika und Asien bekannt gewesen, und fast identisch mit diesem Verbreitungsgebiet ist das des handgetriebenen Spinnrades. Man weiß bekanntlich nicht, in welcher Kultur das Rad »erfunden« wurde, auch kennt man nicht die Übertragung des technologischen Prinzips Rad auf den Spinnvorgang. Man weiß nur, daß das Spinnrad etwa in der ersten Hälfte des ersten Jahrtausends v. Chr. in Asien entwickelt worden ist, und es liegt nahe, Indien als Ursprungsland anzunehmen. Wie aber hat man ohne Spinnrad den Faden gesponnen? Im Grunde genauso, wie ein geübter Zigarettendreher seinen Tabak ins Papier dreht: Man dreht den Faserstrang aus Wolle oder Baumwolle zwischen den Händen oder auf dem Oberschenkel, wie dies in Ozeanien oder bei einigen südamerikanischen Stämmen üblich war Die Spindel, ein langer, dünner Stab, an dessen unterem Ende eine Schwungmasse sitzt, ist der erste Schritt zur Mechanisierung des Vorganges gewesen. Solche Fortschritte stellen sich immer dann ein, wenn die Mühsal zu groß ist, wenn Hände fehlen, um das gewünschte Erzeugnis in ausreichender Menge bereitzustellen.

Soweit die Kenntnis der Vorgeschichtsforschung reicht, wird im sogenannten Magdalénien (um 12000 v. Chr.) dieser technische Schritt vollzogen worden sein. Die Funde belegen dies allerdings nur indirekt. Man hat aus dieser Zeit Knochennadeln mit sehr feinen Ösen gefunden, die für Tiersehnen ungeeignet waren. Es muß also Fäden gegeben haben, mit denen genäht wurde, aber nur, wenn man eine Spindel benutzt, kann man solche feinen Fäden herstellen. Die sogenannte Spinnwirtel, die Schwungmasse der Spindel, die auf den Stab geschoben wurde, bestand in der späteren Bronzezeit aus Ton, Holz, Knochen oder auch Stein. Das obere Ende der Spindel trug eine Öse, damit man daran den Faden besser befestigen konnte, wenn die Spindel gedreht wurde. Der Vorgang selbst geht so vor sich: Aus dem Klumpen Wolle oder Flachs, der z. B. im Mittelalter auf einem »Rocken« steckt, zieht die Spinnerin mit der einen Hand einen Fadenanfang, den sie an der Spindel befestigt. Mit der anderen Hand setzt sie die Spindel in Schwung und füttert sie gleichsam weiter, eine sehr mühsame Tätigkeit, weil ja der Arm immer gestreckt sein muß. Deshalb sind die griechischen Spinnerinnen auf einen Schemel gestiegen und haben die Spindel sich auf dem Boden drehen lassen, um den Abstand zwischen Rocken und Spindel zu vergrößern. In Griechenland waren die Rocken übrigens gelegentlich aus Gold oder Elfenbein.

Immer ist der Fleiß der Frau nach ihrer Spinnleistung beurteilt worden. Sie war für das Ergehen der Familie entscheidend. So wurde z. B. in Tibet eine Frau hochgeschätzt, wenn man sie »beim Gehen spinnen sah«, wie überhaupt üblich war, beim Stehen und Gehen zu spinnen. Zu welchen Leistungen es auf diese Weise kam, zeigen Beispiele aus Indien und Peru. In Indien vermochte eine Frau aus einem Pfund Baumwolle einen Faden von 250 Meilen Länge zu spinnen, die hauchzarten indischen Gewebe aus Baumwolle setzten eine unglaubliche Feinheit des Fadens voraus. Ähnlich bewundernswert sind die Leistungen der Indiofrauen. Es gibt südamerikanische Wollgewebe, die je Zentimeter 200 Schußfäden aufweisen, deren Fäden also von äußerster Feinheit waren. Zum Vergleich: Die Tapisserien des europäischen Mittelalters, die hochwertigsten Erzeugnisse ihrer Zeit, wiesen nicht mehr als 40 Schußfäden je Zentimeter auf.

Wenn man den sich ewig drehenden Stab der Spindel nun in ein Rahmengestell setzte, konnte man die Wirtel, die nun zum Rad wurde, mit der Hand leichter in Bewegung halten, man sparte Kraft. Die Mechanisierung des Spinnens ist im 13. Jahrhundert erfolgt, man kennt die Abbildung eines überdimensionalen Spinnrades von einer Handschrift, die im Britischen Museum aufbewahrt wird; in Deutschland ist die älteste Darstellung aus einem Hausbuch der Familie Waldburg vom Jahre 1480 zu entnehmen. Man hat aber mit Rocken und Spindel bis ins 16. Jahrhundert hinein gearbeitet; erst dann hat sich das mechanische Spinnrad, bei dem man das Rad mit dem Fuß antreibt, allgemein durchgesetzt. Das vertraute Spinnrad, wie es jetzt zur Inneneinrichtung gehört, ist aber nur in den Kulturländern der Alten Welt verbreitet und hat die Handspindel nie ganz verdrängen können; in Dänemark ist zum Beispiel noch vor wenigen Jahren mit Rocken und

Handspindel gesponnen worden, durchaus nicht »kunstgewerblich«, sondern in bäuerlicher Wirtschaft.

Der erste Konstrukteur einer Spinnmaschine ist übrigens Leonardo da Vinci gewesen. Unter seinen zahllosen Erfindungen, die er in seinen Skizzenbüchern ausführte, aber nie veröffentlicht hat, so daß sie sämtlich ohne Nutzen blieben, zwischen all diesen Musikinstrumenten und Flugapparaten, Fallschirmen, Luftschrauben, Automobilen mit Differentialgetriebe und Unterseebooten finden sich auch Spinnmaschinen, angeblich auch die Erfindung des Fußantriebs. Vom Spinnen konnte sich viele Jahrhunderte lang keine Frau ausschließen, und jede war stolz, sich bei dieser Arbeit durch Geschick und Fleiß auszuzeichnen. »Anno 1528«, heißt es in einem Gedenkbuch des Hermann Weinsberg, »beschäftigte sich meine Mutter viel mit Spinnen, früh und spät, mit ihren Mägden und Töchtern, die sie anführte. Sie hielt viel auf das Spinnen, und sie spannen viel Garn, machten viel leinenes Tuch, denn man bedarf dessen viel zur Haushaltung, und es ist ein köstliches Kleinod.« Selbst Fürstinnen waren sich nicht zu gut für diese Arbeit. Als Philipp Hainhofer 1617 seinen fürstlichen Gönner, den Herzog von Pommern, in Stettin besuchte, schenkte ihm die Herzogin für seine Frau »ein hübsches Spinnrädlin«. Allerdings hätte Spinnen keine menschliche Tätigkeit sein dürfen, wenn sich nicht auch hier Rangunterschiede bemerkbar gemacht hätten: Das Spinnen der Wolle wurde den Mägden überlassen, die Damen spannen Leinen, vermutlich, weil man den Faden sorgsamer spinnen mußte und einwandfreies Leinen das Ansehen erhöhte. Im Stolz der heutigen Hausfrau über den wohlgefüllten Wäscheschrank steckt im Grunde noch eine dunkle historische Erinnerung an jenen weiblichen Stolz auf das selbstgesponnene Leinen.

Spinnen, eine rein mechanische Tätigkeit, regte an zu einer spezifisch weiblichen Geselligkeit, Männer hätten sich neben dem Rocken ohnehin unbehaglich gefühlt. So wurde die Mägdestube der Burg zur Spinnstube, auch richteten die Gemeinden Spinnstuben ein, weil man auf diese Weise die Mägde unter Kontrolle hatte und Beleuchtungsmaterial sparte. Nach dem Dreißigjährigen Krieg hat das Spinnen in Deutschland wesentlich zur wirtschaftlichen Gesundung beigetragen. Weder zum Spinnen noch zum Weben brauchte man ja kostspielige Anlagen, und die ländliche Bevölkerung war es seit jeher gewöhnt, jede freie Stunde zur Bearbeitung des selbstgezogenen Flachses zu benutzen. Kinder wurden schon vom sechsten Jahre ab am Spinnrad angestellt; der »Stuhl am Rade« war nach einem Ausspruch Mösers, des aufklärerischen Staatsmannes und Schriftstellers (1720–1794), »gleichsam die Ruhestätte von anderer Arbeit«.

Spinnstube und Fabrik

Auf dem Dorf ist die Spinnstube der Mittelpunkt weiblicher Geselligkeit wie die Gastwirtschaft der Ort der Männer. Dort, beim flackernden Licht des Kienspans, werden Weibergeschichten von Kindbett und Tod erzählt, Erfahrungen ausgetauscht, man vertreibt sich die Zeit mit Neckereien, mit alten Geschichten, Sagen und Märchen: Die alte Frau, die den Gebrüdern Grimm in Niederzwehren (Hessen) ihre Märchen und Mordgeschichten erzählte, gab weiter, was durch Generationen in den Spinnstuben und Mägdekammern umlief. Wo aber Frauenzimmer beisammen waren, lockten sie Männer an wie die Gänse den Fuchs.

So entwickelte sich die Spinnstube zu einem Treffpunkt, der von der Obrigkeit nicht selten mit Unbehagen beobachtet wurde. Die Sitten waren bekanntlich zu allen Zeiten aufs höchste gefährdet, insbesondere von jungen Leuten. So hat es denn eine ganze Reihe sehr ernsthafter Versuche gegeben, auf Zucht und Ordnung zu halten. In der Ordnung des ehrbaren Rates der Stadt Nürnberg vom 23. Oktober 1526 heißt es: »Dieweil sich in den nächtlichen Rockenstuben auf dem Land . . . allerlei beschwerlicher ungöttlicher Handlungen, zuvor zwischen den jungen Leuten, böser unziemlicher Ehe halben, und dann andere Laster und Leichtfertigkeit bisher zugetragen haben, so läßt der ehrbare Rat hiemit männiglich . . , zuvor die Eltern . . ., ernstlich, väterlich und getreulich warnen, daß sie in solchem nächtlichen Zusammenkommen züchtiglich, ehrbarlich und bescheidentlich handeln, dergleichen sträfliche Leichtfertigkeit abstellen und sich wie Christenleuten geziemt also halten wollen.« Im schwäbischen Rüdlingen müssen die Albernheiten schlimme Folgen gehabt haben, denn hier werden nicht nur »Schande und Unzucht«, wie etwa 1526 in Nürnberg in einer damaligen Ratsordnung, hart gescholten, von ungezogenen Worten und unchristlichen Gesängen ganz zu schweigen, hier findet man laut Dorfordnung aus dem Jahre 1594 Veranlassung, weil aus »Unfleiß und Verwahrlosung Feuerschaden geschieht und sich zuträgt«, die Spinnstube gänzlich abzuschaffen. Aber die Unzucht war nicht auszurotten, und so liest man eine Verordnung des Hochfürstlichen Würzburg vom 13. November 1783, die da besagt: »Diese zwar meistenteils schon abgestellten Spinnstuben werden von seiner Hochfürstl. Gnaden gänzlich aufgehoben und verboten, nur die Zusammenkünfte von nahen Blutsverwandten . . . werden hiervon ausgenommen.«

Damals liefen aber schon die ersten Spinnmaschinen, und die Tage der gemütlichen, sittenlosen, geheimnisvollen Spinnstuben waren ohnehin gezählt. Nur eine Ausnahme gab es: Als Strafmaßnahme für weibliche Kriminelle oder was immer man so nannte, hat sich das »Spinn- und Arbeitshaus« lange halten können. Der Bedarf an gesponnener Wolle, an Leinen und Baumwolle war enorm. Immer weniger Stoffe wurden im Bauern- und Bürgerhaus auf dem Handwebstuhl gewebt, immer mehr vom Schneider bezogen und verarbeitet, man stellte höhere Ansprüche als im frühen Mittelalter. So war der Hunger der frühen Textilindustrie nach gesponnenen Garnen und Fäden groß. Die Herstellung dieser Garne war längst Heimarbeit geworden. Tausende von Witwen und Waisen verdienten sich ihren Lohn durch Spinnen, aber was sie lieferten, reichte schon im 17. Jahrhundert kaum mehr aus: 30 Handspinnerinnen schafften nicht mehr Garn am Tag, als notwendig war, um während dieses Zeitraumes 12 bis 15 Meter Stoff herzustellen. Die technische Lösung des Problems, mit möglichst wenig Arbeitsaufwand möglichst viel Garn herzustellen, bezeichnet den Beginn der industriellen Revolution. Damit ist zum zweiten Mal in der Menschheitsgeschichte der Zwang, Textilien herstellen zu müssen, ein auslösendes Moment des technischen Fortschritts: Auch das handgetriebene Spinnrad stellt ja technisch gesehen einen »Sprung nach vorn« dar.

Der Ausgangspunkt der Industrialisierung liegt bekanntlich in England, wo zwei Erfindungen zusammentrafen und sich in ihrer Wirkung multiplizierten: die Erfindung der Dampfmaschine, also die Erschließung einer neuen Energiequelle,

Die erste englische Spinnmaschine, *1768 von Richard Arkwright entwickelt.*
Die Erfindung dieser mechanischen Spinnmaschine brachte den finanziellen
Ruin für eine ganze Industrie von englischen Handspinnern. Staatsbibliothek
Berlin, Preußischer Kulturbesitz-Bildarchiv, Berlin

die ungleich stärker war als die bisher genutzten Wasser- und Windkräfte, und
die Erfindung einer Spinnmaschine. Sie verdankt ihre Entstehung keinem Inge-
nieur, denn derlei gab es damals noch nicht, keinem Naturforscher oder gelehrten
Mann, sondern einem gewissen Arkwright, der als Friseurlehrling in Lancashire
angefangen hatte. Mit zehn Jahren barbierte er in einem Kellerladen ohne Licht
täglich fünfzehn Stunden lang die Kundschaft seines Meisters, vorwiegend Weber
und Spinner. Mit 22 Jahren hatte er sich selbständig gemacht, erfand ein billiges
Mittel, Haare zu färben, und stellte künstliche Zöpfe her; das war im Jahre 1754,
als man natürliches Haar für unanständig hielt und auch die Bauernmädchen so
wohlfrisiert aussehen wollten wie die Damen in Paris. Was sich in der Textilbran-
che tat, wußte er aus erster Hand, denn seine Kunden waren Schafscherer und
Wollweber, Stoffhändler und Heimspinner. Sir Richard Arkwright, pompös als
der Begründer der englischen Textilindustrie bezeichnet, ist nicht der erste Mann,
der auf den Gedanken gekommen ist, eine Spinnmaschine zu konstruieren. Da
hatte es James Hargreaves gegeben, den die aufgebrachten Arbeiter von Lancashire
aus seiner Heimat vertrieben. Mit der wie ein Schiff auf den Namen der Tochter

getauften Spinnmaschine »spinning Jenny« konnte ein einziger Arbeiter erst 8, dann 16, im Jahre 1780 sogar 30 Spindeln bedienen – und alle Handspinner von Lancashire fühlten sich bedroht und bangten um ihren Arbeitsplatz. Ihre Reaktion, anscheinend logisch, ist der erste vergebliche Aufstand gegen das heraufziehende Maschinenzeitalter gewesen und hat zunächst ja auch Erfolg gehabt, denn Hargreaves mußte gehen. Ein anderer Erfinder namens Earnshaw hatte im Jahre 1753 seine Maschine selbst zerschlagen, weil er »nicht das Werkzeug sein wollte, um den Armen das Brot vom Munde zu stehlen«.

Richard Arkwright, ein hart gewordener, schlauer und zäher Mann, kannte nur ein Ziel: Er wollte an einer Spinnmaschine für Baumwolle reich werden, mit der das Land reich werden mußte. Denn wenn es gelang, aus Baumwolle maschinell Fäden zu spinnen, mußten die wirtschaftlichen Konsequenzen unglaublich sein. Seine Gedankengänge sollten sich als richtig erweisen. Als er, 35 Jahre alt, daran ging, seine Vision zu verwirklichen, hatte er genug Erfahrungen gesammelt, um an die technische Lösung des Problems gehen zu können. Jeden Fachmann hatte er ausgehorcht, bei jedem Gespräch zugehört, nun begann er zu experimentieren. Er mietete sich in einer alten Werkstatt ein und erzählte, er wolle ein Perpetuum mobile bauen, eine Sache, die damals Mode war. Nach zwei Jahren hatte er eine Baumwollspinnmaschine konstruiert, die im Prinzip bis heute unverändert geblieben ist. Richard Arkwright meldete 1769 ein Patent an, es wurde ausgestellt auf »einen Apparat, der, mit Rollen versehen, aus Rohbaumwolle feine Fäden spinnt«. Unvorstellbar für heutige Verhältnisse, daß die Branche selbst dann noch nichts davon erfuhr. Arkwright nahm Kredit von Bankiers, die in Baumwollplantagen ihr Kapital investiert hatten, und rief in Cromford 1771 eine Fabrik ins Leben, in der »mechanische Spinnräder« mit Wasserkraft Baumwollgarne erzeugten. Damit war ein Traum erfüllt, als Stoßseufzer der Frauen seit Jahrtausenden so irreal wie jeder Ruf nach eisernen Sklaven. Die Geschichte vom armen Friseurlehrling, der zum reichen Unternehmer wurde, alle Widerstände überwand, zwei eigene Dampfmaschinen besaß und in die Stadt nur noch vierspännig fuhr, ist dann nur noch eine Arabeske am Bild des technischen Fortschritts.

Webstühle in aller Welt

Eine der ältesten mechanischen Erfindungen des Menschen dürfte der Webstuhl sein, wie überhaupt die »Bekleidungsindustrie« technisch vorangegangen ist. Mit mechanischen Spinnmaschinen und Webstühlen begann die durch neue Energiequellen ausgelöste Industrialisierung, wie vorher der heimische Webstuhl in vielen Ländern eine breite Basis für Textilmanufakturen geboten hatte.

Die Idee des Webens ist aus dem Flechten hervorgegangen, es bringt gleichsam ein systematisches, mechanisiertes Flechtwerk hervor. Es gibt zwar noch andere Techniken, einen »Stoff« zu erhalten, von denen eine vom Netzknüpfen hergeleitet ist und die andere, Sprang- oder Schlingtechnik genannt, nicht zwei getrennte Fadenpartien verbindet, sondern eine Partie in sich verknüpft; aber sie sind kulturhistorische Relikte und haben technisch keine Bedeutung. Geflochten wurde in den frühesten Kulturstufen, Windschirme sind bei Naturvölkern noch heute geflochten, ebenso Körbe, die sogar wasserundurchlässig sein konnten wie bei den

Puebloindianern Mittelamerikas. Die Korbflechterei kennt, wie das Weben, senkrechte und waagerechte Partien, also gleichsam Kette und Schuß, und wo nicht nur Körbe, sondern auch Matten geflochten werden, scheint es zum Weben nur ein Schritt zu sein: Statt des starren Rohrgeflechtes, des geflochtenen Bastes werden Fäden verwandt, und man erhält keine feste Wandung, sondern das anschmiegsame Erzeugnis »Stoff«. Wie nahe diese Techniken zusammenhängen, zeigt sich bei einigen Naturvölkern auch im Material. Die Ainu im Norden Japans benutzen Ulmenbast zum Weben, die Kongovölker die Fäden der sogenannten Weinpalme und einige indonesische und mikronesische Völker Bananenfasern. Wie ein Blick in Urzeiten mutet es an, wenn man den Eskimofrauen im Polargebiet zusieht, die aus Rentiersehnen einen Faden herstellen: Die Sehne wird zu feinen Fibern aufgespalten, die ihrerseits durch Abrollen auf dem Schenkel oder auf der Wange gezwirnt werden.

Für den Völkerkundler sind die Übergänge zwischen Mattenflechterei und Weben fließend. Man kann kaum sagen, wo die eine Technik aufhört und die andere beginnt, denn es gibt so einfache Webgestelle, daß man sie eher als Flechtrahmen bezeichnen könnte, andererseits sind die indischen und chinesischen Mattenwebstühle eher Webstühlen nachgebildet. Charakteristisch für einen Webrahmen ist, daß Kette und Einschlag getrennt werden, wie man das bei Webrahmen für Kinder kennt. Beim Webstuhl sind die Kettenfäden bekanntlich durch Gewichte straff gespannt, und zwar so, daß jeder zweite Faden in dem schräg nach hinten geneigten Rahmen frei niederhängt, während jeder nächste Faden auf dem Trennstab aufliegt. Wenn der Einschlag geführt ist, werden die Fäden des hinteren »Fachs« mit den Fingern einzeln angehoben. Ebendiesen Vorgang kann man mechanisieren: Mit einem Querstock, einem Schaft, an dem Fadenschlingen hängen, hebt man mit einem Schlag alle herabhängenden Kettenfäden, die von diesen Fadenschlingen eingefangen sind. Das Weberschiffchen, mit dem der Einschlag geführt wird, ist löffelförmig, außerdem braucht man noch ein »Schwert«, mit dem der fertige Stoff festgeschlagen wird. Der Völkerkundler Birket-Smith hat solche Webstühle in Island, Lappland und auf den Faröern entdeckt, sie dürften schon in der Bronzezeit existiert haben. Aus der nordischen Saga stammt denn auch ein grausiger Vers, der die Webetechnik eines solchen Webstuhls ins Ungeheuerliche verzerrt: »Mägde weben / mit Menschengedärmen, / Menschenhäupter / hängen als Gewichte; / Eisen um den Stab, / Blutige Spieße / sind hier die Schäfte, / zu Löffeln braucht's Pfeile, / mit dem Schwert soll'n wir dieses / Siegesgeweb schlagen.«

Man hat das Prinzip des Webens in der Vertikalen und in der Horizontalen praktiziert, wie ja überhaupt das technische Denken jede nur mögliche Variante erprobt, wenn es nicht durch rituelle Vorschriften und Tabus gehemmt wird. Waagerechte Webstühle gibt es vor allem in Süd- und Ostasien; von dort ist dieses technische Prinzip auf unbekannte Weise nach Mexiko, Peru und zu einigen Stämmen am Amazonas gekommen. Gerade am waagerechten Webstuhl sind übrigens die wichtigsten technischen Fortschritte erzielt worden. So hat man, damit die Fäden nicht durchhängen, eine Art Gitter eingeführt, um sie zu halten. Eine spätere technische Entwicklung setzt dieses Gitter, das nun in den Rahmen gehängt wird, an die Stelle des Schwertes. Auch der Tretschemel ist ein großer technischer Fortschritt: Er ist mit den Schäften verbunden, und man kann sie nun mit einem Druck des Fußes heben oder senken.

Fesselnder noch als die Klärung technischer Detailfragen sind die bisher absolut ungeklärten Fragen nach den Verbreitungsgebieten. Da gibt es bereits vor der Ankunft der Spanier im Reiche der Inka die jahrtausendealte Gazeweberei, eine indische Erfindung – die Völkerkunde schließt aus, daß so komplizierte Erfindungen an verschiedenen Stellen der Erde gleichartig realisiert worden sind –, und da gibt es die Frage nach der Zahl. Ein regelmäßiges Web- und Flechtmuster setzt voraus, daß bestimmte Einheiten gezählt werden, aber diese Fähigkeit zu zählen ist bei den Herstellern oft viel zu begrenzt: Was gibt es also für Zusammenhänge, für Wechselwirkungen zwischen Technik und Abstraktionsvermögen?

In den alten Hochkulturen gehört die Weberei zu den wichtigsten Handwerkszweigen, denn gerade im Stoff, in der Kleidung, artikuliert sich das Kulturbedürfnis. Die Webstühle selbst sind meist nicht erhalten, weder in Ägypten noch etwa in Griechenland, doch weiß man aus den künstlerischen Darstellungen genug, um ein klares Bild zu bekommen. So erfährt man aus einer sumerischen Sage vom Ackermann und vom Schäfer, wie auf einem waagerechten Webstuhl Leinen gewebt wird. In Ägypten, so zeigen alte Tempelfriese, hat es die Weberei schon seit 5000 v. Chr. gegeben; um 1550 v. Chr. ist der senkrechte Webstuhl in Benutzung, vor dem gelegentlich mehrere Weberinnen arbeiteten, wenn die Breiten das erforderlich machten. In Indien gab es schon früh staatliche Fabrikationsbetriebe, in denen der Abfall der Kastengesellschaft zur Arbeit gezwungen wurde. Strafgefangene, Krüppel, Waisen, Prostituierte und auch Frauen, gleich, aus welcher Kaste, die von ihrem Mann verstoßen worden waren, mußten dort an den Webstühlen sitzen. Auch ehrbare Frauen, die aus irgendwelchen Gründen einen Verdienst brauchten, konnten sich mit der Weberei ihren Lebensunterhalt verdienen; sie durften zu Hause an ihrem eigenen Webstuhl arbeiten und die Arbeit nachts abliefern; zur Sicherheit war es laut Verordnung den Werkmeistern untersagt, solche Frauen bei der Abnahme der Arbeit anzusehen. Dieser ganze Fabrikationsprozeß unterstand in den indischen Manufakturen einem »Superintendenten des Fadens«. Zunftmäßige Zusammenschlüsse der freien Handwerker, die sich auf bestimmte Stoffarten spezialisiert hatten, waren keine Seltenheit, und eine dieser Zünfte hat sogar auf eigene Kosten einen Sonnentempel errichten lassen, schon damals wurde also im Textilgewerbe gut verdient. Von der chinesischen Seidenweberei ist schon die Rede gewesen; Webstühle sind bereits auf Totensäulen der Han-Zeit abgebildet, sie gleichen im Prinzip denen, die man auch aus anderen Kulturen kennt. Erstaunlich schlecht ist man über die europäische bronzezeitliche Weberei unterrichtet: Kein Webstuhl ist erhalten, man hat neben den Spindeln gelegentlich Gewichte zum Strecken der Fäden gefunden; aus solchen Details und aus Stoffresten schließt man auf den Stand der damaligen Technik.

Für Jahrhunderte, wenn nicht Jahrtausende ist auf diesem Gebiet nichts erfunden worden, obwohl eine solche Feststellung mit einer gewissen Vorsicht getroffen werden muß. Es ist schwer, über die technische Entwicklung des mittelalterlichen Persien, China oder über die Weberei von Byzanz, einem Zentrum der Seidenverarbeitung, exakte Darstellungen zu geben. Das Problem des Webers bestand darin, komplizierten Musterungen technisch gewachsen zu sein. Wesentliche Verbesserungen scheinen in dieser Hinsicht im Ägypten des 6. nachchristlichen Jahrhunderts entwickelt worden zu sein. Das war einmal eine verbesserte Konstruktion eines Trittwebstuhls, zum anderen der Zugwebstuhl. Technische Einzelheiten sollen hier unerörtert bleiben; jedenfalls gelangten diese Neuerungen wie alle Anregungen aus dem Orient über Oberitalien nach Europa und sind wohl schon im 11. Jahrhundert im Abendland bekannt gewesen. Führend in allen diesen Fragen war die Seidenweberei, von der die anderen Webereien die Technik übernahmen.

Die Erfindung des Maschinenwebstuhls

Daß man von der Handweberei zur Maschinenweberei kommen würde, wenn man gelernt hatte, maschinell Fäden zu spinnen, war keine Frage, der Gedanke lag in der Luft. Meist kommen die genialen Lösungen ja von Köpfen, die Distanz zum Metier haben, nicht von denen, deren Denkgewohnheiten durch Tradition verbildet sind. In diesem Falle war es kein Friseur wie der Konstrukteur der Spinnmaschine, sondern ein Geistlicher namens Cartwright, ein Schüler des Oxford College, der die Lösung fand. Dieser Mann war gebildet, er dichtete sogar und hatte den berühmten Schachspieler des Barons van Kampelen gesehen. Dieser künstliche Türke, angeblich ein Roboter, schlug bekanntlich die besten Spieler, und Pfarrer Cartwright bestaunte das technische Wunderwerk; er war fest entschlossen, den technischen Einfallsreichtum des Menschen für bessere Zwecke zu nutzen als fürs Schachspiel. Der Pfarrer hatte im Sommer 1784 im Gespräch mit einigen Herren aus Manchester geäußert, man müsse eben eine »mechanische Weberei« ersinnen. Denn mit der bevorstehenden Freigabe der Patente Mr. Arkwrights – er wurde mit hoher Entschädigung enteignet, zum Dank geadelt und zum Oberrichter seiner Grafschaft ernannt – würden überall mechanische Spinnereien aus dem Boden schießen, und bei einem solchen Überangebot an Garnen würden die Webereien nicht Schritt halten können. »Bei dieser Bemerkung erwiderte ich, daß Arkwright alsdann seinen Verstand anstrengen müsse, eine mechanische Weberei zu ersinnen«, schreibt Cartwright in einem Bericht über die Anfänge seiner Arbeit. »Kurze Zeit später fiel mir auf, daß beim Weben glatter Stoffe nur drei Bewegungen – die Schaft-, Schützen- und Ladebewegung – aufeinanderfolgten. Ich stellte mir dann vor, daß es nur geringe Schwierigkeiten bereiten müsse, diese mechanisch auszuführen und zu wiederholen. Erfüllt von dieser Idee, beauftragte ich sofort einen Zimmermann und einen Schmied, sie zu verwirklichen . . .«

Glückliche Zeiten, in denen ein Geistlicher zwei Handwerker bekommt, um so nebenher einen Industriezweig zu mechanisieren. Jedenfalls scheinen die beiden Männer keine Dummköpfe, sondern technisch begabte und erfahrene Meister gewesen zu sein, denn Cartwright stellt fest, zu »seinem großen Entzücken« sei dann auch ein Stück Stoff erzeugt worden. Die Handweber, denen dieses Stück Stoff zu Gesicht kam, hatten nur wenig Phantasie und schüttelten den Kopf über das armselige Gewebe. Des Pastors Ehrgeiz aber war nicht zu bremsen, zumal ihm der künstliche Schachspieler nicht aus dem Kopf ging, der ja doch offensichtlich viel kompliziertere Dinge leistete. Zum Glück wußte Cartwright nicht, daß es sich bei diesem Wunderwerk der Technik um Schwindel handelte, und konnte seinen Baumwollwebstuhl tatsächlich so vervollkommnen, daß er später nur unwesentlich verbessert zu werden brauchte. An den Gewinnen war Cartwright nicht mehr interessiert, ihn hatte das Problem gereizt, und als Fabrikant fühlte er sich unbehaglich. Als schließlich Arbeitslose seine Fabrik besetzten und die Maschinen zerstörten, war er fast erleichtert und überließ anderen das Feld.

Mit Cartwrights Erfindung waren aber alle Voraussetzungen für das »Manchestertum«, für den Beginn des Industriezeitalters geschaffen, das ja nicht allein auf Kohle und Stahl gegründet war, sondern auch auf die Textilherstellung. Die Baumwollplantagen, die deshalb genutzt werden konnten, weil Entkernungsmaschinen die Ernte rationalisierten, die Spinnmaschinen Arkwrights und die mechanischen Webereien nach dem Muster von Cartwrights Fabrik wirkten zusammen, um jene Massen von Kattun zu erzeugen, die dann die ganze Welt überschwemmten. Die Erfindung der Dampfmaschine durch James Watt ist nur ein Glied in dieser Kette gewesen; und von den 325 Dampfmaschinen, welche die Firma Boulton & Watt im ersten Vierteljahrhundert ihres Bestehens erzeugte, wurden 114 an die Textilindustrie geliefert.

An der Textilherstellung erkennt man alle Züge des industriellen Zeitalters, die sich in unserer Zeit ins Riesenhafte vergrößert haben. Es geht um Rohstoffe, um Arbeitskräfte, um Absatzmärkte in weltweiten Dimensionen. So beruhte Englands politische Vorherrschaft im vorigen Jahrhundert auf seiner Maschinenkraft in der Textilindustrie. In einem Bericht über die Kohlenfrage von 1865 aus der Feder eines Stanley Jevons heißt es: »Die weiten Flächen Nordamerikas und Rußlands sind unsere Getreidefelder. Kanada und die Gestade der Ostsee unsere Nutzholz liefernden Wälder. Australien enthält unsere Schafzüchtereien, und in den Pampas Argentiniens und in den Prärien des amerikanischen Westens weiden unsere Rinderherden. Peru schickt uns sein Silber. Das Gold Südafrikas und Australiens fließt nach London. Die Hindu und die Chinesen bauen Tee für uns. Unsere Baumwollpflanzungen, die so lange den südlichen Teil der Vereinigten Staaten einnahmen, erstrecken sich heute über alle warmen Regionen der Welt . . .« England hat diese Vorherrschaft mit den Gewinnen aus der Textilherstellung finanziert. Seinen technischen Vorsprung verdankte es der Tatsache, daß sich das englische Handwerk ohne Zunftzwang hatte entwickeln können, auch waren die Grenzen zwischen den Ständen nicht so scharf gezogen wie etwa in Deutschland. So ergab sich ein lebendigerer Kreislauf der Ideen, es entstand in England aber auch das erste Industrieproletariat der Welt, und jene Widersprüche wurden sichtbar, um deren Bewältigung die politischen Systeme noch heute ringen. Die Textilindustrie ist aber nicht nur durch die Spinnmaschine und den mechanischen Webstuhl, sondern auch durch ihren Bedarf an Farben zur Geburtshelferin eines neuen Zeitalters geworden.

Ein berühmter Mißerfolg

Am Anfang der Erfolge stand ein Mißerfolg. Ein junger Student hatte von seinem aus Deutschland nach England berufenen Professor den Auftrag erhalten, das Fiebermittel Chinin, das aus der Chinarinde gewonnen wurde, künstlich herzustellen. Die Chemie war damals eine noch suspekte, eine allgemein als lächerlich empfundene Wissenschaft. Der Staatsminister Goethe hatte zwar, recht autoritär über die Köpfe der Fakultäten hinweg, die zwei Professoren Göttling und Döbereiner in

Jena eingesetzt, und sein Großherzog hatte den 25jährigen Justus Liebig in Gießen angestellt. Aber die Chemie lieferte damals allenfalls Brech- und Abführmittel, chemische Laboratorien gab es nicht, in den Laborküchen standen allerlei Geräte zur Durchführung metallurgischer und pharmazeutischer Prozesse, aber niemand verstand, Analysen zu lehren. Liebig hat dann bekanntlich als erster das physiologische Gleichgewicht zwischen Pflanze und Umwelt erforscht – die Aquarien gehen auf seine Demonstrationen dieses Gleichgewichtes zurück – und in der Chemie eine analytische Methodik begründet, die Gießen zum wissenschaftlichen Zentrum werden ließ. Auch der Professor August Wilhelm Hofmann hatte bei Liebig studiert, ehe er nach London ging und dort das »Royal College of Chemistry« gründete.

Nun hatte also der achtzehnjährige William Henry Perkin, ein Schüler Professor Hofmanns, diese dunkle Substanz im Reagenzglas, die alles mögliche war, nur kein Chinin: Der Versuch war mißlungen. Er wollte den Stoff wenigstens vorher untersuchen, bevor er ihn wegschüttete, und in dieser eigentlich überflüssigen Neugier liegt die Legitimation nicht nur dieses Wissenschaftlers. Zum Glück für die Chemie war Perkin kein Faust, sondern ein nüchterner junger Engländer. Er stellte fest, daß die dunkle Substanz einen rötlichen Farbstoff enthielt, der Papier und Seide violett färbte. In einem Land, in dem Baumwolle König war, lag der Gedanke an die technische Verwertung nahe, und William H. Perkin hat diesen Gedanken dann auch realisiert. Er machte sein »Aniline Purple«, das Mauvein, zum ersten industriell erzeugten Farbstoff der Welt und verließ Professor Hofmann, was damals ziemlich unerhört war. Fabrikanten und Kaufleute galten zwar als wohlhabend, aber suspekt, und Wissenschaftler, die der reinen Erkenntnis dienten, lehnten Geschäfte ab.

Die erste von besagtem Perkin gegründete Teerfabrik der Welt stand in Greenwich bei London, aber die Entdeckung des Anilins ist nicht Perkins Werk allein. Es gab vier verschiedene chemische Entdeckungen, die identisch waren, nämlich das »Krystallin« von einem gewissen Unverdorven (1826), das »Kyanol« von dem bedeutenderen Friedlieb Ferdinand Runge (1795–1867), der auch das Koffein, das Atropin und das Phenol entdeckt hat, das »Benzidan« von einem gewissen Zinin (1841) und das Anilin von Fritzsche. Professor Hofmann, der 1885 wieder nach Deutschland zurückgekehrt war und in Berlin die berühmte »Deutsche Chemische Gesellschaft« gegründet hat, wies nach, daß alle diese Stoffe identisch sind. Sie alle hießen fortan Anilin, und Hofmann wies dessen Entstehung nach: den Ausgangsstoff Benzol im Steinkohlenteer, das Zwischenprodukt Nitrobenzol und dessen Überführung in Anilin. Durch die sicheren Arbeiten über das Anilin hat Hofmann den Anilinfarben den Weg geebnet und ist zum »Vater der Farbenindustrie« geworden. Diese zielte zuallererst auf die Färbung von Textilien, denn hier lag das große Geschäft. Hofmann hat noch weitere Farbstoffe beobachtet, die alle für die Textilindustrie wichtig wurden, so 1858 das Anilinrot, das kurz darauf von dem Franzosen Verguin in Lyon, der alten Seidenstadt, als Fuchsin fabriziert und in den Handel gebracht wurde. Bald darauf kamen das Anilinblau und das Anilingrün. Professor Hofmann deutete diese Farbstoffe als Abkömmlinge des Fuchsins, stellte selbst das Grün her und lieferte durch seine Analyse den Schlüssel für die Herstellung vieler weiterer Farbstoffe.

Die Chemie löste auch ein anderes, nicht weniger dringliches Problem der Textilindustrie, nämlich das Waschen und Bleichen. Die Baumwollerzeugung, die Herstellung von Garnen und die mechanische Weberei nahmen nämlich einen solchen Aufschwung, daß man nirgends mehr mit den alten Methoden auskam. Seit Jahrtausenden machte man aus Holz oder Tang die sogenannte Pottasche, das Kaliumkarbonat, das in der Seifenherstellung als Ausgangsprodukt diente. Dieses Verfahren fraß ganze Wälder, denn um drei Kilo Pottasche zu bekommen, mußte man 1000 Kilo Buchenholz verbrennen, aber so viele Buchenwälder gab es gar nicht, daß sie mit dem wachsenden Bedarf der Industrie Schritt halten konnten. So wurde die Pottasche und damit die Seife regelrecht Mangelware, und nur die Chemie konnte Rettung bringen. Die Lösung brachte der französische Arzt und Chemiker Nikolaus Leblanc (1742–1806), nach dem das noch heute gebräuchliche Verfahren zur Herstellung von Soda benannt ist. Der Arzt fand die Lösung im Jahre 1790, aber sie brachte ihm kein Glück. Seine Fabrik wurde zerstört, weil er den falschen Geldgeber hatte, keinen Robespierre oder Marat, sondern den Herzog von Orleans, einen Reaktionär. Das genügte den Jakobinern, sein Lebenswerk zu vernichten, der Pöbel stürmte seine Fabrik und vernichtete die Anlagen. Leblanc selbst, von den unerträglichen Demütigungen im Armenhaus von St-Denis demoralisiert, beging Selbstmord. Dabei war der von ihm eingeleitete Fortschritt der Chemie so folgenreich, daß dieser Mann eine Staatsrente auf Lebenszeit hätte erhalten und wie ein König leben müssen.

Leblanc fand ein Verfahren, Soda aus Steinsalz, Kohle und Kalk herzustellen. Es waren ja nicht nur die Dampfmaschine und die Spinning Jenny, die das Gesicht der Erde veränderten, nicht nur die Elektrizität des Herrn Volta oder die Montgolfièren, sondern solche viel bescheideneren, aber ungleich weitreichenderen Erfindungen. Soda brauchte man zur Glasherstellung, also gab es künftig eine Architektur mit vielen Fenstern, eine Baukunst des Lichtes und der Leichtigkeit, wie sie bisher nur die Prunksäle der Fürsten gekannt hatten. Außerdem fielen bei der Sodaherstellung Nebenprodukte an, die ihrerseits von Wert waren: Mit Salmiak, das aus Salzsäure und Ammoniakwasser entstand, lernte man Löten, Salzsäure ermöglichte die Leimherstellung aus Knochen, so wurde die Möbelherstellung verbilligt, und auch Chlor konnte man mit Hilfe von Salzsäure herstellen. Damit war für die Textilindustrie ein weiteres Problem gelöst, und die riesigen Bleichereien an den Stadträndern verschwanden. Denn eine Wollfaser, ein Stück Baumwollstoff und selbst ein Stück handgewebtes Leinen sind von Natur durchaus nicht blütenweiß, sondern eher schmutziggrau und unansehnlich.

Heute kann man sich kaum noch vorstellen, unter welchen Verhältnissen und mit welchen Methoden früher die Stoffe hergestellt worden sind. Es gibt uralte Bürger in den alten Textilstädten, die sich an die Zeit der großen Bleichen noch erinnern können, auch die alten Straßennamen verweisen häufig gerade auf diesen Arbeitsgang. Um erstklassig weißes Leinen zu bekommen, mußte man es wochenlang auf den Wiesen auslegen. Vor der Bleiche wurde es in Holzaschenlauge eingeweicht, ebenso nach dem Bleichvorgang, und anschließend in saure Milch gelegt, auch dies mehrere Wochen lang. Man kann sich vorstellen, welche Flächen schon eine begrenzte, mittelstädtische Wollweber- oder Leinenweberzunft benötigte, um ihr Zeug ordentlich bleichen zu können. Ebenso mühsam und langwierig war auch die Färberei, die ja mit dem Absud von Pflanzenstoffen durchgeführt wurde, ehe die leuchtend blauen, roten und grünen Tuche in der weiträumigen, städtischen Tuchhalle oder dem Gewandhaus feilgeboten werden konnten. Die Färberei von Stoffen gehört zu den ältesten »chemischen« Verfahren, und es ist erstaunlich, welche Vielfalt und welchen Erfindungsreichtum man schon vor Jahrtausenden aufgewandt hat, um aus einem bloßen Stück Gewebe etwas zu machen, was dem Menschen die Möglichkeit bot, sich in seiner Kleidung auszudrücken.

Die Künste der Färberzunft

Über die älteste Färberei hat sich bereits Goethe in seinen Materialien zur »Geschichte der Urzeit« geäußert: »Da Zierde des Menschen erstes Bedürfnis zu sein scheint und ihm fast über das Notwendige geht, so war die Anwendung der Farben auf den nackten Körpern und zu den Gewändern bald in Gebrauch . . . Jedes Beflecken ist eine Art von Färben, und die augenblickliche Mitteilung konnte jeder bemerken, der eine rote Beere zerdrückte. Auf den Körper bewirkte man sie durch Tatuiren und Einreiben. Für die Gewänder fanden sich bald farbige Stoffe, welche auch die beizende Dauer mit sich führen . . . Die Färberei konnte sich leicht und bequem vervollkommnen. Das Mischen, Sudeln und Manschen ist dem Menschen angeboren, schwankendes Tasten und Versuchen ist seine Lust . . . Die Technik gewann durch Überlieferung unendlich. Deswegen finden wir die Färberei bei Völkern von stationären Sitten auf einem so hohen Grade der Vollkommenheit, wie bei Ägyptiern, Indiern und Chinesen.«

Zuerst also ein paar Worte übers »Tatuiren«, diese eigentümliche Form der Kosmetik oder auch der Magie, wie man's nimmt. Die Körperbemalung ist uralt, schon die Tonfigürchen aus der Jungsteinzeit tragen Strichpunkt-Motive, die man als eine Art Tätowierung bezeichnen könnte. Auch die Ägypter kannten die Tätowierung, so schrieben sich die Könige die Namen ihrer Götter auf die Haut und die Beamten die Namen ihrer Könige: schon damals also das Gefühl des endgültigen Bekennens, wenn man erst einmal den Namen in die Haut geritzt hatte – nicht anders als bei dem Matrosen, der auf keine zwingendere Weise seinen Vorsatz, treu zu bleiben, auszudrücken weiß, als daß er sich den Namen seiner Liebsten auf die Haut tätowieren läßt. Das Wort stammt aus Samoa, wo »tatau« nur einfach eine Zeichnung meint. Im Malaiischen bedeutet »tatu« nämlich die Wunde, und auf Tahiti heißt »ta« etwa »schlagen« oder »ritzen«. Aus welcher Wurzel das Wort nun wirklich gebildet ist, läßt sich nicht mehr klären. Jedenfalls bedeutet es heute eine Ritzzeichnung auf der Haut. Kapitän Rutherford, der 1816–1826 mit fünf Gefährten Gefangener der Maoris war, berichtete über die Farbherstellung: »Zuerst rieben sie ein Stück Holzkohle auf einem Stein mit Wasser ab und machten daraus eine Farbe, in die sie dann ein aus einem Knochen hergestelltes Instrument tauchten, das eine so scharfe Schneide wie ein Meißel hatte.« Mit einem solchen Meißel wird die Zeichnung eingeritzt, indem man den Meißel aufsetzt und leicht in die Haut klopft.

Es gibt außer der bekannten Strichätzung auch die Narbentätowierung, bei der die Haut geradezu ein Schnitzwerk wird. In Borneo tätowiert man Kriegszeichnungen auf die Haut: Bei geringen Erfolgen wird ein Finger tätowiert, bei Tötung eines Feindes, dessen Schädel erbeutet wird, ist es die ganze Hand. Kurios ist übrigens ein Brauch bei den Ainus, den fast ausgestorbenen Ureinwohnern von Japan,

Der Färber. *Holzschnitt von Jost Amman, 1568. Österreichische Nationalbibliothek, Wien*

die vieles aus der jägerischen Urzeit überliefert haben. Hier tätowierten sich die
Frauen früher hochgezwirbelte Schnurrbärte auf die Lippen, einer der verblüf-
fendsten Versuche, optisch eine gewisse Gleichwertigkeit mit Männern herzustellen. Gewiß gehört das Tätowieren ins Kapitel der Kleidung, aber bis zur Verwendung von Farbstoffen, um Gewänder zu färben, ist es ein weiter Weg und auch
bis zu denen, die nach Goethe »beizende Dauer mit sich führen«.

In jener frühen Kulturstufe, in der man aus Ton Töpfe formte und in Öfen
brannte, als man die ersten Getreide säte und zugleich das Wild in den fruchtbaren
Flußtälern mit Fallen jagte, hat man auch das Leder gefärbt, aus dem man die Kleidung fertigte. Offenbar gab es da bestimmte Erfahrungen mit den mineralischen
Farbstoffen, mit dem Ocker, dem Zinnober und dem Malachit, die weit in die jäge-
rische Urzeit zurückreichen dürften. Die Höhlenmalereien sind mit solchen Farb-

stoffen gemalt, die Toten mit Ocker magisch »ausgezeichnet«. Zum Färben von Stoffen reichten derartige Farben noch nicht aus, doch konnte und wollte man bei Wolle und Leinen nicht auf Farbe verzichten. Im Ägypten des Alten Reiches hat man zwar vorwiegend ungefärbte weiße Stoffe getragen, doch kamen schon früh gefärbte Gewebe vor. Blau hat man offenbar aus einer Indigo-Art gewonnen, die im Sudan heimisch war, Gelb stammte aus dem Safran, und das Grün war wohl eine Mischung aus Indigo- und Safrantönen.

Schriftliche Zeugnisse über die frühe Textilfärberei sind spärlich. Allerdings werden die Textilberufe in dem Kodex Anastasi, wenn auch sehr abfällig, erwähnt: »Der Weber im Hause ist schlimmer dran als irgendeine Frau. Er hockt mit den Knien an seinem Herzen, und niemals kostet er frische Luft . . . Des Färbers Finger stinken wie verdorbene Fische, seine Augen tränen vor Ermüdung.« In einem alten Rezept heißt es: »Rosenfarbe wird auf folgende Weise gefärbt: Bestreue die Wollwickel mit Asche, mache sie auf und wasche die Wolle in Flüssigkeit mit Töpfererde. Spüle ab und beize sie. Nimm dann zur Mine Wolle ein Viertel Mine gerösteten, feingestoßenen Krapp und ein Viertel Choinix Bohnenmehl und mische dies unter Zusatz von weißem Öl im handwarmen Färberbad. Tu die Wolle in den Kessel und rühre bis zum Einsaugen der Farbbrühe um. Dann arriviere durch Alaun, spüle in Salzwasser und trockne im Schatten.« Kein Wunder, daß bei einem solchen Rezept, das eine Art Ölen sowie eine Vor- und Nachbeize der Wolle umfaßte, des Färbers Finger stanken.

Als die Ägypter unter Tuthmosis III. (1501–1447 v. Chr.) in Kontakt mit der farbenreichen Textilkunst Vorderasiens kamen, wurde auch ihre Kleidung farbiger, und sie übernahmen von ihren Nachbarn verschiedene Färbeverfahren. Als Howard Carter 1922 die Königsgräber Tutenchamuns (um 1346/37 v. Chr.) öffnete, fand sich eine Truhe, in der die Reste von Königsgewändern aufbewahrt wurden. Zum ersten Mal konnte man jetzt jene Stoffe sehen, die man vorher nur aus den Darstellungen der bildenden Kunst kannte. Später hat übrigens der unermüdliche Plinius einen Kunstgriff ägyptischer Färber geschildert, der nicht erst in römischer Zeit entstanden sein dürfte. »In Ägypten werden die Kleider nach einem merkwürdigen Verfahren gefärbt. Sie werden zuerst gewaschen und dann getränkt, aber nicht mit Farbe, sondern mit farbanziehenden Substanzen. Auf den Stoffen sind diese zunächst unsichtbar. Aber die Stoffe sind in kürzester Zeit fertig gefärbt, wenn man sie alsdann in den Färberbottich taucht. Obwohl der Bottich nur einen einzigen Farbstoff enthält, bekommen die Stoffe wunderbarerweise verschiedene Farben, je nach der Art der vorher verwendeten Substanzen. Und diese Farben kann man durch Waschen nicht mehr entfernen!« Das zauberähnliche Verfahren, das Plinius beschreibt, ist die sogenannte »Beizenfärberei«, die heute noch gebräuchlich ist. Man nahm damals Alaun; ein solches Beizmittel bewirkt zweierlei: das Mittel heftet sich fest in den zu färbenden Stoff, aber ebenso auch an die Farbpartikel. Auf diese Weise stellt es eine innigere Verbindung zwischen Stoff und Farbe her, die angereichert und damit waschfest wird. Zum Beizen benutzbarer, durch Kristallisation gereinigter Alaun ist eines der ältesten chemischen Handelsprodukte gewesen.

Die modische Vorliebe für ein bestimmtes Blau oder Rot verwies auf die entsprechenden Grundstoffe. So haben die Einwohner von Mohenjo-Daro und

Harappa im Industal, deren Kultur mit der sumerischen Kultur einige Überein-stimmungen aufweist, eine starke Vorliebe für Rot gehabt. Schon im dritten vorchristlichen Jahrtausend hat man dort die Krappwurzel gekannt, die im europä-ischen Mittelalter eine so große Rolle spielen sollte. Häufiger als der Krapp wurde aber die Cochenille-Laus zur Farbherstellung benutzt. Mit dem aus dem spa-nisch-französischen Wortschatz stammenden »Cochenille« werden mehrere Arten von Schildläusen bezeichnet, die einen roten, ungiftigen Farbstoff enthal-ten, das Karmin. Es gibt eine Sorte, die auf den Opuntien in Mexiko lebt und deren Rot von den Azteken für die Färbung prachtvoll roter Gewänder benutzt worden ist. Ungefähr 150000 Exemplare wiegen ein Kilogramm, man benötigte also enorme Mengen, um ein Gewebe satt zu färben. Die Indios haben diese Schildläuse von den Kakteen gefegt und sie dann in der Sonne getrocknet, ehe sie zerstampft und mit Wasser aufbereitet wurden. Erstaunlich ist dabei nur, daß die Menschen überhaupt auf den Versuch mit solchen Läusen gekommen sind. Offenbar ist in diesen frühen Stadien der Kultur die spielerische Neugier, der »Forschungseifer« nicht geringer gewesen als in unserer technischen Zivilisation, und es scheint we-nig gegeben zu haben, was man nicht im Rahmen begrenzter Zielsetzungen aus-probiert hätte.

In Mexiko hat man diese Chochenille-Läuse sogar regelrecht gezüchtet, etwa wie in China die Seidenraupe. Die Methode, aus Schildläusen Farbstoff zu gewin-nen, ist auch in China und im Vorderen Orient bekannt, wobei vollkommen unklar ist, ob es in dieser Hinsicht irgendwelche Kultureinflüsse gegeben hat. Im Vorde-ren Orient waren es die auf Eichen lebenden Kermesschildläuse, aus denen man den Farbstoff gewann. Zuerst soll das Verfahren in Anatolien angewandt worden sein. Von dort hat es der assyrische Herrscher Tigletpilesar I. (1115–1077 v. Chr.) in seinem Reich heimisch gemacht. Die griechisch-römische Antike hat in der Textilfärberei weitgehend die alten Techniken aus dem Vorderen Orient über-nommen. Am bekanntesten ist die antike Purpurfärberei geworden, die ganzen Provinzen den Wohlstand sicherte und Grundlage eines ausgedehnten Handels gewesen ist.

Profit mit Purpur

Purpur, die Farbe des Blutes, galt den damaligen Menschen als Ausdruck herr-scherlicher Macht, von Leben und Majestät. Über die Entstehung des Purpurs gibt es eine reizende, wenn auch historisch offensichtlich späte Mythe. Sie ist in Phöni-zien angesiedelt, denn dort soll um das Jahr 1439 v. Chr. die Purpurfärberei ihren Ursprung genommen haben. Die Legende besagt, ein tyrischer Gott – Tyros ist eine phönizische Stadt 70 km südwestlich von Beirut – sei in Begleitung seines Hundes am Strand entlanggegangen, zusammen mit seiner Geliebten, einer schö-nen Nymphe. Der Hund habe eine Purpurschnecke zerbissen und sich das Maul rot gefärbt. Der Nymphe gefiel die Farbe, und so bat sie den Gott, ihr ein solches Gewand zu schenken. So färbte der Gott das erste Purpurgewand und schenkte es der Schönen. Immer sind die komplizierten Techniken Göttern zugeschrieben worden, weil man sich nicht vorstellen konnte, daß Menschen allein etwas so Schwieriges hätte einfallen oder daß sie durch Zufall hätten darauf kommen können. Im Griechischen ist vieles mit »purpurn« bezeichnet worden, was mit Rot nichts zu tun hat. Die Salzflut des Meeres, die Schwäne und den weiblichen Busen bezeichnet Homer als purpurn, so daß man annehmen kann, dieses Wort habe eine Doppelbedeutung gehabt, vergleichbar etwa unserem »blau«, und eine dieser Bedeutungen sei verlorengegangen. Die indogermanische Wortwurzel »bhur«, soviel weiß man heute, bedeutete »sich unruhig bewegend«, »flimmernd«, »zappelnd«, und ihre Verästelungen finden sich in vielen Sprachen. Das russische »Burja« (russisch: Orkan), das tschechische »bjure« (Gewitter), aber auch der »Boreas«, der rauhe Sturm, leiten sich von dieser Wurzel ab. Aus dem indischen Wort »bhar-bur«, das eben diesen jähen, stürmischen Wechsel, die flutende Bewegung meint, haben die Griechen ihr Wort »porphyreos«, die Römer ihr »purpureus« gebildet, wovon schließlich Purpur geblieben ist. Trotzdem ist diese ganze Namensfrage einigermaßen rätselhaft, solange man keine Vorstellung davon hat, auf welche Weise denn nun der Farbstoff der Schnecke gewonnen wird.

Der Purpursaft ist der Schleim einer kleinen Drüse, die an der Atemhöhle der Schnecke liegt. Verschiedene Stachelschneckenarten bilden solche Drüsen, eine davon lebt auch in der Nordsee, aber nur bei den echten Purpurschnecken besitzt der Schleim die für die Schnecke selbst bedeutungslose Kraft des Färbens. Der photochemische Prozeß, der aus dem farblosen Saft einen leuchtenden Farbstoff macht, liefert auch die Erklärung für die Wortbedeutungen. Wenn der Saft einer frisch getöteten Schnecke entnommen wird, fließt er nicht etwa rot, wie die Mythe vom tyrischen Gott weismachen will, sondern weißlichgelb. Erst unter dem Einfluß des Sonnenlichtes und mit Wasser versetzt bietet diese Flüssigkeit ein stürmisches Schauspiel von schnell wechselnden Farbnuancen: Erst zitronengelb, dann grün oder bläulich, findet sie je nach der Intensität des Lichtes ihre der Schneckengattung entsprechende Farbe, ein sattes Violett, Rosa oder ein tiefes Rot.

Das Herstellungverfahren in der Antike war primitiv, aber wirksam: Die Schnecken wurden ausgesucht und nach Entfernung der Schalen in Körben zusammengeworfen. Bei größeren Tieren wurden die Schleimdrüsen herausgenommen, die kleinen Tiere wurden nur zerdrückt. Die aus den Körben laufende Flüssigkeit wurde aufgefangen; dann gab man Meersalz hinzu und füllte sie in Steinvasen ab; metallene Gefäße kamen nicht in Frage, damit kein störendes farbiges Metalloxyd entstand. Man schäumte dann die Flüssigkeit ab und setzte ihr verschiedene Beizen zu, vermutlich auch Zitronensaft. Für die Verhältnisse in der Antike war dieses Verfahren arbeitsaufwendig und zeitraubend. Nach anderen Verfahren ließ man die Schleimdrüsen in bronzenen Töpfen aufkochen und durch Erhitzen kondensieren; man verstand es, mit den verschiedensten Zusätzen und durch Beherrschung des photochemischen Vorganges die verschiedensten Farben von Gelb bis Blau oder Lila zu erzielen, je nach Dauer der Lichteinwirkung und nach der Höhe des Konzentrats oder der Art der Zusätze. Der Standort der bekanntesten Purpurfärbereien war Sidon. Der französische Arzt Dr. Gaillordot entdeckte 1864 in der Nähe des heutigen Saida den Beweis: eine 120 m lange und 7–8 m hohe Halde aus Schlacken der Purpurschnecke (Murex trunculus).

Wenn die Phönizier, Punier oder Römer die Farbe gewonnen hatten, färbten sie die gewaschene, lose Wolle. Das Spinnen der Purpurwolle scheint ein Privileg der first ladies gewesen zu sein, denn Homer schildert, wie die schöne Helena, Penelope, des Odysseus Gattin, und die anmutige Nausikaa Purpurwolle gesponnen hätten – alle diese Frauengestalten verkörpern die griechische Vorstellung vom edelsten Frauentum ihrer Zeit. Nach dem apokryphen Protoevangelium des Jakobus (11, 1/2) spann Maria Purpur, als der Verkündigungsengel zu ihr trat. Zu den während der Purpurherstellung erreichten Farbnuancen gewann man weitere Möglichkeiten, wenn man beim Spinnen ungefärbte Wolle untermischte. Die echten, dunklen Purpursorten erzielten einen hohen Preis. Aus einem Preisverzeichnis des Kaisers Diokletian weiß man, daß der Preisaufschlag 2000 Prozent betrug; die Purpurwolle kostete das Zwanzigfache der ungefärbten weißen Wolle. Der echte Purpur wurde deshalb oft mit pflanzlichen Zusätzen »gestreckt«, allerdings war nur ein mit echtem Purpur gefärbtes Gewand lichtecht, nicht bleichend, selbst unter italienischer Sonne. Die Kosten wurden mit der Zeit untragbar, deshalb ordnete Papst Paul I. im Jahre 1464 an, daß die Kardinalsgewänder künftighin mit Alaun und Kermes zu färben seien. Für den päpstlichen Schatz bedeutete das eine große Ersparnis. Alaun wurde zwar aus der Türkei importiert, aber in Tolfa nahe bei Rom wurden knapp zwanzig Jahre nach dieser Verordnung Lagerstätten von Alaun entdeckt, und 1493 waren bereits 8000 Personen mit der Gewinnung von Alaun beschäftigt.

Die alten Zentren der Färbekunst waren durch die politischen Ereignisse verfallen und lieferten nicht mehr. Im Jahre 638 war das alte Tyrus von den Arabern erobert und gebrandschatzt worden, im Jahre 1453 erlitt Byzanz mit seinen vielfältigen Färbereien das gleiche Schicksal. Die Flüchtlinge, die Färber waren und ihr Zunftzeichen ebenso wie ihre streng gehüteten Berufskenntnisse über das Mittelmeer mitnahmen, bildeten in Palermo ein neues Zentrum. Dort in Palermo hatten schon die Staufenkaiser ihre prachtvollen Krönungsmäntel färben lassen. In dem Maße aber, wie die Purpurfärberei verfiel und das Rot profaniert wurde, gewann das Scharlachrot der Kermes-Schildläuse an Bedeutung. Diese Methode war über die Araber nach Spanien und von dort ins restliche Abendland gekommen. In Europa hat man diesen Farbstoff, der planmäßig gewonnen wurde, »Johannisblut« genannt. Er blieb ohne Konkurrenz, bis die Spanier in Mexiko das Rot der Cochenille entdeckten. Noch immer war mit Farbstoffen ein gutes Geschäft zu machen, und so führte man die mexikanischen Kaktus-Schildläuse in Java, Guatemala, auf den Kanarischen Inseln und selbst in Algier ein. Kurzfristig entwickelte sich auf der Grundlage der schon von den Azteken gezogenen Cochenille eine regelrechte Farbindustrie, bis die Herstellung künstlicher Farbstoffe auch diese Betriebe zum Erliegen brachte.

Vor dem Aufkommen der Anilinfarben beherrschten aber nicht nur tierische, sondern auch pflanzliche Farbstoffe das Feld: Indigo und Krapp waren für die Menschen des Mittelalters unersetzlich und bis in die Neuzeit eine Quelle beachtlichen Wohlstandes.

Indigo und Krapp

Indisch nannte der Spanier den leuchtendblauen Farbstoff, das ergab »Indigo«. Es ist der älteste bekannte organische Farbstoff der Welt und gibt eines der kulturgeschichtlichen Rätsel auf. Außer in Australien ist seine Verwendung bei allen Naturvölkern aller Erdteile nachgewiesen, wobei die Zusammenhänge wieder einmal ungeklärt sind. Indigo als Farbstoff wird aus den tropischen Indigofera-Arten gewonnen, aber auch aus Waid und Knöterich, die beide im gemäßigten Europa wachsen. Die eigentliche Indigopflanze (Indigofera tinctoria) ist in Indien beheimatet, und hier liegen auch die ältesten Färberzentren der Alten Welt. Wolle und Seide wurden in Indien und China jahrtausendelang mit Indigo blau gefärbt. Man beherrschte also den Kunstgriff, der Pflanze ihren Farbstoff zu entreißen, fast ebensolange wie das Spinnen und Weben. Damit aus den Blättern des Indigos – übrigens ist es beim Färberwaid genauso – das Blau entsteht, muß der Färber den farblosen Stoff Indikan auf bestimmte Weise behandeln.

Für die Indigoherstellung aus den frühen Kulturen hat man kein Rezept, wohl aber für die Behandlung von Färberwaid, das hier als Beispiel gelten soll. Zuerst müssen die Blätter, frisch oder konserviert, in Wasser aufgeweicht werden. »Dann gieße so viel Harn darauf, bis die Flüssigkeit darübersteht und laß die Masse in der Sonne warm werden. Schließe sie dadurch auf, daß du in der Sonne darin herumtrittst, bis sie, nach drei Tagen, gleichmäßig durchzogen ist . . .« Das Ammoniak des faulenden Urins ruft eine alkalische Reaktion hervor, der Zwischenstoff, das Indikan, spaltet sich durch die Gärung des Zuckers, denn es besteht aus einer Verbindung von Farbstoff und Traubenzucker. Man nennt das auf diese Weise gewonnene Produkt die »Urinküpe«, eine gelbliche, ungemein stinkende Flüssigkeit, der niemand ansieht, daß sie ein leuchtendes Blau enthalten könnte. Erstaunlich genug, daß die Entdeckung der Indigofärberei fast allen Naturvölkern gemeinsam und jedenfalls beherrscht worden ist, denn nicht durch chemische Analysen ist man ja auf diese chemische Verwandlung gekommen, sondern durch das Goethesche »Sudlen und Manschen«. Wenn der Färber jetzt ein Tuch in die Küpe hält, ist es gelb, und erst wenn er es herauszieht und an die Luft bringt, bildet sich, unlösbar mit dem Gewebe verbunden, ein strahlendes Blau.

Die antiken Färber haben nicht Indigo benutzt, sondern den schon erwähnten Färberwaid. Chemisch gesehen lieferten beide Pflanzen den gleichen Farbstoff, aber die Qualitätsunterschiede waren beachtlich: Indigo färbt ein klares Blau und ist etwa dreißigmal ergiebiger, während bei Färberwaid pflanzliche Beimengungen ein trüberes Blau ergeben. Der Anbau von Färberwaid wurde, weil im Mittelalter kein anderer Farbstoff verfügbar war, von den Fürsten gefördert. Die Verordnungen Karls des Großen verpflichteten einzelne Dörfer, sich auf den Anbau von Waid zu spezialisieren, so bekam diese Pflanze eine große volkswirtschaftliche Bedeutung und breitete sich vor allem in Schwaben und Sachsen aus. Was für den Purpur gesagt worden ist, galt auch hier: Der Anbau lohnte sich, die Dörfer und Städte wurden wohlhabend, und so konnte Erfurt, seit etwa 1290 das europäische Handelszentrum für Färberwaid, im Jahre 1392 eine Universität mit vier Fakultäten gründen, eine für damalige Verhältnisse ungewöhnliche Maßnahme. Ein Zeitgenosse berichtet über diesen Wirtschaftszweig: »Dieses Farbenkraut und der Waidhandel ist gleichsam des Thüringer Landes Goldenes Vlies, weil es weit und breit durch die umliegenden Lande verführet, verbraucht und großes Geld macht. Demnach hätten die Erfurter Ratsherren guten Fug, der Englischen Parlamentsherren Gewohnheit nach – welche auf Wollsäcken sitzen – ihre Polsterstühle statt mit Wolle, mit Waid zu füttern.« Man kann zufrieden sein, daß der Schreiber nicht gleich die Aufstellung der Urinküpe forderte, denn sie war die Mutter des Wohlstandes. Man hatte nämlich ein sehr sinnreiches Verfahren gefunden, das Indigo oder vielmehr den Waid versandfertig zu machen: Man peitschte die Flüssigkeit so lange mit Ruten, bis genug Sauerstoff unter die Masse gequirlt war und sich nach und nach blauer Farbstoff bildete. Man verstand es, diesen Farbstoff abzufiltrieren, zu trocknen und versandfertig zu machen.

Die Herrlichkeit mit dem Nutzen des Waidanbaues hat nicht lange gedauert. Bekanntlich hat Vasco da Gama 1498 den Seeweg nach Ostindien entdeckt, damit war man den Zwischenhandel los, aber es gab neue Probleme. Beispielsweise wurde aus den überseeischen Ländern Indigo eingeführt, und die ansässigen Bauern und Gewerbetreibenden liefen Sturm gegen den neuen Rohstoff. So schreibt 1713 ein volkswirtschaftlicher Autor in seiner »Fürstlichen Schatz- und Rentkammer«, Deutschland habe alle Arten von »Färbezeug« im Überfluß. »Den Indigo sollten wir dahero längst verbannet haben, denn es ein Unkraut in der färberey ist.« Das half alles nichts, denn Indigo wurde ständig billiger. Aus den westindischen Inseln Martinique und Guadeloupe, wo etwa 60000 Sklaven in Pflanzungen und Plantagen arbeiteten, kam seit 1750 neben Tabak, Zucker, Rum und Baumwolle auch Indigo, denn längst hatte man ihn auch in anderen tropischen Gegenden als in Indien planmäßig angepflanzt. Die »Indigotireos« waren eine ganz gute Kapitalanlage. Gegen diese Importe war kein Kraut gewachsen, und die sogenannten »Waidjunker«, deren Wohlstand auf dem Färberwaid beruhte, mußten sich auf andere Erzeugnisse umstellen. Nun waren die Profite auf seiten des Indigos, aber auch das hat nicht lange gedauert.

Um 1890 lagen die Importe von Indigo allein aus dem damaligen Britisch-Indien über 8 Millionen Kilogramm, aber schon arbeiteten die großen Chemiker an der Herstellung künstlichen Indigos. Es gab ja schon lange Mauvein und Fuchsin, Anilinrot und die Palette der anderen chemischen Farben. Nur das künstliche Indigo war noch nicht gefunden, doch war das nur eine Frage der Zeit. Es soll Plantagenbesitzer gegeben haben, die den großen Chemiker Adolf von Bayer in München beobachten ließen, damit man sich rechtzeitig auf den Verlust des Monopols einstellen konnte. Allerdings war diese Vorsicht berechtigt, nur erfolglos: Die Herren Plantagenbesitzer bekamen nichts mit. Bayer hat über die Sache selbst gesagt, der künstliche Indigo habe 1870 das Licht der Welt erblickt, als er mit seinem Schüler Emmerling an diesem Problem arbeitete. Die chemische Konstitution hat er 1883 gefunden und sie in einem amüsanten Brief an den Chemiker Caro notiert, der seinerseits für die fabrikmäßige Herstellung künstlichen Indigos gearbeitet hat. In dem Brief geht es um die Enthüllung des Denkmals für Justus von Liebig: »Die Enthüllung findet um 11 Uhr am 6. August statt, Frack und weiße Binde ist vorgeschrieben, sonst ist weiter nichts nötig. Indigo ist $C_6H_4-CO-C-C-CO-C_6H_4$. Wie geht es denn Ihrer Frau Gemahlin?« (mit NH Gruppen)

Bis zur synthetischen Herstellung von Indigo war es dann nur noch ein Schritt, schließlich entwickelte man in Ludwigshafen in den Büros der Badischen Anilin- & Sodafabriken das Verfahren zur fabrikmäßigen Reife: König Indigo war entthront, und die Pflanzungen in Übersee verfielen. Auch der Krapp-Farbstoff, die alte Naturfarbe Rot, ist in jenen Jahrzehnten chemisch hergestellt worden. Schon 1868 hatten die jungen Chemiker Carl Graebe und Carl Liebermann dieses Problem gelöst, und das künstliche Alizarin war, im Gegensatz zum natürlichen Alizarin aus Krapp, auf Anhieb zum Färben und Drucken geeignet, während das natürliche Produkt verunreinigt und erst durch lange Operationen gleichwertig war. Hier zeigte sich besonders deutlich, daß die neuen chemischen Farben kein

»Ersatz« waren, sondern besser als die Naturprodukte, vor allem für die industrielle Herstellung.

Mit dem Einzug des siegreichen Alizarins aus der Retorte trat der große Umschwung in den Färbereien und Stoffdruckereien ein. Den Höhepunkt dieser Entwicklung bilden die sogenannten Indanthrenstoffe, die mit lichtechten, farbbeständigen und wetterfesten künstlichen Farbstoffen behandelt worden sind. Sie haben chemisch eine andere Zusammensetzung als der künstliche Indigo, den sie inzwischen verdrängt haben. Jedenfalls hat eine Stoffdruckerei heute Hunderte von Farbtönen aller Art zur Verfügung, und jedermann kann sich Purpur, Königsblau oder Schwarz leisten.

Wie kompliziert die Färberei im vorindustriellen Zeitalter gewesen ist, kann man sehr hübsch an einem alten Rezept für das Schwarz sehen, das zu den heikelsten Farben zählte: »Man nimmt reinen Eisenfeilstaub und legt ihn an die Luft auf Bretter, damit er roste, nachdem man ihn fünf- bis sechsmal gewaschen hat. Von Zeit zu Zeit begießt man ihn mit Heringslake. Wenn er auf der einen Seite völlig gerostet ist, wendet man ihn um und begießt ihn immer, bis er auf der anderen Seite ebensosehr gerostet ist. Alsdann stößt man ihn ein wenig, tut ihn in ein Faß und gießt zu jedem Pfund Feilstaub 3 Maß Weinessig. Hernach zapft man den Liquor (lateinisch: Flüssigkeit) ab. Um schwarz zu drucken, tut man zu 6 Maß von diesem Liquor 9 Unzen Antimonium, 4 Unzen cyprischen Vitriol und 4 Unzen Grünspan und läßt dieses auf dieselbe Art wie das vorige untereinander kochen.« Heute druckt man Schwarz mit einem tiefen Anilin- oder Hängeschwarz. Es hat seinen Namen daher, daß das Gewebe nach der Trocknung mehrere Stunden in feuchter, heißer Luft hängen muß. Es bildet sich dann durch die Einwirkung des Sauerstoffs ein dunkles Grün, und erst beim Bad in der Entwicklerflüssigkeit, zum Beispiel in einem heißen Chromkalibad, bildet sich das gewünschte, satte Schwarz. Selbst im chemischen Zeitalter ist es also nicht so, daß die Farben für den Stoffdruck wie ein Cocktail gemixt aus dem Bottich kommen; oft müssen sie noch spezifischen Verfahren unterworfen werden, und noch immer ist die Färberei eine besondere Kunst, wenn auch ohne Verwendung von Rost und Heringslake.

Batik aus Java

Vom Faden zum Gewebe, von der Farbe zum Stoffdruck: Erst bei genauerer Betrachtung wird deutlich, wie viele Tätigkeiten des Menschen sich auf seine Kleidung beziehen. Aber eben weil die Kleidung einen höheren Prestigewert hat als etwa die tägliche Mahlzeit und weil sie ihren Träger sozial einordnet und ausweist, haben sich auch soviel Künste und Fertigkeiten entwickelt, sie zu verschönern. Die ganze Geschichte der Stoffdruckerei soll hier nicht wiedergegeben werden. Es leuchtet ein, daß man Farbe mit dem Pinsel auf Stoff malen kann, wie dies etwa die Chinesen machen, daß aber solche Auftragungen sich auf einem Stoff, der am Körper getragen oder gar Sonne und Regen ausgesetzt ist, nicht lange halten. Es ging also darum, Verfahren zu finden, mit denen der Stoff überhaupt erst einmal eine gewisse Musterung erhielt, und es ging um eine innigere Verbindung des Stoffes mit der Farbe.

Zwei Färbemethoden sind in Asien entwickelt worden, Ikat und Batik, von denen die eine weltweite Verbreitung gefunden hat und jetzt auch von Kindern im handwerklichen Unterricht gelernt wird. Die eine Methode, nach dem indonesischen Wort »Ikat« genannt, besteht im Abbinden. Dabei werden alle Teile des Garnes, die ungefärbt bleiben sollen, mit Fäden umwickelt, bevor man sie in den Farbstoff taucht. Weil die Grenze zwischen dem gefärbten und dem ungefärbten Teil nie ganz scharf ist, erhalten die Muster beim Weben ein verfließendes, aber wirkungsvolles Gepräge. Diese Abbindetechnik hat es bei den Inkas gegeben, im Sudan, in Europa und Japan, aber bekannt ist sie vor allem aus Indonesien.

Die andere, bekanntere Methode, bei der es ebenfalls darum geht, bestimmte Teile von Farben freizuhalten oder auch die zu färbenden Partien scharf abzugrenzen, ist das längst moderne Batikverfahren (javanisch ambatik: schreiben). Es lohnt sich, einer Javanerin bei der Arbeit zuzuschauen. Zunächst behandelt sie einen besonders leichten Baumwollstoff, indem sie ihn einweicht, kocht und spült. Das ist wichtig, damit etwaige feine Fettreste aus dem Stoff entfernt werden; sie könnten das Muster beeinträchtigen. Nun wird der Stoff mit einer Appretur versehen, die meist aus verdünntem Reismehl mit Alaun besteht. Dann bügelt die Javanerin das Stück sehr sorgfältig. Sie ist nun sicher, daß das flüssige Wachs nicht in den Stoff eindringen kann. Wenn es sich um eine Batikarbeit handelt, die vielleicht für einen Würdenträger oder eine andere hochgestellte Persönlichkeit bestimmt ist, läßt sie den Stoff von Männern mit Holzhämmern schlagen, bis die Fläche vollkommen glatt ist: Der »tjanting« wird nun leicht wie im Flug das Muster aufzeichnen können. Endlich ist es soweit: Die Javanerin hängt den Stoff über den holzgeschnitzten Gawangan, ein Gestell, auf dem man ihn bearbeitet. Der Bantul, ein Halter, an dem ein schweres Gewicht befestigt ist, zieht den Stoff straff. Was der Tjanting ist, verrät ein javanisches Rätsel, das jedes Kind löst: »Er hat den Kelch einer Blume, den Schnabel eines Raubtieres. Fünf folgen ihm über das weiße Feld, und er läßt überall Blutspuren zurück.« Es handelt sich um das kleine Spezialgefäß, mit dem die Wachszeichnung aufgetragen wird. Die »Blutspuren« sind die Farben, der Kelch ist ein kleines Gefäß mit flüssigem Wachs, das an der Seite durch ein gebogenes Abflußröhrchen, den »Schnabel«, abgegeben wird. Die Fünf, die ihm »über das weiße Feld« folgen, sind natürlich die Finger. Die Javanerin hat auf einen kleinen Wärmeofen neben das Gestell den Topf mit flüssigem Wachs gestellt, das freilich nicht kochen darf. Nachdem mit Kohle die Fläche grob aufgeteilt worden ist, tritt nun der Tjanting in Aktion. Mit schnellen Strichen zeichnet die Javanerin die »leeren« Stellen auf den Stoff, die ungefärbt bleiben sollen. Dabei greift sie auf eine reiche Überlieferung an alten Ornamenten und Mustern zurück.

Die Technik selbst ist, wie das Ikat, vermutlich in Indien entstanden, dementsprechend ähneln auch die Blumen und Drachen, Schlangen und Pfauen der indischen Formsprache. Nun muß das Wachs erkalten, dann taucht man den Stoff in die Farbflüssigkeit. Später wird er getrocknet, durch ein Bad von der Wachsschicht befreit – die erste Färbung darf sich dabei nicht auflösen – und diesem Vorgang zum zweiten oder dritten Mal unterworfen. Die Javanerin arbeitet an ihrem Sarong oft viele Wochen, denn jeder einzelne Arbeitsgang erfordert viel Geduld und Zeit. Sie wird niemals grelle Farben verwenden, sondern ein dunkles Braun, ein mattes Rot, ein dunkles Blau. Die feinen Risse und Brüche im Wachs geben der Färbung etwas Edles, Lebendiges, als handele es sich nicht um das Ergebnis eines technischen Vorgangs, sondern um organisch Gewachsenes. Echte Batiken sieht man auch heute äußerst selten. Allein die freie Zeichnung aus der Hand ist nicht jedermanns Sache, selbst wenn man sich der Schablonen bedient, die man auf dem Markt kaufen kann und mit ein paar Nadeln unter den Stoff heftet. Es gibt auch Metallstempel mit den entsprechenden Ornamenten, aber diese Technik dürfen nur Männer anwenden, wenn sie Batikarbeiten machen. Den Frauen ist die künstlerisch produktive Tätigkeit vorbehalten.

Stoffdruckverfahren sind auch in anderen Kulturen angewandt und weit verbreitet, wobei die Beziehungen nicht immer zu klären sind. Plinius hat eine Art Batiktechnik beschrieben, die in Ägypten gebräuchlich gewesen sein soll, und tatsächlich zeigen die berühmten Baumwollreste aus der oberägyptischen Stadt Achmim, die 1894 von Robert Forrer ausgegraben wurde, derartige Technik. Nur mit der »Reservetechnik«, bei der die ungefärbten Stellen abgedeckt werden, können sie ihre Muster erhalten haben. Ebenso hat man in Mittelasien in Buchara Tücher in solcher Technik gefunden, und das wiederum deutet, zusammen mit einigen Textquellen, auf China als Ausgangsland der Batiktechnik.

Stoffdruck mit Modeln

Häufiger, wenn auch weniger differenziert, ist das Druckverfahren für die Färbung von Stoffen. Längst ehe die ersten Bücher mit Stempeln bedruckt wurden, hat man Stoffe auf diese Weise gemustert. Die ersten Funde stammen aus dem 6.-7. Jahrhundert, und zwar aus dem byzantinischen Machtbereich, dem damaligen Ägypten. Die Verwendung von Stempeln reicht ja sehr viel weiter zurück, wie allein die Tontafelschriften der Assyrer, Babylonier und Sumerer beweisen, und auch in China hat man ganz sicher schon sehr früh Stoffe mit Mustern gestempelt, aber leider fehlen die Beweise für diese Behauptung, und so muß man sich mit der Feststellung begnügen, daß Stoffdrucke hierzulande so alt sind wie das Abendland. Bei ihrer Entstehung ging es – wieder einmal, wenn auch diesmal im Rahmen der Klöster – um das Prestige. Jenseits der Alpen nämlich besaß man die herrlichen Gold- und Silberstickereien, die sich in den Klöstern auf der Reichenau oder in Irland, im Land der Sachsen oder am Niederrhein kein Mensch leisten konnte. Altartücher, Reliquienhüllen oder die Wandbehänge im Gotteshaus mußten aber wenigstens annähernd jene Kultur aufweisen, welche die Heiligen und ihre Missionare aus der südlichen Heimat gewohnt waren. Man druckte also mit Holzmodeln zuerst in Schwarz und streute auf die noch klebrige Farbe Gold- oder Silberstaub, dessen Reste man nach dem Trocknen sorgfältig abwischte. Auch Samt hat man nachgeahmt, indem man Wollstaub auf die Druckfarbe streute. Dieses Verfahren, eine deutsche Erfindung, fand Anklang; Rudolf von Habsburg ließ 1285 dem Sultan El Melik el Mansur fünf Lasten solcher »Siklâts« überreichen.

Der nächste technische Schritt war die Verwendung größerer Holzmodeln, und man überließ das Bedrucken von Stoffen gelegentlich Malern, vor allem im 14. Jahrhundert, zur Zeit des aufstrebenden Bürgertums. Der Maler Cennino Cennini hat über die neue Technik eine Art Leitfaden geschrieben, »über die Art, mit der Form auf Zeug zu malen«. Als mehrere Jahrhunderte später die Buchdrucker ihre Zunft gründeten, gab es Schwierigkeiten mit der Malerzunft, weil jeder die Zeugdrucker für sich beanspruchte. Immer noch war der Zeugdruck aber ein Vorrecht der Klöster, ein Verfahren zur Verschönerung kirchlicher Gewänder, und erst allmählich drang die Formsprache der »Formschneider«, die solche Modeln schnitzten, über das Kloster hinaus. Nun schnitt man auch Pfefferkuchenformen. Wer sich vor allem mit der Herstellung und dem Bedrucken von Stoff befaßte, nun schon mit regelrechten farbigen Bildern, den nannte man »Drucker« oder auch »Printer«, diese Bezeichnung ist also älter als die Erfindung des Buchdruckes.

Im 16. Jahrhundert gibt es dann ein berühmtes Handbuch des Zeugdruckes der Margarete Holzschuher, das viele Feinheiten enthält. Den bunten Holzschnittdruck hatte man inzwischen zur Herstellung von Heiligenbildchen und Spielkarten erfunden, nun wandte man ihn auch auf diese Art des Stoffdruckes an. Vermutlich hat man wie mit einem Nudelholz die Bilder auf Stoff gedruckt.

Auch der Zeugdruck ist dann im 18. Jahrhundert ins Stadium der Manufakturherstellung getreten, zu einem solchen Fabrikationsunternehmen gehörten ein Druckereigebäude, eine Tischler- und Formstecherwerkstatt, das Farbhaus mit seinen riesigen Kesseln, wie man sie heute aus den Brauereien kennt, ein Bleichplatz und ein hohes Gebäude, für die damaligen Verhältnisse eine Art »Industriebau«, der sogenannte Trockenturm. Man brauchte solche ventilierten Gebäude, um die Stoffmengen möglichst unabhängig von der Witterung trocknen zu können. Dazu gehörte noch die von Ochsen oder Pferden angetriebene Mangel. Erst um das Jahr 1780 wird das Prinzip des Nudelholzes mechanisiert, die erste Walzenmaschine, freilich noch primitiv, wird von einem gewissen Bonvalet, einem Zeugdrucker aus Amiens, erfunden. Weiterentwickelt wurde sie von dem Schotten Bell, dessen Maschine um 1785 bereits 5000 Meter Gewebe bedruckte, so daß sie 40 Handwerker ersetzte. Im 18. Jahrhundert erforscht man die Verfahren der orientalischen Zeugdrucker und Färber genauer. Noch immer sind die indischen Handwerker mit ihrer jahrtausendealten Tradition den Europäern in der Qualität der Drucke weit voraus. Das Ergebnis dieser Studien: Man lernt, Baumwolle so zu behandeln, daß die Farbe hält, die große Stunde des Kattuns ist gekommen, denn erst der buntbedruckte Stoff, auf den Geschmack der »kolonialen« Völker abgestimmt, schaffte den großen Markt. Seit man im 18. Jahrhundert gelernt hatte, nicht einfach die alten Formen von den Modeln zu reproduzieren, sondern das Dessin, das Muster des Stoffes selbständig zu gestalten, begann man Schäferszenen und heroische Landschaften, Chinoiserien und das Bauernleben auf dem Stoff wiederzugeben, und die wechselnden Stile der Zeit und ihrer Moden fanden sich auf Wandbespannungen und Vorhängen, Kleiderstoffen und Umschlagtüchern wieder. Selbst das Taschentuch wurde zum Spiegel, zum Objekt der Ästhetik, und so gibt es eine Linie von den uralten Kirchengewändern des byzantinischen Christentums bis zu dem Taschentuch des Palmström, der Figur des Dichters Christian Morgenstern: »Zärtlich faltet er zusammen, was er eben noch entbreitet. Und kein Fühlender wird ihn verdammen, weil er ungeschneuzt entschreitet.«

Zwei tapfere Schneiderlein

In den Märchen der Gebrüder Grimm gibt es das bekannte tapfere Schneiderlein, das auf seinen Gürtel »Siebene auf einen Streich« näht, und ein kluges Schneiderlein, das Rätselfragen löst, die Nacht bei einem Bären verbringt und die Prinzessin heiratet. Auch sein Kamerad, jenes tapfere Schneiderlein, das den Riesen überlistet, kommt auf diese Weise zu Ansehen und »blieb sein Lebtag ein König«. Beide also schaffen durch ihre Schläue, ihre Gerissenheit den märchenhaften Sprung nach oben, und das, obwohl sie weder reich noch stark wie die Ritter und Kriegsleute sind. Seit jeher galten offenbar »Gevatter Schneider und Handschuhmacher« als der Inbegriff der kleinen Leute, des gewerblichen Mittelstandes, dessen Einkünfte bei aller Plackerei schmal blieben. So werden die Schneider, wenn sie im Märchen auftauchen, mit einer belustigten Verkleinerungsform versehen; kein Mensch hätte gewagt, vom »Försterlein« oder vom »Metzgerlein« zu reden. Bleich, spitznasig, aber auch »keck« wird er geschildert, wie er da mit gekreuzten Beinen auf seinem Tisch sitzt und Stich an Stich setzt. Wenn draußen auf der Straße Mus feilgeboten wird, steckt er sein »zartes Haupt« aus dem Fenster, und überhaupt macht er einen zierlichen, behenden, aber auch gescheiten Eindruck: Anders als der Schuster, der über seinen Leisten hockt und hintersinnig wird, Poet oder Grübler, ist der Schneider einer, der mit Leuten umgeht, der sie zu nehmen weiß; er kennt ihre Eitelkeiten und Schwächen, vielleicht läßt er sich deshalb nicht so leicht entmutigen wie einer, der die Herren nicht gewöhnt ist. Denn wenn ein Schneider erst einmal König ist, kann man ihn so leicht nicht wieder vertreiben. So setzen ihn weder der Neid der Zunftgenossen wie im »Klugen Schneiderlein« noch der Unwille des intriganten Königs wie im »Tapferen Schneiderlein« in Verlegenheit.

Wie lange gibt es überhaupt Schneider, wann wird die Kleidung nicht mehr im Familien- und Sippenverbund hergestellt, sondern Spezialisten anvertraut? Diese Frage ist nicht ohne Schwierigkeiten zu beantworten. Handwerker, die Gewebe herstellten und sie färbten, gab es schon im alten Ägypten, aber die Kleidung wurde ja nicht aus zugeschnittenen Teilen zusammengenäht, also konnte es auch keine Schneider geben. In der griechisch-römischen Antike gibt es Stricker, also Spezialisten der Stoffherstellung, und Handwerker, die sich besonders auf die Herstellung von Kissen verstehen. Schuster gab es freilich schon, und auch die Kürschner waren gefragt, die aus abgezogenen Fellen Pelze herzustellen verstanden, aber die Kleidung war noch nicht kompliziert genug, als daß sich die Spezialisierung gelohnt hätte. Nach der Völkerwanderung, als sich rings um die Klöster und Königshöfe, die karolingischen Fronhöfe und Meiereien eine neue Kultur entwickelte, wurden auch die Handwerker angesiedelt, von der Schneiderzunft aber ist leider nicht die Rede. Selbst das Verzeichnis der Erzbischöflichen Kammer zu Trier erwähnt unter Schmieden und Kürschnern, Schuhmachern und Fleischern die Schneider im Jahre 1220 mit keinem Wort, wohl aber die Wollweber und die Leineweber. Es ist die Zeit, in der sich das städtische Zunftwesen zu bilden beginnt. Hier sind die Weber bahnbrechend gewesen, die am Rhein, in den Niederlanden und in Friesland im 11. Jahrhundert die ersten zunftähnlichen Vereinigungen gegründet haben sollen.

Im 12. Jahrhundert endlich tritt das Schneiderhandwerk ins Licht der dokumentierten Geschichte, ist also wohl eine gute Spanne älter als dieses Zeugnis: Heinrich der Löwe erteilt den »Gewandschneidern« von Hamburg im Jahre 1152 einen Gildebrief. Solche lakonischen Texte sind eine zweischneidige Sache für den Historiker. Ist es wirklich der Schneider, der da gemeint ist, und nicht vielleicht nur der, der mit Gewandstoffen handelt, in Gewandhäusern seine selbstverständlich zugeschnittene Ware anbietet? Andere Urkunden machen das Bild klarer: In einem Zeugnis des 14. Jahrhunderts ist von »Talirern« die Rede, vom französischen »tailleur« abgeleitet, und von den Stoffverkäufern. Den Schneidern wird der Verkauf von Stoff sogar in aller Form verboten – natürlich liegt hier eine Ursache dafür, daß dieses Handwerk so wenig einträglich ist –, und so gibt es denn die Schneider, unterschieden laut Urkunde aus dem Jahre 1244 in Gewandschneider und Flickschneider. Die Sprache solcher Urkunden läßt nicht nur ein Schneiderherz höher schlagen. Wenn eine solche Zunft gegründet wird, beurkundet von der Hand des Notars, ist das ein feierlicher und bedeutsamer Vorgang. Johann von Barboins Urkunde aus dem Jahre 1288 beginnt so: »Da der Tod die Wut seiner Gewalt nicht stillen wird, bevor er nicht alles in Trümmer gestürzt hat, ist es durch nützliche Fürsorge bestimmt und für nötig befunden worden, daß glaubwürdige Schriften über alle Verhandlungen aufgenommen werden, aus welchen zu ihrer Zeit die Wahrheit aufs beste erwiesen und jeder Zweifel gelöst werden kann. Durch den Anblick dieses Briefes wollen wir Nikolaus von Lyzen, Johann von Blankenfelde, Conrad ehemals Schulze zu Baruth, Ratmann der Stadt Berlin mit der gesamten Gemeinde dieser Stadt, es daher zur öffentlichen und allgemeinen Kenntnis bringen, daß wir den Schneidern, unsern lieben Mitbürgern, die bei uns in der Stadt Berlin leben und von uns ihr Recht haben, die Freiheit geben, das Recht zu halten und zu genießen, das die Schneider der Stadt Brandenburg von der ersten Gründung dieser Stadt genossen haben . . .«

Die Organisation unterschied sich nicht von den sonstigen zunftmäßigen Ordnungen, die Ansprüche an das handwerkliche Können waren gestiegen. In Nürnberg, wo die Prüfungen als besonders streng galten, mußte der künftige Meister neun Stunden lang auf einem langen Tisch aus den mitgebrachten Stoffen, die er selbst zu bezahlen hatte, bestimmte Kleidungsstücke zuschneiden. Es waren dies »ein Prälaten- und ein Priesterhabit, ein Ehrenrock, wie ihn die Herren des Rates der Stadt Nürnberg trugen, eine Schaube, worinnen die sogenannten Kornbräute aus altadligen Geschlechtern daselbst an ihrem Hochzeitstag zu prangen pflegen« – dies alles unter Kontrolle der Handwerksherren, vier geschworenen Meistern, »welche solche Aufrissen scharf mit der Elle und dem Zirkel prüften«. Verkäuflich waren die so hergestellten Kleider selten, die Preise für den Stoff mußten aber bezahlt werden, so konnte nur jemand, der gewisse Mittel besaß, überhaupt die Voraussetzungen schaffen, um als Meister in die Zunft aufgenommen zu werden. Handwerklich muß aber die Schneiderei auf erstaunlicher Höhe gestanden haben, zumal die damals genähten Röcke mehr als ein Leben halten mußten. Die zeremonielle Kleidung gehörte nicht selten zu den Erbstücken. Man beherrschte alle Stoffe, stickte und säumte, steppte und vermaß wahrhaftig nach allen Regeln der Zunft, denn diese Hosen und Röcke, Taillen und Kragen, Ärmel und Spitzenmanschetten waren nicht so leicht zu schneidern wie ein moderner Hänger.

Aus dem Nürnberger Zwölfbrüderhaus gibt es Handwerkerporträts des 15. und 16. Jahrhunderts, auf denen auch ein Schneider dargestellt ist: Die fertigen Arbeiten hängen auf Bügeln an der Decke, er selbst sitzt neben dem Tisch, nicht mit gekreuzten Beinen im »Schneidersitz« auf dem Tisch, und sein Werkzeug, Nadel und Faden, Elle und Schere, ist heute wie damals aktuell. Die Handwerksentwicklung der Schneider vollzog sich im Rahmen der Zünfte, und wie in anderen Handwerken artikulierte sich erst um die Mitte des vorigen Jahrhunderts ein demokratischer Wille gegen die überlieferten, mit Brauchtum überladenen Standesorganisationen. Der erste deutsche Schneiderkongreß findet 1849 statt, ein Jahr nach der demokratischen Versammlung in der Paulskirche zu Frankfurt. Drei Jahre später hat Singer die von dem amerikanischen Mechaniker Elias Howe erfundene erste brauchbare Doppelsteppstich-Nähmaschine verbessert und die noch heute bekannte Fabrik gegründet. Die Zeit des Schneidersitzes war vorbei, aber auch die des tapferen, einfallsreichen Schneiderleins. Immerhin, gerade die Schneiderzunft ist mit dem technischen Fortschritt eng verknüpft, denn ein Schneider in Ulm war es bekanntlich, der sich vor Lilienthal und den Gebrüdern Wright im Flug versuchte. Heute ist der Maßschneider ein geachteter Mann, der Prestige vermittelt, die am Fließband hergestellte Konfektionsware ermöglicht eine unglaubliche Vielfalt der Moden, und die geschickte Hausfrau schneidert selbst wie in Urzeiten. So zeigt sich, daß technischer Fortschritt die alten Formen des Wirtschaftens nicht verdrängt, sondern nur erweitert und ergänzt, wenn auch zu bestimmten Marktstrukturen führt: Industrie und Mode sind voneinander abhängig.

Alles für
die Schönheit

Man zaubert mit Haar

Das Haar ist Teil des Körpers, die Frisur Teil der Kleidung, so gehört sie zu den »Accessoires«, die über das Gewand hinaus einen spezifischen modischen Ausdruck ermöglichen. Der Umgang mit dem eigenen Haar verrät sehr deutlich, wieviel »Kultur« in einem Menschen steckt, aber auch, wieviel magische Vorstellungen noch mit dem Haar verknüpft sind. Dem Helden, dem man das Haar abschneidet, nimmt man die Kraft, jedermann kennt die Geschichte von Simson und Dalilah, häufig war das lange Haupthaar das Zeichen der Freien, das geschorene Haar die Tracht der Sklaven und Gefangenen. Die Tonsur demonstriert öffentlich, daß man sich als Leibeigener unter den Willen des Herrn beugt; freiwillig wurde das Haar geopfert, wie einst in den alten, heidnischen Kulten. Noch der aus Teig gebackene Zopf enthält Reste von Erinnerung an solche uralten Haaropfer.

Für den primitiven Menschen war das Haar, wie das Blut, ein höchst geheimnisvolles Ding. Es wächst an einigen Körperstellen, an anderen nicht, und jenes, das wächst, also Haupthaar und Bart, schien ein größeres Mana, eine stärkere Lebenskraft zu verraten. So wurde bei einigen Naturvölkern das Haar als Sitz der Seele angegeben wie anderswo das Blut, dessen Verrinnen so leicht den Tod zur Folge haben kann. Bei fast allen Völkern sind deshalb, wenn ein Mensch verzaubert werden soll, dessen abgeschnittene Nägel oder Haare unerläßlich für den Akt der Verzauberung, gleichgültig, ob es sich um Liebes- oder Todeszauber handelt. Der Kopf und vor allem das Haar werden deshalb gelegentlich unter ein Berührungstabu gestellt. Von einem Häuptling auf den Marquesa-Inseln in der Südsee wird berichtet, er habe sich voll Wut und Verzweiflung auf dem Boden herumgewälzt und den Wunsch geäußert zu sterben, weil jemand seinen Kopf berührt und ihn seiner Göttlichkeit beraubt hatte: Es waren ihm ein paar Tropfen Wasser auf das Haar gegossen worden. Deshalb ist für solche Stämme, in denen das Haar auf diese Weise tabuiert ist, das Schneiden der Haare eine äußerst schwierige Operation. Man ist ja der Überzeugung, die magische Verbindung zwischen dem Menschen selbst und seinen abgeschnittenen Haaren bleibe bestehen, deshalb müsse man das Haar vor jedem bösen Anschlag schützen und es gut verstecken. Am sichersten war natürlich, das Risiko überhaupt zu vermeiden.

Bei den fränkischen Königen war es überhaupt verboten, das Haar zu schneiden, das von Kindheit an in langen Locken auf die Schultern fiel. So lebendig war dieser Glaube an die Kraft des Haares noch vor weniger als 1500 Jahren im Frankenland, daß man den Thron auf diese Weise erringen zu können glaubte. Zwei grausame Ehrgeizlinge mit den bemerkenswerten Namen Chlotar und Childebert lockten ihre langhaarigen Neffen, die künftigen Thronanwärter, an sich und schickten einen Boten zur Königin Chlotilde nach Paris. Der führte eine Schere und ein

Schwert bei sich. Die Frage an die Königin war, ob die beiden Kinder ungeschoren bleiben sollten, dann würden sie durch das Schwert umkommen, oder ob sie ihr Haar und damit ihren Thronanspruch verlieren sollten – undenkbar, daß ein geschorener Mann noch genug magische Kräfte besaß, um sein Königsamt ausfüllen zu können (Frazer). Die Königin reagierte, wie in diesen Zeiten angemessen: Wenn ihre Enkel nicht den Thron besteigen sollten, würde sie die beiden lieber tot als geschoren sehen. Die Knaben wurden denn auch von ihrem eigenen Onkel mit dem Schwert enthauptet.

Bei den Hos, einem der Negerstämme Westafrikas, gab es noch vor Jahrzehnten Priester, deren Haar niemals geschnitten werden durfte. »Der Gott, der in dem Manne wohnt, verbietet bei Todesstrafe, daß sein Haar geschnitten wird. Ist es schließlich zu lang, dann muß der Besitzer zu seinem Gotte beten, er möge ihm wenigstens gestatten, die Haare abzuschneiden. Das Haar wird in der Tat als der Sitz und die Wohnung des Gottes aufgefaßt, so daß der Gott, wenn es abgeschnitten würde, seinen Wohnsitz in dem Priester verlieren würde.« Bei den Maoris in der Südsee wurden beim Haareschneiden viele Beschwörungen gemurmelt. Damit weihte man zum Beispiel das rasiermesserscharfe Obsidianmesser, mit dem das Haar geschnitten wurde, und eine andere Beschwörung wendete Blitz und Donner ab, die sonst unweigerlich über die Insel gekommen wären. Der Häuptling der Insel Namosi, die zur Gruppe der Fidschis gehört, verspeiste aus Gründen der Vorsicht stets einen Mann, bevor er sich die Haare schneiden ließ – gleichsam, als könne er so den Verlust an Mana von vornherein ausgleichen. Ein bestimmter Clan hatte die Ehre, das jeweilige Opfer zu stellen, und dieses wurde in feierlicher Ratssitzung gewählt. Jeder fügte sich dem Spruch, denn wie anders, wenn nicht durch solche Stärkung, sollte von allen Unheil abgewendet werden, das sie sonst durch den geschwächten Häuptling treffen würde.

Wer sich die Haare hat schneiden lassen, steht auf einigen Südseeinseln unmittelbar unter dem Schutz des Atua, des Großen Geistes. Er muß sich von seiner Familie und seinem Stamm entfernt halten, darf seine Nahrung nicht selbst berühren, ein anderer steckt sie ihm in den Mund. Für einige Tage darf er auch seine üblichen Beschäftigungen nicht aufnehmen, ehe der Verlust an Mana ausgeglichen ist. In einigen Teilen Neuseelands war der heiligste Tag des Jahres der, der für das Haareschneiden festgesetzt war. Dort galt auch der als tabu, der die Haare geschnitten hatte. Wenn seine Hände mit einem heiligen Kopf in Berührung kamen, durfte er weder Nahrung berühren noch andere Handgriffe tun. Von einer anderen Person, die Speisen über heiligem Feuer gekocht hatte, wurde er gefüttert. Erst am folgenden Tag konnte er von dem Tabu befreit werden. Offenbar lähmte das Haareschneiden, wenn es sich über das Jahr verteilte, das ganze Leben des Stammes, weshalb man zu einem jährlich festgesetzten Datum zusammenkam. An solchen Tagen versammelten sich große Mengen der Angehörigen der verschiedenen Totemverbände, die einander innerhalb ihres kultischen Verbandes Hilfe leisteten, so daß die Sache dann fürs ganze Jahr überstanden war: Haareschneiden als Motiv für eine Form der frühen Vergesellschaftung.

Das alles mag auf den modernen Menschen eher bizarr wirken, wenn er auch aus Märchen und Sage die Bedeutung des Haares kennt. Immerhin hat das Haar in der Tiefenpsychologie einen gewissen Symbolcharakter, und wer die Gebärdensprache des Menschen studiert, ihre Physiognomik untersucht, also den Ausdruck des Gesichtes und die Haltung des Körpers, der stößt wieder auf das Haar als »Sitz des Unbewußten«. Wer sich übers Haar streicht, gefällt sich selbst, sucht aber auch Kontakt zu dem, was an ihm eine animalische Schicht verkörpert, was in ihm an unbewußten Kräften lebendig ist. Kinder spielen mit ihrem Haar, Menschen, die verlegen sind, und so drückt der Gegensatz zwischen dem Bürstenhaarschnitt der gedrillten Soldaten und dem Afro-Look des Soul-Sängers mehr aus, als von der Mode definierbar ist. Ins Mythische überhöht ist das Haar beim Schlangenhaupt der Gorgonen, die wohl die Angst vor dem verzaubernden bösen Blick verkörpern: Medusa, die Älteste der drei Gorgonen, wird von dem Königssohn Perseus getötet, der ihr nicht ins Gesicht, sondern in den Spiegel sieht, ehe er ihr von züngelnden Schlangen umgebenes Haupt mit dem Schwert abschlägt.

Frisuren von Meisterhand

Wenn die Kleidermode schon die groteskesten Formen hervorbringt, so ist dies bei der Haarmode in noch weit stärkerem Maße der Fall. Zwischen den Extremen einer vollkommen kahlgeschorenen Afrikanerin aus dem Osten des Kontinents und der gewaltigen Allongeperücke eines Barockfürsten, zwischen dem Turmbau einer japanischen Frisur und der Skalplocke des Indianers, die eine Herausforderung an den Gegner darstellt, sind alle Spielarten vertreten.

Was in der Haarpflege erreicht werden kann, wird deutlich, wenn man den Bericht liest, den der bereits mehrfach zitierte Japankenner Lafcadio Hearn um die Jahrhundertwende aufgezeichnet hat: »In Japan trägt die jüngste Tochter des Hauses das Haar sehr lang, und es ist kein uninteressantes Schauspiel, zu sehen, wie man beim Frisieren damit verfährt. Die Prozedur, die alle drei Tage vorgenommen wird, kostet vier Sen und soll eine Stunde in Anspruch nehmen, aber tatsächlich dauert sie beinahe zwei Stunden. Die Friseuse schickt zuerst ihre Gehilfin, die das Haar reinigt, wäscht, parfümiert und es mit wenigstens fünf verschiedenen Kämmen kämmt und glättet.« Drei bis vier Tage bleibt das Haar, das so behandelt wird, von einer Makellosigkeit, von der man sich heute kaum noch einen Begriff machen kann. Die Japanerin schützte ihr Haar im Haus durch einen leichten Schal oder mit einem Tuch, und bei der Kompliziertheit der Frisuren schlief sie grundsätzlich mit einer Nackenstütze, die so gearbeitet war, daß die Dame den Nacken entspannen konnte, ohne daß die Frisur den Boden berührte. »Nach beendeter Vorarbeit der Gehilfin erscheint die Friseuse selbst und beginnt den Aufbau der Coiffure. Zu diesem Zweck benutzt sie außer den verschiedenartigen Kämmen schöne Schleifen aus Goldfäden oder gewundene, farbige Papierflechten, zierliche, entzückend getönte Seiden- oder Kreppbändchen, niedliche Stahlagraffen und eigenartige, körbchenförmige kleine Dinger als Unterlage, über die das Haar in die gewünschte Form gebracht wird, ehe man es feststeckt.« Hearn schildert dann, wie die Friseuse zunächst die Dame vollkommen rasiert, Augenbrauen, Wangen, Kinn und selbst die Nase! Es geht um den leichten Pfirsichflaum, der jede Haut bedeckt und für das japanische Schönheitsideal jener Zeit untragbar war.

»Aber das Rasiermesser hat noch eine andere Aufgabe. Alle japanischen Mädchen tragen das Zeichen ihrer Jungfräulichkeit in Form einer kleinen, runden, zollgroßen Tonsur auf der oberen Stelle ihres Kopfes. Dieser kahle Fleck wird nur teilweise durch eine von vorne nach hinten geführte Haarsträhne bedeckt, die man am Hinterkopf befestigt. Im frühesten Mädchenalter ist der Kopf des japanischen Mädchens vollkommen kahlgeschoren. Ist sie einige Jahre alt, darf sie sich ihr Haar wachsen lassen, mit Ausnahme der bereits erwähnten Stelle, wo eine große Tonsur freigehalten werden muß. Mit jedem Jahr verringert sich das Ausmaß der Tonsur, bis sie zu dem erwähnten Fleckchen zusammengeschrumpft ist; und selbst dieses verschwindet nach der Hochzeit, da dann eine noch kompliziertere Haartracht an die Reihe kommt.« Nicht alle Japanerinnen haben das bekannte blauschwarze Haar; es gibt auch einen Rassetypus mit braunem Haar, das weicher und feiner ist. In manchen Gegenden Japans galt es als ein unerträglicher und mit nichts vergleichbarer Körperschaden, wenn eine Frau welliges Haar hatte, eine rätselhafte und kaum mehr erklärbare Besonderheit. Der besondere Reiz der durch Jahrhunderte verfeinerten japanischen Frisuren, die aus Indien, Korea und China beeinflußt wurden, bestand in ihrer raffiniert komponierten Ungezwungenheit. »Schon seit dem mythischen Zeitalter der Nation hat sich die japanische Phantasie auf die Erfindung hübscher Vorbilder für die Haarfrisur verlegt, und es hat wohl nirgends so reizende Moden darin gegeben wie in Japan.« Ohne Brenneisen und Lockenwickler hat man Wellen und Kaskaden, Schlaufen und Knoten geschaffen, wobei das ästhetische Ziel war, dem lieblich lächelnden Gesicht der Dame einen reizvoll belebten Rahmen zu geben. Solche Frisuren haben reizende Namen wie »Blumenfrau« oder »Rauchbüchsenstil«, es gibt Moden und Stile von beachtlicher Vielfalt und natürlich auch feste Sitten: Wie hier die Kleiderordnung, so ist in Japan die zeremonielle Zuordnung der Frisuren Teil der Kultur gewesen.

Verglichen mit dieser Feinheit und Vielfalt wirken die Frisuren der frühen Hochkulturen nicht sehr variabel, wenn auch schon vor Jahrtausenden durchaus auf der Höhe einer späteren europäischen Zivilisation. In der ägyptischen Liebeslyrik zum Beispiel wird das Haar häufig erwähnt, seinem erotischen Zauber entzieht man sich nicht: »Meine Arme waren voll Perseazweige, mein Haar war schwer von Balsam. Ich kam mir vor wie die Herrin der beiden Länder und war bei Dir, mein Geliebter.« Ganz anders in der Stimmung, aber nicht weniger lebendig, klingt die Stimme eines Jünglings: »Als ich zum Teich ging, der an diese Wiese stößt, sah ich eine Frau dort unten. Meine Haare sträubten sich, als ich ihre Locken sah und weil ihre Haut so glatt war . . .« Welche Frisur diese Frau getragen hat, wird niemand je erfahren, und noch heute vermag man sich das raffiniert verführerische Gelock wenigstens andeutungsweise vorzustellen. Alles, was man mit Haar machen kann, haben die Ägypterinnen ausprobiert: Geflochtene Zöpfe, Locken, glatt herabhängendes Haar und aufgebauschte Frisuren waren bekannt, Kämme gab es in den verschiedensten Ausführungen, und sogar Perücken sind schon bekannt gewesen. Soviel Sorgfalt man in Ägypten dem Haupthaar widmete, so unbarmherzig wurde übrigens jedes Körperhaar ausgerottet, wobei man es mit Kolophonium bestrich und dieses dann mit den haftenden Haaren abriß. »Man weihe das ganze Haus und bringe zwei Jungfrauen reinen Leibes, ohne Körperhaar, Lockenperücken auf ihren Häuptern und Tamburine in den Händen . . .« Als Schmuck wurden gerne rosarote Lotoskelche ins Haar gesteckt, die Perücken der reichen Dame waren mit Gold- und Edelsteinschmuck versehen. Weder die Wandmalereien noch die wenigen Goldfunde, meist Armbänder und Halsgehänge, geben eine annähernde Vorstellung vom Luxus der ägyptischen Oberschicht, und gerade die Leistungen der Friseurkunst gehören ja leider zu den vergänglichsten aller Kunstwerke. Selbst die Kosmetik, deren Salben und Schminken, deren Döschen und Büchschen man fand, ist da deutlicher zu rekonstruieren.

Die verschiedenen Formen der Haartracht, sieht man von den Frisuren der Naturvölker ab, scheinen sich durch die Jahrhunderte zu wiederholen: Lang oder kurz, mit kostbaren Aufbauten oder ungeschmückt, als »Natur« aufgefaßt oder einer bestimmten Künstlichkeit unterworfen, so etwa bieten sich die Möglichkeiten, falls man nicht Frisuren mit Kalkbrühe oder Rinderfett zu wahren Kunstprodukten umstilisiert, die in nichts mehr an Haar erinnern.

Aus Kreta kennt man reizvolle Lockenfrisuren, ähnlich denen Ägyptens – es ist, als drücke sich Erotik in der Haartracht aus. In diesem ständigen Wandel scheint es auch so etwas wie einen Ablauf der Stile gegeben zu haben. In Griechenland etwa sind in der Frühzeit die Haartrachten reich. Homer preist das volle Haar der Achäer, das mit goldenen und silbernen Spangen hochgesteckt ist. Hier ist von den Frisuren der Männer die Rede, die den gedrehten und hochgesteckten Schopf tragen. Im 6. Jahrhundert werden die Haare zunehmend kurz getragen, die Haartracht der Athleten wird Mode, und nur die Götter tragen noch, auch in dieser Hinsicht konservativ, den früheren Doppelzopf oder die Nackenrolle. Die Frauenfrisuren erfahren in der klassischen Zeit Griechenlands jene Belebung, die in den meisten Hochkulturen zu finden ist und das Haar zum Statussymbol der Dame werden läßt: Wer es sich leisten kann, sein Haar in Locken und Wellen als Melonenfrisur zu tragen, hat Zeit genug und gewiß auch Sklavinnen, die behilflich sind. Auf den Darstellungen der bildenden Kunst ist in dieser Epoche für den Menschen das geschnittene Haar charakteristisch, während die Götter es noch lang tragen. Später tragen auch die Götter fließend gelocktes, glattes oder fließendes Kurzhaar.

Alles das wird gegenstandslos, als Alexander der Große die Bühne betritt: Sein Stirnwirbel, sein Langhaar bestimmten für Generationen die Mode. Übrigens kann man den Unterschied der griechischen und der römischen Mentalität kaum besser im Detail erfassen als in der Haartracht. Der strenge Römer der Frühzeit trägt sein Haar kurz, Bauern und Soldaten können keine langen Schöpfe vertragen. Hadrian führt dann die griechischen Sitten auch in Rom ein, und das gelockte Kurzhaar wird Mode. Friseure sind damals in Rom als Handwerker anerkannt, ihre technische Ausrüstung ist den Zeitläuften entsprechend bescheiden, infolgedessen verursachen sie nicht selten Pein. Es ist kein Vergnügen, unter damaligen Verhältnissen rasiert zu werden, und die unscharfen Scheren aus Bronze oder Eisen waren die besten, die es gab, und kaum schärfer als die Obsidianmesser der Steinzeit.

Laßt das Haupt bedecken

Man erinnert sich: Der freie Germane trug sein Haar lang, nur der Unfreie hatte geschnittene Haare. In der hygienisch begründeten Kahlköpfigkeit der Sträflinge liegt noch heute ein entwürdigender Aspekt. Wer gegen seinen Willen geschoren wird, fühlt sich zum Vieh degradiert. Als Karl der Große sich aus politischen Gründen dazu entschied, in Rom die römische Haartracht anzunehmen, sich also das Haar kurzschneiden zu lassen, ist das eine politische Geste von hohem

Gewicht. Der karolingische Adel folgte dem Vorbild des Kaisers, nicht ohne Widerstreben, wie man wird annehmen müssen, denn solche Neuerungen fallen niemandem leicht. Nach einigen Menschenaltern läßt man das Haar dann wieder lang wachsen, was nun wieder als Neuerung gilt und von den Zeitgenossen gerügt wird. In dieser Zeit wird auch König Alfred von England (871–899) kritisiert, weil er seinem Beichtvater ein silbernes Brenneisen zum Lockenkräuseln geschenkt hat, derlei war damals Mode.

Auch Perücken waren beliebt, sie mußten blond mit einem Stich ins Rötliche sein (Boehn), und wenn das eigene Haar dünn wurde, durchflocht es der eitle Mann mit gelber Seide oder Goldfäden. Schon im 12. Jahrhundert werden von den Herren zum ersten Mal Zöpfe getragen; übrigens ging man barhäuptig, nur zum Ritterspiel mit dem eisernen Helm geschützt. In der Hochgotik ändert sich das. Jedermann trägt den Kopfreif, den Schapel, der ein Blumenkranz, aber auch ein Metallreif sein konnte, und zwar Mann ebenso wie Frau. Die alten Quellen erzählen denn auch, verliebte Paare hätten den Schapel miteinander getauscht. In dieser Zeit kamen auch die ersten Hüte auf: Stoffhüte, mit Pelz garniert, oder die höchst eindrucksvollen Pfauenhüte, Gestelle aus Tuch, die über und über mit Pfauenfedern besteckt waren. Das war kein einfacher Federschmuck, denn der Pfau stand im Mittelpunkt eines ganz bestimmten ritterlichen Zeremoniells, seine Symbolkraft steigerte den ästhetischen Wert.

Die Haartracht der Frauen ist im Mittelalter von der Theologie diktiert. Apostel Paulus hatte im 1. Korintherbrief geschrieben: »Will sie sich nicht bedecken, so schneide man ihr das Haar ab. Nun es aber übel stehet, daß ein Weib verschnittene Haare habe oder beschoren sei, so laßt sie das Haupt bedecken.« Die sexuelle Anziehungskraft des Frauenhaares schien zu stark, um geduldet werden zu können; die Verhüllung des Haares sollte die Abhängigkeit des Weibes vom Besitzer symbolisieren, denn er allein hatte das Recht, sie mit offenem Haar zu sehen. Die offene Haartracht der Mädchen, die im Mittelalter mit dem Schapel geschmückt waren, und alle Hauben und Schleier der verheirateten Frau haben hier ihren Ursprung. Offenes Haar war bei den verheirateten Frauen der ottonischen Zeit unmöglich, dennoch fanden sie einen Weg, ihr Haar zu zeigen. Sie trugen Zöpfe bis in die Kniekehlen, und wo das eigene Haar nicht reichte, wurde fremdes Haar genommen. Das wiederum gab den Sittenrichtern und Beichtvätern allerlei Anlaß, sich zu entrüsten, und in der Tat bot abgeschnittenes fremdes Haar Anlaß zur Sorge. Es konnte ebensogut von einem Gehenkten stammen wie von jemandem, dessen Seele im Fegefeuer keine Ruhe hatte, und so war Schlimmes zu befürchten. Wie stets erwies sich auch hier die Eitelkeit als stärker.

Zu Beginn der Neuzeit wurden die Haare der Männer wieder kurz, dafür rückte der Bart ins Blickfeld. Geiler von Kaysersberg (1445–1510), der elsässische Volksprediger, hat den Bart verblüffenderweise als »weibisch« angeprangert, wobei er wohl die Eitelkeit der Männer gemeint haben wird. Graf Eitelfritz von Zollern beispielsweise trug die linke Seite seines Bartes fußlang, die rechte Seite kurz zugeschnitten – eine Ausnahme, aber eben doch eine modisch mögliche Variante. Es müssen mehrere solcher bartbewußter Ritter herumgelaufen sein. Zwischen Haar und Bart gibt es vermutlich irgendwelche Wechselwirkungen: Wer sein Haar kurz trug, ließ sich den Bart wachsen. Üblich wurde die Barttracht, die den Vollbart unter dem Kinn waagerecht stutzen läßt. Lukas Cranach hat solche Männer häufig

Das Tragen eines Bartes *war in der Renaissance wieder in Mode gekommen. Es gab extravagante Schöpfungen, wie der in zwei Zöpfe geflochtene Bart des Milesius, gemalt von Ludger tom Ring d. Ä. (1496–1547), oder aber den kurzen, waagerecht gestutzten Vollbart, wie ihn H. Holbein d. J. (1497–1543) im Bildnis des Morette abbildet. Landesmuseum für Kunst- und Kulturgeschichte, Münster, und Gemäldegalerie, Dresden*

gemalt. Deutlich ist auch, daß niemand mehr, wie noch zur Dürerzeit, lange Locken tragen wollte. Man kämmte das Haar über die Stirn glatt herunter und schnitt es über der Stirn und von Ohr zu Ohr glatt ab: das ist die sogenannte »Kolbe«, eine Frisur, die Ulrich von Hutten ebenso wie Kaiser Maximilian trug. Als Hut setzte man ein flaches Barett auf, wie es später als Künstlertracht wieder im 19. Jahrhundert geschätzt wurde, und es mußte sehr schief sitzen.

Der ständige Wechsel der Haartrachten ist kaum zu schildern, ohne jedermann zu ermüden. Wichtig sind aber doch zwei Haarmoden, die mehr als andere Zubehöre der Mode ihre Epoche geprägt haben, nämlich Zopf und Perücke.

Perücken

Paris war noch nicht modischer Mittelpunkt Europas, da berichteten Reisende, daß die Herren dort falsche Köpfe auf ihrem eigenen trügen, die sie »Perücke« nennten. Das war im Jahre 1615, und wenig später machte Ludwig XIII., vorzeitig kahl geworden, die Perücke zum standesgemäßen Requisit, das rund zweihundert Jahre lang die Szene beherrscht hat. Weil die Perücke, zusammen mit dem goldbestickten Frack, der Kniehose, dem Federhut, als Hofuniform in Versailles verbindlich war, hat sie sich während des Barock überall in Europa verbreitet, und die Herstellung solcher Ungetüme wurde zum lohnenden Handwerk. Diese höfische Haartracht erreichte den Petersburger Hof offenbar mit deutschen Friseuren, denn das russische Wort für Friseur ist ein Lehnwort aus dem Deutschen und heißt »Parikmacher«. Auf der Allongeperücke, dem typisch barocken Kunsthaarteil, thronte der malerische »Respondent«, der weiche Filzhut, dessen Krempe je nach Laune auf- oder herabgeschlagen wurde. Unter dem Absolutismus ging es um die Stärkung herrscherlicher Macht gegenüber dem Landadel; in großen Festen, die jeweils die Anwesenheit des Adligen bei Hofe erforderten, bestätigte man einander immer wieder neu die fast mythisch anmutende Zusammengehörigkeit. In diesem Spiel gegenseitiger Versicherung der Zugehörigkeit gehörte die modische Geste zum Ritual. Niemand, der bei Hofe gelten wollte, hätte auch nur einmal darauf verzichten können, »vollständig angezogen« zu sein. Die hochgetürmte Lockenpracht über kahlen Köpfen symbolisierte durchaus den Anspruch der Hofgesellschaft, über das Volk herausgehoben zu sein, als eine Art ins Bizarre gesteigerte Hochnäsigkeit. Die Allongeperücke ist denn auch erst mit Ludwig XIV. in Mode gekommen, der auf einen Schlag 48 Hofperückenmacher ernannte. In zwei mächtigen »Wolken« türmte dieses Ungetüm sich über der Stirn und floß dann löwenhaft rechts und links bis fast zur Taille herab.

Natürlich mußten die Perücken aus Menschenhaar sein, und ihr Prestigewert bemaß sich nach ihren Kosten. Der Bedarf an Haar war enorm, und man fragte besser nicht, wo es herkam, wenn es echtes Menschenhaar war. Es konnte ein gehenkter Verbrecher, aber auch ein Pestkranker gewesen sein. Als der Bedarf nicht mit natürlichem Haar gedeckt werden konnte, nahm man seine Zuflucht zu Ziegen- oder Pferdehaar. Anfangs waren diese Perücken blond, hellbraun oder schwarz, bis sich um 1700 das Pudern durchsetzte, die Einheitlichkeit ihrer Träger betonend. Theologisch bot die Perücke den Geistlichen, die ja doch bei Hofe ihres Amtes walten und deshalb auch den modischen Sitten angepaßt sein mußten, einige Schwierigkeiten. Nicht die Perücke, sondern der Kopf selbst sollte die Weihen und Segnungen empfangen, deshalb schrieb die Kirche vor, die Perücke sei in der Kirche beim Messelesen abzunehmen. Wiederholte päpstliche Bullen (lateinisch bulla: Urkunde mit Metallsiegel) mahnten auf Einhaltung der Vorschrift. Indessen machte Not erfinderich, und so brachte man an der Perücke ein Fensterchen an, damit während der Messe die Tonsur den rechten Kontakt zum geistlichen Wesen finden konnte. Theologisch bot die Perücke infolgedessen reichlichen Stoff zu Disputen, und auch die Frage, ob sie zu tragen statthaft sei, hat die Gemüter heftig bewegt. Rund 40 Flugschriften wurden zwischen den Konfessionen gewechselt. Die protestantische Geistlichkeit wetterte zunächst mit aller Schärfe gegen dieses Blendwerk des Teufels, doch war man sich nicht ganz einig, und als den katholischen Geistlichen die Perücke verboten wurde, verstärkte sich bei den Protestanten der Wunsch, sie zu tragen. So machte man eine Sinneswandlung durch, die eine Tradition begründete. Die Protestanten trugen die Perücke noch Jahrzehnte länger als die übrige Menschheit. »Wenn Torheiten und Irrtümer nur alt sind, werden sie von selbst ehrwürdig« (Boehn).

Die Grenadiere und der Zopf

Für den Menschen scheint es nur begrenzte Möglichkeiten zu geben, seinen gesellschaftlichen Standpunkt und seine Überzeugungen zu dokumentieren; die Frisur gehört unbedingt dazu. Der Haß des Volkes gegen die Kavaliere entlud sich z. B. in England unter Cromwells Herrschaft und forderte sichtbare Zeichen: Wer ein rechter Puritaner war, hatte sich daran gewöhnt, das Haar rings um den Kopf wie an der Topfkante entlang abzuschneiden. Den Spottnamen »Rundkopf« trug man mit Stolz und verachtete Perücken – freilich nur so lange, als man in Opposition stand. Als Cromwell an die Macht gekommen war, gewöhnte man sich schnell an die höfische Haartracht, und die Perückenmacher hatten wieder alle Hände voll zu tun.

Nach dem Tod Ludwigs XIV. kommt der Haarbeutel auf, in dem der hintere Teil der Perücke verschwindet. Auf sie selbst, den Beweis jugendlicher Vitalität, will man noch nicht verzichten. Der Haarbeutel aus gummiertem Tuch oder aus Seide wird mit einer breiten Samtschleife geschlossen, unverkennbares Requisit des 18. Jahrhunderts. Das Ding selbst bekommt Konturen, eine einschlägige Enzyklopädie nennt im Jahre 1764, also kurz nach dem Siebenjährigen Krieg zwischen Friedrich dem Großen und der Kaiserin Maria Theresia, 155 verschiedene Sorten von Perükken, die alle nach Beruf und Stand fein abgestuft sind. Ob der Zopf schon erwähnt ist, weiß man nicht, jedenfalls hat er schon existiert. Offenbar ist er so etwas wie eine preußische Erfindung. Der sogenannte Soldatenkönig Friedrich Wilhelm I. von Preußen, der Vater Friedrichs des Großen, muß wohl an den Chinoiserien, die damals große Mode waren, solche Zöpfe gesehen haben, wie sie in Fernost üblich waren. Er selbst, ein schwerfälliger, uneleganter Mensch, haßte die Kavaliersmoden der Zeit, und als er auf den Thron kam, verfügte er für die preußische Armee den Zopf als Frisur. Das mag verschiedene Gründe gehabt haben, von denen einer des Königs ausgeprägter Sinn für Sparsamkeit war, der mit seinem Sinn für Schicklichkeit einen Kompromiß geschlossen hatte: Künstliches Haar schickte sich leider, aber der Zopf war wenigstens sparsam und sah »proper« aus, nicht zu vergleichen mit den teuren Lockengebilden. Mit dem Siegen des Siebenjährigen Krieges wurde Preußen Mode, und die Heere Europas ahmten den preußischen Drill bis ins Detail nach. So wurde der Zopf – übrigens nur für Soldaten üblich, auch für ausgediente Soldaten oder Beamte, aber nicht für die übrige Welt – zum Symbol preußischer Zucht, später zum Inbegriff reaktionärer Rückständigkeit.

Beim Militär fällt der Zopf Ende des 18. Jahrhunderts, manchenorts auch später und gegen den Willen der Truppe. Die alten Generäle bleiben konservativ, sie wären sich ohne den chinesischen Zopf »unangezogen« vorgekommen, so wunderlich gewöhnt sich der Mensch. Prinzlicher Übermut führte in Preußen 1805 zu einem Sakrileg: Louis Ferdinand, der bald darauf fiel, wies seine Offiziere an, sich die Zöpfe abzuschneiden. Am nächsten Tag rückte er dann mit dem ganzen Regiment zopflos aus, für den Bürger ein entsetzlicher Anblick. In Österreich ist der Zopf am 27. 4. 1805 auf Anweisung des Kaisers gefallen; am längsten hat er sich in Hessen gehalten (Koenig), wo er bis zum Tode Wilhelms XI. von Hessen im Jahre 1831 getragen wurde. Kein Mensch wurde bei Hofe vorgelassen, der sich dem Eigensinn des Herrschers nicht fügte und keinen Zopf trug; wer daran krittelte oder sich dem entzog, galt als Revolutionär. Auch die Marine hat übrigens Zöpfe tragen müssen und sie zwecks Versteifung mit Teer überzogen oder mit geteerter Schnur umwikkelt. Weil die blauen Jacken den Teer annahmen, bekamen sie einen viereckigen Schutzkragen, den Vorläufer des späteren Matrosenkragens, der ja nicht nur die Seeleute, sondern auch artig gekleidete Kinder zierte.

Rundköpfe gegen Puderköpfe

Die Übergänge von der Perücke zum Haarbeutel, vom Haarbeutel zum Zopf sind fließend, ihre Ursachen kaum rekonstruierbar. In den Erinnerungen eines jungen Hausmeisters, der um 1785 seine Stelle auf einem ungarischen Gut am Fuße der Karpaten antrat, heißt es: »Im Schlosse war allgemeine Freude über den neuen muntern Hofmeister; man war des alten schon lange satt, weil er eine Perücke trug und nicht walzen konnte.« Gepudert war er jedenfalls nicht, denn der gepuderte Mensch war einer der höheren Stände. Auf einem Donauschiff zum Beispiel zahlte die »gemeine Person« erheblich weniger als die »gepuderte Person«, was daran lag, daß damit in einigen Ländern tatsächlich eine unübersteigbare Standesgrenze markiert war. Man puderte mit Reis- oder Weizenmehl. In den Zeiten der Hungersnöte vor der Französischen Revolution hat es die Bevölkerung mit dumpfer Wut erfüllt, daß die Herren in Paris sich die Perücken mit Mehl einstäubten, während der Hungernde im Straßengraben Gras und Brennesseln verschlang, und man brandmarkte diese Leute nach dem Sturm auf die Bastille als Volksfeinde, die sich an den Nahrungsmitteln des Volkes vergriffen hätten.

In der Tat war die Sitte allgemein verbreitet. Der wohlhabende Mann hatte in seiner Wohnung ein spezielles Puderkabinett. Der feine Puder wurde gegen die Decke geschleudert und sank von dort wie ein leichter künstlicher Schnee auf die Lockenpracht herab, während der Herr sein Gesicht tief in eine Tüte steckte, damit er nichts in Nase, Mund und Augen bekam. Wer damals sein eigenes Haar trug oder sich gar den Zopf abschnitt, hatte ähnlichen Ärger wie im Jahre 1970 jemand, der sich die Haare bis auf die Schultern wachsen ließ: Er galt revolutionärer Gesinnungen verdächtig, wurde in extremen Fällen der Schule verwiesen oder gar enterbt, jedenfalls in reaktionären Ländern wie dem damaligen Oberitalien.

Solche Sitten kamen selbstverständlich erst nach der Französischen Revolution auf. Mit den Köpfen waren auch die Perücken gefallen, man trug wieder Haar. Bis dahin hatten in Frankreich nur die Ärmsten ihr Haar ungepudert gelassen, hatten nur Fuhrknechte hohe Stiefel getragen, wie sie jetzt Mode wurden, und nur an Matrosen kannte man lange Beinkleider, die Vorläufer der heutigen Herrenhose, und runde Hüte – nun wurde das alles anders, und binnen zwei Jahren wandelte sich die Szenerie. Noch 1789 sieht man überall die gebrannten Löckchen köstlicher Perücken, 1791 ist die natürliche Haartracht allgemein, so schnell ändert sich der Geschmack, wenn man Guillotinen sieht. Immerhin erhält sich am Hinterkopf ein kleines Zöpfchen aus eigenem oder auch fremdem Haar, auch der Haarbeutel, und wie stets gilt Radikalismus als unschicklich, jedenfalls in den tonangebenden Kreisen. Der Dichter Jean Paul erregt denn auch in Weimar bei dem kunstliebenden Herzog und dessen Minister W. von Goethe unliebsames Aufsehen, weil er sich im Jahre 1800 den Zopf abschneiden läßt. Am schrittweisen Vordringen der neuen, zopflosen Mode läßt sich geradezu die politische Temperatur der europäischen

Länder ablesen; so verwundert es nicht, daß in Preußen die Zöpfe beim Zivil erst etwa 1806/07 gefallen sind.

So scharf waren die Gegensätze, welche durch die Haartracht markiert waren, so groß die Angst vor den Neuerungen der Revolution, daß schon geringe Verdachtsmomente, wie stets in solchen Zuständen, eine regelrechte Hysterie entfachten. So sah König Ferdinand I. von Neapel (1816–1825) im Theater eine Gruppe von etwa zwanzig jungen Leuten mit ungepuderten Haaren. Der Polizeipräfekt ließ das Haus umstellen, und sieben junge Leute aus den ersten Familien des Landes wurden, weil sie Frisuren ohne Puder und Pantalons trugen, mithin sich der Sympathie für die Revolution verdächtig gemacht hatten, strafweise zum Militär gesteckt. Wer sich zur Erhaltung der Ordnung, zu seinem Herrscherhaus bekannte, tat dies mit Puder kund. Auf einem Diner des Fürsten Hardenberg in Wien zählte ein Gast im Jahre 1814 neun gepuderte und vier ungepuderte Köpfe, ein Beweis für die Vornehmheit, aber auch Rückständigkeit der Tischrunde.

In den Jahren vor 1848, im sogenannten Vormärz, wiederholt sich das Spiel: Wer einen Hut wie die italienischen Rebellen trägt, macht sich verdächtig, ebenso wer einen Bart im Gesicht hat, sei er auch noch so klein. Die Behörden sind damals in Italien nicht zimperlich. Der Herzog von Modena läßt allen Männern, deren Papiere nicht in Ordnung sind, Schnurrbart und Backenbart abrasieren, und der französische Untertan wird in Neapel am hellen Tage von der Polizei ergriffen und in eine Barbierstube geschleppt, wo ihm auf Befehl der Obrigkeit der Bart abgenommen wird. Wie heute macht sich das Revoluzzertum in Bärten geltend, deren Wildheit und Ungepflegtheit in direkter Korrespondenz zur Freiheitlichkeit ihrer Träger stand. Anständige, staatserhaltende Bürger trugen sich bartlos, preußischen Referendaren war Bart überhaupt verboten, und mit Ironie verzeichnet der gescheite Kurt von Schlözer, Diplomat und Vertrauter Bismarcks, in einem Brief vom 4. Dezember 1848: »Besonders merkwürdig ist, daß die großen Bärte der Demokratie immer spärlicher wachsen. Man will in der Irrenanstalt zu Siegburg bemerkt haben, daß sich der erste Schritt zur Genesung bei den dortigen Kranken dadurch kundgibt, daß sie nach dem Barbier verlangen, um sich ihrer langen Bärte zu entledigen.« Nun, Bismarck trug bekanntlich seinen Schnauzbart ganz ungeniert, dieser wurde zur Mode der Wachtmeister und Feldwebel, ebenso wie der straff nach oben gebürstete Schnurrbart des letzten deutschen Kaisers Wilhelm II. Mit Pomade und einer über Nacht angelegten Schnurrbartbinde, die mit Schlaufen über den Ohren getragen wurde, erhielt diese Bartfrisur ihren fragwürdigen Halt. Schon leichtere Erregung ließ die Schnurrbartspitzen zittern, seismische Signale eines drohenden Gefühlsausbruches, vor allem bei Oberlehrern und Regimentskommandeuren.

Vom Standpunkt des Friseurs oder auch des Liebhabers der Mode wird noch manches über die Tracht von Haar und Bart zu sagen sein, doch nichts von gesellschaftlich allgemeinerem Interesse. Eines jedenfalls steht fest: Der Bart an sich ist nichts, wichtig ist nur seine Bedeutung, und so ist ein assyrischer Bart an einem assyrischen Herrscher eine ganz andere Sache als der gleiche Bart am Kopf eines Revolutionärs, wie auch ein glattrasiertes Kinn zu den verschiedensten Zeiten die verschiedensten Schlüsse über seinen Träger zuließ. Wie aber steht es um die Zunft, welche Stellung nehmen die Männer ein, die auch dem höchsten Würdenträger das Messer an die Kehle setzen dürfen? Aus welchen Anfängen entwickelte

sich der Beruf des Friseurs? Man wird sehen, es handelt sich um eine kulturgeschichtlich reizvolle Frage, zumal der Friseursalon, die Rasierstube damals wie
heute ein Nachrichtenzentrum erster Ordnung war; bevor es Taxichauffeure gab,
fragte man seinen Barbier nach der Stimmung im Volk.

Vom Barbieren und vom Aderlaß

In der Antike sind es die Sklavinnen, die sich um die Frisur ihrer Herrinnen und
Herren zu kümmern haben. Unter den Händen ihrer Friseusen brachten die vornehmen Römerinnen halbe Tage zu, bis die kunstvollen Frisuren aufgetürmt, die
Haare mit einer Mischung aus Ziegenfett und Buchenholzasche – das hieß »zapo«
und stammte aus Germanien – gefärbt und bis der falsche Zopf richtig befestigt
war. »Die gnädige Frau hat ein Stelldichein. Heute will sie besonders schön sein.
Das Haar zerrauft, die Schultern nackt, die Brust entblößt, arbeitet die Friseuse
an der Frisur. Doch nun sitzt die Locke zu hoch. Warum denn das? Klatsch! Sofort
bestraft der Ochsenziemer die Missetat.« Diese Szene aus einer Satire Juvenals be-
leuchtet die alltäglichen Gegebenheiten einer Tätigkeit, die seit Jahrtausenden
ausgeübt wurde, ohne doch zunächst einen »beruflichen« Charakter zu haben.
Bereits in Rom hat es aber Barbierstuben gegeben, und die Künste eines solchen
Barbiers wurden hochgeschätzt. Von seiner Geschicklichkeit hing nämlich ab,
wieviel Schmerzen man unter dem Messer zu leiden hatte. Ein Mann wie Cäsar
ließ sich täglich frisch rasieren, und schon im 2. Jahrhundert v. Chr. leistete sich
der wohlhabende Römer einen »tonsor«, und schon damals traf man sich fast täglich in den Barbierstuben, deren männliche Exklusivität einen zusätzlichen Reiz
bot. Allerdings mußte man warten, und wer an die Reihe kam, war auch nicht zu
beneiden. Der Barbier setzte ihn wie heute auf einen Stuhl, legte ihm einen Fri-
siermantel um und schor ihm mit einer Eisenschere das Haar. Zur Rasur wurde
das Gesicht mit klarem Wasser eingerieben. Einen Rasierpinsel kannte man
ebensowenig wie eine Rasierschüssel für die schaumige Seife. Der Barbier nahm
das nicht eben besonders scharfe Messer, wetzte es an einem in Spanien gekauften
Wetzstein und rasierte das ganze Gesicht, bis der Kunde mit glattem Kinn, aber
zahlreichen Schrammen und Schmissen den Stuhl verlassen konnte. Schon aus
geschäftlichen Rücksichten mußte ein Barbier also etwas von der Kunst des Blut-
stillens verstehen; man mag da einen der Anfänge der Baderkunst sehen, die ja
über das Rasieren weit hinausgeht. Ein guter Barbier mit geschickter Hand war
hochgeschätzt. Martial hat auf eine solche Zierde der Zunft einen Nachruf geschrieben, der für sich selbst spricht: »In diesem Grabe ruht, hingerafft in der Blüte
seiner Jahre, Panthagus, Schmelz und Schmerz seines Herrn; unübertroffen, wie
er die Haare schnitt mit dem Eisen, daß es sie kaum berührte, unübertroffen auch,
wie er die stachligen Wangen glättete. O Erde, könntest Du ihm sanft und leicht
sein, wie es ihm gebührt, leichter und sanfter kannst Du nicht sein als seine kunst-
fertige Hand.«
Noch ein Wort zur Technik: Mit einem Enthaarungsmittel, hergestellt aus Har-
zen und Pech, entledigte man sich der Körperhaare, ferner benutzte man zu diesem
Zweck Zaunrebe, Rebenlaub, Eselsfett, Ziegengalle, Fledermausblut und Vipern-
puder – und außerdem die Pinzette. Die Berührung mit der Magie, mit der Kräu-

terkunde, mit allerlei nützlich-schmuddligem Geheimwissen ist also gegeben, und so erweist sich der Barbier als ein Mann, den man bei kleineren Schwierigkeiten zu Rate zieht. In den großen öffentlichen Bädern gehörte der Barbier gleichsam zur Ausstattung, denn dort, wo im Dampf und Dunst Haut und Haar weich wurden, konnte er seine Kunst unter günstigen Umständen ausführen. Auch im Mittelalter betrieb der Barbier oder Bader sein Gewerbe im öffentlichen Bad. Zu seinen Aufgaben gehörte nun nicht nur das Rasieren und die Entfernung des Haares sowie eine Wundbehandlung, sondern vor allem das Aderlassen, auch Schröpfen genannt.

Auf der antiken Säftelehre des berühmten Galen aufbauend, glaubte man, es sei von Vorteil, wenn dem Menschen das »dicke«, das böse und ungesunde Blut abgezogen würde. Weil man keine konkreten Kenntnisse vom Blutkreislauf und von der Physiologie des Körpers besaß, stützte man sich besten Willens, wenn auch nicht ohne Geschäftstüchtigkeit, auf die bewährten Theorien der Alten. Vor allem gegen den »Schlagfluß«, eine im Mittelalter häufig vorkommende Todesursache, wurde der Aderlaß empfohlen. Im Bad wurde er ausgeführt, weil aus dem erwärmten und angeregten Körper das Blut leichter floß, auch weil die Adern sich leichter öffnen ließen. Dies geschah mit winzigen Messerchen verschiedener Form. Das herausquellende Blut wurde in kleinen Schalen aufgefangen, und sobald Schorf die Wunde schloß, setzte man sogenannte Schröpfköpfe oder Schröpfhörner auf. Dabei entstand unter dem aufgesetzten Hohlkörper ein Vakuum, welches das Blut auf der warmen Haut austreten ließ. Wenn der Badegast vom Bader kunstgerecht mit Schröpfköpfen vollgesetzt war, muß er ein ziemlich bizarres Bild geboten haben.

Die Bader waren im Mittelalter »unehrlich«, das heißt nicht zunftfähig. Neben ihren Aufgaben als Friseure, Hilfschirurgen und Arztgehilfen hatten sie für den Betrieb der Badehäuser zu sorgen, übten aber auch wohl andere Nebenberufe aus; sie waren sogar Strohhutmacher, Scherenschleifer oder Seifensieder. Über ihre Geldgier, aber auch Unwissenheit ist oft geklagt worden. Es hieß, sie überredeten alt und jung, »sonderlich die Thorechten, Einfältigen oder Fürwitzigen, als Weiber, Kinder, alte Leuth, Handwercker etc.«, sie sollten sich »die Kröpfl hinansetzen« lassen. Auch mangelnde Kenntnis der Adern wird ihnen vorgeworfen. So heißt es in einem Pamphlet aus dem Jahre 1610: »Den Balbierern und Badern nit trau, weil sie ein Ader für die andere, ein Arteriam oder Pulß für die gemeine öffnen, dann sie es nit auß einander kennen und in diejenig hacken, die sie am besten greiffen oder sehen.«

Bevor der berühmte Anatom Vesalius in der medizinischen Fakultät der Universität Padua, die damals einen großen Ruf genoß, seit 1537 mit eigener Hand Leichen sezierte und an der Leiche selbst seine Vorlesungen hielt, war es üblich, daß der Bader in der Anatomie die blutige Arbeit tat. Die Gründe hierfür erschienen dem damaligen Menschen logisch. Zwar waren Ärzte und Chirurgen seit 1240, als Friedrich II. von Hohenstaufen seine Verordnung über die Ausbildung erließ, zum Zergliedern menschlicher Leichen verpflichtet gewesen, aber die Kirche hatte doch Bedenken angemeldet. So hatte Karl V., in mancher Hinsicht päpstlicher als der Papst, die theologische Fakultät von Salamanca um ein Gutachten gebeten, »ob ein katholischer Christ eine menschliche Leiche zergliedern dürfe«. Die Antwort lautete vernünftigerweise positiv, jedoch fanden die anatomischen Demonstrationen an den hohen Schulen so statt, daß im Hörsaal ein Bader die Leiche vor den Augen der Studenten sezierte, während oben vom Katheder her der Professor diesen Vorgang aus den klassischen Schriften des Aristoteles, Galen u. a. lateinisch kommentierte. Vesalius stieß mit der neuen Praxis auf wütenden Protest der Kollegen, der ohne Erfolg blieb. Seine Tafelwerke über die menschliche Anatomie verhalfen einer genaueren Kenntnis des menschlichen Körpers zum Durchbruch. Übrigens hat er 1539 auch eine sogenannte Aderlaßschrift publiziert.

Für die wackeren Bader in Stadt und Land hatten solche gelehrten Abhandlungen zunächst keine Bedeutung. Wie es in diesem Beruf zuging, hat Meister Johann Dietz in seinen Lebenserinnerungen als »des Großen Kurfürsten Feldscher« aufgeschrieben. Der Feldscher war ja nichts anderes als der zur Truppe versetzte oder gepreßte Barbier, der im Feldlager und auf dem Feldzug alle die wichtigen Aufgaben übernahm, die in der Stadt oder auf dem Dorf die Bader zu erfüllen hatte. Der vierzehnjährige Junge sollte, wenn es nach seinem Vater gegangen wäre, das Seilerhandwerk erlernen. »War aber schwach und hatte keine Lust dazu, wiewohl ich's etlichmal versuchte.« Der Vater stellt ihn vor die Wahl, er erklärt: »Du mußt fort, erwähle dir heute, was du werden wilt.« Der junge Mensch träumt in der Nacht von Barbiersachen und von Medizin, also erklärt er seinen Berufswunsch. »Als nun des morgenden Tages gefraget wird: was ich resolvieret? Die Antwort war: ich wollte ein Barbier werden. Sahe mich der Vater stürmisch an, ja, sagte gleich: Wer hat dir das in'n Kopf gesetzet? Du meinest, weil solche gute, faule Tage haben?« Im Jahre 1681 wird er Lehrling, und wenn er die Bauern beim Rasieren schneidet, wird er mit dem Ochsenziemer verprügelt.

Daß er im Haus des Badermeisters Holz machen, Wasser tragen, alle Arbeit eines Hausburschen tun muß, gehört in die Zeit. »Und hatt' schon bis ins dritte Jahr viel vornehme Leute zu bedienen und zu verbinden. Wie ich dann würklich, zwei vornehme Jungfern zu verbinden, von ihm geschickt wurde, welche würkliche bubones und Pestbeulen an sich hatten, und andre mehr; so ich aber damals nicht verstand.« Hautkrankheiten und alle Geschwüre fielen in die Zuständigkeit dieser ungebildeten Männer oder, schlimmer noch, ihrer Lehrlinge, wie Meister Dietz einer war. Er ist dann weit herumgekommen, als preußischer Feldscher bis nach Ungarn beim Kampf gegen die Türken und als Schiffsarzt mit Walfängern nach Spitzbergen und Grönland. Welche Möglichkeit ein geschickter Barbier hatte, der so nahe am Ohr der hohen Herren wirkte und ihr Wohlbefinden durchaus steigern konnte, erzählt Meister Dietz. Er mußte im Lager den General Schöneck barbieren, der sich bärbeißig gibt. »Als inmittelst der Kammerdiener eine große silberne Wanne mit Wasser und Seife ihm vorhielte, da er auf einen großen Stuhl sich gelehnet. Ich griff ihn weidlich an und hurtig, wie wenn ich einen Bauern vor mir hätte. Das gefiel ihm wohl. Griff ihm deshalb mit dem Schermesser noch besser auf die Haut, zog steif an, mit langen Strichen, und wurde bald fertig. Ei, sagte er, warum seid Ihr nicht eher zu mir gekommen?« In Halle übernimmt der weit herumgekommene Feldscher eine Barbierstube und bringt sein Leben als Meister zu Ende, plagt sich mit seinem Eheweib, Gesellen und Lehrlingen und lebt nicht schlecht in seiner bürgerlichen Behaglichkeit; seine »Hofbarbier-Gerechtigkeit« warf etwas ab, ein Bader war kein armer Schlucker. Es wurde ja bei jeder Gelegenheit zur Ader gelassen, teils aus Vorsorge, teils als Therapie.

Von König Ludwig XIII. weiß man, daß er in den letzten zwölf Monaten seines

Lebens 47mal zur Ader gelassen wurde, er war kein Einzelfall. Aderlaßtage waren in den Kalendern geschrieben, man beachtete den zunehmenden oder abnehmenden Mond, und noch um 1800 ist das Aderlassen und »Purgieren« (lateinisch purgare: reinigen) üblich, wie eine Selbstbiographie eines späteren Mediziners zeigt: »Von Arzneien wußte ich nichts, außer daß, so wie mein Vater um die Zeit der Tagundnachtgleichen jedesmal zur Ader ließ, wir Kinder um diese Zeit, auch wenn wir völlig gesund waren, laxieren mußten. Man glaubte damals, dies baue der Krankheit vor. Selbst in den sechs Jahren, die ich auf dem Gymnasium verlebte, mußten wir, gesund oder kränklich, wir mochten wollen oder nicht, 85 Menschen an einem Tage – einnehmen, und dies auf allerhöchsten landesherrlichen Befehl. Jetzt lacht man über das. Damals fand man's sehr ernsthaft.«

Erst die physiologischen Erkenntnisse des 19. Jahrhunderts haben diesen Bräuchen ein Ende gesetzt, und so blieb vom Baderwesen nur die Barbierstube übrig, die ihre alten Funktionen als Friseurladen übernahm. Noch heute aber hängt vor den Friseurläden in den englischsprachigen Ländern, wenn der Meister auf Tradition hält, das alte Zunftzeichen der Baderzunft. Während des Aderlasses preßte nämlich der Patient die Hand fest auf eine Holzstange, damit die Adern hervortraten. Wenn das Blut auf das Holz tropfte, wurde mancher schwach, weshalb man die Stange lieber gleich ganz mit roter Farbe anstrich. Wenn sie nicht gebraucht wurde, hing sie draußen vor dem Laden, behängt mit weißen Bandagen, mit denen der Arm des Patienten festgewickelt wurde. Später hat man dann die rote Stange mit einer weißen Spirale bemalt und sie mit einem goldenen Knopf, dem Symbol für die Baderschüssel, gekrönt. In dieser Form ist sie noch heute das Zunftzeichen, wie das kreisrunde goldene Schild auf dem Kontinent die Barbierschüssel symbolisiert und den Friseur anzeigt.

Badelust und Sittenstrenge

Reinlichkeit gehört für den modernen Menschen zur Ästhetik des Körpers, das Bad in der Wohnung ist selbstverständlich. Das war bekanntlich nicht immer so, und man weiß, daß die römischen Bäder wie die des Mittelalters eher Plätze ungehemmter Lebenslust waren als hygienische Anlagen. Im Gegenteil, viele Seuchen sind durch das gemeinsame Baden überhaupt erst übertragen und auf katastrophale Weise ausgebreitet worden. Das rituelle Bad, noch heute dem Hinduisten im Ganges heilig, gehört zu den frühen Äußerungen menschlicher Religiosität, der Charakter einer den ganzen Menschen erfassenden Reinigung steckt in jeder Taufe. Bezeichnend ist, daß die Königstochter den in einem Rohrkästchen schwimmenden Moses findet, als sie mit ihren Dienerinnen zum Bad im Fluß hinabsteigt. Das wird wie eine Selbstverständlichkeit erzählt, gehört also zu einer sehr alten kulturellen Verhaltensweise.

Der Bibel nach gehört auch die Sexualität zum Bad; das Motiv wird, für die Darstellung des nackten Frauenkörpers die erfreulichsten Vorwände liefernd, in der europäischen Kunst immer wieder dargestellt. Man erinnert sich, der König David erblickt vom Dach seines Palastes aus im Garten eine Schöne, die sich wäscht. Bathseba, die junge Gattin des Urias, der beim Heer im Felde stand, erfüllte den König mit solchem Verlangen, daß er sie in die Schar seiner Weiber einreihte. Den unbequemen Gatten beseitigte er durch Verfügung auf dem Dienstweg: Er wurde an einen gefährlichen Abschnitt versetzt und fand wie gewünscht den Tod. Eines der schönsten Bilder mit dem Motiv der badenden Bathseba hat 1485 Hans Memling gemalt: Eine nackte junge Frau, die lebensgroß, strahlend vor Frische, aus dem hölzernen Badezuber steigt. Im Barock und im Rokoko ist das Motiv der badenden Nymphen oder auch das Bad der Diana unzählige Male wiederholt worden, und neben den biblischen Stoffen bot die antike Mythologie ein breites Szenarium solcher Badethemen. Biblisch ist dieses Motiv durch die bekannte »Susanna im Bade« repräsentiert.

Baden ist in früher Zeit ein Privileg der Mächtigen gewesen. Erst der Luxus der griechisch-römischen Antike demokratisierte dieses Privileg, und so gehören die antiken Thermen, die öffentlichen Bäder, zu den großen Bauleistungen Roms. Um die zentral gelegene Haupthalle, einen Kuppelbau, gruppierten sich die Räume für Dampfbäder, ferner heiße, lauwarme und kalte Bäder. Diese Anlage wurde durch Turnhallen, Spielhöfe, Gärten und öffentliche Bibliotheken ergänzt; alles in allem handelte es sich also·um eine Art »Freizeit-Zentrum«, wie es nach heutigen Maßstäben kaum großzügiger gedacht werden kann.

In der Antike badeten Männer und Frauen gemeinsam, die sich dabei ergebenden Gelegenheiten wurden genutzt. Sittenstrenge Kaiser wie Trajan oder Marc Aurel erließen entsprechende Verbote. Von den gewaltigen Ausmaßen solcher antiken Kaiserthermen kann man sich noch heute überzeugen. Die Kirche Santa Maria degli Angeli, von Michelangelo aus der Ruine einer Therme Diokletians errichtet, läßt die Größenordnungen ahnen. Die ursprüngliche Halle des römischen, 302 n. Chr. errichteten Bauwerks war 37 m hoch, 61 m lang und 24 m breit. Man kann sich vorstellen, welches Leben in diesem riesigen Bau geherrscht haben muß, in den Senatoren und Handwerker, Matronen und Prostituierte, Lustknaben und Kaufleute zum Baden kamen. Da wurde gespielt, gesungen, geschrien, Verkäufer boten Würste und Süßigkeiten, Kuchen und Wein an, und nicht wenige Badegäste verbrachten den ganzen Tag an diesem Ort. Selbstverständlich waren die Hallen geheizt, wurde ständig heißes Wasser bereitet, und der Luxus an mythologischen Mosaiken und Fresken, an bronzenen Bänken, die oft von Bürgern gestiftet waren, und sonstigem Gerät würde auch einen modernen Besucher in Erstaunen versetzt haben. Brausen und Gießkannen allerdings waren noch nicht »erfunden«, und auch die Seife gab es bekanntlich noch nicht. Alle diese Bauten sind übrigens nach einheitlichem Schema angelegt; man hat in den römischen Provinzen in Europa, Asien und Afrika insgesamt 175 Badethermen gezählt, diese Bauten begleiteten den Legionär, wie die Kapelle später den Mönch begleitet hat.

In der Völkerwanderungszeit wurden die Bauwerke bestaunt, zerstört und als Steinbrüche benützt; es fehlte die Gesellschaft, die sich dieser Möglichkeiten hätte bedienen wollen. Auch im Mittelalter, als sich eine breitere städtische Kultur entfaltete, haben Bäder nie wieder diese majestätische Rolle gespielt wie in der römischen Antike. Dafür wurde, in schärferem Maße, das Problem der verdrängten Sexualität zur Diskussion gestellt. Im öffentlichen Bad, in dem so viele Männer und Frauen zusammenkommen, herrscht »Fleischeslust«, und die Empörung über gewisse Zustände, wenn sie auch nicht allgemein gewesen sein mögen, ist groß: »Da sieht man bei den Frauen die Blöße des Busens, bei den Männern die Entblößung des Gesäßes, überall Ausschweifung, durch die ein keuscher Sinn beleidigt

wird. Was mehr? Hier sieht man lauter Eitelkeit und Zerrüttung, keine Frömmigkeit, keine Ordnung, hier ist Gottvergessenheit, hier ist jede Tugend verbannt;
es gibt keine Schamhaftigkeit, es fehlt an Maßhalten, es herrscht die Genußsucht,
es rast die Wollust.« Bei diesem barocken Redefluß, verfaßt von Heinrich von Lan-
genstein (1525–1597) handelt es sich allerdings um den Versuch, der Empörung
über ein Gemälde Luft zu machen, das der Verfasser im Vorzimmer eines Mainzer
Kämmerers und Domherren erblickt hatte.

Es hat im Mittelalter das »Hochzeitsbaden« gegeben, bei dem sich Braut und
Bräutigam mit den Hochzeitsgästen im Badehaus versammelten, und das »Seelen-
baden«. Die Kirche, stets auf der Suche nach Geldquellen, betätigte sich mit siche-
rem Geschäftssinn auf dem Gebiet des Badewesens als Unternehmerin, allerdings
für einen höheren Zweck, nämlich »um der Seele des armen Verstorbenen zu hel-
fen«. Sie bezahlte diese Veranstaltungen aus frommen Stiftungen. Das Heilbad
des Mittelalters erscheint in der bildenden Kunst als Jungbrunnen, wie ihn Holbein
oder Hans Sebald Beham (1500–1550) gemalt haben. Im Berliner Museum gibt
es eine aus der Schule Cranachs stammende Holztafel, auf der nicht nur aus alten
Weiblein hübsche junge Weiber werden, sondern aus einfachen Mütterlein künftige Hofdamen. Auch der dichtende Schuhmacher Hans Sachs (1494–1576) hat den
Jungbrunnen besungen: »Die täten alle sich verjüngen / nach einer Stund, mit
freien Sprüngen / sprangen sie aus dem Brunnen rund, / schön, wohlgefärbt,
frisch, jung und gesund.« Leider handelt es sich bei dem Nürnberger Poeten nur
um eine Vision, die Schlußzeile heißt: »Kein Kraut auf Erden ist gewachsen, mich
zu verjüngen und Hans Sachsen.« Das freie Badeleben bot dem Künstler Gelegenheit zu Studien, so hat auch Dürer gerne solche Badestuben besucht, eine Feder-
zeichnung zeigt die Schwitzstube in vollem Betrieb. Sie erinnert an eine öffentliche
Sauna. Die Badegäste schlagen sich gegenseitig den Rücken mit Besenreisig, waschen sich die Haare oder drücken einen Schwamm aus. Man sieht das Inventar,
dabei auch Zinnkannen und Gläser, vermutlich für Bier, und erkennt den Ofen,
auf dessen Steinen das Wasser erhitzt und verdampft wird.

Eine Variante des Badewesens, die Sauerbrunnen und anderen Heilbäder, gehört in den Bereich der Medizin, weshalb sie hier nur erwähnt wird. Ebenso
steht es mit den Freibädern. Berühmt war das englische Freibadewesen, das der
Göttinger Professor Georg Christoph Lichtenberg (1742–1799), der Mathematiker
und Philosoph, einer der hellsten Köpfe seiner Zeit, in seinen »Briefen aus England« beschrieben hat. Im Jahre 1793, als an der Ostsee das erste deutsche Seebad
Heiligendamm eröffnet wurde, erschien kurz zuvor ein flammender Artikel
»Warum hat Deutschland noch kein großes, öffentliches Seebad?« Er hatte Erfolg,
und man baute in Mecklenburg auf Anweisung des Herzogs Friedrich Franz die
Seebadeanstalt Doberan, die sogar Schilderhäuschen zum Umziehen am Strand
und Badeboote hatte.

Was Körperpflege und Reinlichkeit angeht, so ist bekannt, daß die sanitären und
hygienischen Verhältnisse in den vorigen Jahrhunderten bis weit ins 19. Jahrhundert hinein mehr als fragwürdig waren, jedenfalls in den dicht besiedelten europäischen Ländern. Mit dem Waschen scheint man sich nicht lange aufgehalten zu
haben. Noch das Frauenzimmerlexikon von 1739 kennt sehr wohl den Gebrauch
des Kammerbeckens, das seinen Platz unter dem Bett hatte, erwähnt aber weder
einen Waschtisch noch das Waschbecken und alle die zur Toilette gehörigen

Gerätschaften, wohl aber das Gießbecken und die dazugehörige Gießkanne, mit der man etwas Wasser auf die Hände goß und das Gesicht notdürftig benetzte. Aus sehr ländlichen Gasthöfen kennt man solche Einrichtungen noch heute. In den Mietskasernen des 19. Jahrhunderts, wie sie Heinrich Zille (1858–1929) in Berlin gezeichnet hat, waren Badezimmer eine Rarität wie die Badewannen; es war die Zeit, als allwöchentlich eine Badewanne vom Hotel Adlon in Berlin zum Schloß getragen wurde, wenn seine Majestät Kaiser Wilhelm I. Badetag hatte.

Eine Frau wie Nofretete

Das älteste Dokument der ägyptischen Kultur, das Hieroglyphen trägt, ist eine Schminkpalette. Sie stammt aus der Zeit um 3200 v. Chr. und ist mit Reliefs geschmückt. Natürlich war sie keine Alltagsware, kein Gegenstand für jedermann, sondern muß einer hochgestellten weiblichen Person gehört haben, vielleicht einer jener Schwesterköniginnen, die als göttlich angesehen wurden. Das ist nicht der einzige Fund dieser Art. In Sakkara, der Totenstadt am Fuß der Stufenpyramide, hat man einen Salbenschrank mit 30 Fächern für kosmetische Gefäße ausgegraben. Schon aus der 1. und 2. Dynastie (2850–2660 v. Chr.) kennt man die Namen von Drogen, Ölen und Essenzen für die Kosmetik, die in der heißen, trockenen Luft Ägyptens so wichtig ist, wenn die Haut nicht austrocknen und faltig werden soll. Erstaunlich ist, daß alle diese frühen Salben- und Ölgefäße aus besonders hartem Material gedreht sind, nämlich aus Granit und Basalt, und dies mit den technischen Mitteln der Bronzezeit, also praktisch ohne Metallwerkzeug. Man muß diesen Gegenständen eine besondere Bedeutung beigemessen haben, wenn man so viel Mühe auf ihre Herstellung verwandt hat. Was solche Salbtöpfe enthielten, weiß man ziemlich genau: Grüne Schminke, aus Malachit und Kupfererz gewonnen, für das Lid, schwarze Schminke aus Granit oder Bleiglanz für die Augenbrauen und die Verlängerung des Lidwinkels. Auch Hennah, die Schminke des Vorderen Orients, ist in Gebrauch gewesen, sie war in Ägypten wie in Mesopotamien verbreitet. Diese bauchigen Salbtöpfe aus dem Kosmetikschränkchen der vornehmen Ägypterin sind später aus dem weicheren Alabaster gefertigt worden. Sie besaßen einen wulstigen Rand, waren leicht gebaucht und wurden mit einem Lederlappen verschlossen, der mit einer versiegelten Lederschnur verschnürt war.

Als die Griechen um 600 v. Chr. nach Ägypten kamen und diese Salbtöpfe kennenlernten, übernahmen sie den Begriff »Alabastron« für alle derartigen Gefäße. Ein solches »Alabastron« mit Salböl benutzt denn auch Maria Magdalena bei ihrer Begegnung mit Christus. Neben Kämmen und Haarwicklern, Rasiermesser und Puderdose gehören Schminkgriffel aus Holz oder Elfenbein zur Ausstattung der Ägypterin aus den herrschenden Kreisen. Eine Frau wie Nofretete malte die Lippen, lackierte die Fingernägel und pflegte Haut und Haar mit Salben und Essenzen. Die erotische Wirkung eines guten Parfüms, dessen Herstellung unglaublich zeitraubend war, ist bewußt genutzt worden.

In diesem Intimbereich der Schönheitspflege spielt, wohl anders als bei der Kleidung, der Prestigefaktor keine so große Rolle, hier geht es nicht um den Signalcharakter der modischen Geste, sondern eher um Betonung instinkthafter Verhal-

Schminkpalette *des ägyptischen Königs Narmer. Der Vorgang des Schminkens wurde nicht nur von den ägyptischen Damen zur Betonung ihrer Reize perfekt beherrscht, sondern hatte offensichtlich auch kultische Bedeutung. Aus Hierakonpolis, um 2800 v. Chr.*

tensweisen, die in der Tierheit des Menschen verwurzelt scheinen, oder um bestimmte magische Aspekte, wie sich schon bei der Tätowierung gezeigt hat. Denn wenn eine Königin, eine Priesterin ihr Auge mit einem Lidstrich vergrößerte, war das mehr als ein ästhetisches Moment; es ist denkbar, daß solche kosmetischen Mittel überhaupt aus dem kultischen Bereich gekommen sind, ehe sie von den Damen der Würdenträger profaniert wurden.

Wie unmittelbar schon damals die Dinge empfunden wurden, die heute psychologisch erhellt sind, zeigt eine Sitte der Hebräer zu biblischen Zeiten: Wenn zwei Männer einander trafen, so ergriffen sie einander am Bart, um den Bruderkuß auszutauschen. Das hebräische Wort für »küssen« heißt aber »nšq« und bedeutet ursprünglich »beriechen«. Für die Bewohner des Zweistromlandes ist der Geruch eine Offenlegung des menschlichen Charakters. Wer schlecht roch, mußte wohl auch schlecht sein. So wird der Charakter Jakobs in der Bibel mit einem Vergleich ausgedrückt: »Sein Geruch ist wie der eines von Jahwe geliebten Feldes.« Unter solchen Voraussetzungen gehörte Parfüm zu den wichtigsten Dingen des Alltags, denn war seines Charakters schon so sicher, daß er es sich leisten konnte, auf eine gewisse Korrektur zu verzichten! Jedermann gab Geld für Essenzen aus, deren Herstellung zum technischen Fortschritt der Destillation führte. Auf dieser altorientalischen Erfindung baut sich die medizinische Destillation ebenso auf wie die des Alkohols. Nur die Toten, deren Leben ja abgeschlossen war und deren Seele den Körper verlassen hatte, wurden nicht parfümiert. Wie alt diese Sitten sind, entnimmt man aus »Gilgamesch«, dem ältesten Epos der Welt. Hier erhält Enkidu, der ungezähmte Wildling, der in die Unterwelt absteigen will, den Rat, er solle seinen Körper nicht mit parfümierten Ölen einreiben, wenn er zwischen den geruchlosen Toten nicht als Lebender auffallen wolle.

In Mesopotamien ist der kultische Bezug deutlich: Die Augenumrandung verstärkte die Intensität des Blickes bei Göttern und Menschen, und die Göttin Ischtar hatte den Beinamen »Göttin der Lieder, der Wollust und der Augenschminke«, ein stolzer Beweis für die frühe Bedeutung der Kosmetik. Aus Gründen, die man heute nicht mehr rekonstruieren kann, puderten sich die Sumerer das Gesicht offenbar mit einem Ockerpuder, ursprünglich fälschlich als Goldpuder übersetzt. Man fühlt sich an die eiszeitliche Verwendung des Ocker bei Bestattungen, an Körperbemalungen mit roter Farbe erinnert, doch lassen sich keine unmittelbaren Verbindungen zu der sumerischen Sitte herstellen. Immerhin färben sich in Südarabien die Frauen das Gesicht noch heute mit Absud von Safran gelb, und diese Sitte wird von einigen Autoren auch für das alte Arabien nachgewiesen.

Auf höchster Stufe stand die Kosmetik im alten Indien. Jede elegante Frau hatte zahllose Puder, Salben, Pasten und Parfüms auf ihrem Frisiertisch stehen, und ihr Händler, ein Spezialist seines Faches, vermochte am Duft die Bestandteile einer Essenz ohne weiteres zu analysieren. Die besten Kundinnen waren natürlich die Kurtisanen, aber Parfüms wurden nicht nur im Dienste der weiblichen Schönheit gebraucht, sondern ganz allgemein. So wurde auch Wäsche, die von den Wäscherinnen in mühevoller Arbeit gewaschen und getrocknet worden war, zum Schluß parfümiert. Man kannte schon damals, also im ersten vorchristlichen Jahrtausend, Pillen gegen Mundgeruch, die aus Kampfer, Safran, Moschus und Gewürznelke bestanden, und tönte sich die Fußsohle mit einem rosa Lack. Im Gegensatz zu Mesopotamien, das die Harze und Öle aus dem Libanon und aus Syrien einführen mußte, wuchsen in Indien die Bäume und Sträucher an Ort und Stelle. Weihrauch und Myrrhe kamen von dort, es gab Kampfer, Moschus, Safran, Gewürznelke, Ingwer, Aloe und viele andere derartige Pflanzen, so daß die Herstellung aller dieser Öle, Essenzen und Pasten sowie des Räucherwerks zu einer hohen Kunst vervollkommnet war. Die Beherrschung dieser Kunst wurde von jeder Brahmanenfrau verlangt, denn das gehörte zu der Liste der »64 Künste«, die jeder gebildete

Mann und jede gebildete Frau beherrschen mußten, wenn sie auf dem Niveau ihrer Gesellschaftsklasse leben wollten.

Auch aus dem alten China sind Kosmetika schon früh bezeugt, ohne daß man von Details nähere Kenntnis hat. Man weiß nur, daß als Gesichtsschminke Bleiweiß benutzt wurde; man stellte es her, indem man Bleimine und Quecksilber erhitzte. Auch Lippenstifte, Salben für das Gesicht und Haarpflegemittel müssen bekannt gewesen sein. Parfüms besaß man in Puderform, die in einem Spezialbeutelchen aufbewahrt wurden.

Im Laufe der Zeit sind die kosmetischen Mittel, die den frühen Hochkulturen zur Verfügung standen, vielleicht verfeinert und variiert, schließlich auch in ihrem technischen Verfahren industrialisiert, aber im Grunde nicht verbessert worden. Zwischen einer Brahmanin des ersten vorchristlichen Jahrtausends und einer eleganten New Yorkerin oder Pariserin gibt es, was die Raffinesse der Kosmetika, die Kultiviertheit der Ausstrahlung betrifft, mit Sicherheit keinen Qualitätsunterschied, nur daß die Gelassenheit und Würde der Inderin die intellektuelle Wachheit der Amerikanerin durchaus aufwiegen würde. Übrigens hat auch die Orientalin neben allerlei kostbarem Schmuck, neben Fußringen und Armketten, wertvollen Dosen ein Requisit besessen, das heute fast vergessen ist und doch zu den weiblichsten Gegenständen der Kultur gehört, nämlich einen Fächer. Allerdings war es kein Handfächer, sondern ein gestielter Fächer, der aus den Blättern der Fächerpalme geflochten war. Nicht die Brahmanin selbst hielt ihn, sondern man fächelte ihr im Inneren des Hauses Kühlung zu, wie man ihr Haupt draußen mit einem Sonnenschirm schützte, der zugleich Würdezeichen war.

Spiel mit Fächern

Der Handfächer des Rokoko ist eine späte Spielform. Ursprünglich hat man Fächer so groß gemacht, daß sie ihren Zweck erfüllten und in der glühenden Hitze der südlichen Länder einen Lufthauch erzeugen konnten und Kühlung brachten. Nur der Herrscher, der unter seinem Baldachin unbeweglich auszuhalten hatte, der Gottkönig hoch über den Menschenmassen verdiente solchen Dienst, bis seine Würdenträger und schließlich wohlhabende Kaufleute oder erfolgreiche Soldaten sich Fächer zulegten. Er war in Ägypten aus Straußenfedern gearbeitet. Nebenher gab es noch die Fächer zum Anfachen der Glut und Fliegenwedel. In der frühen chinesischen Kultur spielt der Fächer eine sehr deutliche Rolle als Rangabzeichen: Während der Schang-Dynastie (1450–1050 v. Chr.) sollen der Kaiser und seine Gemahlin als Rangabzeichen Fächer getragen haben, was nicht weiter verwunderlich ist, weil im alten China nahezu alles zum Rangsymbol geriet. Wenn der Kaiser Audienz hielt, war sein Fächer größer, als wenn er sich in seinem Palast aufhielt. Im ersten nachchristlichen Jahrtausend war unter den chinesischen Intellektuellen, die ja kein Übel der Neuzeit, sondern eine Folge der Schriftkultur sind, ein Kamelschweif Mode; es dürfte sich aber eher um einen Fliegenwedel als um einen Fächer in seiner eleganteren Form gehandelt haben.

Die alte orientalische Sitte, den Fächer als Würdezeichen zu betrachten, ist noch im Papstkult enthalten. Wenn der Heilige Vater in großer Prozession erscheint, trägt man neben seinem Tragstuhl Pfauenwedel, freilich eher ihrer schon erwähnten symbolischen Bedeutung wegen und nicht so sehr als Windfächer. Die mittelalterliche Kirche hat den alten symbolischen Aspekten übrigens einen speziell christlichen Symbolwert hinzugefügt. Für sie ist der Pfau ein Sinnbild der Demut, denn er sieht, wenn er das Rad schlägt, nicht auf sein Federkleid, sondern auf seine plumpen Füße.

Bereits in der Antike hat der Fächer, von der Hand einer Frau spielerisch bewegt, einen erotischen Akzent: Die griechischen Göttinnen tragen ihn, ebenso die Venus. Auf chaldäischen Gemmen, griechischen Vasen und altchristlichen Goldgläsern findet man »Fahnenfächer«, seitlich an einem Stiel verschnürt; solche Fächer sind auch in den Gräbern der frühen ägyptischen Dynastien gefunden worden. Es gibt Radfächer, die aus der Stielhülle herausgeschoben und entfaltet werden, es gibt das »flabellum«, den Fächer der Römer, der kreisrund geschnitten an einem Stiel sitzt. Meist ist er aus feinem Holz gearbeitet, das beschnitzt, bemalt oder vergoldet wurde. Leider sind antike Fächer nicht erhalten, und auch der Fächer als Requisit der Weiblichkeit ging verloren. Die Damen der Ritter kannten den Fächer nicht, nur die Kirche hat auch diese Form bewahrt; in der orientalischen Kirche schützte ein Diakon, mit einem Fächer bewaffnet, die Hostie vor Fliegen. Dieser Fächer, in den Inventarverzeichnissen ausdrücklich als »flabellum ad muscas« bezeichnet – und Fliegen gehorchten ja dem Teufel, waren sein Geziefer –, hatte die Gestalt eines Seraphs mit sechs Flügeln. Die Kathedrale von Salisbury hatte einen solchen Fächer aus Seide, die St.-Pauls-Kathedrale in London einen aus Pfauenfedern. Ein Inventarverzeichnis des Heiligen Stuhles zählt zehn verschiedene, große und kleine Fächer auf; sie waren aus vergoldetem Pergament, aus Holz der Aloe, aus Pfauenfedern gearbeitet und alle rund mit hölzernem Griff.

Fächer gehören, neben Pillendöschen, Tabatieren, Porzellanen und den Kostbarkeiten der Steinschneidekunst, zu den reizvollsten Sammelobjekten. Eine ideale Sammlung würde den Fächer aus der Kathedrale von Monza umfassen, der wohl um 590 von Theodolindis, der Gattin des Lombardenkönigs Authari, gestiftet worden ist. Das Blatt besteht aus starkem, feinem Pergament und ist dunkelviolett gefärbt. Auf diesem purpurnen Grund sind Ornamente und Buchstaben in Gold und Silber aufgemalt. Der radförmige Fächer steckt in einer weichen Holzkapsel, die mit Silberblech überzogen ist. Man kann auf der Kapsel Pflanzenmotive erkennen, wie man sie auch an romanischen Säulenkapitellen oder in den Handschriften findet. Ein weiterer Höhepunkt der Sammlung wäre der wiederaufgefundene Fächer der Gräfin von Artois aus dem Jahre 1316, der eine wahre Sensation darstellen würde, denn man kannte ihn bisher nur aus einer schriftlichen Erwähnung. Es ist eine Art Fliegenwedel, französisch »esmouchoir«, und man darf annehmen, daß die Dame ihn nicht selbst benutzt hat, sondern sich von einem Diener bewedeln ließ, ganz nach kirchlichem Vorbild. Fast ein Jahrtausend hat es gebraucht, bis der Fächer aus dem Orient auf europäischem Boden wieder ins Blickfeld geriet. Man sagt, die Damen hätten ihn durch ihre von den Kreuzzügen heimkehrenden Herren kennengelernt; wahrscheinlicher ist, daß im Rahmen des kulturellen Austausches über Spanien und Sizilien mit so vielen anderen Dingen auch der Fächer auf die ritterlichen Burgen und in die Hände der Damen kam. In den Ritterromanen der Zeit, also schon im 13. und 14. Jahrhundert, wird er erwähnt, aber man weiß nichts über seine Form.

Die Assyrer *trugen
gelocktes Haar und
dazu passend meist
lange, rechteckig
gestutzte Bärte.
Steinrelief des Königs
Sargon II. (721 bis
705 v. Chr.).
Museo d'Arte Antica,
Turin*

**Komplizierte
Haartrachten** –
*wie diese eines attischen
Reiters – waren auch in
Griechenland Mode;
das Haupthaar ist in
kleine Löckchen auf-
gedreht und fällt
hinter den Ohren in
zopfartigen Strähnen
bis in den Nacken.
Marmor, um 550 v. Chr.
Louvre, Paris*

Chinesische Dame am Frisiertisch. *Die Chinesinnen waren Meister der Kunst des Schminkens. Tusche und Farben auf Seide, 1. Hälfte 12. Jh. Ross Collection, Museum of Fine Arts, Boston*

Karyatiden-Spiegel *aus Bronze. Griechisch, um 470 v. Chr. Royal Ontario Museum, Toronto*

Indischer Schmuck
*zeichnet sich durch den
Reichtum von kostbaren
Edelsteinen und Perlen
aus. Weibliche Figur
in traditionellem Tanz-
gestus. Wandmalerei
vom Sigiri-Felsen,
5. Jh. Ceylon*

In der Renaissance besaß der Goldschmied den Rang eines Künstlers, der mit viel Phantasie Kleinodien von exquisiter Einzigartigkeit entwarf; man bevorzugte damals kostbare, großformatige Edelsteine als Anhänger oder Ringe verarbeitet – deren brillante Wirkung durch schlichte Fassungen noch gesteigert wurde. Bildnis der Eleonore von Toledo, um 1545, von Angelo Bronzino, Uffizien, Florenz

Die Ägypter verstanden sich vorzüglich auf die Verarbeitung kostbarer Materialien. Hier sind König Tutenchamun und Königin Ankhesenamun mit prächtigem Kopf- und Halsschmuck dargestellt. Rückenlehne eines Thrones, 18. Dynastie. Archäologisches Museum, Kairo

Chinesischer Faltfächer, ein in Japan und China unentbehrliches modisches
Zubehör, sowohl für Damen als auch für Herren.
Ende 19. Jh. Linden-Museum, Stuttgart

Prunk- und Schmuckfreudigkeit des byzantinischen Hofstaates waren weit
über die Grenzen des Landes hinaus bekannt. Zeugnis hiervon bieten zahlreiche
Darstellungen, wie z.B. dieses Bildnis der Kaiserin Theodora. Mosaik, um 547,
aus S. Vitale, Ravenna

Krone der Prinzessin Blanca *von England, kostbares Prunkstück mittelalterlicher Goldschmiedekunst: Rubine, Saphire, Smaragde und Perlen wurden
reichlich verwendet. Ende 14. Jh. Schatzkammer der Residenz, München*

Eine Inventarliste des Königs von Frankreich aus dem Jahre 1380 nennt »Fahnen, um dem König die Fliegen zu verscheuchen, wenn er bei Tisch sitzt«. Das klingt schon recht profan, und solche Fahnenfächer, unzweckmäßigerweise aus Leder, sind auch erhalten. Die Versuchung ist groß, alle Schätze der imaginären Sammlung auszubreiten, die der Kulturgeschichtler Max von Boehn so liebevoll geschildert hat. Interessant ist hier aber eigentlich nur die Frage, wann denn nun der »eigentliche« Fächer, nämlich der ganz normale Faltfächer, aufgetaucht ist. Für den Kulturgeschichtler steht die Datierung fest: Mitte des 16. Jahrhunderts taucht er in Europa auf. Mit der Herkunft ist das schon schwieriger. Im Prinzip besteht er aus einer Reihe schmaler Scheiben, die auf ein breites Deckblatt geklebt oder mit einem Band verbunden sind. Der Erzherzog Ferdinand von Tirol, der in geheimer Ehe mit der Augsburger Patriziertochter Philippine Welser verheiratet war und nach 1564 in Tirol und in den österreichischen Vorlanden die Gegenreformation durchführte, hat laut Inventar Fächer besessen, »zwei spanische Wedler, die man auf und zuethut«. Auch in anderen Quellen erscheint der Faltfächer als »spanisch«; nach Spanien muß er aus dem Fernen Osten gekommen sein. Vermutlich stammt er aus Japan und ist über den chinesischen Exporthandel nach Westen gelangt. In China und Japan galt der Faltfächer für beide Geschlechter als unentbehrliches Requisit und ist als Massenware hergestellt worden. In Japan hat man eiserne Fächer gekannt und, wie Säbel, zum Exerzieren benutzt. Auch in Spanien ist der Fächer für Frauen ja unentbehrlich, so daß man kaum versteht, weshalb die Weiblichkeit anderer Länder sich diese Ausdrucksmöglichkeit entgehen läßt.

Als die ersten Handelsbeziehungen mit den Ländern des Fernen Ostens im 17. Jahrhundert erneuert wurden, kam der Fächer nach Europa und ist unter Ludwig XIV. zur Mode geworden. Als Heinrich III. den französischen Hof in einen erotischen Lustgarten verwandelte, trugen seine Lustknaben Fächer. Einer dieser Höflinge wird so geschildert: »Man gab ihm in die rechte Hand ein Instrument, das sich ausdehnte und zusammenfaltete, wenn man auch nur mit einem Finger drückte, man nennt es einen Fächer. Es war von Pergament außerordentlich fein ausgeschnitten, ringsherum mit Spitzen von gleichem Material. Er war groß genug, um ihn als Sonnenschirm zu benutzen, als Schutz gegen Sonnenbrand und um der zarten Haut einige Erfrischung zuzufächeln.« Nicht nur hierfür war er geeignet. Die Prinzessin Montpensier berichtet über Anna von Österreich, die Mutter Ludwigs XIV.: »Obgleich die Königinmutter immer einen Fächer von peau d'Espagne in der Hand hatte, roch man ihre Winde.«

Seit der Mitte des 17. Jahrhunderts ist der Faltfächer Mode, er wird von Malern reizend ausgeschmückt, und im Rokoko wird er zum Zepter der Dame. Ein Zeitgenosse schrieb, eine Dame ohne Fächer gleiche einem Herrn ohne Degen, und die Frau von Staël (1766–1817), deren Reiseschilderungen in Frankreich das Deutschlandbild vom »Land der Dichter und Denker« schufen, äußerte über Fächer, am Fächerspiel unterscheide man die vornehme Dame von Frauen der niederen Kreise. »Auch die reizendste und eleganteste Frau, die mit dem Fächer nicht umgehen kann, wirkt komisch.« Es heißt übrigens, Charlotte Corday habe, als sie Marat in der Badewanne erstach, ihren Fächer nicht aus der Hand gelassen. Man ist versucht, an die heute unentbehrliche Handtasche zu denken: Auch diese würde keine Frau missen können.

So wurde Fächermalerei ein Beruf, die Herstellung von Fächern ein lohnender

Gewerbezweig. Aus Horn, Elfenbein, Papier, Holz waren die Blätter, von Geld-scheinen bis zum Künstlerkopf reichte das Dekor, Künstler von Boucher bis Cho-dowiecki haben Fächer bemalt, und ein Fächer hat sogar Weltgeschichte gemacht: Bei einer Audienz schlug der Dey von Algier dem französischen Konsul Deval vor Wut seinen Fächer um die Ohren. Diese Haltung mußte bestraft werden, und so eroberte Frankreich Algier – übrigens sehr zur Erleichterung Europas, denn Algier war noch immer ein Seeräubernest, und mancher Christ geriet von dort aus in die Sklaverei. Heute wird der Fächer, dieses reizende Signalinstrument der Koketterie, allenfalls zum Faschingskostüm getragen. Wie soll man auch gleichzeitig mit dem Fächer und einer Zigarette spielen können, was soll ein Fächer neben der Schreib-maschine – er ist einstweilen so tot wie der Reifrock oder die Turnüre.

Narziß und sein Spiegelbild

Im Heiligen Schrein zu Ise in Japan, dem Naiku, welcher der Sonnengöttin gewid-met ist, wird noch heute der von ihr gestiftete Heilige Spiegel aufbewahrt. Die er-ste der irdischen Gottheiten ist diese Amaterasu, auch Tensho Daijin genannt, die »den Himmel erleuchtende große Gottheit«. Sie sandte ihren Enkel Ninigo no Mikoto auf die Erde hinab, damit er Japan regiere, und gab ihm drei Kostbarkeiten mit, einen Spiegel, ein Edelsteinhalsband und ein Schwert. Diese drei Schätze gel-ten als Symbole der Weisheit, der Gunst der Gottheit oder auch des Mutes. Sie sind die höchsen Heiligtümer und schlechthin die Symbole des Shintoismus. Etwa 30 v. Chr. soll der regierende Kaiser, der bisher die Kleinodien mit sich führte, Spiegel und Schwert zu den Tempeln von Ise gebracht haben, während er das Hals-band im Palast behielt. Die Pilgerfahrt nach Ise gehört zu den kultischen Übungen des Shintoismus, ehrfürchtig verrichten die Japaner vor dem alle zwanzig Jahre aus Zedernholz neu errichteten Tempel ihre Gebete, der die alte malaiische Bau-weise unverändert überliefert hat. Kaum je hat der Spiegel, den übrigens außer dem Kaiser und den Priestern niemand zu Gesicht bekommt, eine so hohe Sym-bolkraft gehabt. Bemerkenswert ist, daß auch hier im Fernen Osten der Spiegel für Weisheit steht, für eine höhere Form des Wissens und Verstehens.

Ursprünglich ist der Spiegel, das rätselhafte Abbild der ruhenden Wasserober-fläche, magisch begriffen worden. Wer in den Spiegel sah, sah nicht sich selbst, sondern seine Seele, vielleicht auch seine Zukunft. Wenn der durstige Jäger der Urzeit sich über das Wasser beugte und sich, zum ersten Male, ins Gesicht sah, faßte ihn ein Schauder, der zum Entsetzen wurde, falls ein Lufthauch sein Abbild erzittern und auf den Wellenringen zerbrechen ließ, dies konnte nur ein Zeichen für den nahen Tod sein. Aus solchen Anfängen mag sich der uralte Aberglaube, das Zerbrechen eines Spiegels bringe Unglück, erhalten haben. Bei einigen Natur-völkern ist der Spiegelglaube noch vor kurzem weit verbreitet gewesen und exi-stiert wohl auch heute noch. Auf einer der Melanesischen Inseln gibt es einen klei-nen Weiher, von dem es heißt, wer hineinschaut, stirbt. Die Basutos glauben, wenn jemand plötzlich stirbt, müsse ein Krokodil sein Spiegelbild unter Wasser gezogen haben. Im alten Indien wie im antiken Griechenland vermied man es, ins Wasser zu sehen. Diese Furcht fand ihren Ausdruck in dem Mythos vom Narkissos, der die Liebe der schönen Echo zurückwies, woraufhin diese bis auf ihre Stimme dahinschwand. Narkissos, dessen Name für Selbstverliebtheit steht, verliebte sich in sein Spiegelbild und wurde deshalb in die nach ihm benannte Blume verwandelt. Der kaum bewußte Glaube, daß die Seele im Spiegel lebt, ist Ursache des uralten Brauches, im Totenzimmer die Spiegel zu verhängen: so kann der Tote nicht heraus, um die Lebenden zu beunruhigen.

Wie alt der von Menschen gefertigte Spiegel ist, läßt sich schwer sagen. Berühmt ist ein zum Anhängen bestimmter Handspiegel aus den »Pfahlbauten«, den am Bodenseeufer errichteten Siedlungen aus der späten Bronzezeit. Er ist oval und läuft in einen gewundenen Bronzegriff aus. Seine Rückseite ist verziert, die Vorderseite hat man sich blank poliert vorzustellen. Zeitlich muß man ihn etwa um 800 v. Chr. ansetzen, vielleicht auch früher, also in der Zeit, als die Etrusker ihre kunstvollen Spiegel herzustellen begannen. Der Zinngehalt der etruskischen Bronze lag um 19–32 Prozent höher als der einer sonstigen antiken Bronze, war also für Spiegel geeigneter, weil die Oberfläche stärker glänzte.

Es gab offenbar verschiedene Motive, Spiegel herzustellen. Eines war die Eitelkeit; die etruskische Dame mit ihren Parfümfläschchen aus Elfenbein, Alabaster oder golddurchwirktem Glas besaß auch den Handspiegel aus polierter Bronze, auf dessen Rückseite mythologische Szenen dargestellt waren, teils als Gravuren, aber auch in Reliefguß. Bekanntlich sind die Etrusker Meister der Metallbehandlung gewesen, so standen diese Spiegel auf einer sonst kaum je erreichten Stufe, ähnlich den etruskischen Goldschmiedearbeiten. Als Zentren der Spiegelherstellung, deren Qualität um 300 v. Chr. ihren Höhepunkt erreichte, galten Palestrina und Vulci; bis nach Griechenland und selbst im Vorderen Orient sind etruskische Spiegel gehandelt worden. Wenn nun diese Spiegel reine Toilettengegenstände sind, so gibt es in anderen Kulturen den Spiegel, der kultischen Zwecken dient und mit der Anbetung der Sonne im Zusammenhang steht. So erzeugten im präcolumbianischen Mittelamerika die Olmeken (800–400 v. Chr.) Feuer mit konkaven Brennspiegeln aus Magnetit, und in Peru trug der Priester anläßlich des Sonnenfestes eine konkave Metallplatte am Handgelenk.

Eigentümlich ist das zeitlich zusammenfallende Vorkommen von polierten Bronzespiegeln bei den Etruskern und in China. Hier trug im 7. vorchristlichen Jahrhundert der Adel bestickte Seidenkleider, wertvollen Jadeschmuck, goldene Ketten und Gürtelschnallen; in dieser ritterlich-feudalistischen Epoche besaß man auch Spiegel wie die der Han-Zeit. Sie waren 10–15 cm im Durchmesser, hatten eine glattgeschliffene Seite wie die der Etrusker und wurden an einer Schnur getragen, die durch eine auf der Rückseite flach angesetzte Öse gezogen war. Die Rückseite dieser Spiegel trug Linienornamente mit Drachen- und Phönixmotiven. Wie bei den Etruskern war die Bronze mit einem stärkeren Zinnzusatz versehen, der die Reflexion erhöhte und eine silberne oder schwarze Patina ergab. Damit soll keine Verbindung zwischen der etruskischen und der frühen chinesischen Kultur nachgewiesen werden; vieles in der Frühgeschichte Chinas ist noch weitgehend unklar, und selbst eine Übereinstimmung von Ornamenten zwischen der chinesischen und der kretisch-mykenischen Kultur, von Töpferformen und Techniken berechtigt nicht zu so vorschnellen Schlüssen; man muß sich damit abfinden, daß derlei Rätsel heute noch existieren und nur durch neue Funde zu lösen wären. Die Chinesen selbst haben in ihren schriftlichen Zeugnissen über Malerei, Kalligraphie und Dichtkunst gesprochen, nicht über so profane Dinge wie Lack- oder Bronzearbeiten, die für sie nicht zu den Künsten zählten. Man weiß deshalb nur, was die wenigen Funde aussagen; diese alte Kultur hat ja nicht, wie die Mesopotamiens, Ziegelbauten geschaffen, sondern schnell vergängliche Holz- und Lehmbauten. Viele Kulturstätten des alten China sind deshalb von der Zivilisation untergepflügt, nur wenige wie die Stätten Vorderasiens erforscht worden.

Im Vorderen Orient hat man, wie im Fernen Osten, Metallspiegel benutzt, allerdings aus Erz. Moses, der das eherne Becken für die Stiftshütte anfertigen wollte, forderte die Weiblichkeit auf, ihm für diesen Zweck ihre Handspiegel auszuliefern. In Rom kannte man nicht nur Silber-, sondern auch Goldspiegel. Silberspiegel gab es in der Spätzeit schon für die Mägde, weshalb die Herrin sich um jeden Preis einen Goldspiegel besorgen mußte. Glasspiegel, allerdings winzigen Formats, hat man nach Plinius' Bericht schon im ersten vorchristlichen Jahrhundert in Ägypten gekannt, das ja ohnehin, wie Syrien, auf eine alte Glasmachertradition zurücksah. In den römischen Gräbern der Besatzungstruppen am Rhein, bei Regensburg und an der Saalburg haben sich solche Spiegel in größerer Menge gefunden. Die Herstellungsweise war primitiv: Man schnitt den Spiegel aus Glaskugeln, deren Schnittfläche mit Blei oder Zinn abgedeckt wurde, oder hinterlegte sie mit Harz oder Pech. Verschwommen und rätselhaft spiegelte sich das Gesicht in diesen kleinen, kugligen Glaskörpern, so daß man sie drastisch als »Schattensehe« (altnordisch) und »Schattengesicht« (althochdeutsch) bezeichnete.

Diese Dinge haben sich nicht lange gehalten. Die Qualität der Metallspiegel war besser, und erst im 13. Jahrhundert gibt es neue Versuche, Glasspiegel herzustellen. Im Jahre 1254 ist bezeugt, daß man Blei auf eine heiße Glastafel goß und so einen Tafelspiegel herstellte. Schon um 1308, vielleicht auch früher, ist in Murano bei Venedig auf diese Weise die Spiegelmanufaktur betrieben worden. Man konnte freilich damals nur etwa handtellergroße Tafeln blasen, so hatten die Spiegel, an einer Kette um den Hals oder am Gürtel getragen, eher den Charakter eines Schmuckstückes. Sogar in einem Schwertknauf hat man, der Zierde halber, ein Spiegelglas angebracht. Aber nicht nur der adlige Herr trägt den kostbar gearbeiteten, aus wertvollem Material bestehenden Taschenspiegel; der bayerische Minnesänger Neidhart von Reuenthal (etwa 1210–1245) erzählt, daß selbst Bauernmädchen beim Reigen ihre Spiegel trügen. Er selbst schenkt seiner Geliebten Friedrun einen schönen Spiegel zum Umhängen, der ihr denn auch sofort gestohlen wird.

So viel weltliche Eitelkeit kann den Herren Geistlichen nicht gleichgültig geblieben sein, und sie werden mit der Gewalt ihrer Rede und durch mancherlei Vorhaltungen diesem Teufel entgegengewirkt haben. Diesem Zorn ihrer Prediger begegneten die Weltkinder mit List: Wenn bisher, etwa seit 1530, der Taschenspiegel in aller Offenheit mit einem Bürstchen zusammen zum Necessaire der Dame gehörte, das am Gürtel getragen wurde, so tarnt man sich jetzt, um die Mitte des 16. Jahrhunderts. In einem kleinen Buch verborgen wird der Taschenspiegel zum ungesehenen Begleiter, weil jedermann meinen muß, es handele sich um ein Gebet- oder Notizbüchlein. Am Hofe des englischen Königs Heinrich III. pflegten die Kavaliere ihren Spiegel in Buchform in der Hosentasche zu tragen, und immer noch waren diese, wie alle die alten Stücke, Meisterwerke der Goldschmiede- und Juwelierkunst. Bis im Jahre 1688 ein französischer Arbeiter eine Methode erfand, Spiegelglas zu gießen, statt es wie bisher zu blasen, blieb der Taschenspiegel

Schmuckstück. Erst als die großen Zimmerspiegel in Schlössern und Patrizierhäusern Mode wurden, verlor er seine Bedeutung und wurde zum nicht weiter beachtenswerten, wenn auch für die Dame unentbehrlichen Toilettengegenstand.

Den Dank, Dame, begehr' ich nicht

Was alles gehört nicht noch zur Eleganz, Hut und Schuh, Stock und Schirm, vom Schmuck nicht zu reden. Die Monotonie der menschlichen Verhaltensweisen ist fast ermüdend: Wenn ein Gegenstand erst dazu ausersehen ist, modisches Requisit zu werden, gibt es nur noch eine Reaktion, nämlich die Übertreibung. Aus welchem Grund in einem Jahrhundert die Hosen, in einem anderen die Perücke und in einem dritten die Handschuhe alles modische Interesse auf sich zu vereinen scheinen, ist schwer zu sagen. Meist ist es die Kostbarkeit des Materials, sind es überhaupt die Kosten, die der Träger aufgewandt haben muß. Immer steckt in der Tatsache, daß etwas Mode wird, ein handfester finanzieller Grund; nicht jeder kann sich eben jedes leisten, und eben das wird sichtbar gemacht. Manche modischen Requisiten beziehen ihren Prestigewert allerdings zunächst nicht aus der Kostenfrage, sondern aus anderen Bereichen. Da gibt es das Beispiel der Handschuhe. Ursprünglich sind Handschuhe ein »Unfallschutz«, die Hand soll gegen Risse, Schrammen, Verletzungen und allzu großen Schmutz geschützt werden. So wird der Handschuh schon in der Bibel erwähnt, Rebekka schenkt ihrem Sohn Jakob Handschuhe aus Fell. Auch Homer kennt den Handschuh, er läßt den alten Vater des Odysseus mit Handschuhen im Garten arbeiten, wie man das heute ja auch tut. Auch Boxhandschuhe hat es schon gegeben, sie waren mit Eisen bewehrt, damit das Publikum Blut sah, wenn die Faustkämpfer in den römischen Arenen aufeinander losschlugen. Ein anderes Motiv war die Reinlichkeit, es wird sich als weittragend erweisen. Von einem griechischen Lebenskünstler wird nämlich berichtet, er habe seine Sklaven angewiesen, beim Kneten des Brotteigs Handschuhe zu tragen. Das war angesichts des Mangels an heißem Wasser und Seife ein verständlicher, für damalige Zeiten aber doch recht ungewöhnlicher Beweis von heikelster Empfindlichkeit.

Bis zu diesem Zeitpunkt sind Handschuhe nicht Mode, sondern einfach eine zweckmäßige Arbeitskleidung. Während der Wirren der Völkerwanderung waren Fragen der Mode uninteressant, jedenfalls in weiten Teilen des Römischen Imperiums. Gerade in dieser Zeit aber bekamen die Handschuhe eine vorher nie gekannte Bedeutung. Die frühchristliche Kirche nämlich, die ja die Massen ansprach, die Erniedrigten und Beleidigten, mußte eine starke Symbolsprache entwickeln, um sich diesen Massen von Analphabeten verständlich zu machen. Alles, was vor dem Altar und im Kirchenraum geschah, hatte Bedeutung, und alles zielte auf Christus, auf die Kirche, auf die Lehre hin. Wenn der Geistliche während der Messe die heilige Hostie hob, so mußte er zeigen, daß der Leib des Herrn nur mit reinen Händen angefaßt werden könne. Also legte er sich, allem Volke sichtbar, Handschuhe an, weil nur dies sinnfällig machte, daß die Berührung rein war. Wie der Ring und der Stab waren die Handschuhe etwa im 6. Jahrhundert Sinnbilder der Bischofsweihe, und sie gingen als eifersüchtig gehüteter Bestandteil des geistlichen Ornats in die Kleidung des Bischofs über. Erst jetzt bemächtigte sich der Schmuck-

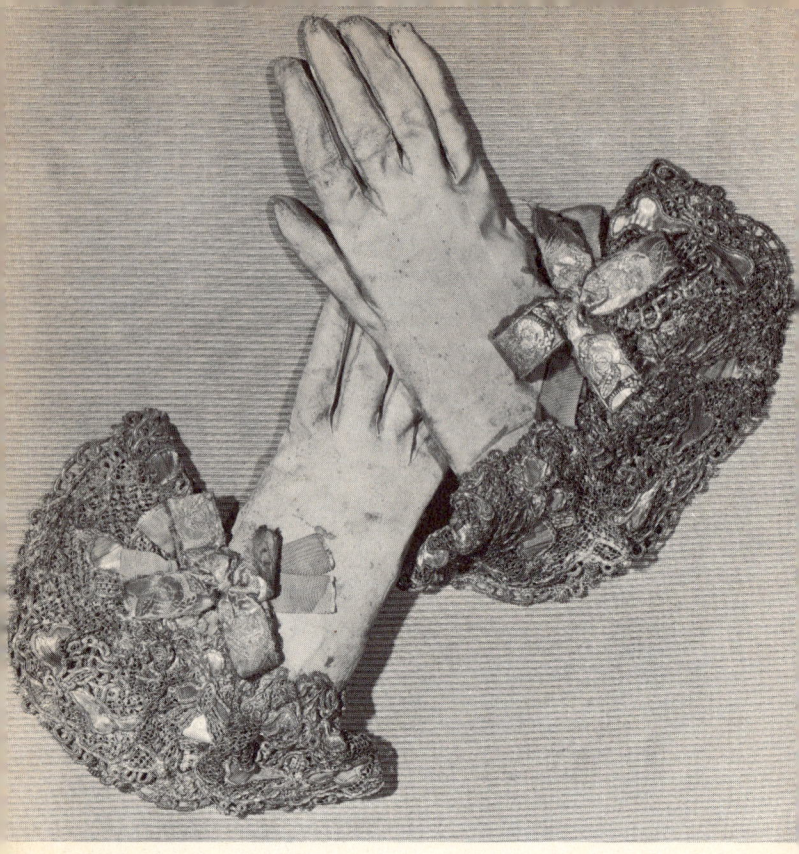

Handschuhe *hatten neben ihrer praktischen Funktion vor allem im Mittelalter symbolischen Wert. Später verlor sich dieser, und der Handschuh wurde zum Objekt formeller Etikette degradiert. Herrenhandschuhe vom sogenannten Rheingrafenkostüm Augusts des Starken, um 1700. Staatliche Kunstsammlungen, Dresden*

trieb dieses Gegenstandes: Die Handschuhe waren goldbestickt, mit christlicher Symbolik ausgezeichnet und kostbar gearbeitet. Papst Bonifaz trug Handschuhe aus weißer Seide, die reich bestickt und mit Perlen besetzt waren, und ein Bischof von London, Richard Gravesend, der 1303 starb, hinterließ Handschuhe, die außer mit einer Goldstickerei auch noch mit Emaillen geschmückt waren.

In dem Maße wie die Handschuhe, dem niederen Klerus verboten, zum hierarchischen Symbol wurden, bemächtigte sich die Mode dieses Gegenstandes: Wer Handschuhe trug, deutete damit seine Nähe zu denen an, die ebenfalls Handschuhe trugen, und zwar von Amts wegen. Die alten literarischen Quellen erwähnen denn auch Handschuhe als Besitz und Schmuck hochgestellter Persönlichkeiten, und um das Jahr 1000 hat die Mode dann auch die Damen erreicht. Auch das ist vollkommen logisch, denn wenn ein Mann seinen sozialen Status durch Mode ausdrückt, versucht die Frau es in gleichem Maße. Im 13. Jahrhundert ist der Handschuh dann für beide Geschlechter zum Bestandteil der Kleidung geworden. Man stelle sich vor, ohne diesen »soziologischen Umweg« hätte jemand im frühen Mittelalter verlangt, die Herren Ritter und ihre Damen sollten jene staubigen, schmutzigen Ungetüme über die Hände ziehen, die sie an ihren Gärtnerburschen und Steineklopfern gesehen hatten. So wichtig waren die Handschuhe geworden, daß ein Ritter ohne Handschuhe sich vollkommen unangezogen gefühlt haben muß. Als Richard Löwenherz bei seiner Rückkehr vom Kreuzzug unerkannt durch Österreich ritt, dachte er nicht daran, seine kostbaren Handschuhe abzulegen. An ihnen erriet man, daß es sich um einen hohen Herrn handeln mußte; er wurde erkannt und gefangengesetzt. Auch zu den Kleinodien des alten Heiligen Römischen Reiches Deutscher Nation gehörten Handschuhe; sie bestehen innen und außen aus Purpurstoff und sind mit Goldstickerei, Perlen, Emaillestücken und Edelsteinen besetzt, vermutlich handelt es sich um die Arbeit sarazenischer Hofsticker, die von den Hohenstaufen am Anfang des 13. Jahrhunderts in Palermo in Auftrag gegeben wurde.

Im frühen Mittelalter hat der Handschuh eine immer stärkere Symbolkraft bekommen. Er bedeutete buchstäblich die Macht, eben das, worauf der Herr seine Hand gelegt hatte. Jede Übergabe von Gütern wurde bei Franken, Alemannen, Langobarden und Sachsen rechtskräftig durch Übergabe des Handschuhs, durch Übertragung der Macht. Kein schriftlicher Vertrag konnte in diesen Zeiten unverbrüchlichere Einhaltung sichern, als wenn dem, der Land oder Gut übernahm, der Handschuh überreicht wurde. Er war das äußere, sichtbare Zeichen der Investitur, der Machtübergabe und Amtseinsetzung, und so schreibt der Sachsenspiegel: »Wo man neue Städte bauet, muß man da ein Creutze setzen auf den Markt, durch das man sehe, daß Weidfried da sei und man hanget auch des Königs Handschuh daran, daß man sehe, daß es des Königs Wille sei.« Damit war das Marktrecht erteilt, die Stadt stand unter königlichem Schutz. Im Mittelalter stand die Sache für das, was sie bedeutete, also der Handschuh für die Königsmacht. So warf Konradin von Hohenstaufen, hoch auf dem Schafott, seinen Handschuh unter die Menge, ehe er starb. Heinrich Truchseß von Waldburg rettete die Ansprüche und Rechte der Hohenstaufen, indem er den Handschuh aufhob und ihn Peter von Aragonien brachte. Tatsächlich hat dieser den Kampf um Sizilien aufgenommen und sich 1282 in Palermo zum König krönen lassen. Was für den König galt, traf auch auf die Ritter zu, denn auch hier symbolisierte der Handschuh die ritterliche Macht. Wenn ein Ritter einen anderen herausforderte, schlug er ihn mit seinem Handschuh oder warf ihm, wenn er ihn nicht erreichen konnte, den Handschuh vor die Füße. Bei einem Zweikampf wurden bei der Verabredung die Handschuhe hinterlegt, damit sichergestellt war, daß keiner im letzten Augenblick ausbleiben würde.

Natürlich hatte der Handschuh der Dame eine vergleichbare Bedeutung, er wurde als Pfand für die Gewährung der höchsten Gunst überlassen, und was eine Dame mit ihrem Handschuh ausdrückte, hätte sie nicht ebensogut oder besser mit einem Taschentuch oder sonst einem anderen Requisit ausdrücken können. Als die stolze Donna Anna de Mendoza ihren Handschuh während einer Tierhetze am Hofe des Königs von Kastilien hinab in die Arena fallen ließ, wog dieses Angebot absichtlich schwer. Aus der bekannten Ballade Schillers weiß man, daß sich nicht der Ritter, sondern die Dame blamierte: »Und wirft ihr den Handschuh ins Gesicht, den Dank, Dame, begehr' ich nicht.«

Die Etikette, die sich um den Handschuh bildete, hat bestimmte, noch heute gebräuchliche Sitten geschaffen. Sie werden verständlich, wenn man die Symbolik des Handschuhs kennt. So durfte man vor dem König nicht mit Handschuhen erscheinen, ebenso nicht in der Kirche, man zog gleichsam seine Macht aus. Der Richter, der Recht sprach, durfte laut Sachsenspiegel keine Handschuhe tragen, er sprach ja nicht aus eigener Machtvollkommenheit Recht. Wenn ein Herr eine Dame führte, mußte er Handschuhe tragen, doch beim Tanz hatte er sie auszuziehen; jemandem die Hand im Handschuh zu geben wäre eine unglaubliche Ungezogenheit gewesen. Diese feinen höfischen Sitten erlaubten den Herren, sich wenigstens im Stil zu unterscheiden, wenn schon der Handschuh selbst zum Allgemeingut geworden war. Selbst Bauernburschen trugen damals schon Handschuhe, nur werden sie so kostbar nicht gewesen sein wie die der Herren, und vor allem, die Bauern hatten keine Lebensart, sie beherrschten die höfischen Regeln nicht. Man kann sich deshalb, wie ein zeitgenössischer Autor, der »Renner«, über sie lustig machen, weil sie zum Tanz Handschuhe anziehen, tölpelhaft, wie sie sind. Damit ist der Handschuh dann gänzlich der Mode unterworfen, die Prunkwelle erreichte ihren Höhepunkt. Um nur einige Beispiele zu nennen: Prinz Heinrich, der ältere Bruder Karls I. von England, brauchte als Vierzehnjähriger allein in einem Jahr 31 Paar Handschuhe, alle parfümiert, wie das damals üblich war, sowie reich mit Gold- und Silberstickerei versehen. Einer der österreichischen Prinzen, Erzherzog Karl der Deutschmeister, hinterließ 1626 allein an spanischen Handschuhen 79 Paar, dazu 10 Paar mit Gold- und Silberstickerei, 7 weitere Paar mit sonstiger Stickerei, ein Paar mit Perlenstickerei und einige sonstige Stücke, und als Anna von Österreich im Jahre 1666 starb, hinterließ sie 300 Paar, meist aus Spanien. Im 18. Jahrhundert ist der Handschuh, nun schlichter geworden, aus der Mode gekommen und erst im 19. Jahrhundert wieder wichtig geworden. Aber das sind Variationen der Mode, welche die Sache selbst kaum mehr berühren. Geblieben ist die Sitte, die Etikette, die höfliche Form: Noch immer zieht man, will man Lebensart demonstrieren, den Handschuh aus, wenn man jemandem die Hand reichen will, und trägt ihn, will man gut angezogen sein.

Mit Stock und Schirm

Wie mit den Handschuhen, ging es mit den Tabaksdosen oder Spitzenkragen, mit Schnabelschuhen oder Westen, selbst mit Spazierstöcken. Auch hier reicht die Überlieferung bis weit in die Urgeschichte zurück: Keine Würde ohne Stab. Vom Zauberstab bis zum Marschallstab reicht die Skala, Könige und Richter tragen den Stab, er wird nach altgermanischem Recht über dem Verurteilten gebrochen. Für Hirten, Bauern, Wanderer und schließlich Pilger und Bettler ist der Stab unentbehrlich, und noch in unseren Tagen trägt ihn der Blinde als Zeichen.

Wie der Handschuh die Macht, so symbolisiert der Stab das Recht und im kirchlichen Bereich die Hirtengewalt. Seit dem 6. Jahrhundert ist der hohe Krückstock in Gebrauch; der Stab von Holz, die Krücke von Elfenbein, in die manchmal eine Reliquie eingelassen ist. So wird der Hirtenstab nach dem Tod eines Bischofs dem König gebracht, der ihn dem neugewählten Bischof mit den Worten überreicht: »accipe ecclesiam«, »empfange die Kirche«. Seit dem 12. Jahrhundert ist statt der bisherigen Krücke die noch heute bekannte Form, der hakenförmige Krummstab, bekannt, auch er symbolisch gedeutet als Instrument, die Gläubigen an sich zu ziehen, wie der Schäfer mit dem Hakenstab die Lämmer an sich zieht.

Marschallstäbe sind bis ins 16. Jahrhundert getragen worden, man besitzt im Grünen Gewölbe in Dresden noch die kostbaren Stücke eines Tilly und eines Grafen Pappenheim. Die Sitte ist übrigens spanischen Ursprungs; diese Stäbe waren anfangs lang und kennzeichneten im Getümmel der Schlacht ihren Träger. Später wurden sie kürzer und erhielten im 19. Jahrhundert als militärisches Requisit ihre heute bekannte Form. Typisch für ihren Stifter Kaiser Wilhelm II. von Deutschland ist die folgende Geschichte: Er, der selbst Vorschriften über das Tragen dieser Stäbe höchst eigenhändig erlassen hatte, erschien zur Enthüllung des Bismarck-Denkmals in Berlin statt mit dem Marschallstab mit der Reitpeitsche.

Auch die Spazierstöcke erscheinen zuerst in der Hand der Mächtigen, und auch sie sind anfangs reich verziert, geschmückt und bemalt. Unten tragen sie einen eisernen Dorn. Iwan der Schreckliche machte sich ein Vergnügen daraus, seinem Gesprächspartner diese eiserne Spitze durch den Fuß zu bohren, so ist er jedenfalls sicher, daß man ihm zuhört. Undenkbar, daß jemand bei dieser Gelegenheit empfindlich gewesen wäre, es hätte ihm den Kopf gekostet.

Die ganze Skala der gesellschaftlichen Ränge hat der Stab durchlaufen, vom Zepter bis zum Stab des Zeremonienmeisters, der auf offiziellen Festen, mit dem Stab aufstampfend, den Namen der hochgeborenen Gäste nennt. Was im 18. Jahrhundert der Fächer für die Dame war, bedeutete der Stock für den Herrn, der Luxus war absurd. Voltaire hat insgesamt 80 Spazierstöcke besessen, der Graf Brühl (1700–1763), von dessen verfehlter Politik niemand mehr spricht und dessen Garten in Dresden als »Brühlsche Terrasse« bekannt ist, hatte deren 300, der Krückstock des Preußenkönigs machte Geschichte, das waren des Stockes beste Zeiten. Schon der Soldatenkönig hatte sich ja mit Prügel Nachdruck zu verschaffen gewußt, beim Sohn wurde der Stock zum unverwechselbaren Symbol. Diese preußischen Stöcke waren, nach dem Vorbild Ludwigs XIV., mit Edelsteinen besetzt, häufig mit Diamanten, und auch sonst sinnvoll ausgestaltet. So besaß der spätere König Christian V. von Dänemark, der 1699 starb, einen mit Silber beschlagenen Spazierstock, der ein Ellenmaß aufwies und mit Kompaß, Sonnenuhr und einem Meßkaliber zum Messen von Bohrungen versehen war. Und schließlich, der Kurfürst von Bayern Max Joseph III. hatte ein spanisches Rohr, besetzt mit 548 Brillanten und 322 Smaragden, aber damit ist nur ein Bruchteil jener prächtigen Utensilien genannt, die ihren hochgestellten Besitzern so viel Freude bereiteten wie später den Sammlern von Spazierstöcken. Friedrich der Große besaß einen Stock mit »Perspektiv«, ganz aus Schildpatt gearbeitet, und damit ist die Vielseitigkeit nur angedeutet. Man kennt Stöcke für Tanzmeister, die winzige Instrumente enthielten, man kennt Langflöten in Spazierstockform und auch Schrittzähler, eine besonders sinnige Verbindung. Das meist verarbeitete Material war das spanische

Rohr, das von einer Rohrpalmenart gewonnen wurde. Heute kennt man solche Rohre als Peddigrohr in der Stuhlflechterei.

Um die Mitte des 18. Jahrhunderts, im Zeitalter der élegance, muß der Spazierstock eine besondere psychologische Wirkung gehabt haben. Es scheint, als sei mit ihm der Degen ritualisiert. Ein Zeitgenosse schreibt 1782: »Vormittags geht man mit der Gerte in der Hand. Sie beflügelt den Gang und man kennt Zank und Streit nicht mehr, die vor 60 Jahren so gewöhnlich waren, damals, als zur Sühne einer bloßen Unaufmerksamkeit Blut fließen mußte.« Übrigens verbot die Etikette, seinen Stock mitzunehmen, wenn man zu vornehmen Leuten ging, wie es vor Jahrhunderten unmöglich war, vor dem König mit einem Stock zu erscheinen. Wenn man damit herumspielt oder gar jemanden zu schlagen droht, ist das der Gipfel schlechter Manieren, und man soll, wenn man irgendwo sitzt, auch nicht im Sand mit ihm schreiben.

Höchstes Kunstprodukt einer technischen Epoche, die gerade die Naturkräfte zu begreifen lernte, war der Blitzstock eines gewissen J. J. Hemmer, dessen Name wohl sonst vergessen wäre. Der Mann hatte seinen Franklin gelesen und begriffen, was not tat. Er erfand einen Stock, aus dem man bei Gewitter oben zwei Drähte herausziehen konnte. Den einen sollte man gen Himmel strecken, den anderen in die Erde stecken, auf daß der Blitz hineinfahre, und sich selbst sollte man in achtbare Entfernung begeben, um von dort aus alles weitere abzuwarten. Es scheint, daß die Menschheit für diese Erfindung noch nicht würdig war und auch nichts dazugelernt hat, sonst würde man vernünftigerweise überall Hemmers Blitzstöcke sehen.

Noch ausgeprägter als beim Stock ist die Prestigefunktion beim Schirm, genauer gesagt, beim Sonnenschirm. Wenn der chinesische Kaiser, der Sohn des Himmels, in feierlichem Prunk zur großen Pagode geleitet wurde, trug man 200 in früheren Jahrhunderten vergoldete Fächer mit Drachenemblemen und 24 prachtvolle Sonnenschirme mit im Festzug. Noch 1897, als der deutsche Gesandte von Peking nach Wuchang reiste, wartete dort ein roter Schirm auf ihn, ein Zeichen ausübender Gewalt. Auch der Mikado, der Sonnenkönig Japans, ist stets von einem Schirmträger begleitet, und der König von Siam trug neben seinen elf anderen Titeln den eines »Herrn über 24 Schirme«. Dabei kommt der Sonnenschirm nicht einmal aus dem Fernen Osten, sondern ist, wie der Fächer, kulturgeschichtlich schon im alten Ägypten, dem Sonnenland, nachweisbar. Er kommt in der Antike vor, zunächst als Sonnenschutz für die Opfergaben bei der Prozession, später im profanen Gebrauch, und er ist aus den verschiedensten Materialien gearbeitet, aus Palmblättern, Bambus, Purpurstoff, Elfenbein und anderen edlen Werkstoffen. Sein Gebrauch ist nicht mehr auf den Sonnenschutz festgelegt. Martial sagt in einem seiner Gesänge: »Vergiß nicht, wenn du bei schönem Wetter ausgehst, den Schirm für das schlechte mitzunehmen.«

Man wird sich den weiteren Verlauf nun schon denken können. Der Schirm war im Orient Machtsymbol, also wurde er es auch in der Kirche. Sehr hübsch erzählt eine alte Quelle, wie die kirchlichen Würdenträger einander Schirme verehrten: Bischof Alkuin von Tours schenkt einen solchen dem Bischof Arno von Salzburg, »damit er Euer ehrwürdiges Haupt vor Regengüssen bewahre« – in diesem regenreichen Winkel der Alpen sicher ein höchst angebrachtes Geschenk. Bei den schon mehrfach erwähnten zeremoniellen Umzügen des Papstes war den Schirmen eine besondere Symbolik zugedacht: Ein offener Schirm symbolisierte die geistliche, ein geschlossener Schirm die weltliche Macht. Auch der Doge von Venedig drückte seine Macht auf ähnliche Weise aus; bis 1176 ist die Sitte nachweisbar, daß der Doge, wenn er mit allem Pomp erschien, mit einem Schirm aus Goldstoff beschattet wurde. Erst spät hat der Baldachin, etwa beim Fronleichnamsfest, den Schirm verdrängt.

Es lohnt kaum, die einzelnen Stationen nachzuzeichnen, bis auch der Schirm, ähnlich wie Fächer und Handschuh, profaniert und zum eleganten Gegenstand einer verfeinerten Kultur geworden ist. Um 1608 beschreibt der englische Reisende Coryate, in Italien trüge man beim Reiten etwas, »wie ein kleiner Baldachin aus Leder, mit Vorrichtungen zum Aufspannen«, das Gestell aus Holz. Das Holzgestell, viel zu plump und unhandlich, wurde durch eines aus Fischbein abgelöst, die Segeltuch- oder Lederbespannung wich Wachstuch, hat sich aber in dieser Form lange gehalten. 1664 erschien, eine Kuriosität, ein chinesischer Schirm aus Papier, mit der Zeit wird er unter den modischen Sensationen notiert, haarscharf am Rande der Kuriosität, aber bemerkenswert. Der englische Philosoph Locke schreibt aus Frankreich, das er 1675 besucht hat: »Sonnenschirme sind sehr kleine, leichte Utensilien, welche die hiesigen Damen brauchen, um sich vor der Sonne zu schützen und deren Benutzung mir sehr bequem erscheint.« Das war realistisch gesehen, und es dauerte auch nicht lange, bis die Benutzung noch bequemer wurde. Im Jahre 1710 hatte ein gewisser Marius in Paris den Vorgänger des Taschenschirms gefunden, den man zusammenklappen konnte, seine Erfindung scheint aber noch nicht marktreif gewesen zu sein. Als die Leute schließlich in Defoes »Robinson« lasen, daß dieser tüchtige Mensch auf seiner Insel sich sogar einen Schirm konstruierte, der mit Tierfellen bespannt war, hatte dieser Gegenstand die Zivilisation erobert, da er doch zu den unabdingbaren Gütern menschlicher Gesittung selbst auf einsamen Inseln zu gehören schien. Man nannte die Schirme »Robinsons«, und bereits ein Jahr später beginnt die manufakturmäßige Herstellung von Schirmen. Pariser Fabrikanten suchen Heimarbeiter für diese Arbeit, und bald vertreibt man sie durch Straßenhändler.

Soziologisch hatte der Schirm nun seinen Platz, die hochbegüterten Adligen brauchten ihn kaum, es sei denn, sie lustwandelten in ihren Parks, gefolgt von ihren Dienern mit Sonnenschirmen. Gegen schlechtes Wetter hatten sie ihre Sänften oder auch Kaleschen, zu Fuß auf den Straßen trieb sich doch nur der Pöbel herum. Eben dieser »dritte Stand«, ein geschäftiges Bürgertum, konnte den Regenschirm als Ersatz für die Kalesche gut gebrauchen. So heißt es damals: »Seit einiger Zeit ist es Sitte, niemals ohne Regenschirm auszugehen und sich der Unbequemlichkeit zu unterziehen, ihn sechs Monate unter dem Arm zu tragen, um sich seiner, wenn es hoch kommt, etwa sechsmal zu bedienen. Diejenigen, die nicht mit dem gemeinen Volk verwechselt werden wollen, riskieren aber lieber, naß zu werden, als auf den Promenaden für Fußgänger angeschaut zu werden, denn der Regenschirm ist ein sicheres Zeichen dafür, daß man keine Equipage besitzt.«

Ein tiefer Fall für einen Gegenstand, der einst so viel Würde signalisierte, daß die Gläubigen vor ihm in den Staub sanken. Das 18. und vor allem das 19. Jahrhundert gehört dem Schirm. Allein von 1791–1843 werden in Frankreich 60 Patente angemeldet, die alle dem Ziel dienen, den Schirm leichter werden zu lassen. Noch 1806 wog er zehn Pfund, 1826 waren es nurmehr eineinhalb Pfund, und zum

Wohltäter der Menschheit wurde ein Londoner Arbeiter namens Samuel Fox, der das Gestell von Fischbein durch eines von Stahlreifen ersetzte: Er soll damit über 6 Millionen Mark gemacht haben. Bereits 1829 wurde in Paris eine Fabrik für Schirmseide gegründet, Wachstuch war passé, dafür nahm man bei billigen Schirmen Baumwolle, später Alpaka oder eine Halbseide.

Alle diese Utensilien, diese Stöcke und Schirme, Handschuhe und Toupets sind für sich betrachtet gleichgültig. Erst in dem Spiel der menschlichen Selbstdarstellung gewinnen sie ihr Leben. In der Hand eines Dandys wird ein knallbunter Sonnenschirm zu einem Ereignis, und welchen Wert eine Gesellschaft dem Tragen einer Bügelfalte beimißt, sagt mehr über sie selbst aus als die offiziellen Erklärungen ihrer Repräsentanten.

Aus Gold
und Stein

Das Gold der Toten

Wer sich mit etwas schmückt, erhöht sich selbst, und mit dem Wert des Schmuckes drückt er sein eigenes Wertgefühl aus, aber auch sein Selbstgefühl. Wertvoll kann in diesem Zusammenhang eine Trophäe sein, aber auch ein Stück Knochen, auf das man eine tierische oder menschliche Gestalt geritzt hat. Solche »persönlichen Kunstwerke«, wie der Prähistoriker das nennt, sind schon von den affennahen Urmenschen, den Neandertalern, angefertigt worden und reichen in die Epoche von 40000–10000 v. Chr. zurück. Stets scheint ein solches Stück Mammutzahn oder Rentiergeweih, das bedeutungsvoll geschmückt worden ist, mit der Zauberwelt der frühen Jäger, mit einer magischen Weltsicht verknüpft zu sein. Bloßer Schmuck, der ohne solche Bedeutsamkeit auskommt, findet sich nach 10000 bei den Cro-Magnon-Menschen, den unmittelbaren Vorfahren des Menschen. Alle diese Ketten und Muscheln, die von weit her kommen, diese Depots von besonderen Steinen und Grabbeigaben verraten, daß hier ein ausgeprägtes Schönheitsbedürfnis am Werke gewesen ist. Gewiß mögen diese Muschelketten auch einen Wert dargestellt haben, wie jeder Schmuck ja auch heute noch einen wirtschaftlichen Aspekt verkörpert; dieser Wert konnte aber nur entstehen, weil Muschelketten eben gefragt waren.

Auf einer frühen Kulturstufe hat man sich mit vielem geschmückt, mit Federn und Fellen, Mustern und Knochen, hat wohl auch Steine zu Ketten aneinandergefügt, nicht ohne Farbsinn und Geschick. Aber erst in den Hochkulturen wurde der Schritt getan, der aus der bloßen Zusammenstellung von Mineralien oder Muscheln den gestalteten Schmuck werden läßt: Gold, das Metall der Sonne, und Silber, das des Mondes, wurden verwendet, um Götter und Menschen zu schmücken. Vermutlich ist Gold früher verarbeitet worden als jedes andere Metall außer Kupfer. Die Ägypter glaubten, die Körper der Götter seien aus Gold. Feuersteinmesser mit Goldgriff und Steinvasen mit goldenem Deckel sind in Gräbern aus der Zeit gefunden worden, als es in Ägypten noch keine Könige gab, also um 3600 v. Chr. Die Kunst der Metallbearbeitung ist hier schon einige hundert Jahre alt; aus der Zeit um 4000 v. Chr. stammen die ersten Armbänder, Nadeln, Scheren, Ringe usw. aus Kupfer. Noch älter ist die Kupferbearbeitung in Kleinasien: hier werden die ältesten Funde, zugespitzte Kupferstifte und Kupferhaken, auf 9000 v. Chr. datiert. Man fand 10 km nordöstlich vom alten Ninive, dem heutigen Mossul, in einer Vase sechs goldene Perlen aus dem 4. vorchristlichen Jahrtausend, zusammen mit einigen Edelsteinperlen. Die frühesten Zeugnisse von regelrechtem Schmuck sind nicht viel jünger. Aus Ägypten gibt es aus der 1. Dynastie (um 3000 v. Chr.) ein Armband aus Gold und Halbedelsteinen. Verarbeitet wurden hier Karneol, Türkis und Lapislazuli. Bekannter als dieses Armband ist der wundervolle

Schmuck der sumerischen Hofdame, die ihrer Königin um 2500 v. Chr. ins Totenreich folgte. An einer Kette aus Halbedelstein hängen goldene Birkenblätter, die Ohrringe sind getriebene goldene Mondsicheln, der Hals der jungen Frau war mit einem breiten Gehänge geschmückt. Das Hauptgrab enthielt die sterblichen Überreste einer Herrin namens Shubad. Auf ihrer Perücke thronte ein riesiger Kopfschmuck, ein barbarisch ungeordneter Reichtum von goldenen Ringen, Buchen- und Weidenblättern, der von einem gezackten, mit Blüten besetzten goldenen Kamm gekrönt war.

Aus Indien gibt es keine so alten Funde von Goldschmiedearbeiten, wie ja überhaupt die archäologische Ausbeute in Süd- und Ostasien nicht entfernt so groß ist wie die der vorderasiatischen Kulturen. Man weiß nur, daß die Goldschmiede schon früh mit den Juwelieren eine blühende Genossenschaft bildeten; sie stellten Goldbarren her und prüften das Metall mit Prüfstein und Feuerprobe auf seinen Gehalt, wobei sie kleine Tiegel benutzten. Solche Tiegel, die aus der sogenannten Indus-Zivilisation (ca. 2500–1800 v. Chr.) stammen, hat man gefunden. Aus dieser Zeit ist in Indien auch die Kunst nachgewiesen, Zellenschmelzmalereien herzustellen, also Emaillemuster, die jeweils durch Wände getrennt eingeschmolzen werden. Diese Kunst hat sich über den Iran bis nach Mittelasien zu Skythen und Sarmaten verbreitet. In China reicht der Gebrauch von Gold zeitlich nicht ganz so weit zurück wie in Ägypten oder Vorderasien. Schmuck ist in den wohl mehrfach geplünderten Gräbern nicht gefunden worden, also weiß man auch nicht, ob es Goldschmuck überhaupt gegeben hat. Daß es Goldschmiede gab, zeigen gehämmerte Goldfolien, ähnlich den ägyptischen Masken; die ältesten Funde dieser Art stammen aus der zweiten Hälfte des zweiten vorchristlichen Jahrtausends.

Diese Bestandsaufnahme zeigt, was die afrikanischen Akan, ein Stamm an der Goldküste, mit dem eigentümlich wissenden Satz ausdrücken »Gold ist ehrwürdig«. Früher als alle anderen Künste ist die Goldschmiedekunst denn auch auf der Höhe ihrer Möglichkeiten, und der besondere Zauber des Goldes wird von allen erlebt, die sich mit ihm befassen. Den ersten Rang unter den Metallen hat es freilich nicht selbstverständlich und zu allen Zeiten eingenommen: Silber ist zu Beginn des zweiten vorchristlichen Jahrtausends in Ägypten doppelt so teuer gewesen wie Gold. Allerdings hat sich das Verhältnis einige Jahrhunderte später schon zugunsten des Goldes umgekehrt. Das Gold bekam so poetische Namen wie »Lebensspender, Sinnbild der Göttin Hathor«, und man schrieb ihm die Kraft zu, Dämonen zu vertreiben.

Von allen Hochkulturen haben die Inkas von Gold den verschwenderischsten Gebrauch gemacht, wobei der wirtschaftliche Aspekt des Goldes in diesem fast sozialistischen Staat offenbar überhaupt keine Rolle gespielt hat. Die Inkas bezeichnen Gold als die Tränen des Sonnengottes, und bei den Azteken in Mexiko war der Diebstahl von Gold, seiner magischen Bedeutung wegen, eines der schlimmsten Verbrechen. Wer sich diese Untat zuschulden kommen ließ, wurde zu Ehren des Gottes der Goldschmiede Xipe Totec bei lebendigem Leibe geschunden, das heißt, es wurde ihm die Haut abgeschält. Der Goldrausch der Konquistadoren ist bekannt, ebenso kennt man die Fülle und Kostbarkeit der Goldarbeiten dieser mittel- und südamerikanischen Völker. Als der Abenteurer Pizarro durch List und Verrat den Inka Atahuallpa gefangengesetzt hatte, versprach dieser bekanntlich, das Zimmer, in dem er gefangen war, so hoch mit Gold zu füllen, wie dieser mit der Hand reichen konnte. Aus allen Teilen des Landes setzten sich Trägerkolonnen in Bewegung, um dem Befehl des Inka zu folgen. Furcht und Mißtrauen der Weißen führten dann zu Verdächtigungen, dem Inka wurde ein Scheinprozeß gemacht, und am 29. August 1533 wurde er öffentlich hingerichtet. Das Land erstarrte vor Entsetzen, die Kolonnen mit Gold hielten an, Priester retteten die Schätze vor dem Zugriff der Spanier, und die Geschichte der ungehobenen Schätze der Inkas begann.

Vom Prunk der Inkas mit Gold und Edelsteinen kann man sich kaum mehr eine zutreffende Vorstellung machen. Es gab ja nicht nur die Nonnenklöster der Sonnenjungfrauen mit ihren goldenen Geräten, nicht nur die Schatzkammern in Cuzco oder die goldstrotzenden Tempel von Pachacamac, sondern auch den Schmuck der Edlen und Frauen, den ganzen Prunk einer allmächtigen Elite: halbmondförmigen Nasenschmuck, Ohrgehänge, riesige pilzförmige Ohrzierate. Außerdem arbeiteten die Goldschmiede für die Toten, denen man goldene Handschuhe und Masken mitgab, wie man im Alltag goldene Bartzupfer, goldene Angelhaken oder sogar Morgensterne aus Gold verwandte (Disselhoff). Man hat sogar Tote mit aufgesetzten Fingernägeln aus Gold gefunden. Ein ähnliches Bild überwältigenden Reichtums bot sich Cortez, als er die Erlaubnis erhalten hatte, den Tempel des Gottes Uitzilopochtli anzuschauen. Bernal Diaz, einer der Begleiter, hat seinen Eindruck sehr lebendig geschildert: »Auf jedem Altar standen zwei riesengroße und sehr dicke Stand-Bilder. Das zur Rechten war, wie sie sagen, dasjenige von Vitzliputzli, ihrem Kriegsgott, mit breiter Stirn und ebensolchem Gesicht, fürchterlich verzerrten Augen und so viel angekleistertem Gold, Perlen und Perlensplittern, daß Kopf und Körper damit ganz bedeckt waren. Um den Leib wand sich eine große Schlange aus Gold und Edelsteinen, und in den Händen trug er Bogen und Pfeile. Dicht neben ihm stand ein kleinerer Götze, den sie seinen Pagen nannten. Dieser hielt ihm den Speer und einen kostbaren Schild aus Gold und Juwelen. Um den Hals aber trug Vitzliputzli Gesichter und Herzen von Indianern, teils aus Gold, teils aus Silber und mit blauen Steinen besetzt.« Von überwältigender Pracht muß auch der goldene Tiergarten des mexikanischen Königs Nezaualcoyotl in Texcoco gewesen sein, in dem alle Tierarten des mexikanischen Reiches vertreten waren. Sofern lebendige Tiere nicht verfügbar waren, zeigte man lebensechte Nachbildungen, die aus Gold und Edelsteinen gearbeitet waren.

Einer der berühmtesten Goldschätze der Antike ist jener, den der Deutsche Heinrich Schliemann als genialer Außenseiter auf der Burg des von ihm entdeckten Troja ausgegraben und als »Schatz des Königs Priamos« bezeichnet hat. Dieser König von Troja, Vater des Hektor und des Paris, der die schöne Helena entführt hatte, erlebte nach Homer den Untergang seiner Stadt als Greis und wurde am Zeusaltar seines Palastes erschlagen. Für Schliemann, der Homer beim Wort genommen hatte, waren es erhebende Augenblicke, den Goldschatz aus homerischen Zeiten ans Licht des Tages zu bringen. Er fand Perlen, Ringe, Armbänder, Gefäße in verwirrender Pracht, dazu einen wundervoll vielfältigen Schmuck aus fransenartig spielenden Goldgehängen. Schliemann selbst hat ausgerechnet, daß dieser Schmuck, der das Gesicht raffiniert umrahmte, aus 16 337 Teilchen zusammengesetzt ist, ein eindrucksvoller Beweis für das Können und die Geduld jener altgriechischen Goldhandwerker. Daß dieser Schatz nicht dem König Priamos der homerischen Dichtung gehört haben kann, sondern einem König, der tausend Jahre vor homerischer Zeit gelebt haben muß, hat Schliemann, dem kein Forscherteam, sondern nur ein altes Exemplar der homerischen Dichtung zur Verfügung stand, nie geahnt.

Gold war das Metall der Gottkönige, in Mexiko oder Peru wie in Ägypten. Hier wie dort gab es diese hochentwickelte Goldschmiedekunst, von der noch zu reden sein wird, hier wie dort phantastischen Prunk. So waren die Tore des berühmten Sonnentempels zu Theben in Ägypten aus Gold, und die Dekrete des Amun, des thebäischen Stadtgottes, wurden auf goldenen, silbernen oder kupfernen Tafeln aufgezeichnet. Ein besonders schönes Stück muß der massiv goldene Hundskopf-affe gewesen sein, der im Tempel des Aton, des Sonnengottes, zu On auf dem Stützbalken einer Waage befestigt war. Diese Plastik war gegossen, und damit stellt sich, wie bei den goldenen Tieren des mexikanischen Tierparks, dem goldenen Laub der toten Hofdamen von Ur, dem alten ägyptischen Schmuck, die Frage nach den Techniken der damaligen Handwerker.

Das Geheimnis der Etrusker

Noch heute ist Gold ein rätselhafter Werkstoff, weil sein geologisches Herkommen noch weitgehend ungeklärt ist. Man nimmt an, daß es aus den tiefsten Schichten der Erde stammt, erdgeschichtlich also in eine frühe Epoche gehört. Als einziges in der Natur vorkommendes Metall oxidiert es nicht und ist in Säuren nicht lös-lich. Nur in Königswasser, einer Mischung von drei Teilen konzentrierter Salz-säure mit einem Teil konzentrierter Salpetersäure läßt es sich, wie Platin, auflösen. Meist ist Gold in der Natur mit Silber vermischt, die Anteile schwanken zwischen 10–15 Prozent. Wenn der Anteil von 20 Prozent Silber überschritten ist, wirkt es bleicher, silbriger als das übliche Gold. In der Antike hatte man dafür die Bezeich-nung »Elektron«, womit heute Leichtmetallegierungen bezeichnet werden. Der Schmelzpunkt des Goldes liegt bei 1063° Celsius, also vergleichsweise niedrig. Dieser Umstand hat für den Goldschmied, der zum Beispiel eine Arbeit granulie-ren, das heißt feine Goldkügelchen aufsetzen will, bestimmte Konsequenzen.

Man kann Gold ebensogut kalt bearbeiten, das heißt schlagen oder ziehen, wie man es gießen kann. Die ägyptischen Goldschmiede haben alle wichtigen Techni-ken vollendet beherrscht, ebenso die Etrusker. Aber auch in den anderen Hochkul-turen gibt es technische Höchstleistungen. In Kolumbien hat man zum Beispiel einen Golddraht gefunden, der aus vorkolumbianischer Zeit stammt und 34 m lang ist. Sein Gewicht beträgt 13 Kilogramm. Technisch ist möglich, aus 31,10 Gramm

Granulierter Goldschmuck *war eine Spezialität der Etrusker: auf einem glatten goldenen Untergrund wurden winzige Goldkügelchen angebracht, wobei der technische Vorgang dieses komplizierten Verfahrens bis heute noch nicht gänzlich geklärt ist. Goldkette mit Bernsteinmedaillons, Mitte 7. Jh. v. Chr., aus dem Grab der Regolini-Galassi, Caere, Museo Gregoriano Etrusco, Vatikan*

(1 Unze) einen Faden von 30 Kilometer Länge zu ziehen. Trotzdem bleibt die Leistung der Indios staunenswert, denn sie haben mit Werkzeug der Steinzeit gearbeitet. Die feinsten Drähte, die man in Mittel- und Südamerika aus jener Zeit gefunden hat, waren etwa 2 Millimeter stark. Vermutlich haben die Indios Vierkantstangen aus Gold gegossen, diese durch Hämmern gestreckt, zwischen zwei polierten Steinen rundgerollt und ausgeglüht, damit sie nicht spröde wurden und brachen. Gehämmerte Drähte aus Kupfer hat es in Ägypten schon um 3500 v. Chr. gegeben, allerdings hat man keine Golddrähte aus dieser Zeit, was natürlich in der Zufälligkeit der Funde seine Ursache haben kann.

Auch die Technik des Plattierens ist uralt und schon in frühen Zeiten hoch entwickelt. Die Notwendigkeit ergab sich, weil die Gewinnung von Gold mühsam war und mit dem Material sparsam umgegangen werden mußte. Wo irgend möglich, täuschte man mit einem dünnen Überzug von Gold vor, daß der Gegenstand massiv sei. Um diesen Effekt zu erzielen, wurde zunächst ein Klumpen Gold erschmolzen. Das so gewonnene, noch recht starke Goldblech wurde gereinigt zwischen ausgesuchte und präparierte Felle oder zwischen Pergamentlagen gelegt und dann zu hauchdünner Folie geschlagen. Manche Sarkophage, die in Ägypten ans Licht kamen, waren mit solchen unglaublich feinen Goldfolien bedeckt, ihre Stärken kommen dem nahe, was auch heute an der Grenze des technischen Könnens liegt (Gregorietti). Aus den Goldblechen, die noch nicht zur Folie geschlagen sind, schnitt man die Stücke, die man benötigte, um Masken oder andere Werkstücke herzustellen. Übrigens sind auf den ältesten ägyptischen Darstellungen solcher Goldschmiedearbeiten häufig Pygmäen und andere Zwerge zu erkennen, ein rätselhafter Umstand, der an die eigentümliche Verbindung der Zwerge mit dem Bergwerks- und Hüttenwesen erinnert, wie sie nicht nur im Märchen- und Sagengut Mitteleuropas auftritt. Um bestimmte runde Formen zu bekommen, muß man ein solches Goldblech treiben. Das geschah, indem man es über einem Holz- oder Steinmodell in die rohe Form hämmerte, dann von der »linken« Seite weiter trieb und punzierte, um es schließlich von der richtigen Seite her zu gravieren. Wenn der sumerische oder ägyptische Goldschmied ein Muster auf dem Blech erzielen wollte, legte er es auf eine weichere Unterlage, etwa Blei oder eine Mischung mit Pech, um es dann von der Rückseite her mit dem Hammer zu bearbeiten.

Eines der großen Rätsel der Goldschmiedetechnik bildeten die etruskischen Arbeiten. Die technische Intelligenz dieses Volkes, das für seine Wagen, seine Bronzegüsse, seine wundervoll gearbeiteten Spiegel bekannt war, führte in der Goldschmiedekunst zu bisher kaum erreichten Höchstleistungen, vor allem in der Granulation. Unter Granulation versteht der Goldschmied eine Technik, bei der winzige Kügelchen aus Gold auf einem goldenen Untergrund in bestimmten Mustern aufgebracht werden, und zwar so, daß sie nicht deformiert werden. Nun weisen die etruskischen Arbeiten aber so feine Goldkügelchen, die Muster so feine Linien auf, daß man lange nicht hat begreifen können, wie man zur damaligen Zeit, also um die Mitte des ersten vorchristlichen Jahrtausends, derartige Dinge hat herstellen können. Die erste Frage war die nach der Herstellung der Kügelchen. Man kann sie nur mit Hilfe von Vermutungen beantworten, denn Beweise gibt es nicht. Man nimmt heute an, daß die Goldkörner aus Stücken von Golddraht oder Goldblech gewonnen wurden, die man in einen Schmelztiegel mit zerstoßener Holzkohle legte. Bei der Erhitzung zerschmolz das Gold zu winzigen, voneinander durch die Holzkohle getrennten Kügelchen. Die Granulationen der ältesten Epochen, etwa aus dem dritten vorchristlichen Jahrtausend, zeigen Goldkügelchen von 0,4 mm Durchmesser, während die feinsten etruskischen Arbeiten solche von 0,25 mm und noch weniger aufweisen. Es gibt eine andere Theorie, im Versuch von den römischen Goldschmieden F. Magi und dem Chemiker V. Frederici demonstriert, nach der die Etrusker Goldkügelchen auf eine viel elegantere Weise gewonnen haben sollen: Sie ließen laut Hypothese Gold aus der Höhe von etwa einem halben Meter auf eine glattpolierte Steinplatte tröpfeln. Die Hauptschwierigkeit besteht aber darin, die Goldkörnchen auf ihrem Untergrund festzulöten, ohne daß sie sich in der Flamme auflösen oder der Untergrund deformiert wird, denn die Hitze, die man benötigt, um Gold zu löten, läßt es auch schmelzen.

An dieser Schwierigkeit lag es, daß für Jahrhunderte die Granulation völlig vergessen wurde; man bestaunte die etruskischen Arbeiten, konnte sie aber nicht nachahmen, bis der römische Goldschmied Augusto Castellani (1829–1914) sich darum bemühte. Erst durch seine freilich erfolglosen Versuche kam man überhaupt dahinter, wie groß die technische Leistung der Etrusker war. Das Problem blieb ungelöst, bis 1933 der Engländer H. P. Littledale ein Patent anmeldete, das nach Meinung der Fachleute der etruskischen Lösung nahekommen dürfte. Der Engländer machte sich den Umstand zunutze, daß man den Schmelzpunkt des Goldes senken kann, wenn man es zusammen mit Kupfer erhitzt, wobei sich auch der Schmelzpunkt des Kupfers senkt. Wenn man beim Anschweißen der Goldkörnchen eine Kupfersalzmischung verwendet, kann man den Schmelzpunkt auf 890° senken; bis zum Schmelzpunkt von 1063° Celsius bleibt dem Goldschmied genug Sicherheitsspielraum, so daß weder die Körnchen noch der Untergrund zerlaufen. Man kann solche Kupfersalze, zum Beispiel Kupferhydroxyd, mit dem Pinsel auftragen und die Muster regelrecht vorzeichnen, bevor die Goldkörnchen angeschweißt werden. Die bereits erwähnten Italiener haben auch hier eine alternative Lösung vorgeschlagen. Nach ihrer Ansicht hat man in der Antike mit Hilfe eines feinen Blasrohres ein bestimmtes Harz zum Glühen gebracht; bestimmte Teerrückstände im Harz wirken offenbar wie ein »Klebstoff«, nur daß sie dauernde Adhäsionskräfte entwickeln. Viele dieser antiken Arbeiten bestehen aus mikroskopisch winzigen Einzelteilen. Wieviel Scharfsinn dazu gehört hat, solche genialen Techniken auszutüfteln, um unter primitivsten Verhältnissen ein Armband für die Gattin des Pharao oder für eine sumerische Dame herzustellen, läßt sich kaum ermessen. Die Technik der Granulation ist übrigens in Westasien, Ägypten und auch in der Antike bekannt gewesen und gehört ebenfalls zu den schon im 3. vorchristlichen Jahrtausend auftauchenden Anwendungsmöglichkeiten.

Wie in Ägypten, so erreichte der Schmuck in Sumer sofort die volle Höhe seiner Möglichkeiten: Keine Form, die von einer heutigen Form übertroffen oder ersetzt würde, jedermann kannte und trug damals Schließen und Schnallen, Ringe und Kettchen, Fingerringe und Halsbänder. Man hatte damals neben reichem Schmuck Möbelstücke aus goldplattiertem Holz, Plastiken, Schalen, Särge und Perlen aus Gold, und die Archive überliefern eine umfangreiche Geschäftskorrespondenz über Fragen der Goldschmiedekunst. Für die sumerische Kulturgeschichte erschließt gerade das Studium der Ornamente und Motive reizvolle Zusammenhänge, denn von Sumer aus strahlte die Goldschmiedekunst bis ins nördliche Persien aus, und von dort übernahmen die Skythen die Motive und trugen sie über die Steppen bis nach Nordchina und bis zum Balkan. Es gibt aus dieser Epoche, aus dem späten ersten vorchristlichen Jahrtausend, überaus reizvolle Arbeiten, die heute in Leningrad zu sehen sind. Auch technisch haben die Sumerer eine originelle Lösung gefunden, Gold zu läutern. Sie schmolzen das Erz, in dem Gold vorhanden war, in einer porösen Tonvase. Die Wandungen nahmen einen Teil der Verunreinigungen auf, während andere Beimengungen, etwa das Blei, sich während des Schmelzens verflüchtigten. So versteht man, daß König Burnibaburiash aus Mesopotamien an König Amenophis IV. von Ägypten einen Brief schrieb, der auch von einem Goldschmied hätte stammen können: »Was deinen Geschäftsträger betrifft, den du mir gesandt hast, die zehn Kilo Gold, die er mir brachte, haben nicht das Gewicht. Gleich nachdem man sie in den Tiegel gegeben hatte, ergaben sie nicht einmal eineinhalb Kilo! Und das, was nach der Abkühlung herauskam, hatte die Farbe der Asche.« Nun, Alchemie und Goldmacherei hängen eng zusammen, mag sein, daß da jemand gezaubert hat oder daß auch nur ein Kunstfehler unterlaufen ist; die Klage um den Betrug mit dem Goldgewicht ist jedenfalls offensichtlich so alt wie das Gold selbst, seit es Menschen schürfen und schmelzen.

Edle Steine

Edelsteine und Gold gehören unserer Vorstellung nach zusammen, wenn von Schmuck gesprochen wird, aber die Verwendung von Edelsteinen oder Halbedelsteinen als Schmuck ist älter als die Goldschmiedekunst. Steinerne Perlen hat es schon in der jüngeren Steinzeit gegeben, also etwa seit 7000 v. Chr., sie wurden an verschiedenen Stellen Europas gefunden und sind durchbohrt, so daß man sie auf einen Faden ziehen kann. Als Material diente Quarz, Schlangenstein und Feuerstein, und die runde Form läßt auf eine Bearbeitungsmethode schließen, die man heute noch kennt und »muggeln« nennt. Dabei wird der Stein mit Steinstaub, heute mit Schleifmitteln, rundgeschliffen und mit Leder poliert. Es gab Perlenschmuck und Jaspisgehänge, Brustschmuck aus Schiefer und Kalkstein in dieser Zeit; in Frankreich hat man auch ein sehr schönes Gehänge aus Speckstein gefunden sowie ein paar Hörner aus Jadestein. Selbst Korallen sind, als große, perforierte Perlen, schon im Neolithikum zu Schmuck verarbeitet worden. Man hat diese Kenntnis aus zahlreichen Gräberfunden, denn es handelt sich ausnahmslos um Grabbeigaben.

Viel schwieriger sind die Dinge, wenn man aus literarischen Quellen über die frühe Verwendung von Edelsteinen informiert wird, wozu natürlich auch jene gehören, die von uns als Halbedelsteine bezeichnet werden. Weder die ägyptischen noch die mesopotamischen Bezeichnungen derartiger Steine lassen sich nämlich ohne weiteres identifizieren. Die Ägypter haben bis in die hellenistische Zeit weder Smaragd noch Opal, den Saphir oder Rubin gekannt, ganz zu schweigen vom Diamanten, dessen Wert ja erst in der Neuzeit mit dem Schliff erschlossen worden ist. Dafür waren Achat, Beryll, Amethyst, Lapislazuli, Malachit, Quarz und Türkis im frühen Ägypten ebenso bekannt wie Bernstein, der aus den baltischen Ländern eingeführt worden sein muß. Dieselben Sorten von Steinen finden sich auch in

Mesopotamien, doch weiß man hier noch weniger über die wirklichen Verhältnisse als in Ägypten. Denn im Gegensatz zu Ägypten, das selbst Beryll- und Smaragdvorkommen hatte – diese wurden erst unter den Ptolemäern erschlossen –, mußte Mesopotamien alle derartigen Schmucksteine importieren. Die Verarbeitung stand technisch auf hoher Stufe. Man unterschied »Steinarbeiter« und »Steingravierer«, und man begann schon in der ersten Hälfte des dritten vorchristlichen Jahrtausends, Zylindersiegel aus Halbedelsteinen zu schneiden. Es gibt sogar aus der Zeit um 2300 v. Chr. einen Werkzeugkasten, wie ihn der Hersteller von Zylindersiegeln damals gebraucht hat. Allerdings ist der Werkzeugbehälter kein Kasten, sondern ein runder Topf aus Ton, der die verschiedensten Werkzeuge enthält: Bälle und Folien aus Kupfer und Silber, Zylinderentwürfe, fertige Siegel und verschiedene Werkzeuge wie Meißel, Pfrieme, kleine Scheren und eine Bohrerspitze.

In den frühen orientalischen Kulturen wurden Edelsteine allerdings nicht zusammen mit Gold verarbeitet. Nur der ausschließlich aus Gold gearbeitete Schmuck hat den Geschmack befriedigt; die Steine überließ man den einfacheren Kreisen. Das schließt nicht aus, daß man gelegentlich auch Steine verarbeitet hat. Höher war wohl der Emailleschmelz geschätzt, mit dem auch feingegliederter Goldschmuck farbig verziert worden ist. Der umgehängte Stein oder auch die Kette aus Steinen scheinen ja noch dem Amulett nahezustehen, das eine der Wurzeln des Schmuckes ist. Gegen Unheil und Tod, Krankheit und Unglück soll das Ding schützen, das magische Kraft besitzt, und man hängt es sich um den Hals, damit man es keinen Augenblick entbehren muß. Haare, Zähne, Fellstücke, Zeichen auf Papier oder Steine können als Amulette dienen, und häufig ist es ein Stein, auf dem ein Zeichen oder eine figürliche Darstellung angebracht ist. Die ältesten Amulette, die man heute kennt, stammen aus der vordynastischen Epoche Ägyptens (5000–2850 v. Chr.). Es sind Anhänger aus Grauwacke, aber es gibt auch Amulette aus Elfenbein, die einen Stierkopf zeigen.

Um die gleiche Zeit hat es in Babylon schon die Steinschneidekunst gegeben, die der Kunsthistoriker mit dem griechischen Wort »Glyptik« nennt; das Steinsiegel, das die Form eines großen flachen Knopfes hatte und an einer Schnur um den Hals getragen wurde, trug geometrische Linien oder auch figürliche Darstellungen. Man drückte es als Bestätigung der Richtigkeit unter den Text, wenn der Schreiber mit dem Rohrgriffel den Brief, den Vertrag oder das Testament in den weichen Ton geschrieben hatte. Ende des dritten vorchristlichen Jahrtausends kam das Rollsiegel auf, ein zylindrischer Stein aus Jaspis, Jade, Kalkstein oder auch Diorit. Man trug ihn ebenfalls an einer Schnur um den Hals, und sein Vorteil gegenüber dem bisherigen flachen Stein war, daß man auf einer solchen Rolle mehr Text unterbringen konnte als auf dem Steinknopf. Wahrscheinlich aus Mesopotamien hat dann Ägypten die Rollsiegel übernommen; ursprünglich waren sie aus Elfenbein, später aus Granit, Basalt oder Diorit hergestellt, also aus sehr hartem Material. Bis etwa 1700 v. Chr. waren Rollsiegel üblich, dann kamen kreisförmige, mit Tiergestalten versehene Siegelköpfe auf, die aber bald wieder ungebräuchlich wurden. Nur die berühmten Skarabäus-Siegel, seit 1900 v. Chr. bekannt, haben sich über Jahrhunderte gehalten. Sie waren fast immer aus Hartstein hergestellt, und gelegentlich trugen sie auch nicht den obligaten heiligen Pillendreher, sondern den Kopf eines anderen Tieres als Siegelzeichen.

Im frühen Indien ist die Edelsteinkunde eine Wissenschaft gewesen, die für Fürsten und Könige verpflichtend war. Der Reichtum des Landes bot die Grundlage für entsprechenden Export, und so wurden in den großen Häfen Diamanten, Achate, Jaspis, Amethyst, Bergkristall und viele andere Sorten angeboten. In den alten indischen Texten erfährt man über die Herkunft der Edelsteine nichts Konkretes. Es wird gesagt, sie seien aus dem Regen, dem Regenbogen, den Zähnen eines Gottes oder eines Fabeltieres entstanden, auch fische man sie aus dem Meer oder entdecke sie an geheimnisvollen Stätten, die von Schlangen bewacht seien. Man liebte schon in der alten Induskultur die Farbigkeit, und so findet sich in Harappa aus dem dritten vorchristlichen Jahrtausend ein Frauengürtel voller bunter Edelsteine, der auf der bloßen Haut getragen wurde. Auf ihm sind Karneol und Achat, Speckstein und Jade, Lapislazuli und selbstgefärbter Ton angebracht. Die spätere indische Juwelier- und Goldschmiedekunst kennt weniger den Schmuck aus Metall, wie ihn Ägypten und Mesopotamien hervorgebracht haben; hier in Indien geht es meist darum, die wundervollen Steine in möglichst natürlicher Form zur Geltung zu bringen. Man ist in dieser Hinsicht nicht zurückhaltend, und so werden Turban und Gürtel, Hals und Hände sowie Füße mit Steinen aller Art geschmückt.

Seltsam leer an derartigem Schmuck ist das alte China. Hier hat es weder Rubine und Smaragde noch Diamanten gegeben. Der am meisten verbreitete Schmuckstein war der Jadestein, aus dem im zweiten vorchristlichen Jahrtausend zahlreiche rituelle Gegenstände hergestellt worden sind. Nirgends gibt es einen den westlichen Funden vergleichbaren Goldschmuck, und auch die alten Darstellungen aus der Han-Zeit zeigen nicht, wie die gleichartigen Bilder Ägyptens oder Mesopotamiens, Menschen mit reichhaltigem Schmuck.

Gemmen

Die ägyptische und mesopotamische Tradition ist in der griechisch-römischen Antike aufgenommen und verfeinert worden. Wenn ursprünglich die Steinschneider ohne künstlerischen Ehrgeiz die Siegel, also Gebrauchsgegenstände, schnitten, so ändert sich das zur hellenistischen Zeit. Bisher hatte man nur die Steine »intaglio« geschnitten, das heißt als hohle Form. Der Siegelabdruck in weichem Material prägte also ein reliefartig erhöhtes Bild. In der hellenistischen Zeit kam die erhaben geschnittene Gemme hinzu, Kamee genannt, bei der das Bild auf dem Stein als Relief hervorstand.

Zu spiegelschriftlichen Bearbeitungen, wie man sie aus chinesischen Siegeln kennt, ist es im Abendland nicht gekommen, aber die Kunst, Gemmen zu schneiden, ist in Rom besonders vervollkommnet worden. Das hat verschiedene Ursachen, von denen eine das Interesse des Römers an der Person ist. Rom hat schon immer scharf gezeichnete Porträts gekannt, die Individualität der Grabmäler beweist ebenfalls diesen Zug ins Charakteristische, und so schätzte man die Kunst, lebensechte Bildnisse von Menschen auf winzigem Raum in Stein zu schneiden. Rom ist damals ein Zentrum aller handwerklichen Künste gewesen, ein riesiger »gemeinsamer Markt« für alles, was Orient und Okzident zu bieten hatten. Bald gab es Liebhaber und Sammler geschnittener Steine, und so wird berichtet, daß Män-

Die Kunst des Steinschnitts *beherrschte man im antiken Rom zur Vollkommenheit. Vorzugsweise bildete man Porträts ab, wie z.B. diese Kamee mit
dem Kopf der Julia, Tochter des Kaisers Titus. 2. Hälfte 1. Jh. n. Chr.
Bibliothèque Nationale, Cabinet des Medailles, Paris*

ner wie Cäsar oder Pompejus kostbare Gemmensammlungen besaßen. Kaiser
Augustus hat sich sogar einen eigenen Hof-Steinschneider gehalten, so groß war
das Interesse an dieser Kunst.

Dieser Luxus ist, wie so vieles, der Völkerwanderung zum Opfer gefallen, denn
kein Mensch hatte mehr das Interesse an feingearbeiteten Steinen, an Aufträgen,
deren Ergebnis erst in vielen Monaten auf dem Tisch lag, denn Steinschneiden erforderte unendliche Geduld vom Handwerker wie vom Auftraggeber, auch erlosch

das Interesse am Porträt, denn es verriet Eitelkeit, wo Bußfertigkeit hätte herrschen sollen. Die italienische Frührenaissance hat dann aber auch die Gemme wiederentdeckt, man las nicht nur die alten Autoren im Original, sondern griff auch auf die alte Formsprache zurück, um sich der neuen, freieren Auffassung gemäß auszudrücken. Die Wandlung des Lebensgefühls prägte den Stil auch des Schmukkes: hatte er im Mittelalter das Kleid geschmückt, so unterstrich er jetzt die Persönlichkeit. An der Gemme als einem Miniaturporträt hatte man plötzlich wieder Gefallen, und so belebte sich die alte Kunst des Steineschneidens. Wo es nicht um Porträts ging, orientierte man sich an antiken Motiven und zeigte vorzugsweise Nymphen und Nereiden, also reizende Göttinnen oder Halbgöttinnen, deren größter Vorzug ihre Nacktheit war. Es wurde damals Mode, Gemmen und Kameen zu sammeln, und wie man sich vor zweihundert Jahren in Öl malen ließ, beauftragte man damals Steinschneider mit der Anfertigung einer Kamee. Solche Stücke wurden gut bezahlt und erzielten, als Sammelobjekte, Liebhaberpreise. Venedig und Mailand waren Zentren dieser Kunst, die technisch ein fast unglaubliches Niveau erreichte. So gibt es einen auf 1532 datierten, dem Steinschneider Pietro Maria Seobaldi zugeschriebenen Siegelsmaragd, in den eine Herkulesfigur eingraviert ist. Man muß sich die Härte des Smaragds und die Unzulänglichkeit der damaligen Werkzeuge vor Augen halten, um die Leistung richtig einschätzen zu können.

Selbstverständlich war man in der Wahl der Steine ebensowenig frei von Aberglauben wie heute, denn seit jeher verkörperten Edelsteine einen besonderen, geheimnisvollen Aspekt des Mineralreiches. Die Alchemie hat sich mit Edelsteinen nur am Rande befaßt. Zwar war die alchemistische Offenbarung des Hermes Trismegistos angeblich auf smaragdenen Tafeln aufgezeichnet, die in der Pyramide von Gizeh verborgen sein sollten, und der »lapis philosophorum«, der imaginäre Stein der Weisen, spielte im Denken der Alchemisten seine Rolle, aber das Ziel der zauberischen Künste war Gold oder eben jene geheimnisvolle Substanz, welche die große Wandlung bewirken und in Gang setzen sollte. Edelsteine waren, wie Metalle, Abfallprodukte der Natur, verglichen mit Gold, und selbst als Mittel ungeeignet. Die abergläubischen Beziehungen des Menschen zu Edelsteinen stammen nicht aus der Alchemie, sondern reichen bis in die sumerische Astrologie zurück oder beruhen ganz einfach auf einem Denken, das die äußere Ähnlichkeit eines Steines in Beziehung setzt zum Auge oder seine Farbe mit gewissen Wunschvorstellungen verbindet: Weiße Steine sollten das Wachsen der weiblichen Brust begünstigen und Achate, die entfernt an Augen erinnerten, konnten den bösen Blick abwehren. So machte angeblich der Rubin die Menschen gut, er verhalf zu Land und Titeln, wirkte beruhigend auf das Gemüt und bewahrte vor Verführung, aber nur, wenn man ihn auf der »rechten« Seite trug. Auf der anderen Seite getragen, verkehrte er seine Wirkungen in ihr Gegenteil (Gregorietti). Der Aquamarin half gegen Leberleiden und Zahnweh, galt aber auch als das beste Mittel für eine glückliche Heirat, und den Smaragd hielt man in einigen Gegenden für das Sinnbild der Keuschheit: In dem Moment, wo ein Mann und eine Frau sich berührten, zersprang er. In anderen Gegenden schrieb man ihm die Wirkung eines Aphrodisiakums zu, und daß er die Niederkunft beschleunigen oder verzögern könne, je nachdem, ob man ihn auf den Schenkel oder den Schoß einer Schwangeren legte, wurde ebenfalls häufig geglaubt. In dem spielerischen Aberglauben an den »Monatsstein«, der wiederum einem Planeten zugeordnet ist, stecken solche, heute freilich kaum ernst zu nehmende Auffassungen, daß die Edelsteine zum Kosmos in einer besonderen magischen Beziehung ständen.

Diamantenschliff

Aus der Antike stammt die Auffassung, jedem Planeten sei ein Stein zugeordnet und diesem wiederum ein Monat; dieser Aberglaube, der eine bestimmte Art der Zeiteinteilung mit dem kosmischen Geschehen in Beziehung setzt, hat sich ja bis heute gehalten. Die Zuordnung ist übrigens nicht einheitlich. Im Januar der Hyazinth, im Februar der Amethyst, im März der Jaspis, im April der Saphir, im Mai der Achat oder der Smaragd, im Juni der Smaragd oder der Chalzedon, im Juli der Onyx oder der Karneol, im August Karneol oder Sardonyx, im September Chrysolith, im Oktober Beryll oder Aquamarin, im November Topas und im Dezember Rubin, aber auch Chrysopras, Türkis oder Malachit – man sieht, ein sehr willkürliches System, wie auch immer die geheimnisreichen Begründungen für diese Zuordnung lauten mögen.

In der christlichen Ära hat man selbstverständlich den zwölf Aposteln Edelsteine zugeordnet, die kosmische Auffassung vom Heilsgeschehen ließ solche Beziehungen logisch erscheinen. So bedeutete der Jaspis den Petrus, der Saphir den Andreas, der Chalzedon Jakobus den Älteren, der Smaragd den Jünger Johannes, der Sardonyx den Philippus, der Karneol den Bartholomäus, der Chrysolith den Matthäus, der Beryll den Thomas, der Chrysopras den Taddäus, der Topas den Jakobus den Jüngeren, der Hyazinth den Simon und der Amethyst den Matthias. Wer einen Edelstein am Finger trug, konnte der zauberischen Heilskraft gewiß sein. Andererseits scheint ein Ritter, ein gewisser Dietrich von Glatz, der Wirkung eines einzigen Steines nicht getraut zu haben, sonst hätte ein Smaragd – er bringt irdisches Wohlergehen – genügen müssen. Dieser Ritter aber hatte sich einen Wundergürtel anfertigen lassen, der ganz mit Gold beschlagen war und mehr als 50 Edelsteine trug, die ihm Ehre, Sieg, Unverletzlichkeit und jedes Glück sichern sollten. Man hat weiter keine Kenntnis seines Lebenslaufes, also auch nicht von der Wirkung des Gürtels.

Besonders wunderkräftig schienen die antiken Gemmen und Kameen zu sein. Die Kunst des Steinschneidens war ja im Mittelalter verlorengegangen, um so höher schätzte man die alten Stücke, deren alte mythologische Themen man oft nicht mehr zu deuten wußte. Wer eine Gemme besaß, auf der ein Pegasus zu sehen war, glaubte daher, dieser Stein sei besonders wirksam als Schutz der Pferde, und Gemmen, auf denen Jupiter als Stier zu sehen war, schienen dem Vieh Schutz zu geben. Dieser Aberglaube führte dazu, daß man nicht nur Edelsteine, sondern auch tierische Magen- und Gallensteine – man nannte sie Bezoar – mit kostbaren Fassungen versah und bei sich trug.

Eine besondere Stellung nahm der Diamant ein, der ursprünglich durchaus nicht so geschätzt worden ist wie etwa Smaragd oder Saphir, Rubin oder Topas, denn er entfaltet sein Feuer erst, wenn er geschliffen ist. Dazu aber war man im Mittelalter nicht fähig. Auch seine abergläubischen Bedeutungen wirken eher »bürgerlich«, denn er vertrieb die Furcht vor Dunkelheit, verbürgte Glück in der Ehe und hielt bösen Zauber fern. Man verband mit ihm seit jeher die Vorstellung von Festigkeit und »Echtheit«, also moralischer Stärke und Integrität. Den Buddhisten galt er allerdings schon seit jeher als Symbol des Metaphysischen, weil er unverletzlich ist, selbst aber alles zerschneiden und durchdringen kann. Der Donnerkeil des Gottes Indra wird von den chinesischen Buddhisten als »Diamant« übersetzt, er ist eines der wichtigsten magischen Geräte des Buddhismus.

Die Entwicklung, die in Europa zu einer Art Entdeckung des Diamanten führte, hat Ursachen, die tief aus dem gesellschaftlichen und politischen Leben der Zeit kommen. Die bis zum 17. Jahrhundert herrschende spanische Mode mit ihrer düsteren Strenge konnte Schmuck nicht entbehren, und auf dem feierlichen Schwarz der Hoftracht kamen farbige Steine und schweres Gold besonders gut zur Geltung. Wie in der Renaissance, als man in einem barbarischen Rausch alle Möglichkeiten der Goldschmiedekunst gleichzeitig realisierte und sich nicht genug tun konnte mit Prunkketten und Ringen, Perlenschnüren und Agraffen, benötigte man auch jetzt noch den Schmuck, um sich als Persönlichkeit zu profilieren. Als die spanische Tracht unmodern wurde und sich die neuen, phantastischen Silhouetten des Barock durchsetzten, kamen Samt und Seide auf, der Herr trug Spitze und Perücke, sein Aufputz hätte den schweren und prächtigen Schmuck der vorangegangenen Epochen nicht vertragen. Andererseits wollte und konnte niemand auf Schmuck, also die Zurschaustellung seines Reichtums, verzichten. Damals wurde der Markt mit Diamanten aus den neu erschlossenen südamerikanischen Ländern überschwemmt, und so lag es nahe, mit diesem Stein neue Möglichkeiten auszuprobieren. Von alters her hatte man den Diamanten zu einer Pyramide geschliffen, mit deren Spitze man auf Glas schreiben konnte. Im 15. Jahrhundert war der sogenannte Tafelschliff gefunden worden, bei dem sich, aus dem Oktaeder, eine Form mit zwei Tafelflächen und acht schrägen Kantenflächen ergibt. Karl der Kühne, der prunkvolle Fürst Burgunds, soll den angeblichen Erfinder des Tafelschliffs, einen Louis de Berken aus Brügge, an seinen Hof geholt haben. Jedenfalls entdeckte man zum ersten Mal in Burgund, als der Tafelschliff gefunden war, den Zauber des Diamanten, wenn auch noch in recht bescheidener Form. Schon der Tafelschliff gab dem Diamanten ein bisher ungekanntes Feuer. Nun ging man einen Schritt weiter und schliff aus einem Rohdiamanten 32 Facetten. Die Steinschneider, die das in geduldiger Arbeit probierten und dabei auch die Produktion von Ausschuß riskieren mußten, arbeiteten auf Anregung eines hohen Gönners, des Kardinals Mazarin, dessen Name denn auch mit dieser Form des Diamanten verbunden ist.

Eine noch überzeugendere Form erhielt der Diamant, als die Amsterdamer und Antwerpener Steinschneider den sogenannten Rosenschliff entwickelten, die »Holländer Rose«. Blumenmotive sind damals unglaublich modern gewesen, und zwischen den textilen Moden und dem Rosenschliff besteht ein durchaus überzeugender Zusammenhang. Man liebte damals auf Stoffen die Stickerei, aber man geriet in Verlegenheit, wenn wieder und wieder neue Musterentwürfe verlangt waren. Hier hatte ein Pariser namens Jean Robin eine einleuchtende Idee. Er errichtete ein Gewächshaus für die Züchtung exotischer Blumen, die als Vorlage für Stickereimuster dienen sollten. König Heinrich IV. hat diese Gewächshäuser erworben, als Jardins du Roi sind sie zeitweise der botanische Mittelpunkt der gelehrten Welt gewesen. Das allgemeine Interesse an den Blumen und Pflanzen des

Orients belebte die Freude am Blumendekor, und so entstanden in dieser Zeit regelrechte Musterbücher mit solchen ornamentalen Entwürfen, die dem Graveur erleichtern sollten, seinen Kunden gefällig zu sein. Kein Wunder, daß die Amsterdamer Steinschleifer, die einen Schliff mit 18 Quer- und 6 Sternfacetten entwickelt und dem Diamanten zu einem bisher unerreichten Feuer verholfen hatten, ihren Schliff nach dem Stil der Zeit nannten. Um 1700 soll Vincenzi Peruzzi, ein Steinschneider aus Venedig, dann den Brillantschliff des Diamanten erfunden haben, indem er den Stein, Krone und Bodenteil einschloß, mit 56 Facetten überzog. Erst jetzt brachen sich die Strahlen mehrfach im Inneren des Diamanten, erzeugten das für Brillanten typische Feuer und übertrafen den Mazarinschliff und den Rosenschliff, die weit weniger Facetten aufwiesen. Für das Barock begann der Diamant Mode zu werden, und zwar mit Silber in einer Art Ranken- und Blumenwerk verarbeitet. Man trug nicht mehr, wie während der Renaissance, möglichst viel Schmuck auf einmal, sondern wählte aus, Ohrgehänge und Broschen wurden geschätzt, und das Hofkleid, die mit Juwelen besetzte »parure«, wie sie von Ludwig XIV. getragen wurde, war verbindlich für den Geschmack. Hutschleifen, Kniebänder und Schuhschnallen blitzten von Brillanten, und auch mit den Knöpfen wurde ein entsprechender Luxus getrieben. Immer stärker wurde schließlich der Goldschmuck zur bloßen Fassung für Brillanten und andere Steine, und aus der Goldschmiedekunst entwickelte sich die Juwelierkunst, die vor allem dem Stein gilt.

Bei so maßlosem Luxuszwang, dem aristokratischen Vorläufer des industriellen »Konsumzwanges«, versuchte man bald, sich die drückende finanzielle Bürde ein wenig zu erleichtern, indem man die Brillanten imitierte. Die ersten Diamantenimitationen stammen aus England und sind, die Vorläufer dieser Kunst nicht gerechnet, von einem gewissen George Ravenscroft hergestellt worden. Es handelte sich bei seinem »Kieselglas« um eine Glasmasse auf der Basis von Bleioxyd, die einen hohen Brechungsindex hatte. Bei Kerzenlicht konnte man einen Diamanten à la Ravenscroft, bearbeitet als Rosenschliff, von einem echten Stein nicht unterscheiden – und zum Glück war es nur abends bei Kerzenlicht wichtig, Diamanten zu tragen. Bekannter als dieser Name ist der des Herrn Joseph Straß aus Wien, vielleicht auch Strasser geheißen. Dieser einfallsreiche Wiener Goldschmied erfand im Jahre 1758 die nach ihm benannte Imitation, bestehend aus Kiesel, Eisenoxyd, Tonerde, Kalk und Natron. Als »pierre de Straß« hat diese Imitation ihren Siegeszug durch die ganze Welt angetreten, gleichsam als erster »Kunststoff«, der ein Naturprodukt ersetzt hat.

Goldschmiedekunst im Wandel der Zeit

Im Altsächsischen heißt der Fürst »Ringspender«, denn es war seine Herrenpflicht, den Gästen und dem Gefolge Ringe zu spenden. Diese sogenannten Baugen sind freilich keine Fingerringe wie der heutige Ehering gewesen, sondern schwere Armreifen. Wie ein Schatzgeld waren sie Beweis des materiellen Wohlstandes. Wer Baugen besaß, hatte es zu etwas gebracht im Leben, und so kreiste das Denken der Helden weitgehend um die Frage, woher man Baugen bekommen könne. Höher als ihr materieller Wert stand dabei ihre Bedeutung. Als eine Art Ehrenzeichen, eine Gabe, in der sich die Freundschaftlichkeit des Spenders bedeutsam ausdrückte, schenkte die Bauge ihrem Träger auch ein gewisses Sozialprestige. Freunde tauschten miteinander ihre Baugen, man schwor auf ihnen und opferte sie den Göttern. Der Priester trug sie, wenn er seine Gebete und Opfer verrichtete, der König, wenn er seinen Palast verließ. Wenn ein solcher Herrscher wünschte, der fahrende Sänger möge des Fürsten Taten in seine Gesänge aufnehmen oder bei den Nachbarn seinen Ruhm verkünden, mußte er dem Mann gegenüber freigebig sein, das heißt, ihm eine Bauge schenken. Im Hildebrandslied, im Beowulf und im Heliand spielt dieser bedeutungsvolle Körperschmuck eine wesentliche Rolle, und noch Karl der Große hat am Oberarm solche Baugen getragen. Im deutschen Kronschatz fanden sich bis in das 12. Jahrhundert goldene Baugen, und selbst im 13. Jahrhundert sprechen einige Minnesänger noch von den Armreifen der Männer. Erst als die Kleidung höfisch und die Ärmel lang wurden, wurde der Armreif für Männer unmodern. Nur der Fingerring, den auch der Ärmste trug, ist von den verschiedenen Formen des Körperschmuckes geblieben; die Arm- und Halsreifen aber sind dem Wandel der Kleidung und ihrer Moden einstweilen zum Opfer gefallen.

Die Bauernringe des Mittelalters bestanden oft aus verzinntem Blei, mit einem »Saphir« aus Glasfluß und Schmelz versehen, und überall finden sich Ringe aus Glas, fabrikmäßig hergestellt. Der Schmuck der Herren freilich ist von anderem Format. Eine barbarisch zu nennende Prunksucht sprengt jedes Maß in einer Zeit, in der um Selbstbeherrschung und inneres Maß so ernsthaft gerungen wird. Diese Ringe, die nicht für Frauenhände, sondern für Ritterfäuste geschaffen wurden, sind allein schon vom Material her wuchtig. So wiegt der Siegelring Karls des Kühnen ein halbes Pfund. Als Kleiderschmuck trägt man Gewandspangen, auch wird mit dem Gürtel ein beachtlicher Luxus getrieben. Da ist in den alten Quellen von einem Gürtel die Rede, der »eine Mark Gold schwer« und mit »sechzig Ellen Perlen« besetzt war; die Dimensionen des Prunks sind zu ahnen, wenn man erfährt, daß eine Markgräfin Kunigunde von Steiermark mit ihrem Gürtel einen Bauernhof kaufte. Anderswo ist von einem Gürtel die Rede, dessen Inschrift mit Edelsteinen gebildet war, überhaupt liebt man in dieser Zeit ja die große Geste, das formelhafte Bekenntnis, also Wappenspruch und Inschrift, wo immer sie sich anbringen lassen.

Was heute Brosche heißt, nannte man damals Fibel. Das Prinzip, dessen abstrakteste industrielle Form die Sicherheitsnadel verkörpert, hat sich nicht verändert. Als die ost- und westgotischen Goldschmiede, vom 4. bis zum 6. Jahrhundert etwa, den Stil des germanischen Kunstgewerbes bestimmten, hat die Fibel ihre höchste Entfaltung gefunden. Besondere Berühmtheit haben die streng stilisierten Adlerfibeln erlangt, deren stolze Strenge einiges über die Haltung ihrer Träger auszusagen scheint. Eine der schönsten runden Fibeln ist die große Spangenfibel, die in einem Männergrab bei Wittislingen in der Nähe des schwäbischen Lauingen gefunden worden ist. Die runde Scheibe aus Silberguß ist vergoldet, roter Glasfluß, in Zellen eingegossen, umspielt streng ornamental in schmalen Bändern den Mittelpunkt. Die ganze Scheibe ist mit gegitterter Goldfolie überzogen, auf der die Filigranornamente sowie einige Amaldinen, hellblaue Edelsteine, angebracht sind. Ein gewisser Uffila hat diese Spange zur Erinnerung an seine verstorbene Frau in Pisa anfertigen lassen, sie wird etwa um 600 entstanden sein.

Als die Spange, die den Mantel auf der Schulter zusammenhielt, etwa seit dem

12. Jahrhundert nach vorne auf die Brust wanderte, nannte man sie »Fürspan«. Gewöhnlich war es eine scheibenförmige Gewandfibel, die diese Dienste leistete. Aus Paris kam dann eine sehr elegante Mode. Der Mann von Lebensart befestigte an den vorderen Ecken des umgeworfenen Mantels sogenannte Tasseln, die man mit einer Schnur quer über der Brust zusammenhielt. Wer besonders fromm war, benutzte als Schnur einen Rosenkranz. Jede dieser Tasseln war ein Schmuckstück, mit Blumen, Vögeln und oft ganzen mythologischen Szenen reich geschmückt; auf der einen Seite war die Schnur befestigt, die dann durch die andere Tassel hindurchgeschlungen wurde. Männer und Frauen trugen im frühen Mittelalter den gleichen Schmuck, wenn auch der weibliche Schmuck nicht ganz so klobig gearbeitet war wie der des Mannes. Nur die Ohrringe sind im späten Germanentum zeitweise ein rein weiblicher Schmuck gewesen, ehe sie wieder verschwanden, weil die Haartracht Ohrringe überflüssig machte. Ursprünglich ist der am durchlöcherten Ohr getragene Ring orientalischer Herkunft. Erst während der Zeit der Völkerzüge hat man ihn in Griechenland und Rom schätzengelernt. Von hier aus gelangte er zu den nordischen Völkern. Zunächst übernahmen ihn die Kelten, und zur Zeit der Merowinger ist er dann ein beliebter Frauenschmuck gewesen.

Beliebte Objekte des Schmuckbedürfnisses sind auch die »Minnekästchen«, sozusagen weltliche Reliquiare, in denen der Mann einer von ihm verehrten Frau einen Ring oder Fürspan übermittelte als einen Beweis seiner Zuneigung oder Treue. Den Fürstenkronen nachempfunden waren die Frauen- oder Brautkronen; eine dieser Kronen, die der Prinzessin Blanca von England gehört hat, befindet sich im Bayerischen Nationalmuseum zu München. Dieses wundervoll klargegliederte Meisterwerk der Goldschmiedekunst ist französischer oder englischer Herkunft etwa aus den Jahren 1370/80. Der reiche Edelsteinschmuck umfaßt Saphire, Rubine, Smaragde und Perlen. Der große Mäzen der Goldschmiede war im Mittelalter die Kirche, deren Bedarf an goldenem und silbernem Altargut, an Monstranzen und Reliquiaren den Markt bestimmte. Nun nahm das Bürgertum am Reichtum teil und stellte seine eigenen Forderungen. Aus dieser bürgerlichen Epoche des späten Mittelalters stammen die Brautkronen, die das fürstliche Diadem, getragen am Tage der Hochzeit, an Schönheit und Reichtum zu übertreffen versuchten. In dieser Epoche, die so viel Neues ans Licht brachte, änderte sich auch das Verhältnis zum Schmuck.

Wenn der mittelalterliche Schmuck vor allem ein Gewandschmuck war, so war es jetzt ein sogenannter Körperschmuck. Man hatte ja eine neue Einstellung zum eigenen Leben, zum eigenen Körper, überhaupt zu seiner Individualität gefunden, und man liebte die sinnlich faßbare Schönheit, die kein Blendwerk der Hölle mehr zu sein schien, sondern eine Offenbarung, die im Einklang mit den Schriften der Alten stand, mit griechischen und römischen Autoren. Keine bombastische Haube bedeckte den Kopf, sondern allenfalls ein leiches Netz, um den Hals legte man eine Perlenkette, und an feiner Goldkette hing ein schlichter, aber kostbarer Anhänger, vielleicht eine goldgefaßte Gemme oder ein bedeutsamer Edelstein. Die freie, hochangesetzte Stirn wurde zuweilen von einem Schmuckstück gekrönt, das die Zöpfe und Perlenketten der kunstvollen, aber schlichten Frisuren zusammenhielt.

Der Schmuck der Renaissance ist stets das Kleinod, sozusagen eine Individualität aus Gold und Edelstein, es kommt nicht mehr auf die Masse an oder auf den Prunk, sondern auf das schöpferische, geistvolle Element, das sich in einem solchen Schmuckstück verkörpert. Der Goldschmied ist deshalb nicht mehr bloß ein einfallsreicher Handwerker, sondern man schätzt ihn als Künstler. Bei einem Goldschmied in die Lehre zu gehen, heißt in den Bereich einer hochgeehrten Kunst eintreten, mit allerlei hohen und höchsten Herrschaften Umgang haben, den Geschmack der Zeit studieren können und mit so feinen Materialien wie Gold und Silber, mit Edelsteinen und Halbedelsteinen umgehen. So eröffnet der Beruf Aussicht auf Wohlhabenheit und Ansehen. Dürer ist bekanntlich Lehrling bei einem Goldschmied gewesen, er hat, wie die beiden Holbein, wie Ghiberti, Verrocchio, Botticelli und Ghirlandajo, meisterliche Entwürfe für Kleinodien gezeichnet. Das grundlegende Lehrbuch der Goldschmiedekunst stammt von einem Mann, der als Bildhauer wie als Goldschmied Erfolg gehabt hat und für die Päpste in Rom, für die Medici in Florenz und König Franz I. von Frankreich in Fontainebleau gearbeitet hat. Von allen seinen Werken, die er als Goldschmied geschaffen hat, ist nur das Salzfaß für Franz I. von Frankreich erhalten; die in seiner berühmten Selbstbiographie erwähnten Arbeiten, Hutagraffen, Knöpfe und Ringe, sind verlorengegangen. Cellini (1500–1571), ein hitziger Kopf mit starker künstlerischer Phantasie, hat mit seiner 1803 von Goethe im Deutschen herausgebrachten Selbstbiographie mit großer Unbefangenheit den Standort des unabhängigen Künstlers bezogen. Gerade die Selbstverständlichkeit, mit der das geschieht, bezeichnet den Wechsel der Verhältnisse; noch ein Menschenalter zuvor wäre eine solche Einstellung kaum denkbar gewesen.

Für die Entfaltung der Goldschmiedekunst war die Erfindung und konsequente Anwendung der Drucktechnik von großer Bedeutung. Überall entstanden nämlich, von Ornamentstechern und Malern entworfen, neue Ornamentvorlagen, die durch Druck verbreitet wurden und die Formsprache der Renaissance auch im Schmuckgewerbe durch ganz Europa trugen. Zugleich änderte sich aber auch der Stil, und nach der Strenge und Klarheit des Patriziats, des leistungsbezogenen Bürgertums, setzte sich nun eine neue Sinnlichkeit, eine neue pathetische Grundeinstellung zum Leben durch. Die Damen, bisher kühl und lieblich, wurden wieder voll, der von Rubens gemalte fleischige Typ beherrschte die Szenerie, und die schweren Leiber, in kostbare Stoffe gehüllt, wurden verschwenderisch mit Schmuck behangen.

Staatskleid und Diamanten

Es gibt in dieser Zeit Fürstinnen, die einem geradezu unersättlichen Schmuckbedürfnis zum Opfer gefallen zu sein scheinen. Die Hüte oder Barette sind mit Juwelen besetzt, man trägt schwere Anhänger, Ohrringe, dazu über dem Nacken noch ein perlen- und edelsteinbesetztes Gehänge in der Art eines Schmuckgürtels, nur über Busen und Nacken gehangen, dazu eine Perlenkette und auf der Schulter eine Agraffe. Wie in der Kleiderpracht drückt sich in der Verwendung von Schmuck die ganze gesellschaftliche Spannung der Zeit aus und scheint weder durch Vernunft noch durch Geschmack gezügelt worden zu sein. Wie sehr die Prunksucht des 16. Jahrhunderts gesellschaftlich begründet war, zeigt sich bei der Betrachtung des männlichen Schmuckes: er übertrifft den der Gattinnen um ein Vielfaches, und seine Bedeutung liegt vor allem darin, daß er den Glanz des Fürstentums auf eine überwältigende Weise jedermann vor Augen führt. Als Herzog Philipp der Gute 1442 in Besançon mit Kaiser Friedrich III. von Habsburg zusammentraf, trug er eine Schärpe, die mit Perlen und Rubinen im Wert von über 100 000 Talern besetzt war, und 1454 bei einem Fest in Lille soll er für über eine Million Perlen getragen haben. König Heinrich VIII. repräsentierte bei der Trauung mit Anna von Cleve, seiner vierten Frau, am 6. Januar 1540 in einer Kleidung, die jedes weibliche Kleid in den Schatten gestellt hätte. Hans Holbein der Jüngere hat es gemalt, so daß man es noch heute in allen Details studieren kann. Der Überrock besteht aus Goldbrokat und Zobel, doch bildet er nur den Hintergrund für die Edelsteingarnitur, die »parure«, die später zum offiziellen Hofkleid gehören sollte. Halskette und schweres Geschmeide, Ringe und Knopfleiste sind aufeinander abgestimmt, das alles zeugte von höchster Raffinesse, bei der es gewiß nicht nur um die Befriedigung persönlicher Eitelkeit ging. Unsummen werden in den Erwerb solcher Schmuckstücke gesteckt, es ist die Zeit der großen Toiletten, der maßlosen Repräsentation. Schon der italienische Dichter Petrarca hatte den Tyrannen zugerufen, sie seien mit ihrem Schmuck überhäuft, »geschmückt wie Altäre an Festtagen«.

Damals war der Schmuck noch in stärkerem Maße als heute eine wertbeständige Anlage, und gerade der Schmuck, der den Fürstentöchtern als Mitgift auf den Weg gegeben wurde, hatte reale Aspekte. Derartige Schmuckgarnituren wurden geradezu ein Politikum: Kaiser Karl V. verlangte nicht nur von seiner Schwester, der Königinwitwe von Portugal, daß sie ihm ihren Schmuck als Pfand übergebe, sondern forderte auch vom Markgrafen Johann von Brandenburg, der damals Statthalter von Valencia war, dessen Schmuck und den seiner Frau. Seine Begründung: Er müsse sich Geld für den Krieg beschaffen. Der Markgraf sah sich gezwungen, insgesamt zwölf Kleinodien mit einem Wert von 24 000 Dukaten zur Verfügung zu stellen, die er selbstverständlich niemals wiedersah. Als Graf Christian von Oldenburg sich Dänemark unterworfen hatte, forderte er auf einem Landtage in Kopenhagen vom dänischen Adel den Familienschmuck ihrer Frauen und Töchter. Das allerdings war den Herren zuviel, und so verlor er die Unterstützung des Adels und die Krone.

Die Zeugnisse, nach denen man heute beurteilen kann, wie es sich vor drei Jahrhunderten mit dem Schmuck wirklich verhielt, sind allerdings oft trügerisch. Natürlich gibt es Augenzeugenberichte, in denen es etwa heißt, der Marschall von Bassompierre habe bei der Taufe des Dauphins, des späteren Königs Ludwig XIII., einen Anzug aus Goldstoff getragen, der mit Perlen im Gewicht von 50 Pfund bestickt war – aber wer hat sie gewogen, und wieweit stimmen solche Angaben überhaupt, wenn Neid und Ehrgeiz im Spiel sind? Auch den Porträts ist nicht immer zu trauen, denn die Maler, die ihre Auftraggeber kannten, malten oft mehr Schmuck ins Bild, als die Dame überhaupt besaß. In England ist das sogar ein Geschäft geworden, denn wer sich um 1640 malen ließ, mußte 10 Shilling extra bezahlen, falls um den Hals eine Perlenschnur gemalt werden sollte, und eine Lady Sussex beschwert sich gelegentlich in einem Brief, daß der Maler van Dyck (1599–1641) ihr Bild mit viel mehr Diamanten geschmückt habe, als sie in Wirklichkeit besäße. Solche Zweifel sind aber nur im einzelnen angebracht. Über die Tendenz der Epoche gibt es keine Zweifel, und so darf man ruhig glauben, daß Ludwig XIV. Diamanten von 12–15 Millionen Francs am Leibe trug, wenn fremde

Puderdose *aus Fayence, 18. Jh. Musée Cantini, Marseille*

Gesandte sich bei ihm zur Audienz meldeten, und daß Kurfürst Max Emanuel von Bayern in Brüssel eine Garnitur von Rubinen und Diamanten kaufte, für die er 274 800 Florin bezahlte.

Das Schmuckbedürfnis, für dessen Befriedigung damals riesige Summen Geld aufgewandt wurden, stand nicht mehr im Zusammenhang mit seinen sakralen Ursprüngen, nicht einmal mit dem Bedürfnis nach Schönheit. Es war zur hohlen

Geste geworden, mit der eine herrschende Schicht von Menschen ihre Bedeutung auszudrücken versuchte. Dieses pompöse fürstliche Schmuckbedürfnis ging im Sturm der Französischen Revolution unter und hat sich nie wieder restaurieren lassen. Zwar haben noch bis in die Gegenwart gekrönte Häupter ihren Schmuck, man schenkt Geschmeide und Perlenkolliers, Ringe und Ohrgehänge, aber verglichen mit früheren Epochen verhält sich diese Form des Schmuckes zur damaligen »parure« wie die heutige Reiterei zum fürstlichen Marstall. Der Adel und das wohlhabende Bürgertum haben im 18. Jahrhundert erstaunlich wenig Schmuck getragen; offenbar waren die finanziellen Reserven dieser Gesellschaftsschichten durch die Inflation von 1720 erschöpft, auch war ja seitdem das Tragen von Juwelen untersagt. Es hätte allen psychologischen und soziologischen Erfahrungen widersprochen, wenn diese Gesellschaftsgruppen sich nicht anderweitige Möglichkeiten geschaffen hätten, um gleichsam rituelle Prestigekämpfe durch Besitzdemonstration auszutragen.

Diese Möglichkeit fand sich in der Gestaltung der Dosen, von denen man damals stets mehrere bei sich führte. Diese im Rokoko zu einem Höhepunkt geführte Dosenkunst ist vom bürgerlichen Zeitalter fortgeführt worden. Auch der Bürger möchte seinen Besitz und damit seine eigene Position gewürdigt wissen, auch er ist bereit, eine nicht unerhebliche Summe für derlei Tand aufzuwenden. Nicht der große Halbedelstein, die Gemme im schweren Siegelring ist »bürgerlich«, sondern die Tabatiere, das Pillendöschen, das Medaillon mit der romantischen Miniatur. Deshalb soll zum Schluß dieses Bandes von den Accessoires die Rede sein, die alle auf ihre Weise zu Schmuck wurden.

Spielereien à la mode

Zur Perückenzeit gab es langgestielte Kratzer, oft kleine Hände aus Elfenbein, mit denen man sich durch die turmhohe Frisur fahren und die von Ungeziefer malträtierte Kopfhaut kratzen konnte, denn mit bloßer Hand war sie nicht mehr zu erreichen. Solche Kratzer sind zu banal, zu wichtig gewesen, als daß man sie mit Gold oder Edelsteinen verarbeitet hätte. Anders steht es mit dem Flohpelzchen, das zwar auch seinen Zweck erfüllte, aber dem Schmucktrieb einen reizenden Anlaß bot. Mit einer gewissen Einfalt glaubte man, wenn man dem Ungeziefer nur anstelle der eigenen Haut ein Pelzchen anböte, würden sich Flöhe und Läuse in diesem Treffpunkt einstellen und könnten so leicht vernichtet werden. Abends nahm man deshalb das Pelzchen vom Iltis, Marder, Wiesel usw. vom Leib und schüttelte es über der Kaminflamme aus. Solche Pelzchen, mit Kopf und Klauen geschmückt wie Großmutters Umlegekragen aus Marderpelz, sind seit 1467 bezeugt. Die Herzogin von Ferrara erhielt von ihrem Gatten einen Flohpelz geschenkt, der einen goldenen Kopf mit 12 Rubinen, 3 Diamanten, 3 Smaragden und 4 Perlen trug, und im Nachlaß der Philippine Welser fand sich eine Garnitur, die zu einem Flohpelzchen gehörte, bestehend aus goldenem Zobelkopf samt 4 Tatzen, die mit Rubinen und Smaragden versehen waren, das Maul hielt eine Perle, die Augen waren aus Granat.

Solche fürstlichen Spielereien haben keine große Bedeutung gehabt. Anders verhielt es sich mit den Dosen, die zu den vielfältigsten Zwecken benutzt wurden.

Die Reihe begann mit den Bonbonnieren. Schon König René von Sizilien besaß eine solche Dose aus Bergkristall auf seinem Schloß Angers im Jahre 1471. Seit dem 16. Jahrhundert gehört sie bei hochgestellten Persönlichkeiten zur Toilette. Man trug Süßigkeiten bei sich oder Schnupftabak, Anis gegen Mundgeruch wie Ludwig XIV., der eine goldene Bonbonniere mit sich führte, oder Schminke und Schönheitspflästerchen, was für die Damen wichtig war. Als guter Ton galt es, mehrere Dosen gleichzeitig in Gebrauch zu haben, auch benutzte man im Sommer andere Dosen als im Winter, und einige Snobs haben ihre Dosen sogar täglich gewechselt. Hergestellt wurden diese Behältnisse aus mannigfaltigem Material, von Gold und Emaille bis zum Elfenbein oder Porzellan. Weil die Fabrikation mit dem starken Bedarf nicht Schritt hielt, drechselten sich passionierte Dosenbenützer ihre Dosen selber, so Rudolf II. von Habsburg, Leopold I. und selbst Joseph I., der gute Kaiser Franz, aber auch die Kurfürsten von Sachsen, Max I. von Bayern und viele andere, denen diese handwerkliche Tätigkeit als »standesgemäß« zugestanden wurde, weil es sich um einen modischen Gegenstand handelte. Alle großen Kunstsammlungen und einschlägigen Museen besitzen derartige Dosen, darunter meist auch solche von fürstlicher Hand verfertigten Stücke.

Die Krone der Kunstfertigkeit gebührt dem schwedischen General Magnus Stenbock, der 1714 in Dänemark gefangen saß: er drechselte aus Elfenbein eine Dose mit einem »annulus trinitatis«, einem dreifachen Ring aus einem einzigen Stück Elfenbein, dessen einzelne Teilringe sich zwar bewegten, aber untrennbar miteinander verbunden waren. Weil die überkommene Form der ovalen und viereckigen Dose nicht mehr genügte, erfand man Dosen in Form von goldenen Eiern. Als 1775 der Nachlaß der Markgräfin Auguste Sibylle von Baden-Baden aufgezeichnet wurde, fand sich in der Hinterlassenschaft ein derartiges goldenes Ei, das in seinem Inneren sinnigerweise ein brütendes Huhn unter einem Eigelb aus Email verbarg. Dieses wiederum verbarg eine kleine Krone, und diese offenbarte den eigentlichen Kern der Sache, ein Porträt des Markgrafen Ludwig Wilhelm von Baden. Ein ähnliches Stück befindet sich im Grünen Gewölbe zu Dresden. Bemerkenswert ist dabei, daß man auch bei dieser Spielform der Dose nicht auf das Porträt verzichtet hat, denn darin lag die eigentliche Aufmerksamkeit des Spenders. Fürstlichkeiten entledigten sich ihrer Verpflichtungen mit solchen Dosen, man schenkte sie zur Verlobung und zum Geburtstag, als Gunstbeweis und als Aufmerksamkeit, und zwar nach einem fein abgestuften Zeremoniell. So bestimmte die Kaiserin Maria Theresia, wenn ihre Töchter, die Erzherzoginnen, ihre Heimat verließen, um sich auswärts zu verheiraten, schon vor der Abreise, an wen unterwegs jeweils Dosen zu verteilen seien; heutzutage ist bei solchen Gelegenheiten ja noch die Verleihung gewisser Orden üblich, die aber ihren Empfängern nicht halb soviel Freude machen dürften wie eine kostbar gearbeitete Dose mit dem Porträt des Spenders.

Kaum noch bekannt sind die im 18. Jahrhundert gebräuchlichen Etuis, die so gearbeitet waren, daß man sie am Gürtel befestigen konnte. Man bewahrte darin Nähnadeln und Zahnstocher, Knöpfe und Garn, Augengläser oder was immer der Besitzer dringend benötigte auf, und wie bei den Dosen trieb man auch mit diesen Etuis erheblichen Luxus. Selbst Zahnstocher und »Ohrleffel« waren, wenn sie von fürstlichen Personen benutzt wurden, wie Schmuck gearbeitet, mit Edelsteinen geschmückt und liebevoll gestaltet. So besaß der Kurprinz Friedrich von Brandenburg, der spätere erste preußische König, zwei goldene Zahnstocher, von denen einer mit einer Perle, einem Diamanten und zwei Halbedelsteinen, der andere mit einem Rubin und mehreren Diamanten besetzt war.

Taschenuhren

Wenn man mit dem banalen Krimskrams einen solchen Luxus trieb, wieviel mehr dann mit einem Spielzeug, das einen so tiefsinnigen Aspekt verkörperte wie die Vergänglichkeit der Zeit, die Uhr. Die technische Geschichte der Taschenuhr mit ihren Vorgängerinnen, den Turmuhren und astronomischen Uhren, reicht bis vor die Zeitwende zurück. Man nimmt an, daß die Chinesen schon im vierten vorchristlichen Jahrhundert Zahnradgetriebe gekannt und die Hemmung verwendet haben, die zu den wesentlichen Erfindungen der Uhrmacherei gehört. Nur mit einer Hemmung ist es nämlich möglich, eine Uhr mit relativ geringer Kraft anzutreiben und sie ziemlich genau zu regeln. Zu Beginn des 13. Jahrhunderts wurde diese Erfindung im Abendland bekannt, und im Jahre 1364 veröffentlichte Giovanni di Dondi, der Sohn einer italienischen Uhrmacherfamilie, die Beschreibung einer Uhr mit Gewichtantrieb und Regulierung durch Hemmung. Das war damals eine Sensation, und aus vielen zivilisierten Ländern kamen Gelehrte nach Italien, um sich diese Uhr erklären zu lassen. Von kleinen Verbesserungen abgesehen entspricht sie der Uhr unserer Tage, und in Taschen- und Armbanduhren wird nach wie vor Dondis Hemmung verwendet. Für das Lebensgefühl der Menschen hat diese Erfindung weitreichende Folgen gehabt, denn nun war jedermann, der eine solche Uhr besaß, mit dem Phänomen Zeit konfrontiert, und diese erlebte eine Art Säkularisation, eine Verweltlichung. Nicht mehr der Schlag der Kirchturmuhr gab das Maß des Tages an, sondern die individuell abgelesene Zeit.

Bis die Uhr zum Requisit der Mode wurde, vergingen rund zweihundert Jahre. Um 1500 hat bekanntlich der Nürnberger Peter Henlein, der als Schlosser tätig war, die Taschenuhr erfunden, welche die Größe eines heutigen Weckers hatte und an einer Schnur um den Hals getragen wurde. Henleins Verdienst ist nicht, daß er eine technische Verbesserung erfunden hätte, sondern daß ihm die Miniaturisierung gelang. Im Jahre 1511 schreibt Johannes Cochläus, ein gelehrter Theologe: »Aus Eisen macht er kleine Uhren mit vielen Rädern, die beliebig umgedreht werden können, kein Zuggewicht haben, vierzig Stunden gehen und schlagen und im Busen oder Geldbeutel getragen werden können.« Das Nürnberger Ei hatte nur einen Zeiger; der Minutenzeiger ist erst hundert Jahre später erfunden worden. Aber schon im 16. Jahrhundert besaßen die Taschenuhren ein Schlagwerk und um 1600 herum sogar schon einen Wecker. Man hat solche Uhren gern auf der Rückseite mit Kristall verglast, damit man das Gangwerk bestaunen konnte. Anfangs sind diese Uhren wirkliche Raritäten gewesen. Als Henlein 1540 starb, hatte sich aber bereits das Uhrmachergewerbe gebildet, während vorher Schlosser und Zirkelschmiede die Gehäuse und das Werk herstellten. Luther schrieb 1547 an den Abt Pistorius in Nürnberg, dem er für die Übersendung einer Taschenuhr dankte: »Durch dieses mir sehr willkommene Geschenk fühle ich mich gezwungen, Schüler unserer Mathematiker zu werden, damit ich alle Regeln und Gesetze dieser ein-

Taschenuhr *aus dem Jahr 1565.*
Deutsches Museum, München

zig in ihrer Art vorliegenden Uhr lerne, denn nie vorher habe ich ähnliches gesehen noch beobachtet.« Um 1558 waren kleine runde Schlaguhren bei den reichen
Söhnen der Augsburger Patrizierhäuser Mode, und auch aus England ist bekannt,
daß man damals Uhren trug. So läßt Shakespeare in »Was ihr wollt« den Malvolio
betonen, daß das Aufziehen einer Taschenuhr in der Gesellschaft eine angenehme,
Aufmerksamkeit erregende »gentility« sei.

Von nun an wurde die Uhr zum Schmuck, man behandelte sie wie alle die reizenden Accessoires des 17. und 18. Jahrhunderts, und es schien vor allem darauf
anzukommen, sie möglichst klein werden zu lassen. Besonders geschätzt waren
Uhren, die in einen Ring eingearbeitet waren. Noch im 19. Jahrhundert trug König
Anton von Sachsen einen Ring mit einer Uhr, die 8 Tage lief. Immerhin muß es
aber mit diesen Uhren ständig Ärger gegeben haben. Kurfürst Maximilian I. von
Bayern formulierte, was wohl in aller Munde war: »Wer wolle haben zu schaffen,
nehme ein Weib, kaufe eine Uhr und schlage einen Pfaffen.« Um 1690 wurde in
England die Spiralfederunruhe erfunden. Damit war die Konstruktion ausgereift,
und die Uhrmacher variierten nun nur noch die äußere Form. Sterne und Kreuze,
Eier und Achtecke, Blüten und Totenschädel boten Anregungen, und man baute

immer neue Tricks ein. Ein frühes und besonders interessantes Beispiel ist eine Taschenuhr, deren Kapsel aus Horn mit emaillierten Goldornamenten überzogen ist. Im Inneren enthält sie einen Totenkopf aus Silberguß, dessen Unterkiefer die Stundenzahl durch entsprechend ausdrucksvolles Wackeln anzeigt. Ebenso gibt es eine Taschenuhr in Buchform, die einen Kompaß, eine Sonnenuhr und ein Zifferblatt zur Berechnung der Mondphasen enthält.

Solange die Taschenuhr, die übrigens im Mittelstand erst langsam Eingang fand, ihre bauchige Form behielt, war sie ein Schmuckstück mit entsprechendem Prestigewert. Ende des 18. Jahrhunderts besitzen auch Universitätsprofessoren und Ärzte ihre Uhr. Als ein frühes Erzeugnis der Serienfertigung wird sie ein Gebrauchsgegenstand, wenn ihr auch noch ein gewisser Symbolwert anhaftet: Der Pate schenkt zur Konfirmation oder Firmung die goldene Taschenuhr, und wer ein solches Stück sein Leben lang getragen hat, vererbt es nicht ohne Bedacht an jemanden, der ihm würdig erscheint. Zur Kleidung jedoch gehört sie nicht, und auch die Mode weiß mit ihr nichts mehr anzufangen, bis die ersten Armbanduhren auftauchen. Wieder wird die Uhr, weil äußerlich sichtbar, zum Schmuckstück, und wie vor vierhundert Jahren besetzt man sie mit Edelsteinen oder gibt ihr mit Goldarmband und Gehäuse eine Form, die auf einen Blick die Wohlhabenheit des Besitzers verrät.

Die Uhr mit dem goldenen Armband gehört heute zum gutangezogenen Mann wie die Bügelfalte, der aus gutem Stoff gearbeitete unauffällige Anzug, bestehend aus Hose und Jackett, wie die Krawatte, der Schirm und der Bowler. Auch heute wie vor Jahrtausenden kennt jeder die modischen Spielregeln seiner Gesellschaft und findet in der Kleidung eine Möglichkeit, seine Persönlichkeit zur Geltung zu bringen. Sie ist, wenn man ihre Gesetze versteht, eine Art Sprache, mit der mancher mehr über sich aussagt, als ihm mit Worten je gelingen würde.

Literatur

Ein detaillierter Quellennachweis für dieses Buch würde den Umfang eines weiteren Buches erreichen. Deshalb ist es nur möglich, einige Titel zusammenzustellen, die nicht nur für den Autor wichtig waren, sondern auch für den Leser von Nutzen sein können. Standardwerke der Geschichtswissenschaft, Lexika, fremdsprachige Literatur und ältere Spezialuntersuchungen wurden nicht aufgeführt. Wo der Autor die hier angegebene Literatur herangezogen hat, ist der Name im Text in Klammern gesetzt. Literaturangaben aus bereits vorangegangenen Bänden werden nicht ausdrücklich wiederholt.

BILDERLEXIKON, Das große – der Mode. Vom Altertum zur Gegenwart. 1966.

BINDEWALD, Erwin / KASPER, Karl: Bunter Traum auf gewebtem Grund. 1950.

BLOND, Georges: Ewiger Wanderzug.

BOEHN, Max von: Die Mode. 1964.

BOULNOIS, Luce: Die Straße der Seide. 1964.

DISSELHOFF, Hans Dietrich: Alltag im alten Peru. 1966.

GREGORIETTI, Guido: Gold und Juwelen. 1971.

HAUSEN, Josef: Wir bauen eine neue Welt. Das Buch der Kunststoffe und Chemiefasern. 1957.

HETMANN, Frederik: Von Trappern und Scouts. 1970.

HONIG, Werner: Die Ehre im Knopfloch. 1961.

KIENER, Franz: Kleidung, Mode und Mensch. 1956.

KOENIG, Otto: Kultur und Verhaltensforschung. 1970.

KÖNIG, René: Kleider und Leute. 1967.

LANQUER, Lawrence: Vom Sinn und Unsinn der Kleidung. 1964.

LATOUR, Anny: Kulturgeschichte der Dame. 1963.

LEIBOLD, Willi: Das Schneiderhandwerk. 1958.

MORUS: Geschichte der Tiere. 1952.

NIENHOLDT, Eva: Kostümkunde. 1962.

SCHMÖKEL, Hartmut: Kulturgeschichte des alten Orients. 1961.

SCHÖNFELD, Sybil: Kulturgeschichte des Herrn. 1965.

SCHOLZ, Renate: Schmuck aus fünf Jahrtausenden. 1960.

Register

**Goldmann
Verlag
München**

Michael Freund
Deutsche Geschichte

»Die deutsche Geschichte ist immerdar überschattet von Teilungen und Spaltungen.«

Diese Aussage zieht sich durch die sechsbändige „Deutsche Geschichte" von Michael Freund. Sie schließt vor allem eine pseudoobjektive Betrachtungsweise der Geschichte oder das bloße Aneinanderreihen von Fakten aus.

Freund stellt deutsche Geschichte in dem Sinne durchaus subjektiv dar, daß jede ihrer einzelnen Epochen unter dem Blickpunkt der Gegenwart gesehen, in ihren Nachwirkungen auf die Gegenwart beurteilt wird. Geschichte wird zur Problemgeschichte.

Die Kernfrage lautet: „Was ist des Deutschen Vaterland?" Diese Frage drängt sich bereits für die „Geburtsstunde" des deutschen Volkes auf. Konnten die verschiedenen germanischen Stämme, aus denen das deutsche Volk entstand, je ganz in eines verschmelzen? Freund sagt, daß der Prozeß der Entstehung des deutschen Volkes bis heute noch nicht abgeschlossen ist. Die frevelnde Frage sei nie ganz verstummt, ob es dieses deutsche Volk überhaupt gebe.

Professor Dr. Michael Freund (1902–1972) lehrte lange Zeit an der Universität Kiel. Er war Mitherausgeber der Zeitschrift „Die Gegenwart" und ständiger Mitarbeiter der FAZ. Er ist darüber hinaus durch eine Reihe weiterer Buchveröffentlichungen zu historischen Themen bekanntgeworden.

**Goldmann
Verlag
München**

**Philipp Vandenberg
Auf den Spuren der
Vergangenheit**
Die größten Abenteuer der
Archäologie
Mit 40 Seiten Abbildungen.

Das ist die faszinierende
Geschichte jener Männer, die in
verlassenen Wüsten und
abgelegenen Tälern oft ein
Leben lang nach Spuren
unserer Vergangenheit suchten.
Die Gräber, Tempel und Städte,
die sie ausgruben, sind heute
Reiseziel zahlreicher Touristen.
Aber wer kennt schon die
Namen ihrer Entdecker? Nur
wenige von ihnen wurden so
berühmt wie Heinrich Schlie-
mann oder Howard Carter. Die
meisten hinterließen außer
Stößen von Grabungsberichten,
Briefen und Tagebüchern nur
Schulden.
Was sind das für Männer?
Berufene oder Besessene?
Versponnene Gelehrte oder
verrückte Globetrotter?

Philipp Vandenberg hat die
Lebensgeschichte der
bedeutendsten Archäologen
der Welt nach authentischen
Zeugnissen aufgezeichnet.

Philipp Vandenberg, geboren
1941, studierte in München
Germanistik und Kunst-
geschichte. Er arbeitete als
Journalist bei großen
deutschen Tageszeitungen und
Illustrierten. 1973 erschien sein
erstes Buch „Der Fluch der
Pharaonen" – es wurde ein

Welterfolg. Die zwei Jahre
später veröffentlichte
archäologische Biographie
„Nofretete" behauptete sich
monatelang auf allen Bestseller-
listen. Sein neuestes Buch
„Ramses der Große" ist die
erste Lebensbeschreibung des
wohl ungewöhnlichsten und
bedeutendsten ägyptischen
Pharaos.

Sachbuch. (11180)
Originalausgabe.

**Goldmann
Verlag
München**

**Volker Elis Pilgrim
Der selbstbefriedigte Mensch**

Das Buch behandelt eines der letzten Geheimnisse, über das sich nicht einmal Ehe- und Liebespartner aussprechen. Die Selbstbefriedigung, in der Öffentlichkeit dargestellt, löst nicht selten Scham, Furcht und Wut aus. Sie wurde vorgestern als Krankheitsursache von ärgster Gefährlichkeit gebrandmarkt, gestern als sexuelle Verirrung denunziert, heute wird sie noch immer als Aushilfe-Sex belächelt und als Schimpfwort für Entwicklungshemmer oder -störung mißbraucht.

Sachbuch. (11177)

**Gerhard Hellwig
Daten der deutschen Geschichte**

Politik und Kultur im deutschen Sprachraum von der Vergangenheit bis zur Gegenwart!

Politischen Ereignissen aus allen Epochen der deutschen, österreichischen und schweizerischen Geschichte sind in dieser Datensammlung die philosophischen, technischen, wissenschaftlichen und wirtschaftlichen Leistungen des gleichen Zeitraumes gegenübergestellt.

So bekommt der Leser ein Bild der ganzen Geschichte, ein Datengerüst, das ihm in alle Aspekte einer historischen Epoche Einblick gewährt.

Sachbuch. (11156)

**Goldmann
Verlag
München**

**Fritz Otto Busch
Das Geheimnis der „Bismarck"**
Kampf und Untergang des
berühmten deutschen Schlachtschiffes.
Mit zahlreichen Photos, Zeichnungen und Schlachtskizzen.

Der authentische Bericht über
den heldenhaften Kampf und
Untergang des größten deutschen
Schlachtschiffes.

Gestützt auf englische und
deutsche amtliche Quellen sowie
auf private Aufzeichnungen, gibt
der Verfasser, der als Offizier auf
dem Kreuzer „Prinz Eugen" einen
großen Teil des „Bismarck"-Aben-
teuers miterlebt hat, einen
packenden Tatsachenbericht
über Kampf und Untergang des
großen deutschen Schlachtschiffes. Das Buch ist mit zahlreichen deutschen und englischen Originalaufnahmen und
Lageskizzen ausgestattet. Die
Schilderung beginnt mit dem
Auslaufen der „Bismarck" aus der
Ostsee zum Kreuzerkrieg in den
Atlantik und führt über die Ver-
senkung des englischen Panzer-
schiffes „Hood" und die
gewaltige Jagd fast aller englischer Seestreitkräfte auf das
deutsche Schlachtschiff bis zum
bitteren Ende der „Bismarck".

Fritz Otto Busch trat 1912 als
Kadett in die kaiserliche Kriegs-
marine ein. Als Leutnant und
Oberleutnant zur See erlebte er
den Ersten Weltkrieg mit; nach
Kriegsende wurde er in die
Reichsmarine übernommen.

1931 gründete er die Zeitschrift
„Die Kriegsmarine", die er elf
Jahre lang leitete. Das Ende des
Zweiten Weltkrieges erlebte der
inzwischen fast Fünfzigjährige in
der Presse- und Filmabteilung
des Oberkommandos der Wehr-
macht mit. Auf eigenen Wunsch
wurde er während des Krieges
häufig an die Front abkomman-
diert, unter anderem auch auf die
„Prinz Eugen", von der aus er die
Schlacht um die „Bismarck" verfolgte. – Busch hat über 70
Bücher geschrieben, ausschließlich zu Themen der Kriegsmarine.

Tatsachenbericht.
(3523)

Goldmann
Verlag
München

Gregor von Rezzor i, Jahrgang 1914, wurde in Deutschland zuerst durch seine „Maghrebinischen Geschichten" bekannt. Die Romane „Ödipus siegt bei Stalingrad" und „Ein Hermelin in Tschernopol" haben ihm den Ruf eines Autors von europäischem Rang eingetragen. Auch sein letzter Roman, „Der Tod meines Bruders Abel" (1976), war ein großer Erfolg.

Ein Filmtagebuch.
(3541)

Ein Filmtagebuch – nicht nur für Rezzori-Fans

Gregor von Rezzori
Die Toten auf ihr Plätze!

Wenn der Romancier und Satiriker Gregor von Rezzori das Werden eines Films schildert, der schon vor seiner Uraufführung Sensationen machte, dann entsteht nicht nur ein gewöhnliches Tagebuch der Dreharbeiten.

„Viva Maria" wurde in Mexiko gedreht. Brigitte Bardot und Jeanne Moreau spielten die Hauptrollen. Nur zu bald wurden die Spannungen zwischen den beiden Stars unerträglich. Klima und exotische Verhältnisse steigerten die Exzentrik des ohnehin unbürgerlich lebenden Filmvolks und die Schwierigkeiten der Dreharbeiten.

Rezzori schrieb auf, was er während der Aufnahmen hinter den Kulissen sah und erlebte. Er porträtiert den sensiblen Regisseur Louis Malle und seine Hauptdarstellerinnen ebenso unkonventionell wie deren Begleiter. Er erzählt, wie beim Film gearbeitet, gefeiert, geliebt, gehaßt und – Zeit vertan wird. Er Enthüllt Tricks und zerstört Illusionen.